JESUS, EL CRISTO

VERDAD E IMAGEN

45

WALTER KASPER

JESUS, EL CRISTO

TERCERA EDICIÓN

EDICIONES SIGUEME - SALAMANCA, 1979

Tradujo Severiano Talavero Tovar sobre el original alemán *Jesus der Christus*
© Matthias-Grünewald-Verlag, Mainz 1974
© Ediciones Sígueme, 1976
Apartado 332 - Salamanca (España)
ISBN: 84-301-0434-8
Depósito legal: S. 491-1979
Printed in Spain
Imprime: Gráficas Ortega, S.A.
Polígono El Montalvo
Salamanca, 1979

CONTENIDO

PRESENTACION

Las primeras páginas del manuscrito de este libro se escribieron hace diez años, cuando di mi primera clase en el semestre de invierno 1964-1965 en la universidad de Münster. Desde entonces he dado varias veces este curso sobre «la persona y la obra de Jesucristo», primeramente en Münster, luego en Tubinga y, por último, en la primavera de 1974, en la Pontificia Universidad Gregoriana de Roma. Cada vez fue reelaborado a fondo; puede decirse que apenas si quedó piedra sobre piedra. También en la forma en que ahora se publica tiene que servir en primer lugar de aliciente para seguir pensando. Jesucristo es de las figuras con las que uno jamás acaba, una vez que se empezó con ellas.

Es a la insistencia de muchos amigos y oyentes a la que, no en último lugar, se debe el que, a pesar de todo, me haya decidido a publicarlo después de haber titubeado largo tiempo. Tras las muchas y en parte turbulentas discusiones y cambios radicales que en los diez últimos años se han dado en el terreno teológico, se nota un claro interés por que se traten los temas centrales de la teología en una perspectiva crítica y que, al mismo tiempo, se intente una síntesis sólida. Por eso he escrito este libro para los estudiosos de la teología, así como para todos cuantos están al servicio de la iglesia, e igualmente para los muchos cristianos que consideran como un constitutivo de su fe el participar en la discusión teológica; pero quizás pueda ayudar este libro también al número siempre creciente de hombres que, fuera de las iglesias, se interesan por Jesucristo y su «asunto» (Sache).

Metodológicamente esta publicación debe mucho a la escuela católica de Tubinga y, en especial, a los esbozos cristológicos de Karl Adam y Joseph Rupert Geiselmann. En el centro de su esfuerzo teológico se hallaba la reflexión sobre el origen cristológico del cristianismo. Pero a diferencia de gran parte de la literatura actual sobre Jesús ellos tenían muy claro que este ori-

*gen, siempre insustituible, sólo podemos alcanzarlo a través de la
tradición bíblica y eclesial. Sabían que podríamos prescindir de
esta tradición sólo a costa de un empobrecimiento brutal. Pero
igualmente eran conscientes, y en esto se diferenciaban de la
teología neoescolástica de su tiempo, de que la tradición hay que
transmitirla de un modo vivo, es decir, enfrentándose y dialogando con las necesidades y cuestiones de cada época. Esta idea
de una tradición actualizada, en cuanto transmisión de lo recibido
y esbozo responsable, puede al mismo tiempo servir de apoyo e
impulso en la actual etapa de transición del cristianismo.*

*Este libro no quiere ser, pues, repetición estéril de lo viejo
ni tampoco pretende referir en detalle las casi inabarcables cuestiones exegéticas, históricas y sistemáticas que en puntos determinados han ido surgiendo. Sin embargo, no ahorro las investigaciones detalladas ni de síntesis lexicográficas. Lo que intento es,
por tanto, resaltar los motivos centrales tanto de la tradición como
de las nuevas orientaciones en la línea de una reflexión profunda
y sistemática. Procuro igualmente elaborar un esbozo sistemático
propio, dialogando con los de otros, de tal modo que aparezcan
tanto las riquezas de la tradición como los resultados de la discusión actual.*

*Todo esto no hubiera sido posible sin la grande y generosa
ayuda de mis colaboradores. Mis asistentes, Arno Schilson y
Thomas Pröpper, aportaron numerosas ideas y correcciones en
conversaciones y por escrito, y se encargaron de corregir pruebas. Mi secretaria, Anne Buck, se ocupó con todo cuidado de
mecanografiar el manuscrito. Giancarlo Collet, Hans-Bernhard
Petermann, Albrecht Rieder y Gerhard Glaser cargaron con el
pesado trabajo técnico tan arduo e imprescindible. A que por fin
se llegara a la publicación, contribuyeron mucho la insistencia y
ayuda del editor Jakob Laubach y la competencia de sus colaboradores. Quisiera mencionar, y no en último lugar, la parte incalculable que toca a mi hermana Hildegard en que este libro se
haya llegado a escribir. A todos los que he nombrado les doy las
gracias cordialmente.*

I

La cuestión sobre Jesús, hoy

1
Problemática
de la cristología actual

1. El lugar de la cristología hoy

Al menos por lo que al catolicismo se refiere, la discusión teológica del último decenio versó preponderantemente sobre la tarea impuesta por el Vaticano II: la renovación de la iglesia. En primer plano de interés se hallaba la cuestión sobre la iglesia, su esencia, unidad y estructuras, así como el problema de la relación de la iglesia con la sociedad actual. La teología ecuménica, la del mundo, la teología política, la de la secularización, del desarrollo, de la revolución, de la liberación, determinaron la discusión. Estas cuestiones de ningún modo están ya resueltas, pero se ve que tampoco pueden serlo sólo en el terreno de la eclesiología. Con su programa de «puesta al día» (aggiornamento) la iglesia corrió el peligro de perder su identidad a causa de su apertura radical; y donde intentó hablar de modo claro y terminante el peligro consistió en no decir nada a los hombres y sus problemas. Si se preocupa por la identidad, corre el riesgo de perder su relevancia; si pone interés en la relevancia, entonces el peligro consiste en perder su identidad. Recientemente J. Moltmann ha descrito con viveza este dilema identity-involvement. [1]

Para salir de ese dilema y de las polarizaciones que de ello se derivan en la iglesia, sólo existe una posibilidad: reflexionar profundamente en la razón de ser y en el sentido de la iglesia y de su tarea en el mundo de hoy. Sentido y fundamento de la iglesia que no pueden consistir en una idea cualquiera, ni en principio o programa alguno, como tampoco en determinados dogmas e imposiciones morales y, mucho menos, en determinadas

---

1. Cf. J. Moltmann, *El Dios crucificado*. La cruz de Cristo como base y crítica de toda teología cristiana, Salamanca 1975, 17 s.

estructuras eclesiásticas o sociales. Todo esto tiene su derecho a existir y su importancia. Con todo, la base y sentido de la iglesia es una persona con un nombre totalmente concreto: Jesucristo. Las numerosas iglesias y comunidades eclesiales, todos los grupos de dentro de la iglesia, por muy dispares que sean, están de acuerdo en una cosa: pretenden actualizar la persona, palabra y obra de Jesucristo. Y aunque lleguen a resultados controvertidos, no dejan de tener un punto de partida y un centro comunes. Los problemas que oprimen a la iglesia podrán ser solucionados en común únicamente a partir de ese punto central y encaminándose hacia él.

La cuestión se reduce, pues, a ésta: ¿quién es Jesucristo? ¿quién es Jesucristo para nosotros hoy? Jesu-Cristo no es un nombre compuesto como, por ejemplo, Alejandro Vivas, sino una profesión que dice: Jesús es el Cristo [2]. *La profesión «Jesús es el Cristo» representa el resumen de la fe cristiana, no siendo la cristología otra cosa que la concienzuda exposición de esta profesión.* Con esta profesión se quiere decir: este Jesús de Nazaret, único, insustituible, es simultáneamente el Cristo enviado por Dios, o sea, el mesías ungido por el Espíritu, la salvación del mundo, la plenitud escatológica de la historia. La profesión centrada en Jesucristo es, por tanto, concreta de una manera escandalosa, por una parte, y universal de modo insuperable, por otra. La profesión centrada en Jesucristo sirve de base tanto a la concreción, insustituibilidad y diferenciación de lo cristiano, como a su apertura universal y responsabilidad sin restricciones. Esta es la razón de por qué los problemas eclesiológicos aún sin solución sólo pueden obtenerla en el contexto de una cristología renovada. Unicamente ella puede ayudar a la iglesia a reconquistar su universalidad y su catolicidad (en el sentido original del término), sin negar por ello la locura de la cruz ni renunciar a la peculiar provocación de lo cristiano.

La ruptura entre fe y vida en la iglesia actual tiene como trasfondo una realidad más profunda de tipo histórico-espiritual e histórico-social, que especialmente Hegel analizó en sus escritos de juventud. La separación entre fe y vida es para él manifestación de la alienación que caracteriza a la época moderna en su totalidad. A causa de la emancipación moderna del sujeto, el

---

2. Cf. O. Cullmann, *Die Christologie des Neuen Testaments*, Tübingen ⁴1966, 134-136; F. Hahn, *Christologische Hoheitstitel. Ihre Geschichte in frühen Christentum*, Göttingen ³1966, 218-225; W. Grundmann, art. χρίω, en ThWNT IX, 482-576. 518 s.

mundo exterior se convirtió cada vez más en mero objeto, en material muerto del dominio del hombre sobre el mundo ejercido de modo siempre más perfecto con ayuda de la ciencia y técnica modernas. Es decir, la realidad exterior se desmitologizó y desacralizó constantemente. Entre tanto la religión se replegó cada vez más sobre el sujeto, convirtiéndose en nostalgia huera y vacía de lo infinito. «La religión construye sus templos y altares en el corazón del individuo, buscando en suspiros y oraciones al Dios, cuya contemplación se niega, porque amenaza el peligro de la razón, que convertiría lo contemplado en cosa y la floresta en simple madera» [3]. Al final se abre en ambas partes, la del objeto y la del sujeto, un vacío aburrido. El mundo exterior se superficializa y se hace banal, el mundo interior del sujeto resulta hueco y vacío. Desde ambas partes se abre una nada absurda. Al final del desarrollo moderno se encuentra el nihilismo, como ya habían previsto J. Paul, Jacobi, Novalis, Fichte, Schelling, Hegel y todo el romanticismo, como Nietzsche llevó al extremo, y como, en síntesis, ha constatado M. Heidegger. *La crisis de identidad de la iglesia tiene como trasfondo la crisis de sentido de la sociedad moderna.*

Aquí es donde la cristología adquiere relevancia por encima del estrecho contexto teológico. Puesto que en la doctrina de la encarnación se trata nada menos que de la reconciliación de Dios y el mundo. Y dado que la unidad de Dios y hombre, tal y como ha acontecido en Jesucristo, no suprime la diferencia entre ambos ni la independencia del hombre, la reconciliación en Jesucristo acontece simultáneamente como liberación y la liberación como reconciliación. Al contrario de lo que piensa el humanismo ateo moderno, Dios aquí no es la limitación, sino la condición y la base de la libertad humana. Por lo mismo, la cristología puede afrontar la legítima necesidad de la época moderna y, con todo, resolver su aporía. Lo que, por supuesto, sólo es posible sobre la base de una resolución, que representa la oposición fundamental entre fe e incredulidad. La reconciliación liberadora, como acontece en y por Cristo, es primariamente don de Dios y sólo en segundo lugar una tarea del hombre. Por aquí corre con toda precisión la frontera entre la teología cristiana y la ideología o utopía con tonalidades cristianas a lo más. La cuestión decisoria es: espada o gracia (A. Camus), promesa o rendimiento propio.

---

3. G. W. F. Hegel, *Glauben und Wissen*, en WW I (ed. por H. Glockner), Stuttgart ³1958, 281 s.

Es indiscutible que también para el concepto cristiano del indicativo de la liberación y reconciliación recibidas se sigue el imperativo de comprometerse con todas las energías por la liberación y reconciliación en el mundo. Y, sin embargo, la alternativa propuesta se borrará sólo al precio de perder la identidad cristiana. Pero sin identidad tampoco hay relevancia.

De modo que *la* tarea de la teología hoy consiste en la cristología en la que se apoyan mutuamente de modo incomparable y perfecto identidad y relevancia, ser y significado. *Una reflexión sobre la cristología representa el servicio que hoy se exige, y que la teología (que, sin duda, no es el todo de la iglesia) puede prestar a la sociedad y a la iglesia de la actualidad en orden a encontrar su identidad.*

2. *Las tendencias fundamentales de la cristología hoy*

La primera ola de la nueva reflexión cristológica [4] en la segunda mitad de nuestro siglo comenzó hace casi 25 años con ocasión de los 1500 años desde la celebración del concilio de Calcedonia (451-1951). Se caracteriza por el artículo programático de K. Rahner: *Calcedonia, ¿final o comienzo?* [5]. Rahner escribió que toda definición conciliar significa el fin y resultado de una discusión, la victoria y claridad de la verdad, pero que al mismo tiempo marca el comienzo en orden a nuevas cuestiones y comprensiones más profundas. Rahner habló de la autotrascendencia de cada fórmula; «no porque sea falsa, sino precisamente por ser verdadera» es por lo que tiene que ser continuamente meditada; «se mantiene viviente, precisamente, siendo explicada» [6]. De ese modo surgieron importantes interpretaciones nuevas del

---

4. Cf. sobre el particular la siguiente bibliografía: A. Grillmeier, *Zum Christusbild der heutigen katholischen Theologie*, en J. Feiner - J. Trütsch - F. Böckle (ed.), *Fragen der Theologie heute*, Einsiedeln 1957, 265-299; R. Lachenschmid, *Christologie und Soteriologie*, en H. Vorgrimmler - R. van der Gucht (ed.), *Bilanz der Theologie im 20. Jahrhundert* III, Freiburg-Basel-Wien 1970, 82-120; J. Pfammetter - F. Burger (ed.), *Theologische Berichte* II. Zur neueren christologischen Diskussion, Zürich-Einsiedeln-Köln 1973; K. Rheinhardt, *Die Einzigartigkeit der Person Jesu Christi*. Neue Entwürfe: InternKathZeits 2 (1973) 206-224; W. Kasper, *Jesus in Streit der Meinungen*: Theologie der Gegenwart 16 (1973) 233-241; A. Schilson - W. Kasper, *Christologie in Präsens*. Kritische Sichtung neuer Entwürfe, Freiburg-Basel-Wien 1974.
5. Cf. K. Rahner, *Chalkedon - Ende oder Anfang?*, en A. Grillmaier - H. Bacht (ed.), *Das Konzil von Chalkedon* III, Würzburg 1954, 3-49 (reimpreso en *Schriften* I, 169-222).
6. *Ibid.*, 3 s.

dogma de Calcedonia. Además de K. Rahner hay que citar, ante todo, a B. Welte, F. Malmberg, E. Schillebeeckx [7]. También P. Schoonenberg pertenece a este movimiento [8], aunque su interpretación llevó a una inversión de la fórmula de Calcedonia y, por tanto, como veremos, se salió de su contexto. La preocupación fundamental de todos estos intentos era mostrar cómo se puede entender hoy dentro de la fe el dogma «verdadero Dios y verdadero hombre en una persona» y cómo se puede interpretar y adaptar con ayuda de los métodos y categorías filosóficas de hoy (entonces eran los de la filosofía existencial). La cuestión era, por tanto, cómo puede un hombre incomparable ser al mismo tiempo Dios y pretender una significación universal, absoluta e imposible de superar.

Eso se puede mostrar en concreto de diversas maneras. Algo esquemáticamente podemos distinguir hoy tres grandes esbozos cristológicos:

El intento sin duda más antiguo y que aparece una y otra vez considera a la fe en Cristo dentro de un horizonte cosmológico. Este intento se contiene ya en la cristología del Logos de los apologistas del siglo II. Por todas partes, tanto en la naturaleza como en la historia, en la filosofía lo mismo que en las religiones paganas, ven actuar *logoi spermatikoi*, fragmentos del único Logos que apareció plenamente en Jesucristo. Esta explicación cosmológica de la fe en Cristo fue renovada de modo genial en nuestro siglo por P. Teilhard de Chardin [9]. Es cierto que Teilhard no parte ya de un concepto estático del mundo, sino de una interpretación evolutiva del mismo, intentando mostrar que es en la cristogénesis donde alcanzan su perfección la cosmogénesis y la antropogénesis. Quiere decir que Cristo es la evolución llegada a su meta.

7. Cf. B. Welte, *Homooúsios hemin*. Gedanken zum Verständnis der theologischen Problematik der Kategorien von Chalkedon, en *Das Konzil von Chalkedon* III, 51-80 (reimpreso en *Auf der Spur des Ewigen*, Freiburg-Basel-Wien 1965, 429-458); F. Malmberg, *Über den Gott-menschen* (QD t. 9), Basel-Freiburg-Wien 1960; E. Schillebeeckx, *Die Heiligung des Namens Gottes durch die Menschenliebe Jesu des Christus*, en *Gott in Welt*. Festschrift f. K. Rahner II, Freiburg-Basel-Wien 1964, 43-91; Id., *De persoonlijke openbaringsgestalte van de Vader*: TijdsTh 6 (1966) 274-288; Id., *De toegang tot Jezus van Nazaret*: TijdsTh 12 (1972) 28-59; Id., *Ons heil: Jezus' leven of Christus de verrezene?* TijdsTh 13 (1973) 145-166.
8. Cf. P. Schoonenberg, *Un Dios de los hombres*, Barcelona 1972.
9. Sobre la cristología de Teilhard de Chardin, cf. en especial los siguientes volúmenes de sus obras completas; *El medio divino*, Madrid 1967; *Ciencia y Cristo*, Madrid 1968. Ver asimismo A. Fierro, *El proyecto teológico de Teilhard de Chardin*, Salamanca 1971.

Un segundo intento procede no cosmológica sino antropológicamente. Quiere encararse con el reto del moderno humanismo ateo, según el cual Dios tiene que morir para que el hombre sea verdaderamente libre. En contra de tal posición hay que mostrar que el hombre es el ser que se encuentra abierto a toda la realidad. Que es una pobre referencia a un misterio de plenitud. Desde este punto de partida quiere K. Rahner [10] interpretar la humanización de Dios, como el caso supremo e incomparable de la realización esencial de la realidad humana, y la cristología como la realización más radical de la antropología. K. Rahner mantiene naturalmente la unicidad e inderivabilidad del acontecimiento de Cristo. En otros, partiendo de esta interpretación del mismo cuño, resulta una reducción antropológica. Jesucristo se convierte entonces en cifra y modelo de un auténtico ser hombre (F. Buri, Sch. Ogden, D. Sölle, P. M. van Buren) y la cristología no es más que la variante de la antropología (H. Braun).

Un tercer intento parte de que no existe en absoluto *el* hombre, sino que éste nos sale al encuentro en concreto y sólo dentro del ensamblaje de condicionamientos filosóficos, biológicos, económicos, sociales y espirituales, de modo que el hombre como individuo se encuentra entretejido en el todo histórico de la humanidad. La cuestión sobre el sentido y la salvación del hombre se convierte ahora en la pregunta por el sentido y la salvación de la historia como totalidad. Así se llega a una cristología enmarcada en horizontes de alcance histórico-universal. Esta preocupación es la que ha hecho suya, en especial, W. Pannenberg [11], interpretando a Jesucristo como el fin anticipado de la historia. J. Moltmann ha aceptado tal punto de partida, acentuándolo desde la perspectiva de la justicia [12]. Para él la historia de los sufrimientos de la humanidad se identifica con la pregunta por la justicia. La cristología se discute aquí en el marco de la teodicea. Este punto de partida histórico, que aquí vamos a utilizar y profundizar, puede apoyarse sobre el modo de pensar histórico-salvífico propio de la Escritura y sobre la tradición de la teología orientada por la misma perspectiva; pero también puede y debe enlazar con la filosofía de la historia que parte de Hegel. Esto lleva a una confrontación con la ideología histórica del marxismo.

10. Bibliografía más detallada, cf. *infra* capítulo 13.
11. Cf. W. Pannenberg, *Fundamentos de Cristología*, Salamanca 1974.
12. Cf. J. Moltmann, *El Dios crucificado*, especialmente 247.

Especialmente H. U. von Balthasar ha llamado la atención sobre el peligro inmanente a todos estos enfoques [13]. El peligro consiste en que aquí Jesucristo es introducido en un esquema precedente y en que de una fe así reducida cosmológica, antropológicamente o al punto de vista de la historia universal, lo que resulta es una filosofía o una ideología. Precisamente a esta tendencia quiere salir al paso otra gran corriente de la nueva reflexión actual en cristología.

Esta segunda ola de la nueva reflexión cristológica [14] se encuentra en la actualidad bajo el signo del redescubrimiento de la cuestión sobre el Jesús histórico, con la que los discípulos de Bultmann (E. Käsemann, E. Fuchs, G. Bornkamm, H. Conzelmann, J. Robinson, etc.) inauguraron la era postbultmanniana. La teología católica incorporó la nueva problemática rápidamente (J. R. Geiselmann, A. Vögtle, H. Schürmann, F. Mussner, J. Blank, R. Pesch, H. Küng, etc.). Se advirtió que una cristología renovada no consiste únicamente en la interpretación y reinterpretación de fórmulas tradicionales de fe, sean kerygmáticas o dogmáticas. Esto no sería sino escolástica (en el mal sentido de la palabra). El lenguaje de profesión de fe, como todo lenguaje humano, se mantiene pleno de sentido y no cae en ideología mientras la palabra responda a una realidad y se conforme con ella. Lo único que pretenden las fórmulas de profesión cristológica es traducir el ser y la significación de la persona y la obra de Jesús. Por eso tienen en Jesús su criterio objetivo. Si la profesión cristológica no tuviera un soporte en el Jesús histórico, la fe en Cristo sería pura ideología, una visión general del mundo sin fundamento histórico. En J. B. Metz el volver la espalda a una cristología puramente argumentativa ha conducido al esbozo de una teología y cristología narrativas, es decir, expositivas. [15]

Una reflexión nueva de ese tipo es difícil que se desarrolle sin efectos secundarios superficiales y banales. Se ve concreta-

13. Cf. H. U. von Balthasar, *Sólo el amor es digno de fe*, Salamanca 1970.
14. Sobre el estado actual de la investigación sobre Jesús, cf. F. J. Schierse (ed.), *Jesus von Nazaret*, Mainz 1972; P. Fiedler - L. Oberlinner, *Jesus von Nazareth*. Ein Literaturbericht: BuL 12 (1972) 52-74; G. Schneider, *Jesus-Bücher und Jesus-Forschung* 1966-1971: ThPQ 120 (1972) 155-160; H. Schürmann, *Zur aktuellen Situation der Leben-Jesu-Forschung*: GuL 46 (1973) 300-310; J. Roloff, *Auf der Suche nach einen neuen Jesusbild*: ThLZ 98 (1973) 561-572; K. Kertelge (ed.), *Rückfrage nach Jesus*, Freiburg-Basel-Wien 1974.
15. Cf. J. B. Metz, *Pequeña apología de la narración*: Concilium 85 (1973) 222-238; Id., *Erlösung und Emanzipation*, en L. Scheffczyk (ed.), *Erlösung und Emanzipation*, Freiburg-Basel-Wien 1973, 120-140; Id., *Erinnerung*, en HandbPh-Grundb I, München 1973. 386-396.

mente en la expresión que habla del «asunto de Jesús», aparecida en los últimos años y que casi se ha convertido en moda [16]. La expresión «asunto de Jesús» viene originariamente de Marxsen. De por sí es útil, pero resulta demasiado ambigua e imprecisa. Y donde el concepto se convierte en programa fundamental, lleva prácticamente con demasiada frecuencia a una reducción al Jesús terreno y a su «asunto», o dicho con más exactitud, a lo que en este sentido se puede obtener hoy con ayuda de los métodos históricos actuales, apoyados por una hermenéutica fuertemente determinada por el neomarxismo de la hora presente. Con lo que a la profesión de cara al Cristo resucitado y exaltado se le reconoce, a lo más, una función corroborante respecto del Jesús histórico. Pero a base de una teología de tal superficialidad no se puede justificar ni la unicidad ni la universalidad de la profesión cristiana. En una teología de esa índole tiene que parecer arbitrario e incluso caprichoso tanto el remitirse precisamente a *este* Jesús de Nazaret como también la pretensión de que tiene una importancia universal y definitiva. En último término con tales presupuestos Jesús se convierte en un símbolo, cambiable por otros, y en modelo de determinadas ideas o cierto modo de actuar, que, por su parte, sólo puede exigir para sí una importancia relativa. Estas son las consecuencias que ha sacado con toda claridad J. Nolte. [17]

Por tanto, al descartar una cristología parcial de tipo kerygmático y dogmático como también una orientada exclusivamente hacia el Jesús histórico, se quiere decir que el camino de la nueva fundamentación de la cristología no puede consistir más que en tomar igualmente en serio ambos elementos de la profesión cristiana y preguntar cómo, por qué y con qué razón se hizo del Cristo predicador el Cristo predicado y creído, y qué relación hay entre este Jesús de Nazaret históricamente único y el Cristo de la fe con pretensión de valor universal. Este camino de una nueva fundamentación lo recorrió ya en nuestro siglo el teólogo dogmático de Tubinga J. R. Geiselmann en su libro *Jesús, el Cristo* [18]. Su preocupación fundamental sigue siendo

---

16. Cf. la síntesis de J. Nolte, *Die Sache Jesu und die Zukunft der Kirche. Gedanken zur Stellung von Christologie und Ekklesiologie*, en F. J. Schierse (ed.), *Jesus von Nazareth*, 214-233; con más bibliografía, *Ibid.*, 216, 3. Críticamente sobre esto, W. Kasper, *Die Sache Jesu. Recht und Grenzen eines Interpretationsversuches*: Herd-Korr 26 (1972) 185-189.
17. Cf. J. Nolte, «*Sinn*» *oder* «*Bedeutung*» *Jesu?*: WortWahrh 28 (1973) 322-328.
18. J. R. Geiselmann, *Jesus der Christus*, Stuttgart 1951; Id., *Jesus der Christus* I: *Die Frage nach dem historischen Jesus*, München 1965.

válida, aunque los detalles exegéticos de su aportación hayan sido
superados. Con otros presupuestos, W. Pannenberg, J. Moltmann,
E. Jüngel intentan basar la cristología en la correlación entre el
Jesús histórico y el Cristo anunciado.

3. Tareas de la cristología hoy

Partiendo de la profesión «Jesús es el Cristo» y de la panorámica de la discusión cristológica actual, se deducen para una
cristología de hoy esencialmente tres grandes tareas.
1. Cristología orientada históricamente. A partir de la profesión «Jesús es el Cristo» la cristología se remite a una historia
totalmente concreta y a un destino único. Esa cristología no se
puede deducir ni de las necesidades del hombre ni de las de la
sociedad, ni antropológica ni sociológicamente. Lo que tiene que
hacer es más bien mantener vivo y actualizar un recuerdo concreto, único. Es una historia concreta la que tiene que narrar y
testificar. Ha de preguntar, pues: ¿quién era este Jesús de Nazaret? ¿qué quería? ¿cuál era su mensaje, su conducta, cuál fue su
destino? ¿cuál era su «asunto» (concepto tan estimulante como
expuesto a falsas interpretaciones)? ¿cómo se pasó del Jesús que
no se anunciaba a sí mismo, sino que anunciaba el inminente
reino de Dios, al Cristo anunciado y creído?
Tal cristología orientada históricamente tiene una gran tradición. La teología de los misterios de la vida de Jesús jugó un
papel importante en la cristología hasta la época de la escolástica
del barroco [19]. Mas si queremos abordar y contestar estas cuestiones de acuerdo con la problemática tal como hoy se presenta,
tendremos que vérnoslas con los problemas complicados y dolorosos, y para muchos cristianos tan chocantes, referentes a la
investigación histórica moderna; tendremos que enfrentarnos con
la cuestión del Jesús histórico, la del origen de la fe pascual y la
de la formación más temprana de las profesiones cristológicas.
Tales cuestiones planteadas por H. S. Reimarus, D. F. Strauss,
W. Wrede, A. Schweitzer, R. Bultmann no son ni meros subterfugios de la incredulidad ni cuestiones puramente periféricas
y carentes de importancia para la fe en Jesucristo y la cristología
sistemática. *Las cuestiones históricas son insoslayables siempre
que se tome en serio la escandalosa concretización de la fe en*

---

19. Cf. al respecto MySal III/2, 21 s.

Cristo. Apenas eso se intente, no hay región alguna libre de tormentas de una fe presuntamente «pura». Por ello tales cuestiones no se pueden tratar como simplemente históricas, sino que hay que preguntar por la relevancia teológica de lo histórico.

2. Cristología de alcance universal. Por más que la cristología no puede ser derivada *de* las necesidades del hombre o de la sociedad, su pretensión universal requiere, sin embargo, ser pensada y justificada *a la vista de* las cuestiones y necesidades de los hombres y en analogía con los problemas de la época. El recuerdo de Jesús y la tradición cristológica tienen que ser interpretados como tradición viviente y ser conservados con fidelidad creadora. Es la única forma de que surja una fe viviente. El cristianismo debe dar razón de su esperanza (cf. 1 Pe 3, 15). Por eso no puede blandirse tampoco una cristología narrativa contra otra que proceda argumentativamente, como intenta en los últimos tiempos J. B. Metz.

La pretensión universal de la profesión cristológica puede justificarse únicamente a la luz del horizonte universal más vasto imaginable. Tal exigencia lleva a la cristología al encuentro y al diálogo con la filosofía y, más en particular, con la metafísica. Esta pregunta no sólo por este o aquel ser, sino por el ser como tal. De modo que el cristiano está obligado ya por su fe al pensamiento metafísico, obligación que no puede cumplir con el diálogo (ciertamente no despreciable) con las ciencias humanas, por ejemplo, la sociología. Esa obligación no lo ata a una metafísica totalmente determinada, como sería, por ejemplo, la aristotélico-tomista. No sólo es legítimo sino hasta necesario un pluralismo de filosofías y teologías. La cristología no se deja además por principio encerrar en ningún sistema filosófico previo; ni siquiera se trata tampoco de aplicar en ella categorías filosóficas existentes. Por el contrario, la fe en Jesucristo representa un radical cuestionamiento de todo pensamiento cerrado sobre sí mismo; a esa fe le es propio un motivo crítico-ideológico. Se trata de una fe que pretende que sólo en Jesucristo de manera única y al mismo tiempo definitiva, ha aparecido el último y más profundo sentido de toda realidad. El sentido del ser se decide aquí en una historia concreta y única.

Esto implica un concepto de la realidad totalmente específico que no se encuentra, sin duda, bajo el primado de un pensamiento esencialista orientado por lo natural, sino bajo el de una ontología determinada de modo histórico y personal. Es en este punto en el que la cristología se ve obligada hoy a un diálogo crítico con su propia tradición. Es obvio que el insoslayado debate sobre helenización y deshelenización de la fe no se debe llevar a cabo, como ocurre con frecuencia, a partir de un afecto fundamentalmente antimetafísico. *No se puede, pues, oponer una cristología de tipo ontológico, como se tiene en la tradición, a otra no-ontológica, funcional, como se la llama con frecuencia. El problema es más bien el de esbozar una ontología histórica y personal determinada cristológicamente.*

Pero la tarea que aquí se plantea es todavía más profunda. La cuestión consiste en cómo se ha de pensar fundamentalmente la relación entre cristología y filosofía. Con nuevas perspectivas laten aquí viejas cuestiones confesionales controvertidas sobre la relación entre naturaleza y gracia o entre ley y evangelio. Digamos ya que en esta cuestión hay dos posibilidades. Puede considerarse a la cristología dentro de la relación Dios-mundo, como hace K. Rahner [20], o se explicita la relación Dios-mundo dentro de la cristología, como prefiere K. Barth. En el primer caso se da al menos el peligro de que la teología se convierta en filosofía, de lo que últimamente B. van der Heijden ha acusado a K. Rahner [21]; en el segundo caso se llega a un estrechamiento cristológico, como H. U. von Balthasar reprocha a K. Barth [22]. Por eso, D. Wiederkehr en su *Esbozo de cristología sistemática* habla de una elipse con dos focos [23]. Con ello es el que más en cuenta tiene la clásica doctrina católica de la analogía. *Esta problemática muestra nuevamente que en la cristología en definitiva de lo que se trata es del concepto cristiano de realidad en el más amplio sentido del término.* Al menos de un modo frontal en la cristología también se trata de la relación entre cristianismo y cultura, política, etc.

3. Cristología determinada soteriológicamente. Con este tercer punto de vista resumimos los dos anteriores en una unidad superior. Porque de lo dicho se deduce que persona e historia de Jesús son inseparables de su importancia universal y viceversa, que el significado de Jesús es indisoluble de su persona e historia. Cristología y soteriología, es decir, la doctrina del significado salvador de Jesucristo, forman consecuentemente una unidad.

---

20. Cf. K. Rahner, *Problemas actuales de cristología*, en ET ³I, 167-223.
21. Cf. V. van der Heijden, *Karl Rahner*. Darstellung und Kritik seiner Grundpositionen, Einsiedeln 1973.
22. H. U. von Balthasar, *Karl Barth*. Darstellung und Deutung seiner Theologie, Köln ²1962.
23. D. Wiederkehr, *Esbozo de cristología sistemática*, en MySal III/1, 505-670.

Esta unidad se puede destruir en dos sentidos [24]. La escolástica medieval separó la doctrina sobre la persona de Jesucristo, sobre su divinidad, su humanidad así como sobre la unidad de ambas, de la doctrina sobre la obra y ministerios de Cristo. Con ello la cristología se convirtió en una doctrina aislada y abstracta sobre la constitución humano-divina de Cristo. Constantemente se preguntaba por el ser-en-sí de la verdadera divinidad y humanidad de Jesús, de modo que a los hombres les resultaba cada vez menos claro qué significado tenía todo esto para ellos y su vida. La indiferencia de mucha gente respecto del cristianismo representa también una reacción frente a este cariz que tomaron las cosas, que no está de acuerdo con la tradición de la antigua iglesia. Porque puede mostrarse que tras todas las sentencias cristológicas de la antigua iglesia hay motivos soteriológicos. Es la realidad de la salvación lo que tenían que asegurar tanto la defensa de la verdadera divinidad como la de la verdadera humanidad. A este argumento predominantemente histórico se añade otra perspectiva fundamental. Conocemos la esencia de una cosa sólo a base de su aparición, es decir, de su ser para otro, de su significado y efecto sobre otro. La importancia concreta de la profesión en Jesucristo y del dogma cristológico se nos abre, pues, sólo cuando preguntamos por el significado liberador y salvador de Jesús. *Por esta razón hay que superar la separación escolástica entre cristología y soteriología.*

El extremo opuesto lo representa la reducción de la cristología a la soteriología. Como reacción contra la doctrina escolástica sobre el ser de Cristo «en sí» Lutero resaltó el *pro me* de la acción salvadora de Cristo. Lutero siguió manteniendo, sin duda, el sentido «objetivo» de la profesión cristológica. Pero ya Melanchthon aplicó parcialmente el principio del *pro me*. En la introducción a sus *Loci communes* de 1521 se encuentra la famosa frase: «Hoc est Christum cognoscere beneficia eius cognoscere, non, quod isti docent, eius naturas, modos incarnationis contueri» [25]. Este principio se convirtió en la base de la cristología de Schleiermacher y a través de él del llamado neoprotestantismo. Schleiermacher pasa de la experiencia actual de salvación hasta el salvador [26]. Ello implica el peligro de que todos los enunciados

24. Cf. la panorámica que ofrece W. Pannenberg, *Fundamentos*, 49 s.
25. Ph. Melanchthon, *Loci communes* de 1521, en *Ausgew.* Werke II/1 (ed. por R. Stupperich), Gütersloh 1952, 7.
26. Cf. F. Schleiermacher, *Der christliche Glaube* II (ed. por M. Redeker), Berlin 1960.

de la cristología se conviertan en expresión de la autoexperiencia cristiana y Jesucristo lo sea de la idea originaria del hombre religioso. El influjo de Schleiermacher se nota hoy además de en P. Tillich ante todo en R. Bultmann y su escuela. En su crítica a la profesión cristológica del Consejo ecuménico de las iglesias responde a la pregunta de si la profesión en Jesucristo como Dios y salvador corresponde al nuevo testamento así: «No lo sé». Piensa que esta profesión no es clara. La cuestión es: «Al decir que Jesucristo es "Dios", ¿se quiere designar su naturaleza, su esencia metafísica o su significado? ¿tiene la expresión carácter soteriológico o cosmológico o ambas cosas?». La cuestión fundamental consiste para él en saber «si los títulos quieren decir en cada caso algo sobre la naturaleza de Jesús y hasta qué punto lo hacen; hasta qué punto describen a Jesús, por así decir, objetivamente en su ser-en-sí, o si hablan de él, y en qué medida, respecto de su importancia para el hombre, para la fe. ¿Hablan... de su *physis* o del Cristo *pro me*? ¿En qué medida una proposición cristológica sobre él es expresión sobre mí? ¿Me ayuda porque es el hijo de Dios o es el hijo de Dios porque me ayuda?»[27]. Bultmann mismo no deja lugar a dudas de que las sentencias neotestamentarias sobre la divinidad de Jesús no son proposiciones sobre la naturaleza, sino que quieren serlo únicamente sobre el significado. Con ello la cristología se convierte en la variante de la antropología (H. Braun).

Es ante todo H. J. Iwand el que ha protestado contra la utilización del *pro me* luterano como principio metódico[28]. Constata que al hacerlo se cambia el pensamiento de Lutero sobre el sacrificio de Jesús por nosotros por la subjetividad de Kant sobre el conocimiento experimental. Sólo a través de Kant se llega a un dualismo ente la cosa en sí y la menifestación de las cosas para nosotros. Con frecuencia se ha advertido ya la contradicción íntima de esta posición. Pues aunque Kant primeramente declara incognoscible el en-sí de las cosas, acaba por concederle que afecta nuestra conciencia. O sea, que en resumidas cuentas funde por principio el conocimiento en el ser. Si esta fusión del significado en el ser no se mantiene, entonces la teología se aproxima insoslayablemente a las tesis de Feuerbach, según las cuales todas

27. R. Bultmann, *Das christologische Bekenntnis des Ökumenischen Rates*, en GuV II, Tübingen ⁵1968, 246-248, 252.
28. Cf. H. J. Iwand, *Wider den Missbrauch des «pro me» als methodisches Prinzip in der Theologie*: ThLZ 79 (1954) 453-458.

nuestras concepciones religiosas no repreentan sino proyecciones
de las necesidades y deseos humanos de salvación y divinización.
Con lo que la encarnación se reduce a la aparición del hombre
divinizado. En Feuerbach se llega, pues, a una inversión de la
teología: el Dios humano es la aparición del hombre divinizado,
pues al descenso de Dios hacia el hombre precede necesariamente
la elevación del hombre a Dios. [29]
La problemática que acabamos de exponer nos hace volver a
la situación que describíamos al principio. Con la disgregación
constatada de ser y significado la cristología participa a su modo
del sentido espiritual de la época moderna. Analógicamente a la
general alienación entre sujeto y objeto la profesión y el dogma
cristológico aparecen como algo externo y extraño imposible de
asimilar. La fe se repliega al terreno de la pura subjetividad e
interioridad. Se llega de esa manera a una contraposición entre
el contenido (*fides quae creditur*) y la práctica de la fe (*fides
qua creditur*). Al uno las profesiones cristológicas en su cruda
objetividad le parecen cosificación de la fe personal «propiamente
tal» o peso muerto para la praxis cristiana; al otro, por el contrario, los intentos de apropiación subjetiva le parecen relativización, vaciamiento, descomposición en un subjetivismo sin base.
Ortodoxia y ortopraxis se encuentran frente a frente. Mas el
supernaturalismo ortodoxo y el inmanentismo modernista no son
sino las dos partes de un todo roto.
En la profesión «Jesús es el Cristo» ser y significado están
indisolublemente unidos. Por tanto, el contenido de la fe no
puede ser conocido más que en el acto de fe, pero este se hace
absurdo, si no se encamina hacia un contenido de fe. *En consecuencia, el dilema entre una cristología ontológica y otra funcional es teológicamente un problema aparente y una alternativa
en la que la teología no debe caer.* Esto significa que la iglesia no
puede asegurar su identidad ni por la mera insistencia en la ortodoxia ni remitiéndose a la realización de la fe y a la ortopraxis.
Los problemas actuales hay que afrontarlos desde la base y preguntar de qué modo se aúnan ambas cosas en Jesucristo. Sólo
estando claro esto es cuando se podrá clarificar cómo puede con-
ciliarse en la iglesia de hoy la preocupación por la identidad
cristiana con la preocupación por la relevancia. Por eso la cuestión con que tenemos que vérnoslas ahora es: ¿dónde y cómo
encontramos hoy a Jesucristo?

---

29. Cf. L. Feuerbach, *La esencia del cristianismo*, Salamanca 1975, 120 s.

2
La cuestión histórica sobre Jesucristo

1. Punto de arranque desde la fe actual en Jesucristo

Jesucristo es una figura histórica de importancia universal. Jesús de Nazaret vivió aproximadamente entre el 7 a. C. y el 30 d. C. en Palestina [1]. Su aparición puso en movimiento una eficiencia que ha cambiado profundamente al mundo no sólo desde el punto de vista religioso, sino también espiritual y social. Esta influencia penetra hasta el presente a través de los cristianos y su comunidad, a través de las iglesias y sus grupos. Pero existe también una influencia de Jesús fuera del cristianismo «oficial» en toda nuestra civilización mundanamente orientada. Es así como Jesús de Nazaret y su obra están hasta hoy inmediatamente presentes en un sentido histórico-universal. La cuestión histórica sobre Jesús de Nazaret, es decir, la que procede valiéndose de los métodos históricos actuales, lo que en concreto pudiéramos llegar a saber sobre su vida, actividad, mensaje y muerte, tiene un interés inmediato sólo porque posee efectos retroactivos para el cristianismo presente, para las iglesias de hoy y para toda la cultura directa o indirectamente influenciada por el cristianismo. De no ser ese el caso, la mayoría de la gente se interesaría tanto y tan poco por Jesús como por Sócrates, Buda o Lao Tse. De manera que ya desde una perspectiva histórica general es cierto que el punto de arranque de nuestra pregunta y de nuestro interés por Jesús de Nazaret es el cristianismo actual.

---

1. Sobre la cuestión de la historicidad de Jesús, cf., en especial, la síntesis de W. Trilling, *Fragen zur Geschichtlichkeit Jesu*, Düsseldorf ²1967; además, H. Windisch, *Das Problem der Geschichtlichkeit Jesu*: Theol. Rundschau NF 1 (1929) 266-288 (con bibliografía); A. Vögtle, *Jesus Christus*, en LThK V, 922-925; F. Hahn, *Das Verständnis der Mission im Neuen Testament*, Neukirchen 1963, 74-76 (sobre la cronología de la vida de Jesús); J. Blank, *Jesus von Nazareth. Geschichte und Relevanz*, Freiburg-Basel-Wien 1972, especialmente 20 s.

Esto tiene aún más validez si planteamos la cuestión de nuestro acercamiento a Jesucristo desde una perspectiva específicamente teológica. Las fuentes que nos hablan de Jesús de Nazaret son los escritos del nuevo testamento. Apenas si merece la pena hablar de lo poco que sabemos de Jesús por las escasas fuentes extracristianas. Los escritos del nuevo testamento existen únicamente porque Jesús suscitó fe más allá de su muerte y porque los primeros creyentes recopilaron, transmitieron y finalmente fijaron por escrito las noticias sobre Jesús para atender a las necesidades de las comunidades, a su culto, catequesis, predicación misional y ordenamiento de la comunidad, para exhortación y edificación de la misma. Sin tal interés de las primeras comunidades sabríamos de Jesús de Nazaret tanto y tan poco como de otros predicadores ambulantes de su tiempo. Por lo mismo podemos decir con la moderna historia de las formas [2] que el «ambiente vital» de los escritos de la tradición de Jesús es la iglesia. Por más que contengan en concreto mucho material histórico auténtico, los evangelios no son testimonios históricos en el sentido moderno del término; más bien representan testimonios de fe. Lo que encontramos en los escritos del nuevo testamento es el credo cristológico de la primitiva iglesia. Por tanto, Jesús de Nazaret nos es accesible sólo a través de la fe de las primeras comunidades cristianas.

Si queremos hoy entender los testimonios del nuevo testamento, nos es únicamente posible leyéndolos y utilizándolos en el mismo contexto vital del cual surgieron. En realidad toda expresión lingüística sólo puede comprenderse en el todo de la situación respectiva. Por eso no debemos tampoco hoy separar la tradición sobre Jesús del contexto de predicación, liturgia y praxis comunitaria de las iglesias cristianas. El testimonio del nuevo testamento únicamente puede entenderse de modo viviente donde el mensaje de Jesucristo es creído vitalmente, donde está vivo el mismo espíritu que vivifica también los escritos del nuevo testamento. Por eso la comunidad de la iglesia es también hoy el lugar propio de la tradición de Jesús y del encuentro con Cristo.

---

2.   Cf., ante todo, M. Dibelius, *Die Formgeschichte des Evangeliums*, Tübingen 1919; K. L. Schmidt, *Der Rahmen der Geschichte Jesu*, Berlin 1919; R. Bultmann, *Die Geschichte der synoptischen Tradition*, Göttingen 1921; E. Fascher, *Die formgeschichtliche Methode*. Eine Darstellung un Kritik, Giessen 1924; K. H. Schelkle, *Die Passion Jesu in der Verkündigung des Neuen Testaments*. Ein Beitrag zur Formgeschichte und zur Theologie des Neuen Testaments, Heidelberg 1949. Un resumen crítico ofrece últimamente E. Güttgemanns, *Offene Fragen zur Formgeschichte des Evangeliums*. Eine methodologische Skizze der Grundlagenproblematik der Form- und Redaktionsgeschichte, München 1970.

Con la tesis de que la iglesia es el «ambiente vital» de la fe en Jesucristo hemos abordado un problema complejo sumamente cargado de emotividad. A muchos les parece que las iglesias, paralizadas institucionalmente, ya no tienen nada en común con Jesucristo y lo que él quiso. Por eso dicen: «¡Jesús, sí, iglesia, no!». Lo que les interesa no es el Cristo que anuncian las iglesias; lo que les hace ponerse a la escucha es Jesús mismo y su «asunto». Lo que les atrae no es la fe eclesial en Cristo el hijo de Dios, sino la fe en Jesús mismo y su compromiso incondicional por los hombres. Tal desconfianza a las iglesias y las instituciones tiene su fundamento. También a las iglesias les acechan los peligros inherentes a todo lo instuticional: el peligro de petrificación institucional, del interés propio institucional, del poder, la manipulación y el mal uso propio del peso de los intereses institucionales. En tales peligros han sucumbido con bastante frecuencia las iglesias en su historia. Por ello son muchos los que piensan que en ellas no pueden descubrir ya mucho del espíritu original de Jesús.

Para afrontar esta dificultad hay que mostrar tanto el derecho como los límites de la partida desde la fe de la iglesia. Para una fundamentación más profunda del derecho a este punto de arranque ayuda la teoría moderna de la institucionalización [3]. Según ella la subjetividad del individuo es siempre limitada, puesto que no puede con la multitud de fenómenos y puntos de vista. Aquí radican las ventajas cognoscitivas de un «sistema» en el que se «conservan» las experiencias de otros y de generaciones anteriores, objetivándolas mediante hábito, costumbre, tradición, etc. La relativa estabilidad que poseen tales realidades institucionales tiene la ventaja de impedir que los valores fundamentales de una sociedad estén expuestos al capricho subjetivo, así como al de los dirigentes de turno. En este sentido a la iglesia se la puede considerar como el cristianismo que se ha objetivado, como pensaba J. A. Möhler y toda la escuela católica de Tubinga del siglo XIX. En ella la fe cristiana ha tomado carne y sangre. Esta corporización en un complejo social, sus tradiciones e instituciones, es, incluso visto de modo puramente humano, la pro-

---

3. Cf., ante todo, N. Luhmann, *Zweckbegriff und Systemrationalität. Über die Funktion von Zwecken in sozialen Systemen*, Tübingen 1959; J. Habermas - N. Luhmann, *Theorie der Gesellschaft oder Sozialtechnologie. Was leistet die Systemforschung?*, Frankfurt 1971; N. Luhmann, *Religion als System. Religiöse Dogmatik und gesellschaftliche Evolution*, en K.-W. Dahm - N. Luhmann - D. Stoodt, *Religion-System und Sozialisation*, Darmstadt-Neuwied 1972, 11-132.

tección más fuerte y la mejor garantía de la continuidad. A partir de tal herencia es como la fe cristiana puede regenerarse sin cesar, como prueba la historia.

Mas si esta perspectiva institucional se acentúa unilateralmente, existe el peligro de que la verdad se funcionalice y relativice en interés de la supervivencia tanto del individuo como del «sistema» social. Más concretamente: en tal caso se da el peligro de que Jesucristo sea encasillado eclesiásticamente y de que la iglesia ocupe el lugar de Jesús. La iglesia, en tal supuesto, ya no anuncia ni da testimonio de Jesucristo, sino que actúa como defensora y testigo de sí misma. La cristología se convierte en respaldo ideológico de la eclesiología. Con lo que se roba tanto a la cristología como a la eclesiología su sentido íntimo y su significado. La iglesia, como comunidad de los creyentes, no debe entenderse jamás como algo que descansa sobre sí mismo. La iglesia tiene que trascenderse continuamente en orden a Jesucristo. Por lo mismo tiene que reflexionar sin cesar sobre su origen: sobre Jesucristo, su palabra y su obra, su vida y su destino. En tal meditación retrospectiva es donde hunden sus raíces la mayoría de los movimientos renovadores intraeclesiales. No hace falta más que pensar en la importancia de la figura del Jesús terreno para Francisco de Asís y en el significado de la meditación sobre la vida terrena de Jesús en los ejercicios de Ignacio de Loyola. Fuera de tal retrospectiva no puede triunfar hoy renovación eclesiástica alguna.

Podemos resumir el resultado de estas reflexiones en una doble tesis:

Punto de arranque de la cristología es la fenomenología de la fe en Cristo, tal y como en concreto se cree, vive, anuncia y practica en las iglesias cristianas [4]. *A la fe en Jesucristo sólo se llega por el encuentro con creyentes cristianos. Pero el contenido propiamente dicho y el criterio definitivo de la cristología es Jesucristo mismo, su vida, su destino, su palabra y su obra. En este sentido puede también decirse: Jesucristo es el criterio primario de la cristología, mientras que la fe de la iglesia es el secundario. Ambos criterios no pueden ser contrapuestos.* Mas la cuestión es cómo unirlos. Esta es una de las preguntas fundamentales de la teología moderna; nos la plantea especialmente la investigación moderna sobre la vida de Jesús.

4.   Cf. K. Rahner, *Grundlinien einer systematischen Christologie*, en K. Rahner - W. Thüsing, *Christologie-systematisch und exegetisch*. Arbeitsgrundlagen für eine interdisziplinäre Vorlesung, Freiburg-Basel-Wien 1972, 18.

2. Razón y límites de la moderna investigación sobre la vida de Jesús

Un impulso especialmente trascendental para la reflexión sobre el origen fue la reforma del siglo XVI. Quería renovar a la iglesia sobre la base del testimonio original, del nuevo testamento. Pero de la Escritura lo único que interesaba a los reformadores era «lo que lleva a Cristo». Su sentencia fundamental sobre la *sola Scriptura* equivalía en definitiva a *solus Christus*. Por eso a los reformadores no les preocupaba todavía la investigación bíblica histórico-crítica en el sentido moderno, sin que esto signifique desconocer las innegables aportaciones en lo referente a la exégesis escriturística. Su preocupación era la *viva vox evangelii*, la palabra de Dios predicada. A una teología bíblica independiente, a diferencia y en parte contrapuesta a la teología dogmática, se llegó sólo cuando la tradición cristiana ya no era una fuerza inmediatamente clara, inmediatamente testificante. El pensamiento histórico-crítico presupone una distancia respecto de la tradición y la experiencia de esa separación [5]. Sólo cuando la historia ya no está inmediatamente presente, es posible volverse a ella de modo objetivante y crítico. Este rompimiento con la tradición se preparó con el pietismo, que, en contraposición con la vida eclesial y la teología escolástica de entonces, intentaba una teología práctica, personal, sencilla, bíblica. Tras esta preparación se llegó en la ilustración a la formación de una teología bíblica propiamente tal, en la que la doctrina de la Escritura se independizó haciéndose instancia crítica frente a la doctrina de la iglesia. [6]

---

5. Sobre los orígenes de la teología histórica, cf. especialmente K. Scholder, *Ursprünge und Probleme der Bibelkritik im 17. Jahrhundert*. Ein Beitrag zur Entstehung der historisch-kritischen Theologie, München 1966; además, G. Hornig, *Die Anfänge der historisch-kritischen Theologie*. J. S. Semlers Schriftverständnis und seine Stellung zu Luther, Göttingen 1961; H. J. Kraus, *Geschichte der historisch-kritischen Erforschung des Alten Testaments*, Neukirchen-Vluyn ²1969.
6. Cf., por ejemplo, B. A. F. Büsching. *Gedanken von der Beschaffenheit und dem Vorzug der biblisch-dogmatischen Theologie vor der alten und neuen scholastischen*, Lemgo 1758; J. Ph. Gabler, *Oratio de iusto discrimine theologiae biblicae et dogmaticae, regundisque recte utriusque finibus*, Altdorf 1787; G. Ph. Kaiser, *Die Biblische Theologie oder Judaismus und Christianismus nach der grammatisch-historischen Interpretationsmethode und nach einer freimütigen Stellung in die kritisch vergleichende Universalgeschichte der Religionen und in die universale Religion*, Erlangen 1813-1814; F. Chr. Baur, *Vorlesungen über neutestamentliche Theologie*, Leipzig 1864. Una panorámica de conjunto da recientemente H. J. Kraus, *Die biblische Theologie. Ihre Geschichte und Probletik*, Neukirchen-Vluyn 1970.

El principal terreno de la teología bíblica moderna es la investigación sobre la vida de Jesús. A. Schweitzer, su gran historiógrafo, la llama «la mayor acción de la teología alemana» [7]. «Representa lo más importante que jamás emprendió e hizo la autorreflexión religiosa» [8]. Pero partió «no del puro interés histórico, sino que buscó al Jesús de la historia como ayuda en la lucha liberadora frente al dogma» [9]. Probando que el Jesús de la historia fue otro que el Cristo de la fe eclesiástica, que no pretendió para sí ninguna autoridad divina, se intentaba quitar la base a la pretensión de autoridad de la iglesia. R. Augstein formuló recientemente esta finalidad: «Hay que demostrar con qué derecho se apoyan las iglesias cristianas en un Jesús que no existió, en una doctrina que no enseñó, en un poder pleno que no concedió y en una filiación divina que él mismo no tuvo como posible ni pretendió» [10]. *Tras la cuestión retrospectiva sobre Jesús estaba, pues, por una parte, el interés de la fe y de su renovación, mas, por la otra, se encontraba también implicado el espíritu de la ilustración, cuando nació la nueva teología bíblica y, conjuntamente, la investigación sobre la vida de Jesús. Esta tiene, pues, que ser situada también en el contexto más amplio de la crítica ideológica moderna y de la emancipación respecto de autoridades y tradiciones existentes.* Esta tensión le da su atractivo y fecundidad, habiendo dado pie hasta hoy igualmente a numerosos malentendidos y discusiones.

Lo dicho se puede demostrar con facilidad por la historia de la investigación sobre la vida de Jesús. Comenzó con un mazazo, al publicar G. E. Lessing en los años 1774-1778 los *Fragmentos de un anónimo de Wolfenbüttel*, del profesor hamburgués de lenguas orientales Hermann Samuel Reimarus. Reimarus había distinguido netamente entre la doctrina de Jesús, el primer sistema, y la de los apóstoles, el nuevo sistema [11]. Según él, Jesús mismo no enseñó «ni profundos misterios ni puntos de fe» [12], sino «únicamente enseñanzas morales y preceptos para la vida» [13].

7. A. Schweitzer, *Geschichte der Leben-Jesu-Forschung*, Tübingen ²1913, 1.
8. *Ibid.*, 2.
9. *Ibid.*, 4.
10. R. Augstein, *Jesus Menschensohn*, Gütersloh 1972, 7.
11. Así en el fragmento *Sobre la finalidad de Jesús y sus discípulos*, en G. E. Lessing, WW XIII (ed. por K. Lachmann - F. Muncker), Leipzig 1897, 226. Los siete fragmentos publicados por Lessing proceden de un estadio temprano de la obra de Reimarus. Esta sólo se publicó en su forma definitiva en 1972 (!): H. S. Reimarus, *Apologie oder Schutzschrift für die vernünftigen Verehrer Gottes* II (ed. por G. Alexander), Frankfurt 1972.
12. *Ibid.*
13. Cf. *Ibid.*, 269 s; en Reimarus, *o. c.* II, 119 s.

Su predicación sobre el reino de Dios no se distingue de las ideas del judaísmo de entonces; anunció la llegada del reino mesiánico en un sentido terreno-político. De esta forma, el «colosal preludio» (A. Schweitzer) de Reimarus deja percibir ya todos los aspectos de la futura investigación sobre Jesús: la diferencia entre el Jesús de la historia y el Cristo de la fe, el carácter escatológico del mensaje de Jesús y el consecuente problema del retraso de la parusía, el motivo del Jesús político y el problema de la espiritualización tardía de su mensaje. Lessing resumió claramente el resultado distinguiendo como «dos cosas totalmente distintas» la religión de Cristo y la religión cristiana. [14]

Reimarus desacreditó con sus tesis radicales a la teología progresista de su época. Así se explica que el otro viejo maestro de la teología histórica, Salomo Semler, intentara salvar lo salvable. Explicó las diferencias entre la interpretación terrena y la espiritual de Jesús como una acomodación a la capacidad de los contemporáneos. Con ello se iniciaba otro tema que no abandonó fácilmente la teología. Es poco importante, en principio, el que la idea oculta en lo exteriormente histórico se interpretara más desde el punto de vista estético-simbólico, como J. G. Herder, o de un modo más racionalista-pragmático, como el racionalista H. E. G. Paulus. Mas se necesitó tiempo hasta que se logró de nuevo un gran paso. Se dio en la *Vida de Jesús* en dos tomos que publicó en los años 1835-1836 D. F. Strauss, repetidor en el convictorio de Tubinga. Esta obra desató la segunda gran tormenta y una verdadera avalancha de escritos en contra [15]. ¿De qué se trataba? Según Strauss la antigua explicación supranaturalista que de Jesús se daba, se había hecho inaceptable, mientras que la interpretación racionalista moderna era demasiado superficial. Strauss enfiló un tercer camino: la interpretación mítica. Con ello enlazó con la discusión erudita en curso desde Heyne y Eichhorn [16]. Mas Strauss, con su interpretación mítica, no niega de ningún modo todo fondo histórico. Incluso le parece «algo incontestable» que Jesús estuvo convencido y dijo que era el mesías [17]. Pero distingue entre el fondo histórico y la interpretación

14. G. E. Lessing, *Die Religion Christi*, en WW XVI, Leipzig 1902, 518.
15. Cf. la panorámica que ofrece A. Schweitzer, *Geschichte*, 98-123. Hay que mencionar especialmente a J. E. Kuhn, *Das Leben Jesu wissenschaftlich bearbeitet*, Frankfurt 1968 (Mainz 1838).
16. Cf. Chr. Hartlich - W. Sachs, *Der Ursprung des Mythosbegriffes in der modernen bibelwissenschaft*, Tübingen 1952.
17. Cf. D. F. Strauss, *Das Leben Jesu. Kritisch bearbeitet* I, Tübingen 1835, 469.

mítica añadida, entre el Cristo de la fe y el Jesús de la historia. Para Strauss esta distinción equivalía a la que se hacía entre el «Cristo histórico y la imagen ideal del hombre, es decir, la imagen existente en la razón humana». Pero esto significa «la transformación de la religión de Cristo en la religión de la humanidad» [18], teniendo que responder honradamente Strauss con un no a la pregunta: «¿seguimos siendo cristianos?». [19] La crisis es manifiesta. La teología con este dilema entre el Jesús histórico y su interpretación ideal participaba en la problemática generalizada del espíritu de la época moderna [20]. La emancipación del sujeto frente a la realidad tenía que rebajar a ésta a mero objeto, al nivel del mundo de las cosas y el trabajo dominado técnicamente y analizado desde la perspectiva científica. El dualismo entre las ciencias del espíritu y las de la naturaleza, *res cogitans* y *res extensa* (Descartes), lógica de la razón y lógica del corazón (Pascal), el dualismo entre relaciones personal-existenciales y materiales es por ello constitutivo del desarrollo moderno. Este dualismo metódico se trasplantó a la teología, desembocando, al distinguir entre Jesús histórico y Cristo de la fe, en un doble acceso a Jesús: uno histórico-crítico, racional y otro interno, superior, intelectual-espiritual, existencial-personal, creyente. Este dualismo es el sino del espíritu en el que aún hoy nos encontramos. Por eso Strauss continúa siendo la mala conciencia de la teología moderna. Planteó cuestiones que se hallan lejos de haber sido resueltas.

Después de haberse roto la unidad entre el Jesús de la historia y el Cristo de la fe, constituyó para la teología una necesidad vital el volver a restablecerla. Es lo que intentó la investigación sobre la vida de Jesús en el siglo XIX. Ante todo hay que nombrar a F. Schleiermacher, K. H. Weizsäcker, H. J. Holtzmann, Th. Keim, K. Hase, W. Beyschlag, B. Weiss. A estos teólogos los movía un interés apologético. Puesto que querían hacer teología de modo específicamente moderno, tuvieron que servirse del método histórico para fundamentar la fe en Cristo. Pero fue F. Schleiermacher el primero que entre 1819 y 1832 dio regularmente cursos sobre la vida de Jesús, interesándose en primer lugar no por lo biográfico sino por lo teológico. No se trataba de destruir o sustituir el dogma cristológico, sino de interpretarlo

18. Id., *Das Leben Jesu für das deutsche Volk*, Bonn ⁶1891, segunda parte, 387.
19. Id., *Der alte und der neue Glaube*, Bonn ⁶1873, 94.
20. Cf. J. Moltmann, *Exégesis y escatología de la historia*, en *Esperanza y planificación del futuro*, Salamanca 1971, 101-156.

históricamente [21]. Al hombre moderno había que abrirle un nuevo acceso a la fe valiéndose de una investigación histórica «mayor de edad». En el modo como se hizo se abrió paso el cambio moderno cara el sujeto. Fue así como se pasó de la ontología de Cristo a su psicología [22]. La vida anímica de Jesús era simultáneamente el espejo en el que se reflejaba su divinidad. La preocupación de Schleiermacher es exponer de tal manera lo humano de Jesús «que lo captemos como exteriorización o efecto de lo divino, que era su intimidad» [23]. Se trata de la «automanifestación de Dios en él en favor de otros» [24]. Porque lo distintivo en Cristo es «el constante vigor de su conciencia de Dios, que constituía un auténtico ser de Dios en él» [25] y en ese ser nos introduce mediante la fe. Es comprensible que en *este* intento de una «cristología desde abajo» ya no se pudieran entender políticamente el mensaje y la obra de Jesús, sino sólo en sentido espiritual-interno y moral. Por eso puede decir A. von Harnack: «Ha desaparecido todo lo dramático en el sentido externo y de la historia del mundo, también se ha hundido toda la esperanza externa de futuro»; únicamente importan «Dios y el alma, el alma y su Dios». [26]

El intento de la investigación liberal sobre la existencia de Jesús se considera hoy en gran medida fracasado. A ello contribuyeron esencialmente tres convicciones:

En su *Historia de la investigación sobre la vida de Jesús* A. Schweitzer llamó en primer lugar la atención sobre el hecho de que lo que se hacía pasar por el Jesús histórico no era más que el reflejo de las ideas de cada uno de los autores. «Es así como cada una de las épocas siguientes de la teología encontró en Jesús sus ideas, no pudiendo revivirlo de otro modo. En él se veían no sólo las épocas, sino que cada uno hizo a Cristo a su imagen» [27]. «Los racionalistas pintan a Jesús como predicador moralista, los idealistas como personificación de la humanidad, los estetas lo alaban como el genial artista de la palabra, los socialistas lo ven como el amigo de los pobres y reformador social, y los incontables pseudocientíficos hacen de él una figura de

21. Cf. en especial R. Slenczka, *Geschichtlichkeit und Personsein Jesu Christi.* Studien zur christologischen Problematik der historischen Jesusfrage, Göttingen 1967; sobre Schleiermacher, especialmente 197 s.
22. Cf. J. Ternus, *Das Seelen- und Bewusstseinleben Jesu.* Problemgeschichtlich-systematische Untersuchung, en *Das Konzil von Chalkedon* III, 158 s.
23. F. Schleiermacher, *Das Leben Jesu*, en WW V, Berlin 1864, 35.
24. *Ibid.*
25. Id., *Der christliche Glaube* II, 43 (§ 94).
26. A. von Harnack, *Das Wesen des Christentums*, München-Hamburg 1964, 45.
27. A. Schweitzer, *Geschichte*, 4.

novela» [28]. Al final había, con todo, que reconocer: «El Jesús de Nazaret que apareció como mesías, que anunció la moral del reino de Dios, que fundó en la tierra el reino de los cielos y murió para consagrar su obra, ese Jesús no existió jamás. Se trata de una figura esbozada por el racionalismo, animada por el liberalismo y adornada con ropaje histórico por la teología moderna» [29]. El Jesús como verdaderamente existió no es un hombre moderno sino «algo extraño y enigmático» [30]. No se deja modernizar. No quiso mejorar el mundo, sino que anunció la llegada de un mundo nuevo. En el centro de su mensaje estaba el reino de Dios que no llega por el esfuerzo humano; no representa, pues, un supremo bien moral, sino una acción de Dios. Así llega Schweitzer a esta constatación: «A la investigación sobre la vida de Jesús le ha sucedido algo original. Se puso a andar en busca del Jesús histórico y pensó que podría meterlo en nuestro tiempo tal como él es, como maestro y salvador. Desató los lazos que desde siglos lo amarraban a la roca de la doctrina de la iglesia, alegrándose de ver su figura viva y en movimiento y percibiendo al hombre histórico Jesús venir hacia ella. Pero este Jesús no se detuvo, sino que pasó de largo por nuestra época, volviéndose a la suya». [31]

A la moderna historia de las formas debemos un segundo elemento. Ha demostrado que los evangelios no son fuentes históricas en el sentido moderno de la palabra, sino más bien testimonios de la fe de las comunidades. No se interesan primariamente por el Jesús de la historia, sino por el Cristo presente en la predicación, la liturgia y en la vida de las comunidades. La única huella que Jesús dejó es la fe de sus discípulos. Influye en la historia únicamente a través de esta fe. Si es válido que una personalidad histórica es quien sigue influyendo en la historia, entonces hay que decir con M. Kähler, el primer gran crítico de la investigación sobre la vida de Jesús: «El verdadero Cristo es el Cristo predicado» [32]. Por eso convertir en criterio el cristianismo de Cristo, que fue un descubrimiento histórico que

28. J. Jeremias, *Der gegenwärtige Stand der Debatte um das Problem des historischen Jesus*, en H. Ristow - K. Matthiae (ed.), *Der historische Jesus und der kerygmatische Christus*. Beiträge zum Christusverständnis in Forschung und Verkündigung, Berlin 1960, 14.
29. A. Schweitzer, *Geschichte*, 631.
30. *Ibid.*
31. *Ibid.*, 631 s.
32. M. Kähler, *Der sogennante historische Jesus und der geschichtliche, biblische Christus*, reeditado por E. Wolf, München ⁴1969, 44 (entrecomillado en el original).

no tuvo importancia alguna para el primitivo cristianismo, significa para F. Overbeck, que ciertamente no fue un apologeta de la iglesia, «situarse fuera de la religión cristiana». [33] Con lo dicho enlaza inmediatamente un tercer punto de vista de naturaleza más hermenéutica. En definitiva, la crítica histórica se parece a un «tornillo sin fin»; pero la fe no se puede apoyar «sobre un gran acaso ni sobre un cúmulo movedizo de detalles que se desplazan y cambian continuamente por lo que a importancia se refiere» [34]. En ese caso la fe se parecería «a un ejército que marcha sin seguridad, pudiendo ser sorprendida y puesta en peligro por minúsculas fuerzas enemigas» [35]. Con razón escribe K. Adam: «Sería un lastimoso cristianismo que tendría que vivir con la preocupación constante de si la crítica no pronunciará su sentencia de muerte hoy o mañana» [36]. Un método así con sus presupuestos, puede llegar a la conclusión de que la cosa no es para tanto. ¿Pero qué remedio le queda al «creyente de a pie» sino creer a un profesor más que a otro? Una iglesia de teólogos sería cualquier cosa menos una iglesia de adultos y tendría que articular nuevas exigencias de autoridad.

Estas otras ideas llevaron a una renovación de la cristología eclesiástico-dogmática en nuestro siglo entre las dos guerras mundiales e inmediatamente después de la segunda. Por parte católica hay que nombrar, en especial, a K. Adam y por parte protestante, ante todo, a K. Barth. Es cierto que R. Bultmann rechazó una cristología del dogma, pero desarrolló una del kérygma análoga a ella y que partía de la presencia de Cristo en la predicación. A ésta le correspondía en el campo católico, en cierta medida, la teología de los misterios de O. Casel, que giraba alrededor de la presencia de los misterios de Cristo y su obra salvadora en la celebración litúrgica. Esta cristología eclesiástica renovada estuvo acompañada, en especial por parte católica, de una renovación de la eclesiología. En la época del nuevo romanticismo de los años 20 y 30 volvió a vigorizarse la escuela de Tubinga del siglo XIX en especial gracias a J. A. Möhler; se redescubrió la idea de la iglesia como cuerpo de Cristo. Según Möhler, Cristo sigue actuando y viviendo en la iglesia y desde este punto de vista la iglesia visible es «el hijo de Dios que continúa apareciendo entre

33. F. Overbeck, *Über die Christlichkeit unserer heutigen Theologie*, Darmstadt ³1963, 75.
34. M. Kähler, *Der sogennante historische Jesus*, 89. 91.
35. A. Schweitzer, *Geschichte*, 512.
36. K. Adam, *Der Christus des Glaubens*. Vorlesungen über die kirchliche Christologie, Düsseldorf 1954, 17.

los hombres en forma humana, que se renueva continuamente, que eternamente se rejuvenece; es la encarnación constante del mismo, de igual manera que los creyentes son llamados en la sagrada Escritura también el cuerpo de Cristo»[37]. En el campo protestante D. Bonhoeffer hablaba de «Cristo existiendo como comunidad»[38]. Se hablaba, pues, de un despertar de la iglesia en las almas (R. Guardini) y se profetizaba un siglo de las iglesias (W. Stählin). El Vaticano II hizo suyas estas ideas, dando así razón por lo pronto a las esperanzas mencionadas. Pero en seguida cambiaron las cosas. Se vio que no estaban resueltas y superadas las cuestiones planteadas por la ilustración y la crítica moderna y volvieron a aparecer ante todo a través de R. Bultmann y su escuela. *Por eso el tratar la nueva problemática constituye una de las principales tareas de la teología actual. La cuestión sobre la relevancia teológica de lo histórico y, consecuentemente, también de la investigación sobre la vida de Jesús necesita una nueva clarificación.*

3.   *La importancia teológica de lo puramente histórico*

El estadio presente, por ahora el último, de la reflexión cristológica comenzó con una conferencia de E. Käsemann en 1953 ante la asamblea de antiguos alumnos de Marburg con el título: *El problema del Jesús histórico*, en la que animaba a retomar la antigua cuestión liberal sobre el Jesús histórico, habida cuenta del cambio de presupuestos teológicos operado en la actualidad[39]. Este impulso provocó una verdadera tempestad. Se ocuparon en seguida de la cuestión E. Fuchs, G. Bornkamm, H. Conzelmann, H. Braun, J. Robinson, G. Ebeling, F. Gogarten, W. Marxsen, etcétera; en el terreno católico se ocuparon del problema J. R. Geiselmann, A. Vögtle, H. Schürmann, F. Mussner, R. Schnackenburg, H. Küng, J. Blank, R. Pesch, etc. La relevancia teológica

37.   J. A. Möhler, *Symbolik oder Darstellung der dogmatischen Gegensätze der Katholiken und Protestanten nach ihren öffentlichen Bekenntnisschriften* (ed. por J. R. Geiselmann), Köln-Olten 1958, 389.
38.   D. Bonhoeffer, *Sociología de la iglesia*, Salamanca 1969, 101, *passim*.
39.   E. Käsemann, *Das Problem des historischen Jesus*, en *Exegetische Versuche und Besinnungen* I, Göttingen ⁶1970, 187-214. Para la bibliografía más importante, cf. los boletines citados antes en cap. 1, nota 14. Una idea del reciente estadio de la discusión se da en K. Kertelge (ed.), *Rückfrage nach Jesus*, Freiburg-Basel-Wien 1974.

de lo histórico se ha convertido, de forma antes desconocida, en un problema agudo y decisivo, pero, en definitiva, absolutamente no resuelto.

En la provocación del nuevo cambio influyeron motivos tanto histórico-exegéticos como fundamentalmente teológicos. Desde el punto de mira histórico-exegético se constató que la situación no es tan desesperada, que, por el contrario, «los sinópticos contienen mucha más tradición auténtica que la parte contraria quiere aceptar». De modo que «los evangelios no autorizan de ninguna manera la resignación o el escepticismo. Por el contrario, nos presentan la figura histórica de Jesús con una fuerza inmediata, aunque de manera muy distinta de como lo hacen las crónicas o los relatos históricos» [40]. Es característico de los evangelios mezclar el mensaje y la narración. No se puede dudar de que para ellos existe no sólo el problema de la mitización de lo histórico, sino igualmente el de la historificación de lo mítico.

Con esto hemos llegado a las perspectivas teológicas. Por una parte se trata del rechazo del mito. El acontecimiento escatológico no es «idea ni culmen en un proceso evolutivo» [41], sino que acontece de una vez para siempre. En esta contingencia histórica se refleja la libertad del Dios que actúa; da base al mismo tiempo al nuevo kairós, a la nueva posibilidad histórica de nuestra decisión. Por otra parte se trata de rechazar el docetismo y la convicción de que la revelación ocurre «en la carne». Consiguientemente todo se reduce a la identidad del señor exaltado con el Jesús terreno. En definitiva de lo que se trata es de la realidad de la humanización (encarnación) y de la importancia salvífica de la verdadera humanidad de Jesús. Por último, se trata del rechazo del entusiasmo de una interpretación puramente presente de la salvación. Hay que remitir «al *extra nos* de la salvación como realidad de fe». Una fe orientada únicamente hacia el kérygma acaba por convertirse en fe en la iglesia como portadora del kérygma. Mientras que en la cuestión sobre el Jesús histórico se ha de resaltar «la no disponibilidad de la salvación, el *prae* de Cristo antes de los suyos, el *extra nos* del mensaje, la necesidad del éxodo de los creyentes de sí mismos» [42]. Se trata del primado de Cristo antes y por encima de la iglesia.

---

40. G. Bornkamm, *Jesús de Nazaret*, Salamanca 1975, 24.
41. E. Käsemann, *Problem*, 200.
42. Id., *Sackgassen im Streit um den historischen Jesus*, en *Exegetische Versuche und Besinnungen* II, Göttingen ³1970, 67.

Con estos argumentos la nueva cuestión sobre el Jesús histórico no quiere meterse en las aguas de la teología liberal. Por eso se habló de la *nueva* cuestión sobre el Jesús ĥistórico. Lo nuevo de la nueva cuestión sobre el Jesús histórico consiste en que no se quiere preguntar por Jesús prescindiendo del kérygma, sino valiéndose del mensaje cristiano. Interpretación y tradición fundamentalmente no se pueden separar, según Käseman [43]. No se trata de traspasar el kérygma ni tampoco de una reducción del evangelio al Jesús histórico. Se ha visto que tal intento no pasa de ser *fata morgana*. Por eso la historia no puede servir tampoco de legitimación del kérygma. Pero sí que sirve de criterio del kérygma y de la fe. «De modo que de lo que se trata no es de basar históricamente la fe. Se trata de separar críticamente el mensaje recto del mensaje falso» [44]. E. Fuchs ha formulado con claridad este método: «Si antes interpretamos al Jesús histórico con ayuda del kérygma cristiano originario, hoy interpretamos este kérygma valiéndonos del Jesús histórico: ambos sentidos de la interpretación se complementan». [45]

La nueva cuestión sobre el Jesús histórico se mantiene, pues, dentro del círculo hermenéutico, válido para toda comprensión. Parte de la interpretación precedente, de la fe actual, y mide a ésta por su contenido, por Jesucristo. La nueva cuestión interpreta a Jesús a la luz de la fe eclesial, interpretando a ésta a su vez a partir de Jesús. Parece que el dogma cristológico y la crítica histórica han vuelto a reconciliarse aunque de modo muy crítico. Pero eso es sólo lo que parece. En realidad este intento, del que tenemos que aprender muchísimo, contiene algunas decisiones previas y presupuestos que hay que aclarar desde el punto de vista teológico.

El primer presupuesto es de tipo filosófico. Se sabe que la palabra historia es polivalente. Otra cosa es la historia a la que se refiere el kérygma neotestamentario: el Jesús tereno tal y como verdaramente fue, como concretamente vivió; otra cosa diferente es el Jesús histórico que destilamos del kérygma en un complicado proceso de sustracción con ayuda de nuestros modernos métodos históricos. Especialmente E. Troeltsch ha mostrado que este cuestionamiento histórico moderno está muy lejos de no carecer de premisas. Presupone el concepto moderno de la subjetividad y contiene toda una filosofía. Porque el sujeto, que se

43. Id., *Problem*, 190-195.
44. Id., *Sackgassen*, 55.
45. E. Fuchs, *Zur Frage nach dem historischen Jesus*, Tübingen ²1965, VII.

ha hecho adulto, intenta constatar la historia «objetivamente» y por tanto, naturalizarla y neutralizarla. Para ello la crítica histórica parte de la igualdad fundamental de todo acontecimiento, considerando todo según la ley de la analogía y presuponiendo una general correlación de todos los sucesos [46]. Lo cual significa ni más ni menos que todo se comprende bajo el primado de lo general; no tiene cabida alguna la categoría de lo único ni de lo indeduciblemente nuevo. El futuro sólo se puede entender desde el pasado [47]. Esto tiene consecuencias inmediatamente teológicas: la escatología, el centro del mensaje de Jesús, tiene que ponerse entre paréntesis o reinterpretarse.

El segundo presupuesto es de cuño teológico, pero está estrechamente unido al de tipo filosófico que acabamos de mencionar. Se presupone que la realidad de Jesús es la del Jesús terreno y hasta la del histórico. De esta forma, la pregunta propia del nuevo cuestionamiento sobre el Jesús histórico es ésta: ¿qué hacer con la resurrección? ¿representa sólo la legitimación del Jesús terreno, presupuesto o concreción de que su «asunto» sigue adelante, o es algo totalmente nuevo y desconocido hasta ahora, que no sólo confirma al Jesús terreno, sino que prosigue al mismo tiempo su «asunto» de manera *nueva*? Pero si la resurrección no posee únicamente una función legitimante, sino que representa un acontecimiento salvífico con «contenido» propio, entonces el kérygma ha de contener un algo «más» y «nuevo» respecto del anuncio y asunto del Jesús terreno. Eso quiere decir que no es lícito hacer parcialmente criterio de la fe en Cristo al Jesús terreno o al histórico. *Contenido y criterio primario de la cristología es el Jesús terreno y el Cristo resucitado y exaltado. Esto nos lleva al programa de una cristología de la mutua correspondencia entre el Jesús terreno y el Cristo resucitado y exaltado.*

La problemática histórica tiene una función imprescindible dentro de tal cristología de la mutua correspondencia entre el Jesús terreno y el Cristo exaltado bajo los condicionamientos de interpretación actuales. La investigación histórica no se reduce a aportar *dicta probantia* para la fe posterior de la iglesia en Cristo. En el Jesús terreno, tal y como nos es accesible por la investigación histórica, la fe eclesial dispone de un criterio relativamente independiente, un dato puesto de una vez para siempre, con el que esa fe tiene que medirse sin interrupción. Con todo, el Jesús

---

46. E. Troeltsch, *Über historische und dogmatische Methode in der Theologie*, en *Ges. Schriften* II, Aaalen 1962 (Tübingen 1913), 729-753.
47. Cf. M. Heidegger, *Holzwege*, Frankfurt a. M. ³1957, 76.

histórico es imposible constituirlo en contenido total y únicamente importante de la fe en Cristo. Pues, por una parte, la
revelación acontece no sólo en el Jesús terreno, sino igualmente
y hasta de modo más definitivo en el resurgimiento y el envío
del espíritu. «En el espíritu» es hoy Jesús presencia viva. De ello
se deduce, en segundo lugar, que «en el espíritu» nos es posible
un acceso a Jesucristo no sólo históricamente mediato, sino inmediato. Si únicamente dispusiéramos de un acceso histórico a Jesucristo, entonces Jesús sería para nosotros letra muerta y ley esclavizante; sólo en el espíritu el evangelio es liberador (cf. 2 Cor
3, 4-18). De ello se deduce una dialéctica entre movimiento regresivo y normalidad cara al origen, por una parte, y movimiento
progresivo y desarrollo histórico, por otra. Esta dialéctica la
desarrolló ante todo el J. A. Möhler de sus últimos años. Mostró
que sólo así es como Jesucristo puede ser presencia viva, sin que
por ello estemos a merced de un dogmatismo entusiástico y totalmente carente de contenido, como Möhler lo veía entonces en
F. Ch. Baur. [48]

Este programa de una cristología de la mutua correspondencia entre el Jesús terreno y el Cristo resucitado de la fe retoma
en los actuales condicionamientos intelectuales el esbozo cristológico más antiguo, la llamada cristología de los dos estadios [49].
Se encuentra ya en la fórmula de Rom 1, 3-4 que Pablo toma
de la tradición: «... que nació de la descendencia de David según la carne, y fue entronizado hijo de Dios en poder por la
resurrección de entre los muertos según el espíritu de santidad».
Este esquema de una doble consideración de Jesucristo «según
la carne» (κατὰ σάρκα) y «según el espíritu» (κατὰ πνεῦμα) vuelve
a reaparecer en 1 Tim 3, 16 y 1 Pe 3, 18. El mayor desarrollo
de esta cristología de los dos estadios (incluyendo la preexistencia) se halla en el himno cristológico de Flp 2, 5-11; aquí toda
la cristología es el único drama del rebajamiento y exaltación: el
que primeramente se rebajó obedientemente en la forma de esclavo, es exaltado por Dios y entronizado como señor universal.

Este esquema siguió vigente en los padres de la iglesia de
los tres primeros siglos. F. Loofs ha resaltado que en esta doble
consideración de Cristo se nos ofrece el esquema cristológico más

---

48. J. A. Möhler, *Neue Untersuchungen der Lehrgegensätze zwischen den Katholiken und Protestanten* (ed. por P. Schanz), Regensburg 1900.
49. Cf. el resumen de R. Schnackenburg, *Cristología del nuevo testamento*, en
MySal III/1, 245-417 (con bibliografía).

antiguo [50]. En Tertuliano la cristología de los dos estadios pasa ya a la doctrina de los dos *status* en Cristo, que posteriormente se desarrolló hasta llegar a la cristología de las dos naturalezas. El concilio de Calcedonia miró su cristología de las dos naturalezas como interpretación de la cristología concreto-histórica de los dos estadios. La cristología de los dos estadios o de los dos estados, sin embargo, no fue totalmente desplazada en los tiempos que siguieron. Conocen todavía una detallada doctrina de los dos estados la tradición de la edad media y la escolástica del barroco; pero esta doctrina cada vez tuvo menos funcionalidad para la situación global de la cristología y ha acabado por desaparecer casi totalmente [51]. Otra cosa sucede en la tradición protestante. En ella siempre jugó un gran papel la doctrina de los dos estados. En los siglos XVII y XIX se transformó en la llamada cristología de la kénosis, que intentó —aunque fracasó— interpretar la cristología de las dos naturalezas como acontecimiento dinámico de rebajamiento y exaltación, de modo que el Logos se despoja de su divinidad. Sólo K. Barth consiguió de manera verdaderamente genial volver a unir sistemáticamente la cristología de los dos estados y la de las dos naturalezas [52]. El defecto de su obra está en que no incluye la cuestión retrospectiva sobre el Jesús terreno. Ultimamente E. Jüngel ha iniciado el interesante intento de ampliar las bases de la cristología de Barth, incluyendo en el proyecto total de su cristología la cuestión sobre el Jesús histórico. [53]

Con ello se ha cerrado el círculo: la correspondencia originaria entre el Cristo terreno y el resucitado, que primeramente se desarrolló desde el punto de vista dogmático en la cristología de los dos estadios y más tarde en la de las dos naturalezas y de los dos estados, ha vuelto a retomar estas interpretaciones suyas. Con ello queda fundamentalmente libre el camino para abordar el objeto de la cristología clásica de las dos naturalezas y de los dos estados, llegando así a una nueva síntesis.

De estas reflexiones se deducen *el punto de partida y la problemática de la cristología*:

50. F. Loofs, *Leitfaden zum Studium der Dogmengeschichte* (ed. por K. Aland), Tübingen ⁶1959, 69-72. 74-75. 108-109.
51. Cf. el resumen y renovación en M. J. Scheeben, *Handbuch der katholischen Dogmatik* V/2, en Ges. Schriften VI/2, Freiburg 1954, 108-156 (§§ 254-259).
52. K. Barth, *Die Kirchliche Dogmatik* IV/1, Zollikon-Zürich 1953, 140-170.
53. E. Jüngel, *Jesu Wort und Jesus als Wort Gottes*. Ein hermeneutischer Beitrag zum christologischen Problem, en *Unterwegs zur Sache*. Theologische Bemerkungen, München 1972, 126-144.

1. El *punto de partida* lo forma la profesión de la comunidad eclesial. En definitiva cristología no es otra cosa que la exégesis de la profesión «Jesús es el Cristo». Por supuesto que este punto de partida y este marco no encierra todavía todo el contenido. La profesión eclesial no descansa sobre sí misma. Tiene su contenido y norma preestablecida en la historia y el destino de Jesús. Las profesiones y dogmas cristológicos tienen que ser interpretados en orden a esta norma y a su luz. Aquí vale de modo análogo lo que se dice del lenguaje como tal: los conceptos sin visión están vacíos, la visión sin conceptos es ciega (Kant). Donde teología se reduce a mera interpretación de fórmulas y conceptos transmitidos, se convierte en escolástica (en el mal sentido del término). De fórmulas doctrinales se convierten en fórmulas vacías (*Lehr-, Leer-*). Lo que conduce a una conformación bipartita de la cristología: 1) historia y destino de Jesucristo, 2) el misterio de Jesucristo.

2. El *contenido central* de una cristología que se tenga como exégesis de la profesión «Jesús es el Cristo», lo constituyen la cruz y la resurrección de Jesús. Aquí se da el paso del Jesús de la historia al Cristo exaltado de la fe. Mas la identidad entre el Jesús terreno y el Cristo exaltado incluye una diferencia o, mejor, algo nuevo. Es por lo que se quedan demasiado cortas una jesuología y una cristología del kérygma parciales. Mas donde cruz y resurrección se convierten en contenido central, esto significa una corrección a la cristología que se oriente unilateralmente por la encarnación. Porque si se deja constituida por la encarnación la persona divino-humana de Jesús de una vez para siempre, la historia y el destino de Jesús y, ante todo, su cruz y resurrección no poseen ya importancia constitutiva alguna. En tal caso la muerte no es más que la perfección de la humanización y la resurrección no representa otra cosa que la confirmación de la naturaleza divina. Con lo que todo el testimonio bíblico se acorta. Según la Escritura el centro de la cristología radica en la cruz y la resurrección. Es a partir de este centro desde donde avanza hasta la parusía y retrocede hasta la preexistencia y la encarnación. De modo que el dato de la encarnación no es en modo alguno suprimido, sino que más bien se le inserta en el significado total de la historia y destino de Jesús, implicando que Dios ha tomado no sólo una naturaleza humana, sino una historia humana, con lo que ha operado la consumación de la historia.

3. El *problema fundamental* de una cristología cuyo centro se sitúa en la cruz y la resurrección consiste en cómo se relaciona la cristología de descenso-ascenso, que en ella se expresa, con la cristología descendente implicada en la idea de encarnación. Ambas tienen base bíblica, no pudiendo, por tanto, hacer valer una contra la otra. El ser divino-humano de Jesús basa su historia en la cristología descendente; en la cristología ascendente su ser se constituye en y por su historia. Con ello la cristología nos sitúa ante uno de los problemas más trascendentales del pensamiento como tal, es decir, ante la cuestión de la relación de ser y tiempo. De modo que en la cristología no se trata únicamente de la esencia de Jesucristo, sino de la interpretación cristiana de la realidad en general. De esta forma, la cuestión histórica sobre Jesucristo se convierte en pregunta por la historia como tal. Sólo en este horizonte universal puede desarrollarse también la cuestión histórica sobre Jesucristo de modo acertado. Es a esta problemática a la que tenemos que dedicarnos ahora con más detalle.

3
La cuestión religiosa sobre Jesucristo

1. *El reto de un mundo convertido en mundano*

La profesión «Jesús es el Cristo» constituye la respuesta a la cuestión sobre la salvación y la redención. En tiempos de Jesús esta pregunta estaba expandida por todas partes; aquella época estaba rebosante de esperanzas de salvación tanto por parte de judíos como de gentiles. En la época de Augusto se concretizaban tales expectativas en la esperanza de un reino de paz y justicia. Virgilio expresa de modo especialmente enfático esta esperanza en la famosa cuarta égloga. Con ocasión del nacimiento de un niño se espera el nuevo reino de paz y justicia [1]. No dice quién sea ese niño; Virgilio no pensó en absoluto en uno determinado; «niño» representa para él más bien el símbolo de la salvación como tal. En el ámbito judío se encuentran parecidas expectativas [2]. La historia del judaísmo palestinense de aquel tiempo era una historia de sangre y lágrimas. Los apocalípticos reaccionaron a las situaciones oprimentes interior y exteriormente con visiones de futuro llenas de ardiente expectativa por la llegada inminente de un reino de Dios supraterreno. Los zelotes, por el contrario, echaban mano de las armas, llevaban a cabo una especie de guerrilla contra la potencia gentil ocupante, intentando implantar por las armas el reino de Dios como teocracia terrena. El mensaje del primitivo cristianismo sobre Jesús el Cristo, es

1. Cf. Virgilio, *Egloga IV*, en *Opera* (ed. por F. A. Hirtzel), Oxonii 1963 (1900); además, M. Seckler, *Hoffnungsversuche*, Freiburg 1972, 27-32.
2. Cf. M. Hengel, *Judentum und Hellenismus*. Studien zu ihrer Begegnung unter besonderer Berücksichtigung Palästinas bis zur Mitte des 2. Jahrhunderts vor Christus, Tübingen 1969; Id., *Die Zeloten*. Untersuchungen zur jüdischen Freiheitsbewegung in der Zeit von Herodes I. bis 70 n. Chr., Leiden-Köln 1961.

decir, sobre el salvador y libertador enviado por Dios, se podía, pues, entender de modo inmediato como respuesta a *la* pregunta de la época. Por doquier flotaba esta cuestión: «¿Eres tú el que ha de venir o tenemos que esperar a otro?» (Mt 11, 3). ¿Y qué pasa hoy con esta pregunta? ¿Sigue viva la cuestión sobre la salvación y la redención? ¿Cómo podemos experimentar hoy el mensaje de Cristo como respuesta salvadora y liberadora? ¿Es que puede seguir diciéndonos algo? Al mundo actual se le califica diciendo que se ha convertido en mundano. Como lemas se toman conceptos como secularización, desacralización, desmitologización y desideologización. Son palabras de moda con las que se puede designar globalmente la situación presente [3]. Detrás de tales lemas, con mucha más razón si se convierten en moda, se pueden ocultar cosas muy distintas. En primer lugar y de modo bastante general se puede decir que el fenómeno de la secularización se caracteriza por el hecho de que el hombre y la sociedad se liberan de la tutela que suponen muestras ideológicas y de conducta de impronta religiosa y cristiana. El hombre quiere juzgar y tratar lo mundano mundanamente. Quiere adentrarse de modo racional en las estructuras inmanentes de la política, economía, ciencia, etc., orientando su actuación conforme a ello. Las cuestiones «absolutas» y definitivas que no pueden solucionarse de modo racional se consideran absurdas, con las que lo mejor que se puede hacer es posponerlas en favor de los problemas solubles, que, según se piensa, corresponden a necesidades reales.

La secularización moderna sólo puede entenderse a la luz del principio fundamental de la época moderna, del principio de la subjetividad. Subjetividad quiere decir el hecho de que el hombre se coloca como punto de partida y medida en orden a la comprensión de toda la realidad. No se puede confundir, pues, con subjetivismo, o sea, con la obstinación del individuo en su perspectiva limitada e intereses especiales. Cuando se habla de subjetividad no se trata de una perspectiva particular, sino de una

3. Cf. F. Gogarten, *Verhängnis und Hoffnung der Neuzeit. Die Säkularisierung als theologisches Problem*, Stuttgart 1953; D. Bonhoeffer, *Resistencia y sumisión*, Esplugues de Llobregat ²1971; H. Lübbe, *Säkularisierung. Geschichte eines ideenpolitischen Begriffs*, Freiburg-München 1965; J. B. Metz, *Versuch einer positiven Deutung der bleibenden Weltlichkeit der Welt*, en HPTh II/2, 239-267; Id., *Teología del mundo*, Salamanca ²1971; H. Blumenberg, *Die Legitimität der Neuzeit*, Frankfurt 1966; J. Matthes, *Introducción a la sociología de la religión* I: *Religión y sociedad*, Madrid 1971, especialmente 81 s; H. Bartsch (ed.), *Probleme der Entsakralisierung*, München-Mainz 1970; H. Mühlen, *Entsakralisierung. Ein epochales Schlagwort in seiner Bedeutung für die Zukunft der christlichen Kirchen*, Paderborn 1971.

perspectiva universal[4]. Este cambio antropológico, como se le llama, comienza, tras las preparaciones que supusieron la mística y Nicolás de Cusa, con el *cogito ergo sum* de Descartes. El hombre desde ahora ya no se comprende a partir del contexto total de una realidad que lo rodea y que es para él medida y orden, sino que el hombre mismo se convierte en punto de referencia de la realidad. Donde el hombre se convierte de ese modo en señor de la realidad, ésta se reduce a mero objeto, que se puede conocer científicamente y dominar por la técnica. Es cierto que sigue incluyendo multitud de problemas no solucionados, pero que en realidad ya no son verdaderos misterios. El hombre piensa que puede conocer cada vez mejor las verdaderas causas de las cosas y disponer de ellas cada vez mejor. Se puede prescindir de Dios como hipótesis de conocimiento y trabajo y al mundo se le desmitologiza y desacraliza. La desdivinización del mundo material tiene naturalmente como consecuencia una descosificación de la imagen de Dios y de las concepciones de fe. Ilustración y romanticismo, ciencias naturales y mística representaban a menudo en la época moderna dos lados de un movimiento. Por eso sería ingenuo pensar que los problemas planteados por la secularización moderna estaban solucionados por la actual «ola religiosa» que se observa y que de por sí es algo que alegra.

Tras esta evolución de la época moderna se encuentra, en definitiva, el *pathos* de la libertad y la liberación de presiones objetivas. Por eso emancipación es una especie de palabra clave para nuestra época en orden a nuestra actual experiencia de la realidad, representando en cierto sentido una categoría histórico-filosófica para caracterizar los procesos modernos de ilustración y libertad (J. B. Metz)[5]. ¿Pero qué quiere decir eso?

El concepto emancipación[6] procede originariamente del derecho. Significa en el derecho romano la liberación de esclavos concedida graciosamente o la emancipación del hijo mayor de edad respecto del poder paterno. Esta interpretación originaria de la emancipación puede tener igualmente un buen sentido teológico. Desde Pablo se entiende la redención cristiana como liberación de los «principados y potestades», siendo indiscutible que el cristia-

---

4. G. W. F. Hegel, *Einleitung in die Geschichte der Philosophie* (ed. por J. Hoffmeister), Hamburg ³1959, 244: «Sin duda que al principio la subjetividad es únicamente formal, pero constituye la posibilidad real de lo sustancial. La subjetividad consiste precisamente en que el sujeto tiene la determinación de colmar su generalidad, realizarla, de identificarse con la sustancia».
5. Cf. J. B. Metz, *Erlösung und Emanzipation*, 121.
6. M. Greiffenhagen, *Emanzipation*, en J. Ritter (ed.), *Historisches Wörterbuch der Philosophie* II, Darmstadt 1972, 448 s (con mas bibliografía); R. Spaemann, *Autonomie, Mündigkeit, Emanzipation*: Kontexte 7 (1971) 94-102.

nismo ocupa un lugar imporante en la historia occidental de la libertad.
Fue el cristianismo el primero en reconocer la dignidad de cada hombre
fundada en la libertad independientemente de su raza, origen, posición y
sexo. Desde este punto de vista se puede interpretar, en parte, la época
moderna como influjo histórico del cristianismo. Pero sería una simplificación
calificar globalmente todo el desarrollo moderno como cristiano «anónima»
o «estructuralmente».

De la emancipación como libertad concedida graciosamente se llegó en
la época moderna a la autoliberación del hombre entendida de modo autónomo. Ella constituyó el impulso decisivo de la ilustración, que Kant definió
como salida del hombre de su culpable minoría de edad y como coraje de
servirse de su propia razón, utilizándola públicamente [7]. La liberación del
individuo se convirtió al mismo tiempo en proceso social, en el que grupos
sociales se liberaron de una tutela, desventaja, dominio considerado como
injusticia, fuera en el campo del espíritu, en el jurídico, social o político.
Así se habla, entre otras, de la liberación de los campesinos, de la emancipación de la burguesía, del proletariado, de los judíos, los negros, las mujeres, las colonias. Cada vez con más claridad apareció como meta común de
estos movimientos el desmontar toda discriminación y privilegio: la sociedad
emancipada. De ese modo se convirtió cada vez más en categoría ideológica
el concepto de emancipación que primeramente fue de tipo jurídico y luego
se cargó de sentido político. En este sentido total es como la define Marx:
«Toda emancipación es la reducción del mundo humano, de las relaciones,
al hombre mismo» [8]. Esta emancipación con caracteres de totalidad excluye
en Marx expresamente toda mediación de un intermediario [9]. Por eso para
Marx la emancipación respecto de la religión es condición y presupuesto de
cualquier otra emancipación. [10]

*Si la emancipación constituye una especie de lema de la época
para nuestra experiencia actual del mundo y, en cierto sentido,
una categoría histórico-filosófica para caracterizar los procesos
modernos de ilustración y libertad, procesos en los que como
situaciones (y no simplemente bajo su condicionamiento) tenemos que articular y dar cuenta del mensaje cristiano de salvación
(J. B. Metz), si ello es así, repito, una cuestión fundamental de
la cristología de hoy es qué relación existe entre redención entendida cristianamente y emancipación interpretada de acuerdo con
la época moderna.*

A estas cuestiones intentan responder la teología de la desmitización de R. Bultmann y la de K. Rahner de orientación más
antropológica. Es claro que entonces se plantean cuestiones definitivas y alternativas fundamentales, con todo lo que también

7. I. Kant, *Beantwortung der Frage: Was ist Aufklärung?*, en WW VI (ed. por
W. Weischedel), Darmstadt 1964, 53. 55.
8. K. Marx, *La cuestión judía*, en K. Marx - Fr. Engels, *Sobre la religión*,
Salamanca 1974, 131.
9. *Ibid.*, 114.
10. *Ibid.*, 109.

aquí pueden y tienen que aprender mutuamente la teología y la filosofía moderna de la emancipación. Se trata de una cuestión a vida o muerte de la fe y la teología.

2. El programa de la desmitización de la fe en Cristo

En el momento en que la libertad y mayoría de edad del hombre se convierten en foco dominante de todo lo demás y en criterio del pensamiento, las concepciones y convicciones religiosas heredadas tienen que aparecer como mitología. En la sospecha de que se trataba de mitología cayó también la fe tradicional en Jesucristo. ¿Podemos seguir honradamente presentando el mensaje de que Dios baja del cielo, toma forma humana, nace de una virgen, comienza a actuar y obra milagros, tras la muerte desciende al lugar de los muertos, es resucitado al tercer día y exaltado a la derecha de Dios y ahora desde el cielo está presente y actúa por el espíritu en la predicación y los sacramentos de la iglesia? ¿No es todo esto el lenguaje y hasta el contenido de una imagen mítica del mundo hoy superada? ¿No hay, pues, que realizar una desmitización tanto por honradez intelectual como en razón de una comprensión más limpia de lo que es Dios?

Esta cuestión no se puede contestar si no se aclara previamente qué quiere decir mitología y desmitización [11]. Nos limitamos a la interpretación de mito y mitología que domina en la llamada escuela de historia de las religiones y en la teología de la desmitización que depende de ella [12]. En este terreno mito es el modo de comprensión que pertenece a una época ya superada de la humanidad, a su época infantil; entonces no se sabía nada todavía sobre las causas verdaderas de las cosas, por lo que por doquier en el mundo y en la historia se veían actuar fuerzas supramundanas y divinas. Por tanto, la mitología es el modo de pensar y concebir las cosas que entiende lo divino a modo mundano y lo mundano a modo divino. Dios se convierte en tapaagujeros, en *deus ex machina*, que sustituye las causas naturales mediante intervenciones milagrosas y sobrenaturales. Es decir, lo divino y lo mundano se mezclan y forman un todo que abarca lo demás, el único cosmos. Lo divino es, por así decir, la profunda dimen-

---

11. H. Fries, *Mito y mitología*, en SM IV, 752-761 (bibliografía); J. Slok y otros, *Mythos und Mythologie*, en RGG IV, 1263-1284 (bibliografía).
12. Cf. C. Hartlich - W. Sachs, *Der Ursprung des Mythosbegriffes*.

sión numinosa del mundo; se puede experimentar en todas partes y en todo de modo inmediato. Toda realidad puede convertirse en símbolo en el que lo divino es experimentable.

El programa de la desmitización procura tener en cuenta ese cambio en la comprensión de la realidad. *Pero el programa de la desmitización no quiere decir, como da la impresión el término mismo presto a ser mal entendido, que se tienda a eliminar, sino a interpretar. La desmitologización no se mueve primariamente por interés negativo, sino positivo. Quiere salvar el núcleo perenne de contenido que hay en la profesión tradicional de fe en forma mitológicamente cifrada. Quiere expresar su intencionalidad sin desfiguraciones en un modo acomodado a la conciencia moderna.*

Este programa de la desmitización no es nuevo. Lo encontramos ya en los deístas ingleses que exigen un cristianismo razonable (Locke) y una religión sin misterio (Toland). En realidad Spinoza se adelanta a toda la discusión moderna. Partiendo de su filosofía panteísta está convencido de que en Cristo ha tomado naturaleza humana la sabiduría de Dios. Pero la sabiduría de Dios se muestra en Cristo únicamente en un modo especialmente claro respecto de la naturaleza y del espíritu humano. De manera que la Escritura no enseña nada que no estuviera de acuerdo con la razón. Su autoridad no atañe a cuestiones sobre la verdad, sino sobre la conducta y la virtud, cuestiones sobre la praxis, se diría hoy. Es sintomático que Spinoza titule su obra sobre el asunto *Tractatus theologico-politicus.* De modo semejante, aunque partiendo de presupuestos distintos, Kant quiere entender todas las leyes y toda fe eclesiástica positiva como medio y vehículo en orden a favorecer y extender la religión moral, y de no ser así le parece superstición e idolatría, obcecación religiosa, clericalismo y fetichismo.

La primera gran discusión sobre el problema de la mitología estalló al publicar su *Vida de Jesús* en dos tomos el entonces repetidor del convictorio de Tubinga, D. F. Strauss, diciendo que la fe en Cristo era obra de la saga que empezó a inventar sin pretenderlo [13]. También él quería hacer de la religión de Cristo una religión de la humanidad. Pues no es éste en absoluto «el modo como se realiza la idea, derramando toda su plenitud en un ejemplar y mostrándose tacaña frente a todos los demás, sino que prefiere extender su riqueza en una multitud de ejemplares, que

13. D. F. Strauss, *Das Leben Jesu* I, 75.

se contemplan mutuamente, en individuos que se cambian y vuelven a surgir... Las propiedades y funciones que la doctrina eclesiástica atribuye a Cristo, se contradicen si se las piensa en un solo individuo, en un hombre-Dios, mientras que en la idea de la especie concuerdan. La humanidad es la unión de ambas naturalezas, el Dios humano, el espíritu infinito que se vacía hasta la finitud, el espíritu finito que se acuerda de su infinitud...»[14]. Con todo, Strauss se aferró a un núcleo histórico del acontecimiento de Cristo. No llegó todavía a sustentar la absurda tesis que A. Drews propuso hacia fines del siglo pasado y comienzos de éste con un celo casi misional, en el sentido de que Jesús no era más que un mito y que no había existido nunca. De modo semejante Jesús era para B. Baur y A. Kalthoff meramente un símbolo de las ideas de la comunidad[15]. La discusión se volvió a desprender de tales «vericuetos históricos propios de falsificadores, elevándose a las alturas del pensamiento»[16] sólo por la obra de E. Troeltsch y W. Bousset[17]. Para ellos Jesús es símbolo del culto de la comunidad. Un símbolo cultual es únicamente verdadero y efectivo cuando tras él está un verdadero hombre. Pero los hechos históricos le sirven también a Troeltsch sólo «como ilustración y no como demostración».[18]

Con este trasfondo es como resulta comprensible el programa desmitologizante de R. Bultmann[19]. Siguiendo la tradición de la escuela histórico-religiosa de W. Bousset, Bultmann entiende como mitológico «el modo de concebir las cosas en el que lo no-mundano, lo divino, aparece como mundano, humano, y la allendidad aparece como aquendidad»[20]. Mas a diferencia de Bousset, para Bultmann el centro de interés lo ocupa no el culto, sino la predicación. Esto da a su planteamiento un matiz más «ilustrado». Mitología es para él prácticamente el antónimo de nuestra idea moderna y científica del mundo, idea que según él cuenta con un contexto cerrado causa-efecto, mientras que para el pen-

14. *Ibid.* II, 734 s.
15. Cf. A. Schweitzer, *Geschichte*, 444 s.
16. *Ibid.*, 519.
17. Cf. *Ibid.*, 522.
18. E. Troeltsch, *Die Bedeutung der Geschichtlichkeit Jesus für den Glauben*, Tübingen 1911, 9.
19. R. Bultmann, *Neues Testament und Mythologie*, en H. W. Bartsch (ed.), *Kerygma und Mythos* I, Hamburg-Bergstedt [5]1967, 15-48; Id., *Zur Frage der Entmythologisierung*, en KuM III, Hamburg-Volksdorf 1952, 179-208; Id., *Zum Problem der Entmythologisierung*, en GuV IV, Tübingen [2]1967, 128-137; Id., *Jesus Christus und die Mythologie*, en GuV IV, 141-189.
20. R. Bultmann, *Neues Testament und Mythologie*, 22, 2.

samiento mítico el mundo está abierto a la intervención de poderes del más allá. Este pensamiento hoy está «liquidado» para nosotros. Lo que no significa, para Bultmann, que también el kérygma neotestamentario esté liquidado. Lo que hay que hacer es más bien liberar la interpretación existencial inserta en el mito, revalorizando, en consecuencia, la intención que les es propia a las escrituras bíblicas. En el mito se expresa que el hombre es el ser que no es dueño de sí. En el encuentro con el kérygma de Jesucristo se le regala una nueva interpretación de la existencia. El concepto de la desmitización es, pues, para Bultmann sólo la formulación negativa de lo que para él significa positivamente la interpretación existencial. Esta no tiene que destuir lo irrenunciable y el escándalo de la fe cristiana, es decir, que es Dios quien obra en Jesucristo, sino resaltarlo precisamente a base de despojarlo de falsos escándalos, o sea, de ropajes condicionados por la época.

Según muchos de sus críticos Bultmann se queda a mitad de camino. Pues ¿no hay que calificar igualmente de mito el hablar de la actuación definitiva de Dios en Jesucristo? Bultmann cree poder negar esta pregunta. «Porque el acontecimiento salvador de que hablamos no es algo milagroso, sobrenatural, sino que es un acontecimiento histórico en el tiempo y en el espacio» [21]. Otros, especialmente K. Jaspers, W. Kamlah, F. Buri, Sch. Ogden, ven también en ello una espacialización y temporización mítica de Dios. «El acontecimiento salvador no consiste... en una única actuación en Cristo, sino en que puede suceder que los hombres pueden entenderse en su propia condición, tal y como se ha expresado en el mito de Cristo» [22]. Quiere decir entonces que Jesucristo es la manifestación especialmente clara de una posibilidad del hombre de llegar a ser tal auténticamente. La cristología es la cifra de una antropología determinada, símbolo para un ser hombre conseguido, una especie de cohumanidad o impulso de una nueva praxis que cambia el mundo.

Entre tanto los intentos de una desmitologización de la fe en Cristo han penetrado también en la teología católica. Los primeros pasos en esta dirección los da H. Halbfas en su *Catequética fundamental*. Según él, la historia del autoencuentro del hombre en el Dios que lo sostiene para ello, halla su concretización insuperable en Jesucristo. Pero la revelación de Dios en Jesús de

21. *Ibid.*, 48.
22. F. Buri, *Entmythologisierung oder Entkerygmatisierung der Theologie*, en *Kerygma und Mythos* II, Hamburg-Volksdorf 1952, 97.

Nazaret no es «algo categorialmente distinto respecto de revelaciones extrabíblicas», sino «la ley de la evolución que llega a su plenitud» [23]. Todavía con mayor radicalidad ve J. Nolte en la persona de Jesús el hecho, el símbolo, la señal distintiva y el significado hecho persona de una libertad determinada por amor, lo cual no excluye para él la existencia de otros hechos, símbolos, señales distintivas y significados personificados de una libertad determinada por amor. «Consecuentemente hay que relativizar radicalmente lo cristiano, considerándolo no más que como concreción provisional, pedagógico-simbólica de un valor permanente de verdad... Dios es mayor de lo que llamamos "Dios" en la figura de Jesús y en el cristianismo» [24]. Esencialmente más cauto y precavido es E. Schillebeeckx a la hora de formular su posición. En la narración de Jesús ve «la gran parábola de Dios mismo y, al mismo tiempo, el paradigma de la humanidad de nuestra hominidad, una posibilidad nueva, inaudita de existencia gracias al Dios deseoso de humanidad». [25]

Cualquiera que sea la crítica que haya que hacer a estos intentos de desmitologización de la fe en Cristo, hay que mantener en primer lugar lo siguiente: *no se puede negar toda la razón al programa de desmitologización ni en su finalidad crítica ni en su finalidad positiva. Hay ciertamente una auténtica necesidad de desmitologización.* No se puede negar que en la interpretación cristiana corriente a Jesucristo se le considera a menudo en mayor o menor medida como un Dios que se pasea por la tierra, en el que lo humano, en definitiva, no es más que el revestimiento y adorno tras el que Dios mismo habla y actúa. Se puede discutir si estas concepciones son siempre tan crasas, como a menudo se las presenta: Dios disfrazado de rey magno; Dios que se viste una especie de mono para reparar el mundo averiado, etc. De cualquier manera la doctrina bíblica y eclesiástica según la cual Jesús es hombre verdadero y pleno con alma y libertad humanas no ha calado ni se ha desarrollado mucho en la conciencia del cristiano corriente. Frente a tales concepciones es legítimo y hasta necesario desmitologizar, precisamente para resaltar el auténtico sentido de la fe en Cristo.

La finalidad positiva del programa de la desmitologización, la interpretación existencial o la antropológica, es también legí-

23. H. Halbfas, *Fundamentalkatechetik*. Sprache und Erfahrung im Religionsunterricht, Stuttgart 1968, 223.
24. J. Nolte, *«Sinn» oder «Bedeutung» Jesu?*, 327.
25. E. Schillebeeckx, *El «Dios de Jesús» y el «Jesús de Dios»*: Concilium 93 (1974) 424-442.

tima. En realidad la revelación se sirve del lenguaje humano, que únicamente revela algo si le dice algo al oyente, es decir, si éste lo entiende. En Jesucristo la condición humana se hace como tal gramática de la autoexpresión de Dios. De modo que las sentencias cristológicas tienen siempre que ser traducibles en otras de tipo antropológico y al revés, partiendo de la antropología tiene que ser posible una precomprensión de lo que aconteció en Jesucristo.

Las dos perspectivas que hasta ahora hemos nombrado debían mostrar en primer lugar desde dentro de la teología lo legítimo del programa moderno de la desmitologización. Con tal argumentación intrateológica no se ha conocido, por supuesto, todavía toda la seriedad y todo el desafío implicado en la desmitologización. Por el contrario, es ahora cuando comienza el problema propiamente tal. Pues la cuestión es, si el lenguaje y argumentación teológicos son de por sí posibles y tienen sentido y hasta qué punto es así, o si un lenguaje teológico purificado de concepciones demasiado crasas y producto en cierta medida de una reflexión hermenéutica no cae también en el veredicto de ser un lenguaje mitológico. Pues también tal lenguaje teológico purificado y reflejo contiene «algo» en definitiva inexpresable e indemostrable.

La respuesta a esta cuestión se va a intentar en lo que sigue a través de varios pasos argumentativos. En un primer paso se trata de probar la problemática y aporética inmanentes en las que caen la ilustración, emancipación y desmitologización modernas. Tal autocrítica de la crítica moderna se intenta hoy a menudo bajo el lema de la «dialéctica de la ilustración» (M. Horkheimer - Th. W. Adorno). Con ello se quiere mostrar que la racionalidad determinada por la ilustración se encuentra en peligro de convertirse ella misma en irracional. Porque si el hombre intenta aclarar todo racionalmente, organizarlo y manipularlo de ese modo, tiene que contar con que él mismo esté mal planificado y manipulado. Donde se mira desde el punto de vista de lo calculable, también el hombre se convierte en un número sin brillo. A ello se ha de añadir que tal dominio racional de la realidad sólo es posible mediante la colaboración racionalizada y organizada de muchos hombres. Esto lleva casi necesariamente a lo que se llama el mundo dirigido y, en el caso extremo, desemboca en un estado totalitario. Con ello la libertad se enreda en las mallas del sistema que ella misma diseñó, pareciéndose al final al encantador incapaz de deshacerse de los espíritus que él mismo evocó.

La dialéctica de la ilustración se manifiesta de la forma más clara en que la razón que se absolutiza a sí misma, casi necesariamente se fabrica un nuevo mito. Como ya notó L. Feuerbach, la política se convierte ahora en religión [26]. ¿Mas sigue siendo hombre humano el hombre absolutizado? ¿no es más bien un monstruo? ¿no se convertirá necesariamente la política en religión con exigencias totalitarias y esclavizantes?

Las consecuencias problemáticas del principio moderno de la subjetividad remiten a la problemática del mismo punto de partida. El presupuesto fundamental de la ilustración consiste en convertir a la razón humana en medida y punto de referencia de todo entender y hacer. Lo que implica que la ilustración parte de la racionalidad por principio de toda realidad y, por cuanto quiere entender todo con los mismos principios de la razón, también parte de la igualdad fundamental de todo acontecimiento. Mas partiendo de tal igualdad y comparabilidad fundamental de todo acontecimiento, se llega no sólo a la negación de una historia de salvación especial, sino que, en definitiva, ya no hay nada nuevo bajo el sol; el primado de lo general predomina sobre todo lo especial y único. Lo único y especial se convierte, en tal caso, en vehículo, función, cifra, símbolo, interpretamento, variable y, por último, en caso de una realidad general. Consecuentemente también la cristología se convierte en vehículo, función, cifra, símbolo, interpretamento, variable y, en resumen, en caso de la antropología.

Si se toman juntamente, sin embargo, la razón y los límites de la desmitologización moderna, no puede tratarse de volver hasta más atrás del desarrollo moderno. Más bien tenemos que atravesar por los problemas de la época moderna. Tal «retorsión» de la problemática moderna se puede llevar a cabo de la mejor manera abordando los motivos actuales que hacen saltar desde dentro el pensamiento abstracto igualitario, que todo lo hace in-diferente (*gleich-gültig*) por lo que a la validez se refiere. Este es el caso del motivo más fundamental de la ilustración moderna, que hace de la dignidad y libertad del hombre el punto de vista definitivo. Ya notó Schelling con clarividencia que el hacer de la libertad el centro del sistema significa un cambio más radical que cualquier otra revolución anterior [27]. Porque la li-

---

26. Cf. L. Feuerbach, *Notwendigkeit einer Veränderung* (1842-1843), en *Kleine Schriften*, Frankfurt 1966, 225.
27. Cf. F. W. J. Schelling, *Philosophische Untersuchungen über das Wesen der menschlichen Freiheit und die damit zusammenhängenden Gegenstände* (1809), en WW IV (ed. por M. Schröter), München 1958, 243.

bertad niega el primado de lo general ante lo especial. Ella es
posible y tiene sentido únicamente presuponiendo que la realidad
en general esté determinada por la libertad, pues sólo entonces
puede haber en ella un lugar·para la libertad. Pensar la realidad
desde el primado de la libertad quiere decir, por tanto, no considerar la realidad como un sistema cerrado en sí, sino como fundamentalmente abierto, en el que hay lugar para lo señero, nuevo
e inderivable. Habrá, pues, que preguntar si la ilustración, que
piensa que tiene la obligación de protestar contra Dios en nombre
de la libertad, no se encuentra, en definitiva, en la incomprensión de sí misma, pues ¿cómo podrá llevar adelante una interpretación de la realidad bajo el primado de la libertad sin la de
Dios que todo lo gobierna? Por eso la cuestión es saber si una
segunda ilustración, es decir, una ilustración de la ilustración
sobre sí misma, no puede volver, de una manera nueva, a la fe en
Dios como condición de la posibilidad de libertad.

Estas no son, en primer lugar, más que preguntas, que al
menos sirven para mostrarnos los límites entre una desmitologización legítima y otra ilegítima. *El programa de la desmitologización es legítimo si ayuda a mostrar a Jesucristo como el
lugar de la libertad de Dios y del hombre. Pero es ilegítimo si
deshace lo indeduciblemente nuevo y único en Jesucristo, o sea,
si la cristología se convierte en un caso de la antropología. Si se
traspasa esta frontera entre una legítima interpretación antropológica y una ilegítima reducción antropológica, la desmitologización se convierte dialécticamente en su contrario, Jesús de Nazaret viene a ser el mito del hombre.*

3. La cristología orientada antropológicamente

Es un mérito indiscutible de K. Rahner el haber mostrado
cómo es posible hacer cristología de una manera nueva con los
presupuestos (¡no condiciones!) de la época moderna [28]. Con ello

28. Cf. sobre esto K. Rahner, *Problemas actuales de cristología*, en ET ³I,
167-223; Id., *Eterna significación de la humanidad de Jesús para nuestra relación
con Dios*, en ET ³III, 47-61; Id., *Para la teología de la encarnación*, en ET IV,
139-159; Id., *Cuestiones dogmáticas en torno a la piedad pascual*, en Ibid., 159-177;
Id., *La cristología dentro de una concepción evolutiva del mundo*, en ET V, 181-
221; Id., *Ponderaciones dogmáticas sobre el saber de Cristo y su consciencia de sí
mismo*, en Ibid., 221-243; Id., *Geheimnisse des Lebens Jesu*, en Schriften VII,
Einsiedeln 1966, 123-196; Id., *Der eine Mittler und die Vielfalt der Mermittlungen*,
en Schriften VIII, Einsiedeln 1967, 218-235; Id., *Kirchliche Christologie zwischen*

se ha abierto a muchos el acceso a la fe cristiana, y la teología católica se ha conectado con la discusión hermenéutica actual. K. Rahner acepta la legítima preocupación de la desmitologización y comienza normalmente con una severa crítica de la corriente comprensión de la fe en Cristo cargada de ocultos matices mitológicos. Este malentendido reduce la naturaleza humana a una librea y a un mero instrumento externo, degradando al mediador a un medio. Una comprensión no-mitológica sólo es posible para Rahner tomando la humanidad de Jesús como símbolo real de Dios. En sus publicaciones posteriores Rahner llama a esto también una cristología «desde abajo»[29]. Tiene que mostrar que la humanización de Dios no quita al hombre nada de independencia y originariedad, sino que es «el caso supremo y señero de la realización esencial de la realidad humana»[30]. Por eso parte de una cristología buscadora y anónima, que el hombre arrastra en su vida, siempre que admita radicalmente su hominidad y la acepte totalmente[31]. La cristología «desde abajo» puede, pues, apelar al otro y preguntarle si lo que busca en su vida con tanto ahínco no encuentra su cumplimiento en Jesucristo. «Señor, ¿a quién vamos a ir? Tú tienes palabras de vida eterna» (Jn 6, 58).[32]

Lo que Rahner llama cristología «desde abajo» prosigue, en definitiva, la finalidad de su cristología trascendental, de la que habló siempre. Con frecuencia se malentiende esta cristología trascendental, como si Rahner pretendiera derivar el contenido de la cristología *a priori*, partiendo del pensamiento humano y de la realización existencial humana. Pero el método trascendental de Rahner no se puede llevar sin más a la línea de Kant. Es más, Rahner pone expresamente en guardia ante la equivocación de pensar que la cristología trascendental pudiera triunfar incluso haciendo abstracción metódica del Jesucristo histórico[33]. Por eso

---

Exegese und Dogmatik, en *Schriften* IX, Einsiedeln 1970, 197-226; Id., *Christologie im Rahmen des modernen Selbst-und Weltverständnisses*, en *Ibid.*, 227-241; Id., *Auf der Suche nach Zugängen zum Verständnis des gottmenschlichen Geheimnisses Jesu*, en *Schriften* X, Einsiedeln 1972, 209-214; Id., *Bemerkungen zur Deutung der Geschichte Jesus für die katholische Dogmatik*, en *Ibid.*, 215-226; Id., *Die zwei Grundtypen der Christologie*, en Ibid., 227-238; Id., *Ich glaube an Jesus Christus*, Einsiedeln 1968; Id., *Jesucristo*, en SM IV, 12-72; K. Rahner - W. Thüsing, *Christologie-systematisch und exegetisch*, Freiburg 1972.
29. Cf. Id., *Christologie*, 47, 65-68; Id., *Schriften* X, 227-238; Id., *Gnade als Mitte menschlicher Existenz*: HerKorr 28 (1974) 87.
30. Id., ET IV, 139 s.
31. Cf. Id., *Christologie*, 60.
32. Cf. *Ibid.*
33. Id., ET ³I, 167 s y *passim*.

Rahner parte[34] de una fenomenología de nuestra relación con Jesucristo tal y como ella se da, tal y como se entiende y se vive realmente en las iglesias cristianas[35]. Sólo en un segundo estadio se reflexiona sobre las condiciones trascendentales de este conocimiento, para luego en un tercer paso presentar la idea-de-Cristo como el correlativo concreto respecto de la estructura trascendental del hombre y de su conocimiento.

Partiendo de tales presupuestos, Rahner desarrolla su cristología trascendental desde abajo en tres etapas:[36]

1. En cada acción categorial del conocimiento y la libertad, el hombre se experimenta siempre remitido más allá de sí mismo y de todo objeto categorial hacia un misterio incomprensible. Sólo en la anticipación hacia el infinito puede reconocerse lo finito en su condición de tal, y sólo donde es éste el caso, es posible la libertad. De modo que el hombre por naturaleza es la indefinibilidad vuelta a sí mismo, el pobre y consciente estar remitido a un misterio de plenitud.[37]

2. El hombre, en la más atrevida de sus esperanzas, se atreve a esperar que este misterio no sólo soporte y gobierne la existencia en cuanto soporte asintótico y meta de un movimiento infinito, sino que se da a sí mismo como plenitud del hombre. Tal autodonación de Dios tendría que proporcionarse otra vez históricamente. Esto nos lleva al concepto del acontecimiento salvador absoluto y del absoluto salvador, en el que el hombre experimenta su ser como realmente confirmado por Dios gracias a la promesa absoluta e irreversible de sí mismo. Esta autodonación de Dios presupone la libre aceptación por parte del hombre.

3. Con lo dicho hemos alcanzado el pensamiento de la humanización de Dios. Ella representa aquello hacia lo que el hombre continuamente está en camino en fuerza de su ser. «Por eso la humanización de Dios es el caso supremo y único de la realización esencial de la realidad humana»[38]. Esto no significa que tal posibilidad tenga que realizarse en cada hombre. Pues de la trascendencia del hombre se sigue sólo su apertura cara a la autoparticipación del misterio absoluto; o sea, que no se puede deducir la exigencia de tal cumplimiento. La dificultad no con-

---

34. Sobre los tres pasos siguientes, cf. P. Eicher, *Die anthropologische Wende*. Karl Rahner philosophischer Weg vom Wesen des Menschen zur personalen Existenz, Freiburg 1970, 55-64.
35. Cf. K. Rahner, *Christologie*, 18 s.
36. Sobre lo que sigue, cf. Id., ET IV, 139 s; Id., *Christologie*, 20 s, 65 s.
37. Cf. Id., ET IV, 139 s.
38. *Ibid.*

siste, pues, tanto en que tal cosa ocurra, sino en cómo, dónde y cuándo se presenta aquel de quien todo esto se puede decir.

Sobre la base de esta cristología trascendental llega Rahner a esta fórmula: «Cristología como antropología que se trasciende a sí misma y ésta como cristología deficiente» [39]. Se la podría considerar como la fórmula fundamental de toda la cristología de K. Rahner. En ella basa su teoría de los cristianos anónimos [40].

Pues si la cristología representa la señera plenitud de la antropología, se deduce de ello que todo aquel que acepta en la totalidad su vida como hombre, implícitamente ha aceptado con ello también al hijo del hombre. De esa manera alguno encontró ya a Jesucristo, según K. Rahner, sin saber que había encontrado a aquel a quien los cristianos llaman con razón Jesús de Nazaret [41]. Con su teoría de los cristianos anónimos puede Rahner, por tanto, explicar teológicamente de una manera nueva la universalidad de la fe en Cristo y de la salvación donada por Jesucristo, sin desquiciar por ello el cristianismo histórico mediante la desmitologización. Sin embargo, en este lugar precisamente característico para la teología de Rahner es donde con más claridad se plantean las cuestiones críticas. Porque la cuestión es si con tal teología y cristología orientadas antropológicamente no se hace abstracto el cristianismo histórico de modo parcial, suprimiendo el escándalo de su particularidad mediante una especulación filosófica.

La crítica [42] que con más frecuencia se hace a Rahner es que recorta el fenómeno de la intersubjetividad al partir de la subje-

---

39. Id., ET ³I, 167 s.
40. Cf., ante todo, Id., *Historia del mundo e historia de la salvación*, en ET V, 115-135; Id., *El cristianismo y las religiones no cristianas*, en *Ibid.*, 135-157; Id., *Advertencias dogmáticas marginales sobre la «piedad eclesial»*, en *Ibid.*, 373-403; Id., *Los cristianos anónimos*, en ET VI, 535-544; Id., *Atheismus und implizites Christentum*, in *Schriften* VIII, Einsiedeln 1967, 187-212; Id., *Anonymes Christentum und Missionsauftrag der Kirche*, en *Schriften* IX, Einsiedeln 1970, 498-515; Id., *Bemerkungen zum Problem des «anonymen Christen»*, en *Schriften* X, Einsiedeln 1972, 531-546; Id., *Misión y «cristianismo implícito»*, en SM IV, 696-700; cf. también A. Köper, *Die anonymen Christen*, Mainz 1963; K. Riesenhuber, *Der anonyme Christ nach Karl Rahner*: ZkTh 86 (1964) 286-303.
41. Cf. K. Rahner, ET IV, 139 s.
42. Sobre la discusión con K. Rahner, cf. especialmente H. U. von Balthasar, *Karl Barth. Darstellung und Deutung seiner Theologie*, Köln ²1962, 303-312; E. Simons, *Philosophie der Offenbarung in Auseinandersetzung mit «Hörer des Wortes» von Karl Rahner*, Stuttgart-Berlin-Köln-Mainz 1966; A. Gerken, *Offenbarung und Transzendenzerfahrung. Kritische Thesen zu einer künftigen dialogischen Theologie*, Düsseldorf 1969; B. van der Heijden, *Karl Rahner. Darstellung und Kritik seiner Grundpositionen*, Einsiedeln 1973; C. Fabro, *La svolta antropologica di Karl Rahner*, Torino 1974; K. P. Fischer, *Der Mensch als Geheimnis. Die Anthropologie Karl Rahners*, Freiburg-Basel-Wien 1974; J. L. Ruiz de la Peña, *La antropología de Karl Rahner*, en J. de S. Lucas (ed.), *Antropologías del siglo XX*, Salamanca 1976, 180-202.

tividad del hombre. Porque en realidad jamás existe *el* hombre; éste se da siempre y únicamente dentro del entretejido de las relaciones yo-tú-nosotros; por hablar de alguna manera, el hombre existe sólo como un *tantum* plural. La conciencia del niño se despierta con la sonrisa de la madre; la libertad del individuo, en el encuentro con la de otros. La señal más clara de esta intersubjetividad es el fenómeno del lenguaje humano, en cuyo medio se realizan todos los procesos espirituales. En esto lo primero no es, como piensa Rahner, la pregunta, sino el ser abordado. El cuestionamiento trascendental sumamente complicado de la filosofía moderna no es un punto de partida «evidente», sino proporcionado por toda la historia occidental de la filosofía y del cristianismo. En sus escritos posteriores Rahner mismo ha reflexionado sobre esta mediación histórica, intentando resaltar ese mutuo condicionamiento entre trascendentalidad e historia [43]. Con ello ha mostrado que una mayor acentuación de la intersubjetividad y la historia no tiene por qué hacer saltar su principio trascendental como tal. Pues, siendo cierto que el hombre sólo existe en y por el lenguaje, no lo es menos que el lenguaje y el ser abordado presuponen la capacidad de respuesta. O sea, que no es el principio trascendental como tal el que puede ser objeto de crítica, sino sólo el hecho de que Rahner atienda demasiado poco al carácter formal de ese principio. Todavía en sus escritos posteriores la historia constituye esencialmente el material categorial, en el que y por el que se realiza la libertad trascendental. Rahner tiene en cuenta demasiado poco que la realidad contenidística de la historia significa una determinación de las condiciones trascendentales que hacen posible el entender, la cual no es deducible de éstas, ni tampoco totalmente comprensible.

Esta tensión constitutiva entre realidad histórica y posibilidad trascendental es la que nos remite al problema fundamental del principio de K. Rahner. Formulado a modo de tesis se podría decir que permanece prisionero en su pensamiento, en una medida muy grande, respecto de la filosofía idealista de la identidad de su identificación entre ser y conciencia. Así, de la indudable apertura del espíritu humano cara a lo infinito pasa inmediatamente a la realidad de este infinito. ¿Pero no habría que diferenciar? También y precisamente en su tendencia hacia el infinito el hombre permanece espíritu finito. ¿Puede, por tanto, en

43. K. Rahner, *Christologie*, 20 s; Id., *Gnade als Mitte menschlicher Existenz*, 83.

cuanto espíritu finito pensar, en definitiva, lo infinito? ¿O no tiene necesariamente que equivocarse al mismo tiempo que lo conoce? ¿Puede, pues, tener de lo infinito algo más que un concepto negativo? ¿Es que el hombre no toca un irreducible misterio precisamente donde se acerca al último fundamento de su existencia? Y es que, en definitiva, continúa abierto, ambiguo, ambivalente, qué sea este infinito; es susceptible de muchas explicaciones. Se le puede considerar como fundamento panteísta de toda realidad; pero también se le puede tener por expresión de una definitiva absurdidad de la existencia; se le puede explicar en el sentido del escepticismo, adorando calladamente lo inescrutable en medio de una sabia autolimitación; también se le puede entender a modo teísta. Cada una de estas explicaciones implica una opción. De modo que en el definitivo fundamento de nuestra hominidad se manifiesta una tensión insuprimible entre conciencia y ser. Esa tensión dice que el hombre, por una parte, es mayor que la realidad al preguntar, pensar y querer, porque todo lo supera preguntando, pensando, queriendo; y viceversa, también la realidad se manifiesta mayor que el hombre; en definitiva, el hombre no puede tomar la delantera a la realidad. De modo que el hombre se halla ante un misterio insuprimible; aún más, él mismo es para sí tal misterio impenetrable. Las líneas esenciales de su existencia no se pueden sacar a la superficie.

Si se toma en serio esta situación aporética de la hominidad, entonces las líneas esenciales del hombre tampoco se pueden definir mirando a Jesucristo. Lo más que se puede mostrar es una cierta convergencia de las líneas existenciales en orden a Jesucristo. Porque el hombre tiene que confesar que en Jesucristo se cumple de un modo realmente inderivable todo lo que él espera. Esto nos lleva frente a Rahner a una nueva determinación de la relación que existe entre antropología y cristología, que damos siguiendo fundamentalmente al representante especulativo más importante, sin duda, de la escuela católica de Tubinga en el siglo XIX, J. E. Kuhn [44]. La cristología no es sólo la antropología que se trasciende. *La cristología es una determinación contenidística de la antropología que como tal continúa abierta. Conforme a la doctrina clásica sobre la analogía hay que decir: por muy grande que sea el parecido entre antropología y cristología, es aún mayor la diferencia.* La antropología es, por así decir, la gramática de la que Dios se sirve para su autorrevelación; la gra-

---

44. Cf. J. E. Kuhn, *Katholische Dogmatik* I, Tübingen ²1859, 228 s.

mática, con todo, está abierta en cuanto tal a múltiples explicaciones; su determinación concreta se da sólo gracias a la vida humana concreta de Jesús. Si esta diferencia no se mantiene, en la historia salvífica poco nuevo puede en realidad acontecer frente a la conciencia trascendental del hombre, algo nuevo que supere el mero hecho de que la idea del salvador absoluto se realiza precisamente en Jesús de Nazaret y en nadie más.

Si esta indeductibilidad contenidística del acontecimiento de Cristo no se mantiene, entonces necesariamente tiene que relativizarse también el hecho de que (*Dass*) la idea del salvador absoluto se ha realizado precisamente en Jesús de Nazaret. Pues si la indeductibilidad sólo consiste en el hecho de que (*Dass*) y no también en lo que (*Wass*) acontece, entonces hay que plantear con H. U. von Balthasar esta cuestión de si es que no se puede aplicar igualmente a María la entrega y apertura radical que Rahner afirma de Cristo [45]. Con D. F. Strauss hay que ir incluso más allá y preguntar si responde al modo de ser de la idea el derramar toda su plenitud en un único ejemplar y no más bien en expandir su riqueza en una pluralidad de ejemplares, que se complementan mutuamente [46]. Ni el contenido de la idea de Cristo ni la realización de este contenido en un único individuo pueden deducirse. Lo único que podemos hacer es profesar que lo que esperamos en lo más profundo de nuestro ser se ha cumplido en Jesucristo de un modo que supera toda esperanza. Sólo tomando en serio de esta manera la categoría de lo nuevo es como se alcanza un pensamiento histórico, en cuyo horizonte tenemos que plantear hoy la cuestión sobre Jesucristo.

4. *La cuestión sobre la salvación en un mundo que se ha hecho histórico*

El concilio Vaticano II ve a la humanidad hoy en el comienzo de una nueva época de su historia. En medio de grandes esperanzas y también de profundas crisis se realiza hoy «un paso de una concepción más estática del orden de la realidad global hacia una interpretación más dinámica y evolutiva» [47]. Este paso se experimenta hoy de las más diversas maneras. Ya casi es un

45. H. U. von Balthasar, *Herrlichkeit. Eine theologische Ästhetik* III/2, parte 2, Einsiedeln 1969, 147.
46. Cf. D. F. Strauss, *Das Leben Jesu* II, 734.
47. *Gaudium et spes*, n.° 5.

lugar común decir que hoy todo se encuentra en transformación y cambio, que apenas si hay algo firme a lo que poder agarrarse y sobre cuya permanencia y validez se pueda edificar. Igualmente representa una constatación frecuente que la cuestión de la salvación, que sólo Dios puede dar, pasa cada vez más a segundo plano frente a la pregunta por el bienestar temporal que nosotros mismos tenemos que plantear, organizar, ganar y conquistar. Pero la cuestión filosófico-teológica posee mayor profundidad. Porque si la historia es el más completo horizonte de toda comprensión y actuación humanas, entonces de ahí se sigue que también lo absoluto puede expresarse fundamentalmente sólo de modo histórico. Hay que dar incluso otro paso más y preguntar hasta qué punto es posible y tiene sentido en un mundo convertido en histórico preguntar por lo absoluto, por la redención y salvación, por Dios y su señorío. ¿Cómo podemos en las circunstancias actuales hablar de una manera comprensible de Jesucristo y de la salvación que nos ha traído?

Para contestar a esta cuestión, tenemos primeramente que plantearnos la pregunta siguiente: ¿qué es en realidad la historia? Historia no es simplemente la sucesión de días, horas, años; historia tampoco equivale a desarrollo y evolución. Historia se da sólo donde hay libertad. Agustín reconoció ya que la sucesión del tiempo sólo es experimentable en el espíritu del hombre, que gracias a su libertad cobra distancia respecto de cada momento, pudiendo, en consecuencia, adentrarse en el pasado mediante el recuerdo y en el futuro mediante la previsión. Esta tensión del espíritu humano entre origen y futuro (*distentio animae*) posibilita el relacionar lo que ya no existe y lo que todavía no existe con lo que ahora es [48]. Por tanto, el tiempo y la historia externa se constituyen sólo mediante una síntesis, constituida por el espíritu humano gracias a su historicidad y temporalidad interior. En este sentido la historicidad interior existe primariamente respecto de la historia exterior. Y viceversa, la historicidad basada en la libertad del hombre es siempre libertad concreta; ella surge por otra libertad y está condicionada por las circunstancias históricas lo mismo que toda la tradición de la libertad. Historia es, pues, una síntesis del hombre, pero no de un hombre abstracto, sino el intento de síntesis por un hombre concreto, por una libertad concreta. *Por eso podemos afirmar: la historia es un proceso*

---

48. Cf. Agustín, *Confessiones* XI, 28 s, en CSEL 33, 307 s.

*de cambio entre sujeto y objeto, un acontecimiento mediador de
mundo y hombre, en el que el mundo determina al hombre y el
hombre al mundo.* [49] La cuestión es, pues: ¿cómo se puede hablar de Dios y de
algo absoluto dentro de tal pensamiento histórico? Si la realidad
se determina como proceso de cambio, entonces todo está en movimiento. No hay nada estable, todas y cada una de las cosas se
diluyen y relativizan. ¿No es, por tanto, una contradicción en sí
misma admitir un absoluto en la historia? ¿Puede seguirse defendiendo la esperanza cristiana dentro de un pensamiento histórico? Intentamos responder a estas cuestiones desde tres perspectivas. Ninguno de estos tres argumentos pretende ser una
prueba en el sentido estricto de la palabra. Es esencial para
una consideración histórica del hombre que su última determinación sea abierta y equívoca y que no pueda conseguir su definitiva
claridad sino a base de una decisión personal. Mas esta decisión
no puede ni debe ser caprichosa. Donde se trata del último sentido de la existencia, únicamente se puede decidir con responsabilidad definitiva. Los argumentos siguientes se interpretan, por
tanto, como oferta y llamada. Su interés no es el de probar que
cada hombre de modo absolutamente necesario tenga que hacerse cristiano o que no pueda serlo de otra manera que de modo
inconsciente y anónimo. Lo que se quiere mostrar es sencillamente cómo puede justificarse con honradez intelectual la decisión de la fe. Quien pruebe más en este asunto, demuestra en
realidad menos, porque toda prueba no posibilitaría la fe como
tal, sino que la suprimiría.

1. La historia en cuanto relación de intercambio de hombre
y mundo lleva la impronta de la dialéctica entre poder y debilidad [50]. Por una parte el hombre supera cuanto existe a través
de su libertad. Vive en medio de sueños y deseos de una existencia
lograda; intenta crear un orden nuevo y mejor en cultura, política, arte, religión. Supera todo lo real y pregunta por el sentido
de la existencia, por el uno y el todo de la realidad. Puede reconocer todo lo finito como tal sólo como anticipo en orden a un
horizonte infinito; comprende a cada existente como tal sólo como
anticipación de la existencia como tal. Este avance que realiza

---

49. Este concepto dialéctico de la realidad lo resalta especialmente W. Schulz,
Philosophie in der veränderten Welt, Pfullingen 1972, 10, 143 s, 470-472, 602-609,
841-854.
50. Cf. sobre lo que sigue, R. Spaemann, *Gesichtspunkte der Philosophie*, en
H. J. Schultz (ed.), *Wer ist das eigentlich-Gott?*, München 1969, 56-65; Id., *Die
Frage nach der Bedeutung des Wortes «Gott»*, IntKathZeits 1 (1972) 54-72.

implícitamente en cada acto del conocimiento le proporciona distancia respecto de cada existente, dejándole libre el camino para la libertad, la decisión, el arrojo. Así pues, el hombre es mayor que la realidad. Frente a la realidad tiene siempre una mayor posibilidad, representando este posible el ámbito de su libertad. Mas por otra parte también la realidad es mayor que el hombre. El hombre es dado de antemano a sí mismo en su libertad; ya no puede desviar el puro hecho de su existencia. La experiencia originaria del pensamiento filosófico la constituye el sorprenderse como tal de que algo existe en vez de nada. Con ello la realidad precede al hombre desde siempre; constituye, en definitiva, un misterio insondable. De modo que el hombre fracasa una y otra vez al entrar en contacto con la realidad; este fracaso alcanza su culmen en la muerte. El cadáver del hombre es mera realidad sin posibilidad alguna. Es decir, al final la realidad prevalece sobre el hombre. La realidad lo abarca; es mayor que él.

De esta forma se llega a una mutua limitación de facticidad y trascendencia, libertad y necesidad, realidad y posibilidad, poder y debilidad, grandeza y miseria del hombre. Podemos dar un paso más y contemplar tal limitación de manera más íntima. Poder y debilidad del hombre en la historia no son dos ámbitos yuxtapuestos. Precisamente en el hecho de que el hombre lo supera todo conociendo y queriendo, precisamente en su grandeza conoce también su finitud y miseria. Precisamente en su trascendencia experimenta una y otra vez su inmanencia. Pero también lo contrario: precisamente en su miseria se prueba su grandeza, puesto que el hombre la conoce y sufre por su causa. Pues no podría sufrir por ella si al menos no tuviera un presentimiento de su grandeza y, en consecuencia, no supiera que todo podría y tendría que ser distinto. [51]

F. Nietzsche escribió frecuentemente: «El rango de los hombres está casi determinado por la profundidad que pueda alcanzar su sufrimiento» [52]. Es en el sufrimiento donde el hombre experimenta su propia situación existencial. Allí se experimenta como el ser que se supera infinitamente, sabiendo de su finitud ni más ni menos que por esa razón. Su finitud se le convierte en referencia, signo y símbolo de trascendencia. Pero de ella sólo tiene un concepto negativo. Si el hombre como ser finito quisiera comprender lo infinito, entonces tendría que depotenciarlo en el mis-

---

51. Cf. B. Pascal, *Pensées*, § 397, 409, 416.
52. F. Nietzsche, *Jenseits von Gut und Böse*, en WW II (ed. por K. Schlechta), Darmstadt ⁷1973, 744, cf. 1057 s.

mo acto. Aquí fracasa toda dialéctica [53]. *Al final el hombre continúa siendo para sí una cuestión abierta, para la que no dispone de respuesta alguna.* De esta forma, el hombre limita con un misterio insondable, e incluso él mismo es un misterio. El hombre experimenta la trascendencia como la inalcanzabilidad constitutiva de su existencia en la historia.

La cuestión es, pues, ésta: ¿cómo es posible ser hombre en esta situación aporética histórica? ¿tienen la última palabra la tragedia antigua y moderna, el escepticismo antiguo y moderno? ¿no constituye el hombre sino un fragmento, un torso? Y la contrapregunta es: ¿podría el hombre conformarse alguna vez de manera definitiva con esta aporía? ¿se puede mantener una audacia inconformista de hominidad a la vista de lo absurdo de la realidad? Si Prometeo se excluye como símbolo del ser de hombre, ¿puede tener Sísifo la última palabra? ¿y podemos arrostrar en concreto la historia sin esperanza de sentido en ella? ¿o con la pérdida de la esperanza tendría que hacerse absurdo también todo esfuerzo moral? Lo único que quizás quedaría sería un «como si», un actuar como si existiera un sentido en la historia (W. Schulz). Mas la cuestión es saber si con ello se pueden afrontar la vida y la historia.

Aquí podemos echar mano de un pensamiento de Kant [54], que luego han desarrollado, cada uno a su modo, Fichte, Schelling y Hegel. Para ellos la libertad del hombre sólo es posible si en la realidad en general flota, en definitiva, libertad. Sólo si la naturaleza primariamente «muerta» y la realidad impenetrable e incomprensible para el hombre está determinada por la libertad, siendo un espacio y un mundo de libertad, sólo en tal caso puede tener sentido la libertad humana y conseguirse la hominidad. Pero esta libertad que todo lo determina no puede ser la libertad finita del hombre. Tiene que tratarse de una libertad infinita, que dispone de las condiciones de la realidad que continuamente se escapan al hombre. Mas esto significa que sólo si Dios existe como la libertad absoluta y creadora, el mundo es un posible espacio de libertad para el hombre. Esto es lo que Kant llama la visión del mundo como reino de Dios, en el que naturaleza y libertad están

---

53. Tal fue ante todo la idea del Schelling tardío; cf. W. Kasper, *Das Absolute in der Geschichte.* Philosophie und Theologie in der Spätphilosophie Schellings, Mainz 1965. Por eso, a diferencia de Rahner, Bouillard etc., seguimos la línea apologética proveniente de Pascal, y no la derivada de Blondel.
54. Cf. I. Kant, *Kritik der praktischen Vernunft*, A 223-237, en WW IV, 254-264.

mutuamente reconciliadas. Es cierto que Kant interpreta este reino de Dios como moral y no como mesiánico [55]. Pero no es menos cierto que sabe de la indeductibilidad y misteriosidad de la verdad. Mas en el momento en que la indeductibilidad de la verdad se toma en serio, tampoco se puede deducir el reino de la libertad como postulado necesario de la libertad. Entonces el mismo reino de la libertad es únicamente posible en y a partir de la libertad; o tiene que esperarse como realidad históricamente indeducible o tiene que entenderse como regalo. La llegada del reino de la libertad no se puede postular, sino que únicamente se puede rogar: «Venga a nosotros tu reino». *Por tanto, la libertad de Dios viene a revelarse —en contra de lo que piensa el humanismo ateo— no como límite de la libertad humana, sino como su base definitiva. Por eso la esperanza del hombre consiste no en que Dios está muerto, sino en que es el Dios vivo de la historia.*

2. La dialéctica entre poder y debilidad en la historia se agrava nuevamente por el fenómeno del mal. Sin duda que el mal es una realidad empíricamente experimentable en la historia. Pero, al mismo tiempo, representa un misterio insondable. ¿De dónde viene el mal? Para esto no tienen una respuesta convincente ni los sistemas filosóficos dualistas ni los monistas. Si la naturaleza humana o la historia como tales se interpretan como radicalmente malas, entonces resulta inexplicable el ansia de bien, el sufrimiento por el mal. Mas si la naturaleza humana es buena de por sí, ¿cómo se pudo llegar a este cambio? Por ahora lo único que podemos responder a estas difíciles cuestiones es lo siguiente: lo malo tiene su posibilidad íntima en la estructura fundamental del hombre y la historia que acabamos de describir [56]. Sólo en un horizonte infinito es posible la libertad finita. No se encuentra determinada, sino que se halla al mismo tiempo en suspenso. Esta es la razón de por qué se la puede malograr de dos maneras. Puede absolutizar su debilidad y finitud (*acedia*), hacerse comodona, perezosa, burguesa, escéptica, pusilánime y apocada; pero también puede absolutizar su poder y su dinámica hasta el infinito (*superbia*), haciéndose arrogante, orgullosa, osada. Ninguna de las dos formas de esa conducta equivocada, soberbia y pusilanimidad, mantienen la tensión constitutiva del hombre, el medio que constituye su hominidad. Por eso el mal

55. Cf. Id., *Die Religion innerhalb der Grenzen der blossen Vernunft*, B 208, en WW IV, 803.
56. Cf. B. Welte, *Über das Böse. Eine thomistische Untersuchung*, Freiburg 1959.

no se puede considerar sin más como deficiencia de ser, sino más bien como trastorno del ser, como trastorno del sentido del ser. El mal es o humillación o «violación» del hombre. Lleva al hombre a la contradicción consigo mismo. Desde este punto de vista el mal es lo absolutamente absurdo y equivocado.

El hombre, que se encuentra ya en contradicción consigo mismo, no puede conformarse sin más con la realidad del mal. Si no quiere anularse a sí mismo, en su hominidad, tiene que protestar contra la realidad del mal y luchar por un orden mejor. Pero tan pronto como comenzamos a luchar por una mayor justicia contra la injusticia reinante, advertimos también que en esta empresa nos encontramos otra vez bajo los condicionamientos del mal. Intentando luchar contra el poder injusto, tenemos nosotros mismos que ser injustos; con ello introducimos ya en el orden que pretendemos el germen de un nuevo desorden y amargura. De modo que nos hallamos en un continuo círculo diabólico de culpa y venganza, violencia y contraviolencia. Si ha de ser posible la esperanza a pesar del poder del mal y si ha de tener éxito la hominidad y la historia, entonces tal cosa es posible sólo a base de un comienzo cualitativamente nuevo y no derivable de la historia. En este contexto M. Horkheimer habla del «anhelo por lo totalmente distinto» Y Th. W. Adorno afirma: «Filosofía, tal y como únicamente se puede hacer a la vista de la desesperación, sería el intento de contemplar todas las cosas como se mostrarán desde la perspectiva de la redención. El conocimiento no tiene otra luz que la que desciende sobre el mundo a partir de la redención: todo lo demás se agota en la construcción imitadora y sigue siendo técnica». [57].

Siempre que el hombre no desespera del sentido de la historia, sino que contra toda esperanza espera en un sentido de su hominidad, es que está impulsado por una interpretación de salvación y redención. Pues una esperanza definitiva en la historia es únicamente posible a base de un comienzo cualitativamente nuevo, inderivable de la historia misma. Tal comienzo nuevo, sin embargo, no es otra cosa que la forma exterior mundana de lo que el mensaje cristiano quiere decir sobre redención, gracia y salvación.

3. Partiendo de los dos fenómenos negativos de la finitud y del mal llegamos a la conclusión de que la historia no puede

---

57. Th. W. Adorno, *Minima moralia. Reflexionen aus dem beschädigten Leben*, Frankfurt ³1970, 333.

lograr por sí misma su propia perfección. Al final es para sí una pregunta abierta para la que no tiene respuesta. ¿Pero quién dice que va a haberla? ¿No podría ser igualmente que todo desemboque en el vacío y el absurdo? ¿cuanto hasta ahora se dijo sobre la esperanza es algo más que un postulado vacío? Así sería, en realidad, si no existieran señales de esperanza cumplida, signos que a su vez remiten más allá de sí y que hacen esperar un cumplimiento nuevo, mayor. Tales signos de un cumplimiento provisional y progresivo los vieron ya los escritores del nuevo testamento y padres de la iglesia ante todo en las profecías y milagros del antiguo testamento, y de un modo esencialmente más débil y ambiguo hallaron huellas fragmentarias del Logos, que apareció plenamente en Jesucristo, en la historia de las religiones, en las filosofías y culturas de la humanidad. De esta manera intentaron descifrar toda la realidad en orden a Cristo y partiendo de él. Sólo así es como la profesión «Jesús es el Cristo» puede adquirir toda su íntima plausibilidad.

La cuestión consiste en cómo podemos hoy hacer «comprensible» la pretensión escatológica de Jesucristo en un orden evolutivo del mundo. Es lo que intentó, ante todo, Teilhard de Chardin. Trató de mostrar una gran línea desde la cosmogénesis a la antropogénesis hasta la cristogénesis. Mas su teoría está entretejida con muchas cuestiones de ciencias naturales, en la que el teólogo no es directamente competente. Por eso, K. Rahner propuso con parecidos resultados una interpretación de tipo más filosófico-teológico, válida incluso independientemente de sus presupuestos trascendental-filosóficos. Rahner parte [58] de que pertenece a la evolución el que siempre de lo inferior resulte lo superior. De modo que aquí acontece no sólo que deviene algo distinto, sino que se trata de algo más y de algo nuevo, de conseguir una mayor plenitud de ser. Pero este más no es mera añadidura a lo hasta ahora existente. Por una parte, es realizado por lo ya existente, pero, por otra parte, representa un verdadero aumento de ser. «Lo que quiere decir que el devenir, si se ha de tomar verdaderamente en serio, tiene que entenderse como auténtica autotrascendencia, autosuperación, activa consecución de su plenitud por el vacío» [59]. Este fenómeno de la autosuperación no se halla únicamente en algunos lugares del proceso evolutivo, por ejem-

---

58. Cf. K. Rahner, *La cristología dentro de una concepción evolutiva del mundo*, en ET V, 181-221; K. Rahner - P. Overhage, *Das Problem der Hominisation. Über den biologischen Ursprung des Menschen*, Freiburg 1961.
59. K. Rahner, ET V, 189 s.

plo, al surgir el primer hombre; se halla en el origen de cada hombre nuevo. En el acto fisio-biológico del engendramiento surge algo que es más que mera *physis* o mero *bios*: una persona dotada de espíritu. El nacimiento de cada hombre nuevo es un milagro.

¿Cómo es posible una cosa así? En el acto de la evolución y el engendramiento la realidad es no sólo estática más allá de sí misma, sino que es, al mismo tiempo, creadora; su movimiento trascendente es no un querer y prometer vacío, sino que va acompañado de una realización. Mas si el concepto de la autotrascendencia «no ha de hacer de la nada el fundamento del ser, ni del vacío como tal la fuente de la plenitud, si, con otras palabras, no se ha de violar el principio metafísico de la causalidad, entonces esta autotrascendencia... sólo puede ser pensada como acontecimiento en fuerza de la plenitud absoluta de ser»[60]. El milagro del devenir de algo más y algo nuevo no se puede explicar de otra manera que como participación en una plenitud creadora del ser. Esta plenitud absoluta del ser no puede ser constitutivo esencial alguno del agente finito; pues si éste poseyere ya la plenitud absoluta del ser como lo más propio suyo, entonces ya no sería capaz de un verdadero devenir en el tiempo y la historia. Con todo, esa plenitud no se puede entender como intervención exterior, porque en tal supuesto ya no se trataría de evolución, sino de algo nuevo y de ninguna manera proporcionable con lo hasta entonces existente. Esa plenitud tiene, pues, que capacitar interiormente al que actúa de modo finito en orden a una autotrascendencia verdadera y activa. Por tanto, en el concepto de autotrascendencia hay que tomar en serio tanto el «auto» como el «trascendencia», si es que se quiere aclarar el fenómeno del devenir. Esto nos autoriza a contar con maravillas que, sin embargo, no son milagros que interrumpen el orden natural.

De modo que para quien tenga ojos para ver, el mundo está no sólo lleno de esperanzas, sino también repleto de realizaciones. Dondequiera que se hace y surge algo nuevo, se muestra algo de sentido y realización, que da pie a esperar en un sentido final. *La historia no se mueve exclusivamente por la cuestión y la esperanza de salvación, sino que en ella se encuentran también ya signos salvíficos, que son precisamente los que dan plenitud de sentido a la esperanza en orden a un significado definitivo y a una salvación universal en la historia.* Tales signos de salva-

60. *Ibid.*

ción se hallan dondequiera que se da algo indeduciblemente nuevo; donde surge nueva vida, allí brilla la esperanza. Lo mismo
que para Virgilio en su égloga cuarta, también para nosotros hoy
sigue siendo el niño signo y símbolo de salvación. Por supuesto que esta prueba se hace problemática en el momento en que se construye un gran proceso teleológico de evolución, que culmina —cierto que no de modo necesario, pero, sin
duda, que tampoco por casualidad— en el hombre y, finalmente,
en Cristo. Aquí se separan nuestras reflexiones de las de Teilhard
y Rahner. Este encajamiento de la cristología dentro de un orden
mundial de cuño evolutivo es delicado no sólo desde el punto de
vista teológico; tampoco está justificado por los fenómenos. Sólo
se pueden observar y probar determinados pasos de la evolución,
pero jamás el proceso evolutivo en conjunto. Estos pasos concretos tienen siempre en sí algo de tentativo, lúdicro y, con frecuencia, hasta baldío. No existe el proceso evolutivo sólo ascendente. Hay signos y síntomas de sentido *en* el mundo, pero no
existen signos para un sentido *del* mundo y para un contexto
total del sentido, que encuentre en Jesucristo su cénit. Frente a
los signos de sentido y cumplimiento hay otros de absurdo, no-
cumplimiento, de esfuerzo baldío, de sufrimiento anónimo. ¿Tenemos derecho a considerarlos sin más como desechos y efectos
secundarios del desarrollo? De esta forma, no podemos afirmar
un sentido de la realidad, pero podemos esperar con fundamento
en un sentido de la realidad. Hasta podemos ir más allá y decir:
Jesucristo únicamente puede ser el cumplimiento de toda realidad, si también incorpora lo agonal de la realidad, lo que equivale
a decir, que lo será si no se le puede meter sencillamente en una
historia pura de exaltación, «que marcha sobre cadáveres». Lo
convincente en Jesucristo es que en él se han incorporado ambas
cosas de un modo infinito, la grandeza y la miseria del hombre.
En *este* sentido Jesucristo representa la plenitud de la historia.

Miremos hacia atrás otra vez. Paso a paso las reflexiones que
hasta ahora hemos hecho nos han alejado del punto de vista
moderno referente a la subjetividad. Sin embargo, la alternativa
hacia la que todo se encamina se dedujo de la dialéctica íntima
del mismo pensamiento moderno, de la idea de la libertad del
hombre. A la libertad pertenece la categoría de lo señero y lo
nuevo. Gracias a su libertad el hombre está infinitamente sobre
sí mismo; es para sí mismo una pregunta para la que no dispone
de respuesta. En su libertad el hombre se encuentra al mismo
tiempo solidariamente entretejido en el mundo con todos los
demás. No existe «el» hombre; el hombre existe únicamente den-

tro de una totalidad histórica que lo abarca. También esta experiencia de la finitud constitutiva del hombre lleva más allá del punto de arranque moderno que se apoya en la subjetividad. De la unión de ambas perspectivas se deduce una nueva forma de la experiencia de trascendencia. Se encuentra al abrigo de la acusación de ser una huída del mundo. No lo es ni hacia arriba ni hacia abajo. Ambas huídas están cerradas, si se toman en serio los límites de la finitud y la realidad de lo malo. Mas si el hombre, a pesar de toda finitud y de todo el mal, no quiere resignarse, optando por el sentido y la plenitud en la historia, entonces la historia se hace descifrable y comprensible como símbolo, en el que brillan, como en negativo, la pregunta y la esperanza de salvación. En la historia se encuentran múltiples indicios para esta esperanza. Con todo, continuará siendo esperanza atacada por la duda, manteniéndose atenta a un signo claro. En esta postura interrogativa y buscadora de sentido, justicia, libertad y vida se vuelve la esperanza también a Jesús con la pregunta: «¿Eres tú el que ha de venir o tenemos que esperar a otro?» (Mt 11, 3).

II
Historia y destino de Jesucristo

SECCION PRIMERA
El Jesús terreno

4
La actuación de Jesús
Visión de conjunto

A comienzos de nuestro siglo se propuso de diversas formas la tesis de que Jesús no había existido y que la historia de Jesús era un mito y una leyenda. Hace tiempo que estas tesis se han evidenciado como absurdo histórico. No se puede dudar razonablemente del hecho de que Jesús de Nazaret vivió en los tres primeros decenios de nuestra era en Palestina entre los años 6-7 a. C. y 30 d. C. [1]. «El establo, el hijo del carpintero, el visionario entre la gente de mala fama, el patíbulo para remate, todo ello está labrado en material histórico y no áureo, como el que le gusta a la saga» [2]. Así pues, con toda seguridad podemos partir de que Jesús nació en tiempo del emperador Augusto (63 a. C.-14 d. C.) (cf. Lc 2, 1), actuó durante el régimen del emperador Tiberio (14-37), que Herodes, al que llama zorro (Lc 13, 32), era tetrarca de Galilea (4 a. C.-39 d. C.) (cf. Lc 3, 1) y que murió bajo el procurador Poncio Pilato (Mc 15, 1 y *passim*). Además, como acuerdo de toda la investigación exegética [3], que precisa-

---

1. Sobre las cuestiones cronológicas de la vida de Jesús, cf. W. Grundmann, *Die Geschichte Jesu Christi*, Berlin 1957; H. U. Instinsky, *Das Jahr der Geburt Christi*. Eine geschichtswissenschaftliche Studie, München 1957; A. Jaubert, *La date de la cène*. Calendrier biblique et liturgie chrétienne, Paris 1957; J. Jeremias, *Die Abendmahlsworte Jesu*, Göttingen ³1960; E. Ruckstuhl, *Die Chronologie des Letzten Mahles und des Leidens Jesu*, Einsiedeln 1963; J. Blinzler, *Der Prozess Jesu*, Regensburg ⁴1969; W. Trilling, *Fragen zur Geschichtlichkeit Jesu*, Düsseldorf 1966.
2. E. Bloch, *Das Prinzip Hoffnung*, Frankfurt 1959, 1482.
3. Cf. al respecto la bibliografía citada antes, cap. 1, n. 14 y cap. 2, n. 1.

mente en los dos últimos decenios se ha ocupado con mucha intensidad de la cuestión histórica sobre Jesús, se puede constatar que de la oscuridad de la historia se destacan con relativa nitidez los rasgos característicos de actuación y predicación de Jesús. En esto se muestra como una personalidad de incomparable originalidad. El afirmar lo contrario se puede dejar tranquilamente a teólogos aficionados y diletantes.

Toda la investigación es unánime también en que es imposible escribir una biografía de Jesús a base de las fuentes de que disponemos. Los contextos históricos de los relatos neotestamentarios se mencionan siempre a lo más de paso, y las fuentes extrabíblicas son más que escasas. Nada se nos dice de la vivencia de la llamada de Jesús; lo mismo ocurre de su exterior y su figura, y todavía menos se habla de su psicología. A los evangelios les interesan menos los actores históricos patente y los contextos históricos que la realización histórica del plan de Dios. Se entienden como testimonios de fe en el Jesús terreno y resucitado. Los evangelios testifican su fe en forma de historia, explicando ésta a la luz de su fe. Esta constatación no autoriza a adoptar un escepticismo histórico excesivo; pero sí que impide todo fundamentalismo biblicista y acrítico.

Los evangelios de la infancia de Jesús en Mateo y Lucas apenas si permiten escribir un desarrollo biográfico de Jesús. Narran la prehistoria de Jesús conforme a modelos veterotestamentarios, en especial en analogía con la historia de Moisés[4]. En ellos mostraban más un interés teológico que biográfico. Quieren decir que Jesús es el cumplimiento del antiguo testamento. Pero también existe inseguridad sobre el decurso y duración de la actividad pública de Jesús. Para los tres evangelios sinópticos el escenario de la actividad pública de Jesús es sobre todo Galilea y las ciudades de los alrededores del lago de Genesaret. Del tiempo de la actuación pública de Jesús los sinópticos mencionan únicamente una estancia de Jesús en Jerusalén, en la cual Jesús fue detenido y condenado a muerte. Si sólo tuviésemos los sinópticos, tendríamos que suponer que la duración de la actividad pública de Jesús había sido sólo quizás de un año. Mas el evangelio de Juan narra tres fiestas pascuales de Jesús en Jerusalén (2, 13; 6, 4; 11, 55), hablando en total de cuatro viajes entre Galilea y Jerusalén (2, 13; 5, 1; 7, 10; 12, 12). El lugar de los acontecimientos es para el cuarto evangelio, ante todo, Jerusalén. Según esto tenemos que contar más o menos con dos o tres años de actividad pública de Jesús. También los sinópticos dan a entender que ya había habido choques en Jerusalén antes del último que fue grande y re-

4. Cf. H. Schürmann, *Das Lukasevangelium*, Freiburg-Basel-Wien 1969, 18-145; R. Laurentin, *Struktur und Theologie der lukanischen Kindheitsgeschichte*, Stuttgart 1967; A. Vögtle, *Messias und Gottessohn. Herkunft und Sinn der matthäischen Geburts- und Kindheitsgeschichte*, Düsseldorf 1971; K. H. Schelkle, *Theologie des Neuen Testaments* II, Düsseldorf 1973, 168-182.

sultó mortal para Jesús (Mt 23, 37 s). La exposición del evangelio de Juan,
según la cual Jesús en repetidas estancias en Jerusalén y en varios enfren-
tamientos con la jerarquía judía se había ganado su enemistad, hace más
comprensible el destino de Jesús. Parece que al principio de su actividad
en Galilea hubo un período de relativo éxito; cuando Jesús se vio cada
vez más frente a la mortal enemistad de los jefes del judaísmo de entonces,
se limitó a su círculo íntimo de discípulos, hasta que en su última estancia
en Jerusalén fue detenido y condenado a la muerte de cruz.[5]

   Terreno histórico relativamente firme pisamos cuando nos
fijamos en el comienzo y el final de la actuación pública de
Jesús: comenzó con su bautismo por Juan en el Jordán y acabó
con la muerte de cruz en Jerusalén. Entre estos dos puntos fijos
se puede ordenar relativamente bien la actividad pública de Jesús.
   Los cuatro evangelistas narran el bautismo de Jesús por Juan
(Mc 1, 9-11 par). Es imposible considerar este relato como mera
teología de la comunidad carente de núcleo histórico, pues para
las primitivas comunidades supuso más bien una dificultad contra su anuncio de Cristo[6]. El hecho de que Jesús se había sometido al bautismo de Juan podía ser, por ejemplo, para los partidarios de éste una buena ocasión para afirmar que Jesús mismo
se había subordinado a Juan y que no era Jesús sino Juan la
figura escatológica decisiva. Podemos partir, por tanto, del hecho
seguro del bautismo de Jesús por Juan. De ello se deduce que
Jesús estaba de acuerdo con el movimiento bautista de Juan y
con su predicación escatológica. Según Mateo, Juan anunciaba
lo mismo que después Jesús: «Revolucionaos, pues está cerca el
reino de Dios» (Mt 3, 2). Pero Jesús comenzó una actividad propia que admiró, escandalizó e hizo dudar también a Juan (Mt
11, 2 s). Mientras que para éste la llegada del reino de Dios está
bajo el signo del juicio, para Jesús el reino de Dios se halla bajo
el signo de la misericordia y del amor de Dios para con los pecadores. Jesús dice: «Dichosos vosotros...» (Mt 5, 3 s; 13, 16 y
passim). El mensaje de Jesús es mensaje de alegría, último y definitivo ofrecimiento de gracia por parte de Dios.
   Lo sorprendentemente nuevo en el mensaje de Jesús se muestra ante todo en su conducta. Entre las cosas más seguras de la
vida de Jesús están su trato con pecadores y cultualmente impu-

---

   5. Cf. F. Mussner, *Gab es eine «galiläische Krise»?*, en P. Hoffmann (ed.),
Orientierung an Jesus. Zur Theologie der Synoptiker. Festschrift für J. Schmid,
Freiburg 1973, 238-252.
   6. Cf. R. Bultmann, *Geschichte der synoptischen Tradition*, 261 s; M. Dibelius,
Formgeschichte, 270 s; F. Lentzen-Deis, *Die Taufe Jesu nach den Synoptikern*,
Frankfurt 1970.

ros (Mt 2, 16 y *passim*), el quebrantamiento del mandato judío sobre el sábado (Mc 2, 23 s y *passim*) y de las prescripciones sobre pureza (Mc 7, 1 s y *passim*). Parece que pronto corrió una expresión satírica sobre él: «Comilón y bebedor, amigo de publicanos y pecadores» (Mt 11, 19). Esta sorpresa, esta conducta escandalosa de Jesús tiene que ver muy poco de modo inmediato con crítica social y revolucionaria en el sentido corriente de hoy, como se ve por el hecho de que los publicanos no eran los explotados sino los explotadores, que colaboraban con la potencia ocupante romana. Jesús era también para ellos; también para ellos valía su mensaje sobre el amor de Dios. Por eso, la conducta de Jesús únicamente puede entenderse en el contexto de su mensaje sobre el señorío y la voluntad de Dios. Dios es un Dios de los hombres, de todos los hombres, su mandamiento existe por amor del hombre (Mc 2, 27; 3, 4). Por eso el amor a Dios y al hombre es esencia de la voluntad de Dios (Mc 12, 30 s par). Ese amor es una exigencia radical y universal para el hombre, no pudiéndose encerrar en leyes casuísticas determinadas. No representa una prestación heroica del hombre, sino respuesta al amor universal, misericordioso y perdonador de Dios, que hace salir el sol sobre buenos y malos (Mt 5, 45). También los milagros y expulsiones de demonios por parte de Jesús, cuyo núcleo auténtico no se puede discutir históricamente [7], pertenecen a este contexto. También ellas expresan que la llegada del reino de Dios en Jesús significa la salvación del hombre en cuerpo y alma y que esta salvación se ofrece incodicionalmente a todos y cada uno con tal de que se conviertan y crean.

Esta conducta de Jesús suscitó desde el principio sorpresa, fascinación y entusiasmo, así como sospechas, rechazo, escándalo y odio. Jamás se había visto ni oído una cosa así. Para un judío piadoso tal conducta y tal mensaje significaban un escándalo y hasta una blasfemia (Mc 2, 7 y *passim*). El anuncio de un Dios, cuyo amor vale también para el pecador, cuestionaba la concepción judía de la santidad y justicia de Dios. Esto atrajo sobre Jesús muy pronto la enemistad y el odio de los dirigentes del judaísmo de entonces. Jesús tenía que parecerles un falso profeta a causa de su anuncio revolucionariamente nuevo sobre Dios. Esto se castigaba con la pena de muerte según la ley judía (Dt 18, 20). El final violento de Jesús se sitúa, pues, en la consecuencia íntima de su conducta.

7. Cf. *infra*, cap. 6.

La actuación de Jesús 81

Con la muerte de Jesús en la cruz nos hallamos ante el segundo punto nuclear en la vida de Jesús. El título de la cruz, trasmitido por los cuatro evangelistas, apenas si puede ponerse en duda en su valor histórico[8]. Da la causa de su condena: «Rey de los judíos» (Mc 15, 26 par). Jesús es, por tanto, condenado como pretendiente mesiánico. Es muy improbable que él mismo se haya designado como mesías. Pero su predicación escatológica suscitó sin duda esperanzas mesiánicas y un movimiento mesiánico. Es cierto que la pretensión de ser el mesías no constituía un delito digno de muerte según la ley judía; pero el movimiento mesiánico que Jesús suscitó podían explotarlo las autoridades judías como excusa para acusar a Jesús de alborotador político ante el procurador romano Poncio Pilato, forzando así la crucifixión, la pena de muerte aplicada por los romanos a los alborotadores. De esta forma, Jesús es crucificado por los romanos como rebelde político.

Este hecho dio pie con frecuencia para especular en el sentido de que Jesús representó una idea mesiánica puramente política, teocrática y hasta de que fue un alborotador político, quizás incluso una especie de cabecilla[9]. Pero hay datos para hablar en ese sentido. El mensaje de Jesús sobre el amor, especialmente su mandamiento del amor al enemigo (Mt 5, 39-48), excluye tal explicación. Jesús quería curar heridas y no abrir otras. No siguió el camino de la violencia, sino el de la no-violencia y el del servicio. El amor se sobrepone, por así decir, al mal; con ello lo supera y pone un nuevo comienzo. Jesús hizo una revolución mucho más radical que la que hubiera podido representar un golpe político. Mediante la cruz «se convirtió en lo más alto lo que se consideraba lo ínfimo. Aquí radica la expresión inmediata de la revolución perfecta contra lo existente, contra lo que se

8. Así M. Dibelius, *Das historische Problem der Leidensgeschichte*, en *Botschaft und Geschichte* I. Tübingen 1953, 256, 282 s; N. A. Dahl, *Der gekreuzigte Messias*, en H. Ristow - K. Matthiae (ed.), *Der historische Jesus*, 159 s; F. Hahn, *Hoheitstitel*, 178; W. Trilling, *Fragen zur Geschichtlichkeit Jesu*, 134; H. Kessler, *Die theologische Bedeutung des Todes Jesu*. Eine traditionsgeschichtliche Untersuchung, Düsseldorf 1970, 231.
9. Cf. las explicaciones de R. Eisler, *Jesous basileus ou basileusas*, Heidelberg 1929-1939; J. Klausner, *Jesus von Nazareth*. Seine Zeit, sein Leben und seine Lehre, Jerusalem ³1952; J. Carmichael, *Leben und Tod des Jesus von Nazareth*, München ³1966; S. G. F. Brandon, *Jesus and the Zealots*, Manchester 1967; sobre esto M. Hengel, *¿Fue Jesús revolucionario?*, en *Jesús y la violencia revolucionaria*, Salamanca 1973, 9-41; O. Cullmann, *Jesús y los revolucionarios de su tiempo*, Madrid 1973; E. Grässer, «*Der politisch gekreuzigte Messias*». Kritische Anmerkungen zu einer politischen Hermeneutik des Evangeliums, en *Text und Situation*. Gesammelte Aufsätze, Gütersloh 1973, 302-330.

considera válido. Convirtiendo la deshonra de la existencia en el supremo honor, se han atacado, cuarteado, deshecho por la base todos los vínculos de la convivencia humana» [10]. La revolución que Jesús trae es la de un amor sin límites en un mundo de egoísmo y poder.

¿Y quién fue este Jesús de Nazaret? Unos lo tienen por el salvador mesiánico, otros lo condenan como blasfemo y falso profeta o como rebelde. Herodes se burla de él como de un loco (Lc 23, 6-12) y sus familiares más próximos lo consideran perturbado (Mc 3, 21). Parece ser que en el pueblo corrieron los rumores más dispares sobre él. Se dijo que era Juan el Bautista que había vuelto, Elías que había retornado, el profeta escatológico que se aguardaba (cf. Mc 6, 14-16; 8, 28 par). La historia posterior prosiguió la serie de estos y otros pareceres. La galería de imágenes en la vida de Jesús es larga y cambiante; en cuanto se puede, se la continúa también hoy; Jesús el moralista, el humanista, el reformador y revolucionario social, el iluso, el *superstar*, el inconformista, el hombre libre. Pero la mayoría de las veces era el propio espíritu de los señores el que se reflejaba en Jesús. Pues todas estas caracterizaciones se fijan siempre en aspectos concretos, sin abarcar jamás el fenómeno total de Jesús de Nazaret. Jesús no se deja modernizar de manera superficial. Es un judío que vive en el mundo del antiguo testamento, donde tiene sus raíces espirituales. En definitiva, Jesús no encaja en ningún esquema previo; es el hombre que hace saltar todos los esquemas.

Jesús se distingue de Juan el Bautista. No lleva una vida ascéticamente retirada, apartada del mundo. No se aleja ni se retira a un convento como la gente de Qumrán. Va a los hombres y vive con ellos. En cierto sentido puede decirse que es un hombre mundanamente abierto. Para él el mundo es la buena creación de Dios, sus bienes son dones de Dios para el hombre. No desprecia el asistir a los banquetes de los ricos ni ser ayudado por piadosas mujeres (Lc 8, 2 s). Pero no es un «liberal» como los saduceos. No piensa poder sustituir sus deberes religiosos mediante corrección ortodoxa y determinadas acciones cúlticas y rituales. La voluntad de Dios lo ocupa totalmente. De muchas de sus palabras se desprende una pretensión incondicional y una seriedad definitiva. Lo pide todo. Este «dejarlo todo» le lleva a romper con su familia (Mc 3, 20 s. 31-35), le hace apátrida en este

---

10. G. W. F. Hegel, *Vorlesungen über die Philosophie der Religion* II/2 (ed. por G. Lassen), Hamburg 1929, 161.

mundo (Mt 8, 20). Sin embargo, no es un exaltado y fanático; su seriedad no es jamás algo feroz. Se distingue también de los fariseos. No es un piadoso en el sentido corriente de la palabra. No enseña ni una técnica religiosa ni una casuística moralista. Llama a Dios «su padre», cuyo amor hace saltar todos los esquemas y, al mismo tiempo, libera en orden a un sosiego confiado (Mt 6, 25-34).

El amor de Dios lo ocupa totalmente en favor de los demás. No quiere nada para sí, pero quiere todo para Dios y los demás. Entre sus discípulos es como un servidor; no rehúye ni siquiera el servicio más bajo propio de esclavos (Lc 22, 26 s). No ha venido para hacerse servir, sino para servir (Mc 10, 45). No pertenece a los instalados, sino que indudablemente viene de gente insignificante, teniendo corazón para las necesidades y las penas diarias de los pobres (Mt 9, 36). Es extraño para un hombre de la antigüedad el respeto con que trata a las mujeres. Para él la pobreza y la enfermedad no son castigo de Dios; más bien Dios ama a los pobres y enfermos. Va detrás de los perdidos (Lc 15). Lo más llamativo ya entonces era que admitía en su compañía y hasta a su mesa también a los pecadores y marginados, a los culturalmente impuros y a los parias. Mas en ninguna parte se encuentran por él odio o envidia frente a los ricos. Hasta con los explotadores, los publicanos, tiene buenas relaciones; a alguno que otro llamó incluso a su discipulado inmediato (Mc 2, 13-17). Verdaderamente en Jesús no se puede apoyar lema ninguno de lucha de clases. Su lucha no va contra poderes políticos, sino contra los poderes demoníacos del mal. Por eso ni hace una guerrilla ni organiza una reforma agraria. Ni siquiera sana sistemáticamente a todos los enfermos. Jesús no tiene programa. A su actuación le falta toda planificación y organización. Hace la voluntad de Dios, tal como la conoce aquí y ahora. Todo lo demás se lo deja a Dios, su padre, con una confianza de niño. Sus más profundas raíces las tiene en la oración al padre (Mc 1, 35; 6, 46 y *passim*). Su servicio a los demás vale para que los hombres reconozcan la bondad de Dios y lo alaben (Mc 2, 12 y *passim*). De modo que no sólo es el hombre para los demás, sino igualmente el hombre de y para Dios.

En su comportamiento exterior tiene Jesús un cierto parecido con los escribas. Enseña como un rabbí y le rodea un círculo de discípulos; disputa sobre la explicación de la ley y lo abordan para decisiones jurídicas (Lc 12, 13). Pero le falta el presupuesto fundamental para ser un escriba: el estudio teológico y la ordenación final. Jesús no es un teólogo de carrera. Habla sencilla, concretamente y sin rodeos. Cuando se le llama rabbí (cf. Mc 9, 5 y *passim*), no se trata de un título teológico, como nuestro «doctor», sino de un modo general de tratar educadamente, como nuestro «señor». El pueblo notó en seguida, sin duda, la diferencia de Jesús respecto de los teólogos y jusristas de profesión. Jesús enseña con poder (Mc 1, 22. 27). Lo más acertado es, por ello, designarlo como profeta. Eso es lo que el pueblo decía de él (Mc 6, 15; 8, 28 y *passim*). También sus discípulos vieron en él un profeta (Lc 24, 19). Jesús mismo se colocó dentro de la serie de los profetas (Mc 6, 4; Lc 13, 33; Mt 23, 31-39). Como falso profeta fue, pues, también acusado y condenado. Pero si según Jesús ya el Bautista es más que un profeta y, con todo, el más pequeño en el reino de Dios es mayor que él (Mt 11, 9-11), ¿quién es entonces aquel que tan soberanamente se coloca incluso sobre el Bautista? Es claro que tampoco la categoría de profeta basta para describir adecuadamente el fenómeno de Jesús de Nazaret. Su pretensión sólo puede expresarse en definitiva mediante fórmulas de superioridad: «más que Jonás», «más que Salomón» (Mt 12, 41 s).

Este «más» tiene un eco escatológico. Jesús no es solamente uno en la serie de los profetas, sino el profeta escatológico, el último, definitivo, que supera todo. Trae la palabra, la voluntad definitiva de Dios. Está lleno del espíritu de Dios (Mc 3, 28 s; Mt 12, 28 y *passim*). De acuerdo con la idea judía de entonces, el espíritu de Dios se había extinguido tras la época de los profetas. En la concepción del espíritu extinguido se expresa el saber que Dios está lejano. Dios está callado. Lo único que se oye todavía es el «eco de su voz» (*bat-kol*). Se espera otra vez el espíritu, pero sólo para el fin de los tiempos. Por tanto, si a Jesús se le considera como carismático y como profeta escatológico, quiere decir: llegamos. Se acabó el penoso tiempo de la lejanía de Dios. Dios rompe su silencio y se deja oír de nuevo. Actúa poderosamente entre su pueblo. Alumbra el tiempo de la gracia. Con todo, esta alborada era al mismo tiempo sumamente extraña, totalmente distinta de lo que en general uno se podía imaginar. ¿Un puñado de gente inculta, sumamente sospechosa, iba a representar el cambio del mundo? A eso había que añadir que la actuación de Jesús era extraordinariamente escandalosa para un judío piadoso. ¿Podía ser un verdadero profeta aquel que quebrantaba la ley y trataba con pecadores? ¿Era este el modo como Dios habla y actúa? Por eso a Jesús se le echaba en cara que tenía un espíritu malo (Mc 3, 22 s). Jesús estuvo desde el principio entre el fuego de opiniones contrarias. Forzaba a tomar una decisión.

En ella se trata de los fundamentos del judaísmo y el antiguo testamento. En Jesús con el que uno se las tiene que ver es, en definitiva, con Dios. En él se decide inapelablemente quién es Dios. Jesús no encaja en ningún esquema. Para comprenderlo no son suficientes categorías antiguas ni modernas; ni siquiera bastan las veterotestamentarias. Representa un fenómeno extremamente señero. Es y continúa siendo un misterio. El mismo hace bien poco por aclarar este misterio. No le importa su propia persona. Sólo le interesa una cosa, pero ésta desde luego total y exclusivamente: el venidero reino de Dios en el amor. Lo que le importa es Dios y los hombres, la historia de Dios con los hombres. Este es su asunto. Sólo preguntando por esto es como podemos acercarnos más al misterio de su persona. La perspectiva teo-lógica es la única justa al enfrentarse con la persona y el asunto de Jesús.

5

El mensaje de Jesús

1. *Motivo fundamental: la llegada del reino de Dios*

El evangelista Marcos resume el contenido del evangelio de
Jesús de la siguiente manera: «El tiempo se ha cumplido, ha
llegado el reino de Dios. Revolucionaos y creed al evangelio»
(Mc 1, 15) [1]. Hoy se piensa normalmente que Marcos no transmite con ello un *logion* originario de Jesús, sino que más bien
se trata de un sumario del evagelista. Pero está fuera de toda
duda que Marcos ofrece con este sumario acertadamente el centro
del mensaje de Jesús. Si Mateo habla del reino de los cielos en
vez del reino de Dios (4, 17), «cielo» no representa más que un
circunloquio normal en el judaísmo para ocultar el nombre de
Dios. De modo que Marcos resume de la misma manera el mensaje de Jesús. Centro y marco de la predicación y actividad de
Jesús fue el reino de Dios que se había acercado. El reino de Dios
constituía el «asunto» de Jesús.

Jamás nos dice Jesús expresamente *qué* es este reino de Dios.
Lo único que dice es *que* está cerca. Es claro que presupone en
sus oyentes una idea y una espera que nosotros hoy ya no po-
seemos sin más ni más. Pero incluso entonces se aguardaban cosas
muy distintas al hablar del reino de Dios. Los fariseos pensaban
en el perfecto cumplimiento de la torá, los zelotes entendían con

---

1. Cf. además de los artículos: *Basileia, Reino de Dios*, en los vocabularios y
manuales teológicos y la bibliografía que allí se cita, ante todo: H. Kleinknecht -
G. von Rad - K. G. Kuhn - K. L. Schmidt, βασιλεύς, βασιλεία, etc., en ThWNT
I, 562-595; E. Stähelin, *Die Verkündigung des Reiches Gottes in der Kirche Jesu
Christi*. Zeugnisse aus allen Jahrhunderten und allen Konfessionen, siete volúmenes,
Basel 1951-1965; N. Perrin, *The kingdom of God in the teaching of Jesus*, London
1963; R. Schnackenburg, *Reino y reinado de Dios*, Madrid 1970; W. Pannenberg,
Teología y reino de Dios, Salamanca 1974; G. Bornkamm, *Jesús de Nazaret*, Sa-
lamanca 1975, 67-100.

ello una teocracia política que intentaban imponer por la fuerza de las armas, los apocalípticos esperaban la llegada del nuevo eón, del nuevo cielo y la nueva tierra. Jesús no se deja encuadrar claramente en ninguno de estos grupos. Su hablar del reino de Dios es curiosamente abierto.

La abertura del mensaje de Jesús sobre el reino de Dios ha dado origen en la historia a las más diversas explicaciones. En la literatura relativamente antigua del catolicismo se consideró con frecuencia a la iglesia como la realización histórica del reino de Dios. En la época moderna tuvo mucha influencia ante todo la explicación que dio la teología liberal enlazando con Kant. Entendía por reino de Dios un bien supremo, el reino del espíritu y la libertad. Sólo A. Schweitzer [2] y J. Weiss [3] volvieron a reconocer el significado consecuentemente escatológico del mensaje de Jesús. Según ellos, Jesús no quiso un mundo mejor, sino que esperaba más bien el nuevo mundo, el nuevo cielo y la nueva tierra. Con todo, su escatología consecuente no fue jamás totalmente consecuente. Porque consideraban esta interpretación escatológico-apocalíptica como irrealizable en el presente, refugiándose, por tanto, en una idea ética. De otra forma sigue hoy viva en ciertas formas de teología política. Declara al mensaje de Jesús sobre el reino de Dios como la utopía política y social, que hay que realizar en cohumanidad y hermandad. En definitiva, se llega a diluir a Dios y su señorío en el reino de la libertad. Por supuesto que con esto se roba al pensamiento del reino de Dios su sentido originario.

Este sentido originario del concepto de reino de Dios sólo con dificultad nos es accesible hoy. Para nuestra sensibilidad el concepto de señorío guarda correspondencia con el de esclavitud, teniendo para nosotros un sabor expresamente autoritario. Nos hace pensar en una teocracia que oprime la libertad del hombre. Teocracia y teonomía dan la impresión de contradecir estrictamente a la autonomía humana. Otra cosa era para la sensibilidad de aquel tiempo. Para el judío de entonces el reino de Dios era la personificación de la esperanza en orden a la realización del ideal de un soberano justo jamás cumplido sobre la tierra. A este propósito hay que decir que para la concepción de los pueblos del antiguo oriente no consiste la justicia primariamente en administrarla de modo imparcial, sino en ayudar y proteger a los desva-

2. Cf. A. Schweitzer, *Das Messianitäts- und Leidensgeheimnis. Eine Skizze des Lebens Jesu*, Tübingen ³1956 (1901).
3. Cf. J. Weiss, *Die Predigt Jesu vom Reich Gottes*, Göttingen 1892.

lidos, débiles y pobres. La llegada del reino de Dios se aguardaba como liberación de injusto señorío, imponiéndose la justicia de Dios en el mundo. El reino de Dios era la personificación de la esperanza de salvación. En definitiva, su llegada coincidía con la realización del *shalom* escatológico, de la paz entre los pueblos, entre los hombres, en el hombre y en todo el cosmos. Por eso, Pablo y Juan entendieron bien la intención de Jesús, hablando, en vez de reino de Dios, de la justicia de Dios o de la vida. *El mensaje de Jesús sobre la llegada del reino de Dios tiene, pues, que entenderse en el horizonte de la pregunta de la humanidad por la paz, la libertad, la justicia y la vida.*

Para entender esta relación entre la esperanza originaria de la humanidad y la promesa de la llegada del reino de Dios, hay que partir de la concepción común a la Biblia de que el hombre no posee sin más por sí mismo paz, justicia, libertad y vida. La vida está continuamente amenazada, la libertad oprimida y perdida, la justicia pisoteada. Este encontrarse perdido llega tan profundo, que el hombre no puede liberarse por su propia fuerza. No puede sacarse a sí mismo del atolladero. Demonios llama la Escritura a este poder que antecede a la libertad de cada uno y de todos, el cual impide al hombre ser libre. La Escritura ve causada por «principados y potestades» [4] la alienación del hombre, un estar vendido y perdido. Las concepciones que en concreto dominan sobre esto en la Biblia son en gran parte mitológicas o populares, pero en estas expresiones mitológicas y populares se expresa una originaria experiencia humana, que existe igualmente fuera de la Biblia y que la fe bíblica lo único que hizo fue reinterpretar, es decir, la experiencia de que realidades al principio acordes con la creación pueden convertirse en algo enemigo del hombre. Determinan la situación humana de libertad antes de toda decisión, no pudiendo por ello ser totalmente descubiertas ni superadas por el hombre. Condicionan el desgarramiento antagónico de la realidad y el carácter trágico de muchas situaciones.

Sólo con este trasfondo se hace totalmente comprensible que se necesita un comienzo nuevo, totalmente indeducible, que únicamente Dios como señor de la vida y la historia puede dar. Esto nuevo, que hasta ahora no se tuvo, esto inimaginable, inderivable y, sobre todo, no factible, que sólo Dios puede dar y que en definitiva es Dios mismo, eso es lo que se quiere decir con el concepto de reino de Dios. *Se trata de ser Dios de Dios y de su ser de*

---

4. Cf. H. Schlier, *Mächte und Gewalten im Neuen Testament,* Freiburg 1958.

señor, que significa al mismo tiempo la hominidad del hombre y la salvación del mundo, porque representa liberación de los poderes del mal, enemigos de la creación y representa también reconciliación en la lucha de perdición de la realidad. Este es el motivo fundamental del mensaje de Jesús y —como todavía veremos—, al mismo tiempo, el último misterio de su persona. Por tanto, el mensaje del reino de Dios que viene es el pensamiento básico de la cristología. Esta tesis es la que ahora hay que desarrollar y fundamentar en particular.

2. Carácter escatológico del reino de Dios

La esperanza bíblica sobre la llegada del reino de Dios no es un mero deseo o una utopía. Esta esperanza no surge tampoco de la observación de las normas de actuación del mundo y la historia ni tampoco de las propensiones y tendencias del desarrollo. La única base de esta esperanza la constituye la concreta experiencia histórica de Israel. En su historia, en especial en la salida de Egipto y la travesía del desierto, Dios se manifestó como el Dios de la guía y el camino, como señor de quien uno se puede fiar absolutamente y cuyo poder no tiene límites. En el momento en que Israel contactó con las grandes potencias de entonces y sus cosmologías, tuvo que ampliarse su fe en Yahvé como señor de la historia, convirtiéndose en fe en Yahvé como señor del mundo. Pues sólo siendo Dios señor de todos los pueblos, podía salvar al pueblo en su situación histórica comprometida del exilio.

La esperanza en la llegada del reino de Dios se enraíza en el autiguo testamento en estas ideas sobre la realeza de Yahvé sobre Israel y todo el mundo. Las expresiones sobre la realeza de Dios se sitúan, ante todo, en el contexto del culto. Los salmos de entronización celebran el actual señorío de Yahvé gritando: «Dios es rey» (Sal 93, 1; 96, 10; 97, 1; 99, 1). Pero esta alabanza cultual recibió pronto una dimensión universal. «Dios se elevó entre aclamaciones, el señor entre el toque de trompetas. ¡Cantad a Dios, alabadlo! ¡Cantad a nuestro rey, alabadlo! Porque Dios es rey de toda la tierra; ¡cantadle un cántico! Dios reina sobre todos los pueblos, Dios se ha sentado en su santo trono» (Sal 47, 6-9). «Tu reino es un reino eterno, y tu señorío dura de generación en generación» (Sal 145, 13). El concepto de reino de Dios es una formulación abstracta del judaísmo tardío en vez de la fórmula de profesión: «Dios es señor» o «Dios es rey». De ello se

deduce que el reino de Dios no se fija primariamente en un reino
en el sentido de un lugar dominado por Dios, sino en la imposición y reconocimiento del señorío de Dios en la historia.
Por supuesto que a lo largo de la historia Israel pasó por la
dolorosa experiencia de que la fe en el señorío de Dios se halla
en un fuerte contraste con la realidad existente. Así se explica
que ante todo desde los grandes profetas de la Escritura comience
una clara escatologización de la conciencia de la fe. Todas las
grandes proezas salvíficas del pasado, como el éxodo y la alianza,
se esperan ahora en forma más elevada de cara al futuro [5]. De este
modo se llega a la esperanza de una nueva alianza y un nuevo
éxodo. Igualmente se aguarda para el futuro la llegada del reino
de Dios. Esta esperanza la prosigue la apocalíptica, aguardando
un nuevo eón (olam ha-ba). Mientras que el reino de Dios se
aguardaba como una realidad histórica, el nuevo eón representa
una realidad trascendente. Esta trascendentalización apocalíptica
de la esperanza escatológica se encuentra de una manera expresa
por primera vez en el libro de Daniel. Allí se encuentra también
la visión de los cuatro imperios que se suceden y que sin intervención de mano humana (2, 34. 35) son pulverizados en un
instante (2, 35); entonces Dios «hará surgir un reino indestructible para siempre, dándole el señorío a otro pueblo» (2, 44).
    De esta derivación de la comprensión bíblica del reino de
Dios se deduce lo siguiente: *la esperanza escatológica no representa un reportaje anticipador de sucesos futuros. Primariamente
se trata más bien de una palabra consoladora y esperanzada en
una situación comprometida. Las expresiones escatológicas y apocalípticas son la trasposición de la experiencia y la esperanza
salvífica tanto actual como pasada en el modo del cumplimiento.
Se trata de la certeza de la fe de que Dios al final acabará por
mostrarse como absoluto señor de todo el mundo.* [6]
    Jesús imprime a esta esperanza otra dirección nueva. Anuncia
que la esperanza escatológica se cumple *ahora*. El cambio de los
eones no se halla ya en una lejanía incalzable, sino que está a
la puerta. «El tiempo se ha cumplido y el reino de Dios ha llegado» (Mc 1, 14 s; Mt 4, 17; cf. Mt 10, 7; Lc 10, 9. 11). Aquí
está la hora que tantas generaciones han aguardado. Por eso se

5. G. von Rad, *Teología del antiguo testamento* II, Salamanca [3]1976, 148 s.
6. Sobre la hermenéutica de las proposiciones escatológicas, cf. K. Rahner,
Principios teológicos de la hermenéutica de las declaraciones escatológicas, en ET
IV, 411-441; H. U. von Balthasar, *Escatología*, en *Verbum caro*, Madrid 1964,
325-354.

puede decir de los que lo ven: «¡Dichosos los ojos que ven lo que veis! Porque os digo que muchos profetas y reyes quisieron ver lo que veis y no lo vieron; quisieron oír lo que oís y no lo oyeron» (Lc 10, 23 s). En su «predicación inaugural» en Nazaret puede decir Jesús tras leer un texto profético: «Hoy se ha cumplido esta palabra ante vuestros oídos» (Lc 4, 21). Llegó la hora de que habló la promesa de los profetas: «Los ciegos ven, los cojos andan, los leprosos se limpian y los sordos oyen; los muertos resucitan y se predica a los pobres la buena nueva» (Mt 11, 5; cf. Is 35,). Todo esto acontece ahora en la palabra y la acción de Jesús. Por lo cual agrega: «Dichoso aquel que no se escandaliza de mí» (Mt 11, 6).

Por cierto que se ha dado bastante pie para el escándalo. Un rabí desconocido de un apartado rincón de Palestina con un grupillo de discípulos incultos, rodeado de toda clase de gente de mala fama, publicanos, prostitutas, pecadores, ¿iba a hacer realidad el cambio del mundo, a traer el reino de Dios? La dura realidad parecía y parece desmentir radicalmente la predicación de Jesús. Así se explica que desde el principio la gente menee desconcertada la cabeza y se lo pregunte con incredulidad. Hasta sus allegados más próximos lo tienen por loco (cf. Mc 3, 21). En esta situación Jesús comienza a hablar del reino de Dios en parábolas. Con el reino de Dios ocurre como con un grano de mostaza, la más pequeña e insignificante de todas las semillas, que acaba convirtiéndose en un gran árbol (cf. Mc 4, 30-32 par), o como con un poco de levadura, que basta para hacer fermentar tres medidas de harina (cf. Mt 13, 33). Lo mayor de todo está oculto y actuando en lo más pequeño. De la misma manera llega el reino de Dios en lo oculto y hasta mediante el fracaso. Ocurre con él como con la simiente que cae sobre terreno pedregoso, lleno de abrojos, infructífero y, con todo, acaba dando mucho fruto (c. Mc 4, 1-9 par). El lector u oyente moderno de estas parábolas piensa en un crecimiento orgánico; sin embargo, la idea de un desarrollo natural le era extraña al hombre antiguo. Entre la simiente y el fruto no veía un desarrollo continuo, sino el contraste, reconociendo en ello el milagro de Dios. De modo que la manera de hablar en parábolas no es una forma meramente externa y casual, un mero medio de visualizar las cosas y un instrumento en orden a una doctrina independiente de ello. Es, sin duda, la forma adaptada, única con que se puede hablar del reino de Dios. En la parábola se expresa como parábola el reino de Dios [7]. Porque el reino de Dios es una realidad oculta. Por supuesto que lo es no en la allendidad del cielo, como pensaban los apocalípticos, sino aquí y ahora en una actualidad sumamente diaria, en la que nadie observa lo que ocurre. El «misterio del reino de Dios» (Mc 4, 11) no es otra cosa que la oculta alborada del mismo reino de Dios en medio de un mundo que no deja entrever nada de ello para ojos humanos. [8] El hecho de que el reino de Dios se halle en la actualidad todavía oculto, corresponde a la tensión entre las expresiones sobre el presente y el futuro en las palabras de Jesús. Tenemos dos clases de estas expresiones: palabras referentes al amanecer del reino de Dios en el aquí y hoy, y otras en las que se aguarda y pide la llegada del reino de Dios. La segunda petición del padrenuestro dice: «Venga a nosotros tu reino» (Mt 6, 20; Lc 11, 2).

Esta tensión se ha explicado de las más diversas maneras [9]. Hay que excluir las explicaciones psicológicas, según las cuales Jesús vio mezclados presente y futuro sea a causa de un gran entusiasmo, sea a partir de una perspectiva específicamente profética. Tampoco es aceptable la solución histórico-tradicional, que únicamente quiere atribuir a Jesús las expresiones que hablan del presente, mientras que las que se refieren al futuro las pone a la cuenta de la comunidad posterior que pensaba en categorías apocalípticas. Ambas explicaciones ignoran que la tensión entre presente y futuro está esencialmente implicada en el reino de Dios que Jesús predica. En consecuencia se descartan también las soluciones que acentúan sólo las expresiones futuristas, como hace la teoría de la escatología consecuente o, mejor dicho, la de un futurismo consecuente (J. Weiss, A. Schweitzer, M. Werner), o las que sólo reconocen validez a las expresiones que se refieren al presente, como la teoría de la *realized eschatology* (C. H. Dodd). Ambas corrientes contradicen tanto los datos históricos como el contenido mismo. Tomando en serio la tensión mencionada, se puede hablar de una escatología tensa con W. G. Kümmel, de una escatología que se va realizando, como escribe J. Jeremias, de una escatología histórico-salvífica, como prefiere O. Cullmann.

Por supuesto que la cuestión es cómo se ha de entender este tirante entretejido de presente y futuro. La teología liberal, especialmente A. Ritschl, intentó entender el reino de Dios enlazando con la doctrina de Kant sobre el bien supremo, como la meta común del esfuerzo moral de la humanidad. Pero así se desconoce el índice temporal y el carácter de acontecimiento de la *basileia* implicados en el carácter escatológico. El reino de Dios no es meta supratemporal de un esfuerzo ético, sino que sucede y acontece aquí y hoy. Por eso significó ante todo un progreso cuando J. Weiss y A. Schweitzer descubrieron de nuevo el carácter escatológico. Sin embargo, ambos enterraron otra vez de inmediato y modo sistemático su convicción exegética. Consideraron la escatología de Jesús como condicionada por el tiempo

7. Cf. E. Jüngel, *Paulus und Jesus*, Tübingen ²1964, 139 s.
8. G. Bornkamm, *Jesús de Nazaret*, 74 s.
9. Cf. la síntesis que ofrece R. Schnackenburg, *Gottes Herrschaft*, 77 s.

aquel; por eso quiso Schweitzer sustituir la ética escatológica de Jesús por una escatología ética; veía en el reino de Dios la fe en el insuperable poder del espíritu moral y un símbolo de la idea de la perfección moral del mundo [10]. Contra esta interpretación ética protestó ante todo Karl Barth. En la segunda edición de su *Carta a los romanos* (1921) proponía esta tesis: «Un cristianismo que no sea absoluta y totalmente escatología, no tiene absolutamente nada que ver con *Cristo*» [11]. Pero Barth neutralizó la escatología interpretándola en el horizonte dialéctico tiempo-eternidad. La eternidad es absoluta simultaneidad, un momento eterno y un eterno ahora que está igualmente cercano de todos los instantes del tiempo. «Cada uno lleva en sí innato el misterio de la revelación, cualquiera puede convertirse en instante *cualificado*... El momento *eterno* se encuentra incomparablemente frente a todos los instantes, precisamente por ser el sentido trascendental de todos los momentos» [12]. R. Bultmann intentó realizar la desmitologización de las manifestaciones escatológicas de Jesús no en el horizonte de la dialéctica tiempo-eternidad, sino en el marco de la dialéctica existencial del hombre. Al mensaje escatológico de Jesús le sirve de base, según él, una determinada concepción del hombre. Éste se encuentra siempre ante la decisión, para él siempre es la última hora. Se le pregunta si se decide por su pasado o por el futuro abierto e indisponible. «En cada momento dormita la posibilidad de ser el momento escatológico. Tienes que despertarlo» [13]. Por tanto, el carácter escatológico de la *basileia* se interpretó aquí mediante la futuridad de la existencia humana. De manera distinta interpretó también P. Tillich. Para él «reino de Dios» era un símbolo, que entendía como respuesta a la cuestión sobre el sentido de la historia.. [14]

Todas estas explicaciones eliminan el carácter temporal-histórico de la tensión entre las expresiones referidas al presente y las que miran al futuro. Una explicación acertada no debe partir de la dialéctica filosófica tiempo-eternidad, sino que tiene que hacerlo desde el concepto de tiempo específicamente bíblico. Una primera característica de la concepción bíblica de tiempo e historia consiste en que el tiempo no representa una realidad *puramente* cuantitativa; no es una sucesión continuada y uniforme de días y horas, sino una realidad cualitativa [15]. El tiempo se mide por su contenido. La cuestión es, pues, para qué existe el tiempo. «Todo tiene su hora, cada cosa bajo el cielo tiene su tiempo». Hay tiempo para plantar y para arrancar, para llorar y para reír, para la guerra y la paz (cf. Qoh 3, 1-8). En el

10. Cf. A. Schweitzer, *Geschichte*, 634 s.
11. K. Barth, *Der Römerbrief*, Zollikon-Zürich ⁹1954, 298.
12. *Ibid.*, 481 s.
13. R. Bultmann, *Geschichte und Eschatologie*, Tübingen 1958, 184.
14. Cf. P. Tillich, *Systematische Theologie* III, Stuttgart 1966, 434 s.
15. Sobre el concepto bíblico del tiempo, cf. C. H. Ratschow, *Anmerkungen zur theologischen Auffassung des Zeitproblems*: ZThK 51 (1954) 360-387; Th. Boman, *Das hebräische Denken im Vergleich mit dem griechischen*, Göttingen ⁵1968, 109 s; W. Eichrodt, *Heilserfahrung und Zeitverständnis im Alten Testament*: ThZ 12 (1956) 103-125; G. von Rad, *Teología del antiguo testamento* II, 131 s.

marco de esta interpretación contenidística del tiempo se puede comprender mejor también el mensaje de Jesús sobre el reino de Dios ahora futuro. Se debe decir: ahora es el tiempo de la llegada del reino de Dios; es decir, la actualidad está cualificada por el hecho de que el reino de Dios está viniendo y exige decidirse. Hay que decir que la *basileia* es el poder al que pertenece el futuro, que fuerza ahora a decidirse y que en ese sentido está actuando en el presente, al que totalmente determina. «De modo que en el anuncio de Jesús hablar del presente es hablar del futuro y viceversa. El futuro de Dios es *salvación* para quien sepa tomar el ahora como presente de Dios y como la hora de la salvación. El es *juicio* para quien no acepte el hoy de Dios y se aferre a su propio presente, lo mismo que a su pasado y sus sueños del futuro... El futuro de Dios es su llamada al presente y el presente es el tiempo de la decisión a la luz del futuro de Dios». [16]

Pero una explicación del mensaje de Jesús con ayuda del concepto contenidístico del tiempo propio de la Biblia no debe eliminar el concepto real-pendiente y futuro del reino de Dios imborrable en las palabras de Jesús. Es indiscutible que Jesús habló de un cambio que estaba a las puertas y de una pronta llegada de la *basileia*. Con esta espera próxima se plantea un problema difícil y frecuentemente tratado. ¿Se equivocó Jesús en esa espera inmediata? Si tal fuera el caso, tendría consecuencias incalculables no sólo para la pretensión de plenipotencia de su persona, sino también para la pretensión de verdad y validez de todo su mensaje. Pues no se trata de una cuestión accesoria y sin importancia, sino de un problema que formaba parte del centro de su mensaje.

La respuesta a esta importante cuestión se halla atendiendo a una segunda característica del concepto bíblico del tiempo y la historia. La tensión entre espera inmediata y retraso de la parusía no es meramente un problema neotestamentario, sino que se encuentra expandido por el antiguo testamento [17]. Esto se relaciona con lo que M. Buber llama «historia que acontece» [18]. Conforme a eso la historia no discurre según un plan sea divino o humano. La historia acontece más bien en el diálogo entre Dios y el hombre. La promesa de Dios abre al hombre una nueva posibilidad; pero el modo concreto de su realización depende de la decisión

16. G. Bornkamm, *Jesús de Nazaret*, 98.
17. Cf. G. Fohrer, *Prophetie und Geschichte*: ThLZ 89 (1964) 481-500.
18. Cf. M. Buber, WW II, München-Heidelberg 1964, 1031-1036.

del hombre, de su fe o incredulidad. Por tanto, el reino de Dios no prescinde de la fe del hombre, sino que viene donde Dios es realmente reconocido como señor en la fe. Este carácter dialogal de una historia que está aconteciendo hace comprensible la tensión entre espera inmediata y retraso de la parusía. El mensaje de Jesús sobre el reino de Dios que ha llegado representa el ofrecimiento de Dios que obliga, que emplaza para la decisión, el ofrecimiento definitivo. Pero este ofrecimiento se dirige a la libre decisión del hombre; cualifica la situación presente como la de la decisión escatológica. Al ser rechazado por Israel en su totalidad, Dios no retira, con todo, su promesa hecha de una vez para siempre; pero toma otro camino para alcanzar la meta de la implantación de su señorío. Este camino pasará, como todavía veremos, por la muerte y resurrección de Jesús. Esto significa lo siguiente: *en el mensaje de Jesús sobre el futuro reino de Dios hay una sobreabundancia de promesas; abre las puertas a una esperanza que sigue incumplida. Se colmará sólo cuando Dios verdaderamente sea «todo en todo» (1 Cor 15, 28). Esta tensión escatológica tiene que imprimir su impronta a toda cristología. Tiene que desarrollarse respondiendo a la esperanza del hombre.*

3. *Carácter teo-lógico del reino de Dios*

En la tradición del antiguo testamento y del judaísmo la venida del reino de Dios significa la venida de Dios. El centro de la esperanza escatológica era el «día de Yahvé», es decir, el día determinado y cumplido por Dios, el día en que Dios será «todo en todo», el día en que su ser de Dios se impondrá. Cuando Jesús anuncia: «Se ha acercado el reino de Dios», significa: «Dios está cerca». Ambas expresiones se encuentran a menudo yuxtapuestas en los evangelios [19]. *De modo que ya por mera terminología se puede ver en la predicación de Jesús una yuxtaposición tensa y una coexistencia centrada de las proposiciones escatológicas y las teo-lógicas. Por tanto, el reino de Dios no es primariamente un reino, sino que se trata del señorío de Dios, de la prueba de su gloria, de su ser de Dios.* Se trata de una exégesis

---

19. Cf. H. Schürmann, *Das hermeneutische Hauptproblem der Verkündigung Jesu. Eschato-logie und Theo-logie im gegenseitigen Verhältnis*, en *Gott in Welt. Festgabe f. K. Rahner* I, Freiburg-Basel-Wien 1964, 579-607.

radicalizante del primer mandamiento y de su comprobación histórica: «Yo soy el señor tu Dios..., no tendrás otros dioses fuera de mí» (Ex 20, 2 s). La idea del señorío de Dios encontró en el antiguo testamento su expansión universal en la fe en la creación. En definitiva, ésta dice que Dios es de manera absoluta señor de toda realidad. La profesión de fe en la creación del mundo de la nada no es sino la formulación negativa de que el mundo es nada por sí mismo, siéndolo todo de Dios, y que sólo existe porque Dios lo quiere y lo soporta. Esta idea de que todo lo que existe viene en cada momento de nuevo de la mano de Dios, se vuelve a encontrar en la predicación de Jesús. Es cierto que Jesús no desarrolla ninguna doctrina sobre la creación; pero su predicación se distingue nítidamente de la concepción del judaísmo tardío sobre el Dios puramente trascendente, que se hace encontradizo con el hombre sólo mediante la ley. El Dios de Jesús es el Dios cercano, que se preocupa de la hierba del campo (Mt 6, 30) y alimenta a los gorriones del cielo (Mt 10, 31). Así se comprende que las cosas de cada día: la siembra del labrador, el amasijo de la mujer, se hagan parábolas para la llegada de Dios en su reino.

Pero la idea de la cercanía de Dios experimenta en la predicación de Jesús una profundización que supera con mucho las sentencias veterotestamentarias sobre la creación. Jesús realiza algo así como una reinterpretación del señorío y dominio de Dios. El dominio de Dios consiste para él en la soberanía de su amor. Su llegada y cercanía significan la llegada del señorío de su amor. Esta reinterpretación se expresa ante todo en el modo y manera como Jesús habla de Dios como padre (*abba*) y como se dirige a él llamándolo padre [20]. En el modo como Jesús utiliza este concepto se unen el dominio y la autoridad, propios del padre en el mundo antiguo, con lo familiar, íntimo y confiado, que contiene igualmente este concepto. De modo que en el concepto de padre se fundían de manera especial la idea que Jesús tenía del reino de Dios como su señorío en el amor.

Esto se ve claro comparando el uso que Jesús hace del término «padre» con el empleo corriente. La idea de la paternidad de Dios es normal, con numerosas variaciones, en casi todas las religiones antiguas. El dirigirse a Dios llamándolo padre pertenece a los fenómenos primigenios de la historia de la religión. Tras esto se encuentra originariamente, sin duda, la apo-

---

20. Cf. J. Jeremias, *Abba*. Studien zur neutestamentlichen Theologie und Zeitgeschichte, Göttingen 1966, 15-67 (versión castellana en preparación); W. Marchel, *Abba, Père!* La prière du Christ et des chrétiens, Roma 1971, entre otros.

teosis del dueño de casa y la idea del padre de familia como imagen de la divinidad. El estoicismo expandió universalmente esta idea y la fundamentó a partir de la filosofía natural. Por la participación de todos los hombres en el logos todos forman una única especie, todos son hermanos; una idea que se encuentra en el discurso de Pablo en el areópago (Hech 17, 28). Con este trasfondo mitológico y panteísta es comprensible que el antiguo testamento sea muy parco en llamar a Yahvé padre. Empleando un concepto biológico se interpreta la comunión con la divinidad de la manera más crasa como comunión de sangre por generación, dejando de lado la distancia de la creatura. Por eso, donde Israel habla de Dios *como* de un padre, donde al pueblo (Ex 4, 22; Is 1, 2; 30, 1) o al rey (2 Sam 7, 14; Sal 2, 7; 89, 27) se le llama hijo, lo que está en primer plano no es la idea biológica del engendramiento, sino el pensamiento teológico de la elección. Sólo el desarrollo de la idea de creación posibilitó al antiguo testamento llamar a Dios padre de una manera nueva (Dt 32, 6; Is 64, 7; Sir 23, 1). Pero ya el antiguo testamento acentuó en el concepto de padre no sólo la distancia de Dios (Mal 1, 6; Sir 23, 1), sino que desde Oseas (11, 1. 9) estaba viva también la idea del amor paternal y la misericordia (Is 63, 15 s; Jer 31, 20). El recuerdo de Dios como «padre de los huérfanos» (Sal 68, 6) se convirtió en un motivo importante de consuelo y confianza (Sal 27, 10; 89, 27; Sir 51, 10). En el judaísmo tardío creció la designación de Dios como padre. Tras ello se encontraba no la idea de la generación por parte de Dios, y aún menos la de Dios como principio cósmico del mundo, sino la fe en que Dios tiene sentimientos de padre. Por eso en la sinagoga la designación más cordial de Dios es la de «padre». Pero «parece como pegada al sistema totalmente distinto de una interpretación de la ley»; la fórmula no llega muy al fondo. «Los materiales ya están ahí, pero el espíritu de la verdadera fe en el padre falta todavía».[21]

Totalmente distinta es la situación en los evangelios. La nueva designación de Dios como «padre» aparece nada menos que 170 veces. Tras ello se encuentra una tendencia clara de la tradición de ponerle a Jesús en la boca tal designación respecto de Dios. Mas este hecho no justifica escepticismo alguno. Apenas si puede dudarse de que Jesús mismo ha llamado a Dios «padre», aún más, que el modo como lo hizo resultaba nuevo y sorprendente, de modo que la tendencia de la tradición se apoya en el mismo Jesús. Con especial claridad se observa esto en el modo de llamar a Dios *abba*. Cierto que este tratamiento directamente sólo se tiene en Mc 14, 36 (cf., sin embargo, Mt 6, 9; Lc 11, 2; Mt 11, 25; Lc 10, 21; Mt 26, 42; Lc 23, 34. 46). Pero el hecho de que según Gál 4, 6 y Rom 8, 15 también las comunidades de lengua griega conservaran esta fórmula aramea como invocación oracional prueba que este tratamiento para Dios gozó de

---

21. G. Schrenk, πατήρ, en ThWNT V, 981.

gran consideración en la primitiva comunidad como un recuerdo
señero y característico. No cabe duda alguna de que tenemos ante
nosotros la *ipsissima vox Iesu.*

Lo nuevo del uso lingüístico de Jesús consiste en que Jesús
no sólo habla de Dios llamándole padre, como ya se estilaba en
el judaísmo, sino en que se dirige a él tratándolo así. El que la
literatura oracional judía no emplee este tratamiento se explica
fácilmente por el hecho de que *abba* originariamente es forma
balbuciente propia de los niños (como nuestro «papá»). Es cierto
que no quedó reducida al lenguaje infantil, sino que también la
emplearon adolescentes; además se llamaba *abba,* fuera de al propio padre, igualmente a otras personas de respeto. Por tanto, *abba*
era término infantil, lenguaje corriente, tratamiento de cortesía.
Para la sensibilidad de los contemporáneos de Jesús era irrespe-
tuoso dirigirse a Dios con este término familiar. Si Jesús se atrevió, con todo, a hacerlo, ello se debe a que anunciaba de una
manera única la cercanía de Dios, en la que el hombre se puede
saber confiadamente seguro. Dios sabe como padre lo que sus
hijos necesitan (Mc 6, 8; Lc 12, 30); su bondad y cuidados no
tienen límites (Mt 5, 45 par). Su solicitud se extiende hasta a
los gorriones (Mt 10, 29). Mas la filiación divina no es un don
creacional propiamente dicho, sino que se inserta en la salvación
escatológica (Mt 5, 9. 45; Lc 6, 35; 20, 36). La niñez es, en
definitiva, *el* signo característico del reino de Dios. «Si no os cam-
biáis, haciéndoos como niños, no entraréis en el reino de los
cielos» (Mt 18, 3). Llamando a Dios *abba* se muestra, pues, lo
nuevo de la idea que sobre él tiene Jesús: Dios está cerca del
hombre en el amor.

El sentido teológico del tratamiento *abba* resulta comprensible sólo cuando se le considera en relación con el mensaje de
Jesús sobre el señorío de Dios. Entonces se ve claro que la invocación de padre no representa una confianza banal, casi natural.
Tampoco se trata de un mensaje interiorizado sobre el padre en
el sentido de la teología liberal. Ya el hablar del «padre del
cielo» (Mt 5, 9. 16. 45. 48; 6, 1; 7, 11 y *passim*) y de la perfección del padre (Mt 5, 48) muestra la distancia entre Dios y
hombre. Por eso prohíbe Jesús a sus discípulos hacerse llamar
«padre», «pues sólo hay un padre, el celestial» (Mt 23, 9). En el
padrenuestro el tratamiento de padre se encuentra en relación
con esta petición: «Santificado sea tu nombre. Venga tu reino.
Se haga tu voluntad» (Mt 6, 9 s; Lc 11, 2). La majestad, soberanía y gloria de Dios se conservan, pues; pero se reinterpretan: *el
señorío de Dios es tal en el amor; la gloria de Dios se muestra*

en su libertad soberana para el amor y el perdón. Precisamente en eso se ve que es Dios y no hombre (cf. Os 11, 9). No es casual que Lucas haya entendido la perfección del padre celestial (Mt 5, 48) como misericordia (Lc 6, 36). Su perfección no consiste, como para los griegos, en un máximo de bondad moral, sino en bondad creadora, que hace buenos a otros, en un amor que se comunica. El amor paternal de Dios vale para el perdido, haciendo incluso revivir lo que estaba muerto (Lc 15, 24). Donde Dios toma el señorío como padre, allí existe una nueva creación, ha pasado lo viejo, todo se hace nuevo al resplandor del amor, todo es posible (Mc 14, 36; Mc 10, 27; Mt 19, 26; Lc 18, 27).

De esta neointerpretación de la idea del señorío de Dios, interpretación que supera todo, se sigue lo siguiente: el reino de Dios es exclusivamente y siempre de Dios. No puede merecerse por esfuerzo religioso-ético, no se puede atraer mediante la lucha política, ni se puede calcular su llegada gracias a especulaciones. No podemos planearlo, organizarlo, hacerlo, construirlo, proyectarlo, ni imaginarlo. El reino es dado (Mt 21, 34; Lc 12, 32) y dejado en herencia (Lc 22, 29). Lo único que podemos hacer es heredarlo (Mt 25, 34). De la manera más clara expresan este hecho las parábolas: a despecho de todas las esperas humanas, oposiciones, cálculos y planificaciones el reino de Dios es milagro y acción de Dios, su señorío en el sentido propio del término.

La llegada del reino de Dios como revelación de su condición de Dios en el amor no tiene, sin embargo, como consecuencia quietismo alguno. Por más que los hombres no podamos construir el reino de Dios ni conservativa ni progresivamente, ni por evolución ni por revolución, el hombre no es condenado, ni mucho menos, a pura pasividad. Lo que se le pide es revolucionarse y creer (Mc 1, 15 par). Conversión no significa rigorismo ascético alguno, ni fe representa especie alguna de *sacrificium intellectus*. Ambas cosas serían obra del hombre con la que quiere agradar a Dios. Precisamente esta confianza en el propio rendimiento es lo que quiere destruir Jesús como también antes el Bautista. El significado de conversión se expresa positivamente al nombrar la fe. Las expresiones de fe aparecen en la mayoría de los casos en relación con relatos de milagros, o sea, en situaciones en que se agotan las posibilidades humanas. Fe, por tanto, significa renuncia al propio rendimiento, confesión de la impotencia humana, reconocimiento de que el hombre no se puede ayudar a sí y a partir de sí mismo ni tampoco fundar su existencia y salvación. Con ello se abre la fe a algo distinto, nuevo y futuro. No esperando nada de sí, lo espera todo de Dios, que todo lo puede (Mc 10, 27 par). Mas donde el hombre le hace lugar a Dios, vale aquello de: «Todo es posible al que cree» (Mc 9, 23). «Fe es poder, aún más, participación en la omnipotencia de Dios».[22]

Fe quiere decir, pues, un confiar y edificar sobre el poder de Dios que actúa en Jesús, un basar la existencia en Dios. Fe significa, por tanto, «dejar actuar a Dios», «dejar que Dios obre», dejarlo ser Dios y tributarle el honor, o sea, reconocer su señorío. En esa clase de fe el reino de Dios se hace realidad concreta en la historia. La fe es, al mismo tiempo, el hueco para la existencia del reino de Dios. Por supuesto que esto no es ni obra ni prestación de la fe. Esta es respuesta a la palabra sobre la llegada de Dios y su reino. Tal respuesta únicamente es posible en la fuerza y a la luz de este mensaje. Pero en esta respuesta encuentra la palabra de Dios su verdadera meta; es en esta palabra donde la palabra alcanza su realización. Esta fe no es tampoco algo puramente privado e interior. Como respuesta al amor de Dios es al mismo tiempo amor a Dios y al prójimo (Mc 12, 29-31 par).

El tratamiento de *abba* que Jesús da a Dios ha llegado a ser para nosotros tan corriente y usado que se nos ha convertido en mero cliché. Nos resulta difícil reconocer lo revolucionario que en tal tratamiento se oculta. Culpable de ello, y no en último lugar, lo es la teología que descuidó el repensar las implicaciones del mensaje sobre el reino de Dios para la idea de Dios como tal. En vez de desarrollar el concepto cristiano de Dios en el marco de su reino anunciado por Jesús, en la tradición se incorporó grandemente la idea que la filosofía griega tenía de Dios, descuidando lo propio y nuevo del concepto de Jesús. La filosofía griega llega a Dios a base de una deducción. Aquí Dios es el fundamento último, en el que todo lo existente encuentra unidad, sentido y apoyo. En consecuencia, Dios tiene que ser inmutable y eterno; reposa totalmente en sí mismo[23]. Schelling habló despectivamente de un Dios agotado[24]. Este Dios aparece al final de una deducción, pero también está en las últimas. No puede emprender nada en su inmutabilidad. De él no sale vida alguna.

---

22. G. Ebeling, *Jesus und Glaube*, en *Wort und Glaube* I, Tübingen ³1967, 248.
23. Cf. W. Pannenberg, *La asimilación del concepto filosófico de Dios como problema dogmático de la antigua teología cristiana*, en *Cuestiones fundamentales de teología sistemática*, Salamanca 1976, 93-151.
24. Cf. F. W. J. Schelling, *Geschichte der neueren Philosophie*, en WW X, 216 s; Id., *Philosophie der Offenbarung*, en WW XIII, 71 s.

Está muerto. El grito de Nietzsche: «Dios ha muerto» es, por tanto, la última consecuencia de esta figura de la metafísica occidental.

Totalmente distinto es el modo que Jesús tiene de hablar de Dios. Para él Dios no es motor inmóvil ni fundamento inmutable, sino que como Dios viviente está determinado por el amor. Para Jesús como para el antiguo testamento Dios es un Dios de la historia que asienta y proporciona un nuevo comienzo. Es el poder del futuro. El que Dios y el hombre estén tan íntimamente unidos no significa que Dios se desarrolle y perfeccione en el tiempo. Como poder del futuro no se encuentra sometido a la ley del tiempo, sino que más bien es señor del tiempo y del futuro. Y esta es la definición de libertad. Porque libertad significa la posibilidad de poder empezar espontáneamente a partir de sí mismo, la posibilidad de tener futuro en sí y desde sí. Esta libertad de Dios es, en definitiva, su trascendencia, pues quiere decir que de Dios no se puede disponer, ni se le puede forzar, ni se le puede controlar. A pesar de esta incontrolabilidad, el futuro no es, sin embargo, un sino indeterminado ni la libertad de Dios un capricho veleidoso. La libertad de Dios lo es en el amor. Amor significa libertad y fidelidad, unidad, cercanía, confianza, estar frente al otro, ser distinto. Hegel expuso esta dialéctica del amor al explicar la afirmación «Dios es el amor» (1 Jn 4, 8. 16), diciendo: «Amor es distinción entre dos que, con todo, no son distintos el uno para el otro. El amor consiste en la conciencia, el sentimiento de esta identidad, en estar fuera de mí y en el otro: tengo mi autoconciencia no en mí, sino en el otro, mas este otro..., estando igualmente fuera de sí, tiene su autoconciencia sólo en mí, siendo ambos no más que esta conciencia del estar fuera de sí y de su identidad... Esto es el amor, y hablar de él sin saber que representa la distinción y la supresión de ella, es una necedad»[25]. *El ser de Dios consiste en la soberanía de su amor. Por eso se puede dar radicalmente sin destruirse. Precisamente al meterse en lo distinto de sí mismo, se encuentra en sí mismo. Precisamente en el vaciamiento de sí muestra su condición de Dios. Por eso el ocultamiento es el modo como se manifiesta la gloria de Dios en el mundo.*

25. G. W. F. Hegel, *Vorlesungen über die Philosophie der Religion* II/2 (ed. por Lasson), 75. Por supuesto que la incorporación teológica de la dialéctica de Hegel sobre el amor no carece de peligro, puesto que para Hegel lo otro pertenece constitutivamente al ser de uno mismo, lo que precisamente no se puede decir del amor de Dios en relación con el hombre. Por tanto, la dialéctica del amor en Hegel tiene que pensarse teológicamente como diálogo de amor.

Se comprende cómo pudo revolucionarse a partir de aquí totalmente el concepto de Dios y cómo tuvo que volver a ganar actualidad la idea de la creación. La fe en que el mundo es creación quiere decir que no tiene en sí mismo la base suficiente de su existencia y su modo actual de ser, que por sí es nada, siéndolo todo a partir de Dios, que se debe absoluta y totalmente al amor donador de Dios. El amor es, pues, no sólo meta, sino también base de toda realidad. Pero tal fundamento no existe simplemente como una cosa. No hay amor. Más bien se prueba siempre de nuevo. Se está creando continuamente. Siempre se está imponiendo de nuevo contra el egoísmo y la egolatría. El mensaje de Jesús sobre el reino de Dios que viene en el amor significa que el más profundo fundamento y sentido de toda realidad se hace objetividad de un modo nuevo y definitivo, que ahora se decide históricamente de modo definitivo sobre el sentido de la realidad. Con la llegada del reino de Dios el mundo llega a la salvación.

4. *Carácter soteriológico del reino de Dios*

La proximidad del reino de Dios significa para Juan Bautista juicio amenazador, mientras que para Jesús implica ofrecimiento de salvación. Su anuncio no es mensaje de amenaza sino de alegría. Por eso se habla con tanta frecuencia de los sinópticos del mensaje salvador (εὐαγγέλιον) del reino de Dios (Mc 1, 14; 14, 9; Mt 4, 23; 9, 35; 24, 14; cf. Lc 16, 16). Con ello se menciona una característica esencial de la predicación de Jesús. Su originalidad consistió no sólo en haber colocado en el centro el concepto de reino de Dios, sino en haberlo convertido en concepto salvífico central. Con su anuncio del reino de Dios prometió el cumplimiento de todas las esperanzas, ansias y anhelos de los hombres en orden a un cambio fundamental de todas las situaciones y con vistas a un comienzo nuevo incomparable. La esperanza primigenia, que ya se encuentra en el mito y que asumieron los profetas del antiguo testamento, en el sentido de que en el tiempo de redención, cuando llegue el reino de Dios, acabará todo dolor, todas las lágrimas y toda angustia, esa esperanza se la apropió Jesús: los ciegos ven, los cojos andan, los leprosos quedan limpios, los sordos oyen, los muertos resucitan, a los pobres se les anuncia el mensaje de salvación (Lc 7, 22 s; Mt 1, 5 s).

La alborada del cambio de todas las situaciones se ve, ante todo, en la exclamación característica de la predicación de Jesús: «*Dichosos* vosotros... (μαχάριοι, Mt 5, 3-11; Lc 6, 20-22; Mt 11,

6; Lc 7, 23; Mt 13, 16; Lc 10, 23). Tales bienaventuranzas (macarismos) representan un estilo constante de la literatura sapiencial griega y judía (cf. Sir 25, 7-10). Pero en ambos ambientes se emplea el mismo estilo de modo totalmente distinto. En la literatura sapiencial griega y judía se llama dichoso al que tiene hijos bien educados, buena mujer, amigos fieles, éxito etc. Otra cosa ocurre en las bienaventuranzas de Jesús. No provienen de una sabiduría basada en la experiencia humana, sino que, como palabras proféticas, son comunicación y aliento. A diferencia de los macarismos griegos, los bienes y valores profanos desaparecen ante la dicha de la participación en el reino de Dios. Se da un trastrueque de todos los valores. Se llama dichosos no a los que tienen, a los felices, triunfadores, sino a los pobres, hambrientos, a los que lloran, a los ridiculizados y perseguidos. Es por lo que Jesús en su «predicación inaugural» en Nazaret toma una palabra del profeta Isaías (61, 1) y dice que ha sido enviado a anunciar la buena noticia a los pobres, notificar liberación a los presos, dar nueva luz a los ciegos, libertar a los esclavos, proclamar el año de gracia del Señor (Lc 4, 18).

¿Quiénes son los pobres a quienes se promete el reino de Dios (Lc 6, 20; Mt 5, 3)? Esta palabra se transmite y se entiende de diversa manera en Mateo y Lucas. Mateo habla de los «pobres de espíritu», presuponiendo un concepto religioso de la pobreza en el sentido de humildad, es decir, pobreza ante Dios; Lucas piensa en los verdaderamente pobres, pero no en los que carecen de bienes materiales sin más, sino en los que padecen pobreza a causa de su condición de discípulos (cf. Lc 6, 22 s). Jesús mismo habla de los pobres en el contexto de una serie de expresiones paralelas: llama dichosos a los de corazón quebrantado, a los encarcelados, esclavizados, desalentados y tristes. De modo que los pobres se interpretan en un sentido muy amplio como los que carecen de ayuda y de medios, los oprimidos, los desesperados, los despreciados, aquellos de quienes se abusa y a quienes se maltrata. El partidismo de Jesús por estos pobres corresponde totalmente al antiguo testamento, al modo como, por ejemplo, el profeta Amós critica la injusticia y opresión social (Am 2, 7; 4, 1; 5, 11) o a la manera como los salmos aclaman y alaban a Yahvé como protector y ayudador de todos los perseguidos y débiles.

Pero lo mismo que el bienestar no se rechaza por principio en el antiguo testamento —se le recibe agradecido como don de Dios—, tampoco se engrandece románticamente la pobreza. Para el antiguo testamento existe también una pobreza culpable debida

a la ociosidad (Prov 6, 9-11; 24, 30-34) y a los placeres (Prov
21, 17). También el nuevo testamento adopta sobre el particular
una postura absolutamente realista: «Pobres vais a tener siempre
con vosotros» (Mc 14, 7). Jesús se niega a actuar de árbitro en el
reparto de bienes (Lc 12 14). En ninguna parte se encuentra un
odio fundamental frente a los ricos, por los que es invitado y se
hace invitar. Al proclamar dichosos a los pobres, no se piensa
en una clase social ni en un programa de ese tipo. No hace de la
pobreza una pretensión, que no es sino codicia de signo contrario.
Los pobres son más bien «los que no tienen nada que esperar del
mundo, pero lo esperan todo de Dios, los que no tienen más re-
cursos que en Dios, pero también se abandonan a él» [26]. Han sido
arrojados a los límites del mundo y de su posibilidad; son tan
pobres exterior e interiormente que ya no hacen ni revolución.
Han experimentado su situación verdadera y la de todos los hombres: ante Dios son mendigos. Sólo de él pueden aguardar ayuda.
    La conducta de Dios corresponde a su predicación. Su sim-
patía y solidaridad es para con los pequeños (Mc 9, 42; Mt 10,
42; 18, 10. 14) y sencillos (Mt 11, 25 par), los muy trabajados
y cargados (Mt 11, 28). La gente con quien trata es llamada con
frecuencia y con desprecio publicanos y pecadores (Mc 2, 16 par;
Mt 11, 19 par; Lc 15, 1), publicanos y prostitutas (Mt 21, 32) o
sencillamente pecadores (Mc 2, 17; Lc 7, 37. 39; 15, 2; 19, 7),
es decir, impíos. A estos impíos pertenecía la gente que notoria-
mente despreciaba el mandamiento de Dios, y a la que, en consecuencia, se apuntaba con el dedo. En ese grupo se incluían
determinadas profesiones, que, al sentir común, llevaban a la
inmoralidad, por ejemplo, junto a publicanos y pecadores también los pastores. Por último, se consideraban así también los
am ha-arez, la gente pobre e inculta que o no conocían las com-
plicadas determinaciones de la ley o, si las conocían, no podían
cumplirlas, siendo, por tanto, despreciada por los piadosos. Con
esta mala compañía (A. Holl) anda Jesús. Por eso pasa por
amigo de publicanos y pecadores (Mt 11, 19; Lc 7, 34). Se solidariza con los desacreditados y difamados, con estas existencias
marginadas que no encajan en el esquema del mundo sea por
razón de su sino, de su propia culpa o de perjuicios de la sociedad.
Su suerte se empeora esencialmente por el hecho de que su situación hay que considerarla, de acuerdo con el dogma judío de
venganza, como castigo de Dios, sin tener posibilidad de cambiar

26. G. Bornkamm, Jesús de Nazaret, 81.

su situación. De modo que nada tienen que esperar ni del mundo ni de Dios. Y es a ellos a quienes Jesús dice: «Dichosos vosotros...».

¿Pero en qué consiste esta salvación? Es llamativo que Jesús concentre las múltiples esperanzas de salvación en una sola, en la participación en el reino de Dios. Para él éste es idéntico con la vida (Mc 9, 43. 45; 10, 17; Lc 18, 18). Pero se entendería mal esta concentración si se viera en ella una espiritualización o hasta un consuelo en orden a un futuro indeterminado o a una allendidad lejana. Para Jesús el tiempo de salvación se manifiesta, realiza y actualiza ya ahora. Lo dicen los prodigios y curaciones de Jesús; en ellos se adentra el reino de Dios en el presente curando y redimiendo; en ellos se muestra que la salvación del reino de Dios es la salvación total del hombre en cuerpo y alma. Las parábolas de los dos deudores (Lc 7, 41-43), del siervo cruel (Mt 18, 23-35), del hijo pródigo (Lc 15, 11, 32) muestran que el mensaje de salvación de la llegada del reino de Dios tiene como contenido el perdón de la culpa. El reencuentro de lo perdido causa alegría (Lc 15, 4-10. 22-24. 31-32). Por eso, el mensaje de salvación es al mismo tiempo mensaje de alegría. De modo que la salvación del reino de Dios consiste en primer lugar en el perdón de los pecados y en la alegría que causa el haberse encontrado con la misericordia infinita e inmerecida de Dios. Pues experimentar el amor de Dios significa sentir que se es aceptado absolutamente, que se es reconocido y amado infinitamente, y que se puede y se debe uno aceptar a sí mismo y al otro. Salvación es alegría por Dios, que se traduce en alegría a causa del prójimo y con el prójimo.

La salvación del reino de Dios se manifiesta también en que el amor de Dios llega a imperar entre los hombres. Si Dios nos perdona una culpa enorme que nosotros no podríamos expiar, entonces tenemos que estar dispuestos nosotros también por nuestra parte a perdonar a nuestros prójimos pequeñas culpas (Mt 18, 23-34). El perdón de Dios nos capacita para un perdonar sin límites (Lc 17, 3 s). La disponibilidad para el perdón es asimismo la condición (Mc 11, 25; Mt 6, 12) y la medida (Mc 4, 24; Mt 7, 2; Lc 6, 38) para que el Señor nos perdone y para la magnitud de su perdón. A los misericordiosos se les promete la salvación (Mt 5, 7). Puesto que esta salvación está inmediatamente próxima, no queda tiempo ni es posible retraso alguno (Lc 12, 58 s). El tiempo del reino de Dios que llega es el tiempo del amor, que exige el aceptarse mutua e incondicionalmente. Tal amor, que no rechaza ni niega nada, vence al mal que hay en el mundo (Mt 5, 39 s; Lc 6, 29). Rompe el círculo diabólico de violencia y contraviolencia, culpa y venganza. El amor es el nuevo comienzo y la concretización de la salvación. En nuestra cohumanidad tenemos que sintonizar con la alegría de Dios sobre la vuelta de los pecadores (Lc 7, 36-47; 15, 11-32; 19, 1-10). El amor de Dios que todo lo supera se traduce en la aceptación del hombre por el hombre, en la destrucción de prejuicios y barreras sociales, en una comunicación nueva, espontánea entre los hombres, en la cordialidad fraternal, en la comunión del sufrimiento y la alegría.

Mas estas proposiciones adquieren todo su peso cuando se comprende que la llegada del reino de Dios significa la superación y el fin de los poderes demoníacos (Mt 12, 28; Lc 11, 20). La lucha de Jesús con estos poderes no puede eliminarse sin más de los evangelios, como todavía se verá. Por tanto, la salvación del reino de Dios significa la superación de los poderes del mal, destructores, enemigos de la creación y el comienzo de una nueva. Esta nueva creación lleva la impronta de la vida, la libertad, la paz, la reconciliación, el amor.

En consecuencia podemos decir: *la salvación del reino de Dios consiste en que llega a imperar en el hombre y por el hombre el amor de Dios que se autocomunica. El amor se manifiesta como el sentido del ser. Unicamente en el amor encuentran su plenitud mundo y hombre.*

Pero de hecho el hombre se ha separado por el pecado del amor de Dios, adhiriéndose al egoísmo, la egolatría, a la voluntad, utilidad y el sentido propios. De manera que todo se disgrega en un aislamiento sin sentido y en una lucha de todos contra todos. En lugar de la unidad imperan la soledad y el aislamiento. El individuo aislado o lo solitario cae en el absurdo. Mas donde la base definitiva de toda realidad, donde el amor de Dios se vuelve a imponer y llega a dominar, el mundo llega de nuevo al orden y a la salvación. Puesto que cada uno puede saberse aceptado y reconocido, se hace libre para la comunión con otros. La llegada del señorío del amor de Dios significa, pues, salvación del mundo en su totalidad y de cada uno en particular. Cada individuo puede esperar que el amor sea lo último y definitivo, que sea más fuerte que la muerte, que el odio y la injusticia. El mensaje de la llegada del señorío de Dios representa, pues, una promesa para todo lo que se hace por amor en el mundo: lo que se hace por amor tendrá consistencia para siempre contra toda apariencia; aún más, es lo único que existe para siempre.

Un principio así tiene, por supuesto, consecuencias para la conducta cristiana cara al mundo. Con él se abre una posibilidad más allá de las alternativas que suponen un cambio violento del mundo o una no-violencia que huye de él; tal posibilidad es el cambio y humanización del mundo por el camino de la violencia del amor. Amor no es un sustitutivo de justicia; amor es más bien el colmo en el cumplimiento de la justicia. Pues, en definitiva, somos justos con el otro, si no sólo le damos esto o aquello, que puede exigir, cuando lo aceptamos y reconocemos como hombre, si nos damos nosotros mismos a él. El amor incluye las exigencias de la justicia para cada individuo, superándola y colmándola al mismo tiempo. El amor es la fuerza y la luz para reconocer en las situaciones cambiantes las exigencias de la justicia, cumpliéndolas siempre de nuevo. En este sentido el amor es el alma de la justicia. Asimismo el amor constituye la respuesta a la pregunta por un mundo justo y humano; representa la solución del enigma de la historia. El amor es la salvación del hombre y del mundo.

6

Los milagros de Jesús

Jesús obró no sólo mediante la palabra, sino igualmente mediante la acción; no sólo habló, sino que también obró [1]. Hasta ahora hemos constatado cómo su mensaje se hallaba en relación con su comportamiento y actitud, en especial, con su comunión hasta de mesa con los pecadores, cosa que no dejó de escandalizar. Ahora hay que hablar en detalle de los milagros de Jesús, algo que hace tan chocante y difícilmente comprensible su actividad para el hombre moderno al menos. La tradición sobre los milagros no se puede suprimir de los evangelios; se encuentra en los estratos más antiguos. Marcos ha centrado su evangelio casi exclusivamente en torno a los milagros. Por tanto, si se quiere hablar de Jesús, es imposible no hablar de estos relatos.

1. Sobre la cuestión de los milagros de Jesús, cf. R. Bultmann, *Geschichte der synoptischen Tradition*, 223-260; Id., *Zur Frage des Wunders*, en *GuV* I, Tübingen ⁵1964, 214-228; M. Dibelius, *Formgeschichte*; H. J. Held, *Matthäus als Interpret der Wundergeschichten*, en G. Bornkamm - G. Barth - H. J. Held, *Überlieferung und Auslegung im Matthäusevangelium*, Neukirchen ²1963, 155-287; W. Hermann, *Das Wunder in der evangelischen Botschaft*, Berlin 1961; L. Monden, *Theologie des Wunders*, Freiburg 1961, 103-125; F. Mussner, *Die Wunder Jesu*, München 1967; G. Schille, *Die urchristliche Wundertradition*, Stuttgart 1967; A. Stuhl, *Die Wunder Jesu*, Gütersloh 1967; R. H. Fuller, *Die Wunder Jesu in Exegese und Verkündigung*, Düsseldorf ²1968; F. Lentzen - Deis, *Die Wunder Jesu. Zur neueren Literatur und zur Frage nach der Historizität*: ThPh 43 (1968) 392-402; K. Gutbrod, *Die Wundergeschichten des NT dargestellt nach den ersten drei Evangelien*, Stuttgart 1968; A. Kolping, *Wunder und Auferstehung Jesu Christi*, Bergen-Enkheim 1969; K. Kertelge, *Die Wunder Jesu im Markusevangelium*, München 1970; R. Pesch, *Jesu ureigene Taten?* Ein Beitrag zur Wunderfrage, Freiburg 1970 (con más bibliografía); Id., *Zur theologischen Bedeutsamkeit der Machttaten Jesu*: ThQ 152 (1972) 203-213; H. Küng, *Die Gretchenfrage des christlichen Glaubens?* Systematische Überlegungen zum neutestamentlichen Wunder: ThQ 152 (1972) 214-223; K. Kertelge, *Die Überlieferung der Wunder Jesu und die Frage nach dem historischen Jesus*, en *Rückfrage nach Jesus*, 174-193.

1. *Problemática de los milagros de Jesús*

«El milagro es el niño preferido de la fe», dijo Goethe, pero hoy el milagro se ha convertido en causa de muchos quebraderos de cabeza para la fe. Con la aparición de la subjetividad crítica y su interés por el saber seguro, disponible, ocuparon el primer plano de atención los aspectos generales, normales de la realidad. Mas donde lo concreto adquiere su determinación ante todo por su analogía y correlación con todo lo demás, desaparece el sentido para lo incalculable y señero. Un acontecimiento extraordinario apenas si se contempla con asombro como milagro, sino que se le rebaja a objeto aclarable por principio. Si es que llega a conseguirlo, el hombre moderno experimenta milagros precisamente en la regularidad de las leyes de la naturaleza y su orden. Mientras que a la historia la mira como lugar en el que él mismo se realiza. Si, no obstante, habla de milagros —por ejemplo, de las siete maravillas del mundo, del milagro económico o de los milagros de la técnica—, tal modo de hablar se emplea en sentido muy impropio, pues es en la propia obra en lo que se está fijando.

Este cambio moderno en la experiencia de mundo e historia ha llevado a una problemática doble en relación con los milagros de Jesús: histórica y de las ciencias naturales. El escepticismo histórico frente a los relatos de milagros obliga a examinarlos con cuidado; el pensamiento propio de las ciencias naturales pide un replanteamiento fundamental del concepto de milagro como tal.

La investigación histórico-crítica de la tradición sobre los milagros lleva en primer lugar a una triple conclusión:

1. Desde el punto de vista de la crítica literaria es constatable la tendencia a acentuar, engrandecer y multiplicar los milagros. Según Mc 1, 34 Jesús cura a muchos enfermos, mientras que su paralelo, Mt 8, 16, dice que cura a todos. Para Mc la hija de Jairo está todavía agonizando, mientras que para Mt ya está muerta. La curación de un ciego y un poseso se convierte en la de dos ciegos y dos posesos; 4.000 alimentados en el desierto se hacen 5.000 y los siete cestos que sobraron resultan luego doce. Esta tendencia a la reformulación, multiplicación y acentuación que se ve en los mismos evangelios tenemos que suponerla actuante ya en el tiempo que precede a la redacción de nuestros evangelios. Con ello se reduce muy esencialmente el material de los relatos de milagros.
2. Otra reducción se deduce de la comparación con las historias milagrosas tanto rabínicas como helenistas. Los relatos neotestamentarios sobre milagros están formulados en analogía y con ayuda de motivos, que conocemos igualmente en la restante literatura de la antigüedad. Existen, por ejemplo, narraciones milagrosas rabínicas y helenísticas referentes a curaciones, expulsiones de demonios, resurrecciones de muertos, calma de tempestades, etc. Se dan numerosos paralelismos con Apolonio de Tyana, con-

temporáneo de Jesús. Se testifican muchas curaciones obradas en el santuario de Esculapio en Epidauro. O sea, que se tiene la impresión de que el nuevo testamento aplica a Jesús motivos extracristianos para resaltar su grandeza y poder. Existe incluso una determinada técnica para las narraciones de milagros, un esquema fijo tripartito al que se ajustan: primeramente se menciona la inutilidad de los esfuerzos hechos hasta entonces, resaltando la gravedad de la enfermedad, preparando así la magnitud del milagro; sigue la descripción del hecho maravilloso; por último se presentan testigos que vieron el milagro y lo han testificado (coro final). Sin duda, hay también diferencias importantes entre los milagros de Jesús y los que nos transmite la antigüedad. Por ejemplo, Jesús no obra milagro alguno por honorario, provecho, castigo o lucimiento. Pero a la vista de los paralelos que se dan, apenas si se pueden rechazar todos los relatos milagrosos judíos y helenistas como puro fraude sin apoyo histórico, aceptando, por el contrario, terminantemente como históricos los relatos neotestamentarios.

3. Por la historia de las formas se ve que algunos relatos milagrosos son proyecciones de experiencias. pascuales introducidas en la vida terrena de Jesús o presentaciones adelantadas del Cristo exaltado. Tales epifanías son, por ejemplo, el milagro que salva de la tempestad, la transfiguración, el andar sobre las aguas, la comida para 4.000 ó 5.000 y la pesca de Pedro. Sobre todo los relatos de la resurrección de la hija de Jairo, del joven de Naín y de Lázaro están intentando presentar a Jesús como señor sobre vida y muerte. Los milagros naturales precisamente se ve que son añadidura secundaria a la tradición primitiva.

De lo dicho se deduce que tenemos que considerar como legendarios muchos relatos milagrosos de los evangelios. Tales leyendas se han de examinar no tanto con vistas a su contenido histórico sino respecto de su intencionalidad teológica. No dicen nada sobre ciertos hechos salvadores, sino sobre el significado del único acontecimiento salvífico, Jesucristo. *Por tanto, al probarse que ciertos milagros no se pueden atribuir al Jesús terreno, no se ha dicho en absoluto que carezcan de importancia teológica y kerygmática. Tales relatos milagrosos no-históricos son expresiones de fe sobre el significado salvador de la persona y mensaje de Jesús.*

Con todo, sería falso deducir de esta tesis que no hay absolutamente acción alguna milagrosa de Jesús con garantía histórica. Lo contrario es lo acertado. No hay ningún exegeta digno de tomarse en serio que no admita un sustrato fundamental de acciones milagrosas de Jesús históricamente ciertas. Tres argumentos son especialmente importantes en este sentido:

1. La tradición evangélica sobre los milagros sería absolutamente inexplicable si la vida terrena de Jesús no hubiera dejado la impresión y el recuerdo general, que luego hizo posible presentar a Jesús como obrador de milagros. Sin un apoyo cierto en la vida de Jesús la tradición sobre los milagros no sería posible.

2. La tradición de los milagros se puede examinar con ayuda de los mismos criterios que son válidos para la constatación del Jesús histórico en

general. Según eso hay que tomar como históricos los milagros que no pueden explicarse ni por influencia judía ni helenista. Tales milagros son los que tienen un frente expresamente antijudío. Piénsese, ante todo, en las curaciones en sábado y las consecuentes discusiones sobre el precepto sabático (cf. Mc 1, 23-28; 3, 1-6; Lc 13, 10-17). También hay que citar relatos sobre expulsiones de demonios, es decir, sobre la actividad de exorcista por parte de Jesús. Vale lo dicho especialmente del *logion* de Mt 12, 28: «Pero si expulso los demonios por el espíritu de Dios, entonces el reino de Dios ha llegado a vosotros» (cf. Lc 11, 20). Este *logion* se encuentra en el contexto de la defensa de Jesús contra la acusación de que está aliado con el diablo (Mc 3, 22; Mt 9, 34; Lc 11, 15). Esta odiosa acusación difícilmente ha sido inventada. La acusación muestra además que los milagros de Jesús no podían ser negados por sus enemigos.

3. Ciertos relatos de milagros contienen detalles llamativos que precisamente a causa de su falta de significado hay que considerar como originarios (Mc 1, 29-31). También la palabra de Mt 11, 20-22 sobre los prodigios obrados en Corazeín y Betsaida tiene que ser antigua, puesto que nada oímos en otra parte sobre la actividad de Jesús en Corazeín.

También después de un examen crítico de la tradición de los milagros en los evangelios se deduce que no se puede negar un núcleo histórico de tal tradición. Jesús realizó acciones extraordinarias que maravillaron a sus contemporáneos. Hay que mencionar curaciones de diversas enfermedades y de síntomas que entonces se tenían por signos de posesión de espíritus. Por el contrario, los llamado milagros naturales no es necesario considerarlos, con cierta probabilidad, como históricos.

Por supuesto que con la sola prueba de que existe un núcleo de acciones extraordinarias de Jesús hemos adelantado relativamente poco. Pues la constatación general de que los hechos como tal son ambiguos, y que su significado se ha de determinar en cada caso por el contexto en que los coloca el lenguaje que los aclara, esa constatación vale en mayor medida de los milagros de Jesús. Sin duda que ya viviendo Jesús se discutió el significado de sus prodigios. Mientras unos los entendían como signos de la actuación de Dios, los enemigos de Jesús los consideraban como artificio demoníaco, como engaño y charlatanería (cf. Mc 3, 22-30 par). Hoy se intenta «aclarar» «psicogénicamente» la curación de fiebre, parálisis, lepra (como se llamaba entonces a ciertas enfermedades de la piel), proponiéndose, en consecuencia, interpretar los milagros de Jesús como «terapia superadora» por la fuerza de la voluntad. Con ello sería posible explicar los milagros de Jesús tanto teológicamente, en cuanto acciones de Dios, como psicológicamente, atribuyéndoles a la fuerza carismática que irradiaba Jesús y a la fe que suscitaba. Por tanto, se plantea la pregunta de qué modo de realidad atribuir a los sucesos referidos en los relatos de milagros. Esta cuestión nos lleva de la problemática histórica a un complejo esencialmente más profundo, a la problemática de los milagros en el terreno de las ciencias naturales. La cuestión planteada se puede formular así: ¿qué es en realidad tal milagro, qué ocurre en él?

Tradicionalmente se entiende el milagro [2] como acontecimiento perceptible que supera las posibilidades naturales, que es causado por la omnipotencia de Dios quebrantando o, al menos, eludiendo las causalidades naturales, sirviendo, por tanto, de confirmación respecto de la palabra reveladora. Este concepto apologético del milagro está, sin duda, pensado en estricta contraposición al pensamiento moderno de las ciencias naturales y a la idea de una relación sin solución de continuidad entre causalidad y efecto. Mirado de cerca se ve que tal concepto de milagro es una fórmula en el aire. Tales milagros serían constatables claramente sólo conociendo de verdad y por entero todas las leyes naturales y contemplándolas totalmente en cada caso particular. Sólo así podríamos probar exactamente que un suceso tiene que tomarse como causado inmediatamente por Dios. Mas tal conocimiento completo de todas las relaciones posibles de causalidad, presupuesto para la prueba exigida, no nos es posible en ningún caso. Pero también desde la perspectiva teológica se presentan serios reparos contra este concepto de milagro. A Dios no se le puede colocar jamás en lugar de una causalidad intramundana. Si se encontrara en el mismo nivel de las causas intramundanas ya no sería Dios sino un ídolo. Si Dios tiene que seguir siendo Dios, entonces también sus milagros hay que considerarlos como obra de causas segundas creadas. De no ser así, estarían en nuestro mundo como un meteoro extramundano y como un cuerpo extraño totalmente inasimilable. Prescindiendo en absoluto de la cuestión de si un suceso de tal índole es imaginable de por sí, y

---

2. Sobre la problemática general de los milagros, cf. R. Bultmann, *Zur Frage des Wunders*; C. S. Lewis, *Wunder. Eine vorbereitende Untersuchung*, Köln-Olten 1952; G. Söhngen, *Wunderzeichen und Glaube*, en *Die Einheit in der Theologie*, München 1952, 265-285; R. Guardini, *Wunder und Zeichen*, Würzburg 1959; E. Käsemann, *Zum Thema der Nichtobjektivierbarkeit*, en *Exegetische Versuche und Besinnungen* I, Göttingen ⁶1970, 224-236; K. Rahner, *Poder de salvación y fuerza de curación de la fe*, en ET V, 503-513; H. Fries, *Milagro/signo* II, Síntesis histórico-dogmática, en CFT III, 35-46; J. B. Metz, *Wunder* VI, Systematisch, en LThK X, 1263-1265; W. A. de Pater, *Theologische Sprachlogik*, München 1971; M. Seckler, *Plädoyer für Ehrlichkeit im Umgang mit Wundern*: ThQ 151 (1971) 337-345; B. Weissmahr, *Gibt es von Gott gewirkte Wunder?* Grundsätzliche Überlegungen zu einer verdrängten Problematik: StdZ 191 (1973) 47-63; Id., *Gottes Wirken in der Welt*. Ein Diskussionsbeitrag zur Frage der Evolution und des Wunders, Frankfurt 1973.

prescindiendo igualmente de si puede pensarse que algo aparezca en la realidad sin ser determinado por sus condicionamientos, un milagro así, desconectado de toda relación de sentido intramundana y susceptible de ser probado claramente como intervención de Dios, no tendría peso ninguno tampoco teológicamente. Porque un milagro así forzaría a la fe, suprimiendo con ello la libre decisión.

Estas y otras dificultades han llevado a los teólogos a prescindir más o menos del concepto de milagro de tipo apologético, volviendo a su sentido originariamente bíblico. Para designar los milagros de Jesús la Biblia jamás emplea aisladamente el término τέρατα, corriente en la antigüedad, siempre con cierto sabor milagrero; se emplean más bien los términos «portentos» (δυνάμεις) y «signos» (σημεῖα). Estos signos representan acontecimientos extraordinarios, inesperados, que causan sorpresa y asombro en el hombre. La mirada no se dirige a la naturaleza y sus leyes; el concepto de ley natural le es desconocido al hombre antiguo. El milagro dirige la mirada hacia arriba, hacia Dios. El hombre bíblico considera la realidad no como naturaleza, sino como creatura; por eso toda realidad le resulta, en definitiva, maravillosa. La problemática de los milagros en la Biblia no representa, pues, una cuestión de las ciencias naturales, sino de algo religioso y teo-lógico; se trata de la fe y de la glorificación de Dios. Podemos ilustrar con un sencillo ejemplo qué significa esto. Según se diga: «una depresión causa viento del este» o: «Dios provocó viento del este», nos estamos moviendo en un terreno lingüístico y de contenido totalmente distinto. La primera sentencia se mantiene en el terreno de lo constatable, mientras que la segunda remite al origen trascendental y al significado religioso de tal acontecimiento constatable. En ambos casos se habla del mismo acontecimiento de un modo y desde una perspectiva totalmente distinta, de manera que ambas proposiciones no pueden ser contrapuestas la una a la otra, pero tampoco se pueden nivelar. De ello se deduce lo siguiente: la cuestión del milagro sólo puede discutirse adecuadamente atendiendo a su contexto religioso y al «lenguaje» teo-lógico, del que no se puede prescindir.

Es cierto que los teólogos han abordado esta perspectiva con frecuencia demasiado a la ligera. O han extendido tanto el concepto de milagro que prácticamente abarcaba todo acontecimiento en cuanto considerado religiosamente, o lo han explicado de modo puramente interior y espiritual como milagro de fe y perdón. En el primer caso se perdía lo extraordinario y significante, cosa propia del milagro según la Biblia. Existe el peligro de la recaída en el pensamiento mitológico. Pero así se cae inmediatamente en nuevas dificultades. ¿No hay entonces que atribuir a Dios además de los milagros en la naturaleza también las catástrofes naturales, en las que mueren millares de hombres? En el segundo caso se pierde la dimensión corporal que también pertenece al milagro; si el concepto bíblico de milagro se desmitologiza y espiritualiza de esta manera, entonces hay que preguntarse, si, en resumidas cuentas, la fe en los milagros no es una afirmación gratuita. Si al decir «milagro» no se quiere decir «algo» en el terreno de la realidad con la que el hombre se las tiene que ver, entonces uno se pregunta si la fe en los milagros no representa, en definitiva, una mera ideología. Pero mientras no se aclare qué clase de realidad conviene a este «algo», el hablar de signos y prodigios de Dios sigue siendo un criptograma teológico-milagroso, como dice M. Seckler, con razón, que impide la vista sobre el núcleo «bruto» del probrema de los milagros, la cuestión sobre la realidad tocada en la fe en los milagros [3]. La cuestión se reduce a esto: ¿representan los milagros un suceso en el que Dios no obra de otra manera que en todos los demás sucesos, pero por el que el hombre se siente especialmente interpelado? Y en seguida viene esta otra pregunta: ¿en qué se funda esta interpelación? ¿se trata de una mera interpretación de la fe o a esta interpretación le corresponde «algo» en la realidad? ¿radica lo incomparable del suceso milagroso, por tanto, sólo en la interpretación o se sitúa también al nivel de la realidad experimentada? ¿es el milagro mera interpretación de la fe o es una realidad que sale al encuentro y acontece en la fe? ¿pero en que consiste lo especial de esta realidad si no se sitúa al nivel de los fenómenos constatables?

Es muy importante la reflexión sobre el concepto bíblico de milagro para entender su primitivo sentido teo-lógico. Pero, a diferencia del tiempo de la Biblia, para nosotros hoy es de todo punto imprescindible aclarar no sólo el distinto nivel en contenido y lenguaje entre las proposiciones científico-naturales y teo-lógicas, sino igualmente su relación, si es que no queremos que el concepto de milagro pierda para nosotros su carácter real. De modo que se vuelve a plantear de nuevo y a un nivel distinto la tarea de ocuparse de la concepción moderna de la realidad, especialmente representada por las ciencias naturales.

Las ciencias naturales parten metodológicamente de la seguridad absoluta de todo acontecimiento debido a unas leyes. A este postulado se somete por principio también lo incomparable, lo especial y lo extraordinario, por más que de hecho (todavía) no se pueda aclarar en su totalidad. De modo que desde el punto de vista de las ciencias naturales no queda hueco alguno para milagros en el sentido de acontecimientos no causados intramundanamente y, por tanto, no determinable por principio. Si, con todo, se intenta, como a veces ocurre, situar el milagro en la auténtica carencia de explicación de ciertos acontecimientos, entonces esto lleva a una continua batida en retirada ante el conocimiento de las ciencias naturales que progresa sin cesar y a la pérdida de toda credibilidad para la predicación y la teología.

3. Cf. M. Seckler, *Plädoyer für Ehrlichkeit.*

Por otra parte, las ciencias naturales tienen hoy en claro que, por principio, no pueden abarcar el conjunto de todas las condiciones. Porque el conocimiento humano no puede jamás deducir la facticidad de la realidad. Por eso, todo acontecimiento es al mismo tiempo totalmente contingente y totalmente seguro. Dado que esta tensión entre la contingencia de lo particular y la generalidad de su seguridad es algo fundamental, no es tampoco posible descubrir el milagro en la sobreabundancia de seguridad de lo individual frente a lo general [4]. Tal intento choca también con dificultades teológicas. Pues la cuestión sobre el milagro teológicamente se plantea de modo acertado sólo cuando no se pregunta por un «agujero» dentro de la causalidad intramundana y su conocimiento, sino únicamente cuando se pregunta por la relación de causalidad como tal. Y la cuestión sobre la especie de esta relación de causalidad sólo se puede considerar desde el punto de vista de las ciencias naturales como tarea infinita, es decir, como cuestión fundamentalmente insoluble desde su perspectiva. Por eso la cuestión sobre qué es en definitiva esta relación de causalidad, no es algo apropiado para las ciencias naturales, sino que es la pregunta filosófica y teológica por el sentido del ser en cuanto tal.

La cuestión sobre el milagro no se puede responder desde dentro de las ciencias naturales ni positiva ni negativamente, pues afecta no sólo al sentido de este o aquel acontecimiento, sino a la pregunta por el sentido de la realidad, tal y como ese sentido se concentra simbólicamente en un acontecimiento determinado. En definitiva, el encuentro entre ciencias naturales y teología no se realiza, pues, donde se trata de actos constatables como tal, sino de los últimos presupuestos de las ciencias naturales, es decir, del problema trascendental, de la cuestión sobre el todo de la realidad y su sentido, o sea, donde se trata del sentido de aquello de lo que se ocupan las ciencias naturales.

La cuestión sobre el modo de realidad del milagro viene a desembocar, en definitiva, en la pregunta por el sentido último de toda realidad: pura casualidad, destino ciego, regularidad general, que luego no permite libertad alguna o una libertad que todo lo determina y a la cual llamamos Dios. Decidiéndose por la explicación religiosa de la realidad (y tendríamos que reflexionar sobre los motivos de tal decisión en particular), la cuestión sobre el milagro desemboca en una determinación adecuada de la rela-

4. Cf. sobre el particular en especial las publicaciones citadas de B. Weissmahr.

ción entre Dios y mundo. ¿Es Dios una especie de constructor del mundo, le dio de una vez para siempre las leyes por las que en adelante se rige (deísmo), obra Dios en todo acontecimiento de la misma manera, o es el Dios vivo de la historia, como dice la Biblia, es decir, aquel que muestra a los hombres su amor siempre de modo totalmente nuevo *en* y *por* el acontecer mundano, o sea, es Dios aquel que se sirve de la regularidad de las leyes naturales que él ha creado y, por tanto, la quiere, para demostrar *en* y *por* ella al hombre su cercanía, su ayuda y su benevolencia mediante signos y de manera efectiva? En esta perspectiva hay que decir que Dios precisamente cuando hace de un acontecimiento signo especial de su actuación salvífica, lo libera en su independencia mundana. Como principio fundamental de la relación bíblica Dios-mundo puede, pues, valer que la unidad de Dios y el mundo y la independencia de la creatura no son proporcionalmente inversos, sino que se encuentran en proporción directa.

Con lo dicho se ha propuesto al menos en esbozo la posibilidad de una teoría teológica del milagro. Por supuesto que una teología adecuada del milagro que tenga en cuenta todas las exigencias actuales sigue siendo un deseo, cuyo cumplimiento en este contexto no se puede esperar. Por eso, como resumen de lo dicho, tenemos que limitarnos a lo siguiente:

1. *En el terreno fenomenológico pertenece al milagro lo extraordinario, lo que provoca asombro y sorpresa. Pero el milagro es de por sí ambiguo. Su univocidad la recibe sólo gracias a la predicación que lo acompaña y que se acepta en la fe.* El Vaticano II describe así la relación entre palabra y acción: «El acontecimiento salvífico se realiza en la palabra y la acción, íntimamente unidas, pues las obras que Dios hace en el decurso de la historia revelan y confirman la doctrina y las realidades expresadas mediante las palabras; éstas, a su vez, anuncian las obras, manifestando el misterio que contienen».[5]

2. *En el terreno religioso que se abre por la palabra hay que decir que al milagro pertenece el que se debe a una iniciativa personal de Dios. Lo especial del milagro está, pues, al nivel de la interpelación y de la exigencia personal de Dios, interpelación y exigencia que se muestran poderosas por el hecho de que se corporizan a modo de signos.*

3. *Esta corporización se da históricamente siempre mediante causas creadas dobles.* Una intervención de Dios en el sentido de

5. *Dei verbum*, n.º 2.

una acción suya inmediatamente visible es un absurdo teológico. A la llegada del reino de Dios pertenece el que la revelación de Dios en su condición de tal libere al hombre en orden a su hominidad y al mundo en su mundanidad. Por eso vale también, aplicado a los milagros, lo siguiente: *la intensidad de la independencia creada crece en relación directa y no inversa con la intensidad de la actuación de Dios.*

4. A causa de la mediación creada e histórica el acontecimiento milagroso es de por sí ambiguo. Pero esta ambigüedad es el espacio que hace posible la libre decisión de la fe. *El milagro se experimenta como acción de Dios sólo en la fe. Por tanto, no fuerza a la fe. El milagro más bien la pide y la confirma.* Así volvemos a nuestro planteamiento cristológico. Y la cuestión ahora es ésta: ¿qué significan los milagros de Jesús para la fe? ¿de qué modo se abre aquí el sentido de la realidad?

2. *Significado teológico de los milagros de Jesús*

Enlazando con el resumen del mensaje de Jesús sobre el acercamiento del reino de Dios, Marcos habla en seguida de los primeros milagros (Mc 1, 21 s). Los milagros de Jesús son signos del reino de Dios que alborea. Su llegada significa el desmoronamiento del dominio de Satanás. Ambas cosas van juntas: «Si expulso los demonios con el espíritu de Dios, entonces es que ha llegado a vosotros el reino de Dios» (Mt 12, 28). El dominio del demonio se caracteriza por su enemistad con la creación. La alienación del hombre respecto de Dios tiene como consecuencia la alienación respecto de sí mismo y de la creación. Donde se reinstaura la comunión con Dios, donde se implanta el reino de Dios, «las cosas vuelven a enderezarse», el mundo vuelve a estar salvado. Los milagros dicen que esta salvación no es solamente algo espiritual, sino que afecta a todo el hombre, llegando también a su dimensión corporal. *Por eso los milagros de Jesús son signos de la salvación del reino de Dios que ya alborea. Son expresión de su dimensión corporal y mundana.*

Lo mismo que el reino de Dios es una realidad escatológica que remite al futuro, lo propio ocurre con los milagros de Jesús. Son *signa prognostica*, asomo, crepúsculo matutino de la nueva creación, anticipación del futuro abierto en Cristo. Por eso son prenda de la esperanza del hombre para sí y para el mundo en orden a la liberación de la esclavitud de lo caduco (Rom 8, 21). Sólo pueden entenderse en el trasfondo de la esperanza origina-

ria de lo totalmente distinto y lo totalmente nuevo, de la llegada
de un mundo nuevo y reconciliado. Los milagros interpelan al
hombre en orden a esta esperanza y no por razón de un conocimiento comprobable, constatable. Al hombre le es esencial la
esperanza de lo inaudita e indeduciblemente nuevo; negar los
milagros por principio equivaldría a abandonar la esperanza
originariamente humana. Sobre todo para la idea bíblica de la
basileia una fe sin milagros sería tan absurda como un hierro
de madera. Los milagros de Jesús significan la irrupción del
reino de Dios en nuestro mundo concreto, material; por eso son
signos de esperanza para el mundo. También por ello no se pueden definir los milagros de Jesús como mero rompimiento de las
leyes naturales. Prescindiendo de que con ello la incomparable
actuación de Dios se rebajaría al nivel de las causalidades intramundanas, esta caracterización negativa tendría que hacer aparecer siempre al milagro como caprichoso. Mientras que los milagros hay que entenderlos como expresión de la incorporación
de la total realidad del mundo en la economía histórica de Dios.
Unicamente en este contexto son «comprensible» los milagros y
están llenos de sentido. Caracterizan a nuestro mundo como
dinámico y en formación «en orden a la esperanza».

Esta perspectiva excluye la interpretación que da del milagro
R. Bultmann [6]. Nadie negará que los milagros representan perdón
de los pecados y fe. Pero no se puede ignorar que el antiguo y
el nuevo testamento conocen una esperanza de salvación del
cuerpo en el mundo que se opone a toda espiritualización parcialista. Esta esperanza es tan esencial para la Escritura que no se
puede eliminar o desmitologizar como fenómeno periférico. Pero
de aquí no se sigue que se pueda reducir el sentido de los milagros de Jesús a este aspecto mundano. A veces se intenta tal cosa
últimamente como reacción contra una explicación puramente
espiritual de los milagros de Jesús. Sus exorcismos se desmito-
logizan y actualizan diciendo que se trata de supresión de tabúes,
de desenmascarar y depotenciar absolutizaciones intramundanas
y también idolotizaciones, por ejemplo, del consumo, la técnica, etc., se trata de la supresión de discriminaciones y descré-
ditos sociales. Las curaciones, por el contrario, caracterizan a
Jesús como el hombre para los otros. Sin duda que todo esto
juega su papel, pero no agota la significación de los milagros de
Jesús. Pues falta todo lo planificado y programático de la inten-

6. Cf. R. Bultmann, *Zur Frage des Wunders*, 221 s.

ción de mejorar el mundo. Jesús no curó sistemáticamente a todos los enfermos ni expulsó a todos los demonios; realizó sólo
determinados signos, que no se pueden separar del contexto total
de su actividad: el mensaje sobre el reino de Dios que viene.
A Jesús no le interesa un mundo mejor, sino un mundo nuevo.
Pero conforme al mensaje de Jesús el hombre y el mundo sólo
se pueden hacer verdaderamente humanos teniendo en Dios a su
señor. Todo lo demás no sería humano, sino que conduciría a esfuerzos sobrehumanos y, en consecuencia, fácilmente a resultados inhumanos.

Los milagros, que muestran la irrupción del reino de Dios,
son simultáneamente milagros obrados por Jesús: «Si yo expulso
los demonios con el dedo de Dios, entonces es que el reino de
Dios ha venido a vosotros» (Lc 11, 20). En segundo lugar, los
milagros tienen, pues, la función de testificar la *exousía* escatológica de Jesús (Mt 7, 29; 9, 6. 8 y *passim*). *Los milagros son
signos del envío y plenipotencia de Jesús*. Es no sólo el mesías
de la palabra, sino también el de la acción. Trae la *basileia* con
la palabra y la obra. Pero Jesús jamás obra estos portentos por
pura demostración de su potencia mesiánica. Rechaza expresamente milagros de puro lucimiento (cf. Mt 12, 38 s; 16, 1 s; Lc
11, 29 s; Mc , 11 s). Por eso, los milagros son al mismo tiempo
signo de cómo quería Jesús que se entendiera su plenipotencia
escatológica. Formulado negativamente diríamos que no quiere
que se entienda al modo del poder mundano, de la apariencia
externa, de la fama. ¡Jesús no quiere *show*! Positivamente el
sentido de los milagros de Jesús se puede aclarar algo desde esta
perspectiva de tres modos:

1. Los milagros de Jesús se presentan como cumplimiento
del antiguo testamento. Así se ve en especial en el sumario de
Mt 11, 5-6 par: «Los ciegos ven, los cojos andan, los leprosos son
limpios, los sordos oyen, los muertos resucitan y a los pobres se
les anuncia la buena noticia». Se trata, con dos excepciones, de
citas de Is 29, 18 s; 35, 5 s; 61, 1. Con sus milagros Jesús reca-
pitula el antiguo testamento; en ellos se impone el derecho divino
prometido en el antiguo testamento; con ellos Jesús se coloca bajo
la voluntad de Dios, tal y como está revelada en el antiguo testamento. Sus milagros son, pues, también acto de obediencia. Esto
los distingue tanto de la magia como de los portentos de los tau-
maturgos del helenismo.

2. En los milagros de Jesús aparece el poder de Dios en la
humillación, encubrimiento, ambigüedad y escándalo humanos.
«Dichoso el que no se escandalice en mí» (Mt 11, 6). Los mila-

gros se pueden entender también como obra del diablo (Mc 3, 22; Mt 12, 27); de por sí no son claros en absoluto, ni pueden constituir por sí solos una prueba de la divinidad de Jesús, sino más bien signo del rebajamiento de Dios en Cristo. De esa manera la historia humana concreta de Jesús se convierte en lugar de la epifanía oculta del poder de Dios. El evangelio de Marcos es el que, ante todo, ha resaltado este aspecto.

3. Los milagros de Jesús tienen que liberar al hombre en orden al seguimiento. La expulsión de los demonios debe liberar para seguir a Jesús y participar en el reino de Dios. Seguimiento significa al mismo tiempo envío. Por eso da Jesús a sus discípulos no sólo el poder pleno de la palabra, sino también el de la acción, es decir, el poder para que obren milagros (Mc 6, 7; Mt 10, 1; Lc 9, 1). Por tanto, los milagros de Jesús sirven para congregar escatológicamente el pueblo de Dios. Este congregar vale en especial para los perdidos, pobres, débiles y marginados. Ya ahora deben experimentar a modo de signo la salvación y el amor de Dios para poder trasmitirlos a su vez.

Importante es también una tercera perspectiva: *los milagros de Jesús son signos para la fe. Milagros y fe van sumamente unidos.* La mera estadística terminológica lo prueba suficientemente. Las palabras πίστις y πιστεύειν aparecen la mayoría de las veces en relación con relatos de milagros. Una y otra vez terminan los relatos con esta frase: «Tu fe te ha salvado» (Mc 5, 34; 10, 52; Mt 9, 22; Lc 17, 19). Donde Jesús no halla esta fe, tampoco puede obrar milagros (Mc 6, 5 s; Mt 13, 58). Entre fe y milagro se da una doble relación:

a) El milagro debe llevar a la fe; es decir, debe provocar la pregunta: «¿Quién es éste?» (Mc 1, 27 par; 4, 41 par; Mt 12, 23). Los milagros deben suscitar la reacción originariamente humana de la sorpresa, abriendo de ese modo al hombre. Deben hacerle preguntar y sacudirlo en las cosas más ordinarias. Los milagros de Jesús tienen, pues, un efecto de extrañeza. Por supuesto que la respuesta a tales preguntas no puede ser clara. Pues no se puede probar que estos acontecimientos raros, que llevan a preguntarse, sean milagros en el sentido telógico, o sea, obras de Dios. Incluso según los evangelios pueden interpretarse de otra manera, es decir, como intervención del diablo (cf. Lc 11, 15 par). Esto excluye la idea de que los milagros son portentos tan exorbitantes que sencillamente «derriban», «atropellan» al hombre y lo hacen caer sobre sus rodillas. De ese modo los milagros, absurdamente, no llevarían precisamente a la fe, que por esencia no se puede probar, sino que la harían imposible. Pero Dios no «atropella» al hombre. Quiere la respuesta libre. Por eso los milagros jamás pueden constituir una prueba clara para la fe.

b) El conocimiento y reconocimiento de los milagros como milagros, es decir, como obras de Dios, presupone la fe. Los milagros son signos en orden a la fe. Fe aquí no lo es todavía en Jesucristo como en el kérygma pospascual, sino una confianza en el poder de Jesús para obrar milagros, un contar y confiar en que el poder de Dios no se ha agotado, cuando las posibilidades humanas lo están. Los milagros son respuesta a la petición en cuanto expresión de fe. Con frecuencia el creyente se gana en los evangelios el que su petición sea escuchada; los milagros son, pues, respuesta de Jesús al movimiento de la voluntad que se dirige deseosa a él, la respuesta de Jesús a la oración del hombre. Al decir que fe y milagro se corresponden como petición y concesión, no significa que la fe y la oración hagan el milagro. Precisamente la oración se caracteriza por el hecho de que todo lo espera de Dios y nada de sí. En realidad, el creyente no se confía en sí mismo. Vale aquello de: «Señor, creo, ayuda mi incredulidad» (Mc 9, 22b-24). Sólo gracias a esta apertura definitiva es como la fe es capaz de recibir el milagro de Dios. Por supuesto que del que cree vale que todo le es posible (Mc 9, 22 s; Mt 17, 20). Esa clase de fe participa de la omnipotencia de Dios[7], por lo que también le está prometido el milagro.

En consecuencia, la discusión sobre los relatos de milagros en el nuevo testamento nos lleva al punto de partida: la fe de los milagros no lo es de portentos, sino que constituye una confianza en la omnipotencia y providencia de Dios. El contenido propio de esta fe no son ciertos fenómenos extraordinarios, sino Dios. Por eso lo que los milagros de Jesús dicen, en definitiva, es que en Jesús Dios realizaba su plan, que Dios actuó en él para salvación del hombre y del mundo.

7. Cf. G. Ebeling, *Jesus und Glaube*, 238 s.

7

La pretensión de Jesús

Después de todo lo dicho sobre el mensaje y milagros de Jesús continúa pendiente la cuestión: ¿pero dónde está el reino de Dios? ¿dónde se realiza? Según la propia palabra de Jesús no se puede señalar con el dedo y decir: ¡aquí está o allí! Más bien se halla de modo incomprensible en medio de nosotros (Lc 17, 21). Irrumpe dondequiera que hay hombres que se abren a Dios y a su amor, incluso sin hablar expresamente de Dios o de Jesús (Mt 25, 35 s). Por eso el reino de Dios es una realidad oculta, de la que se puede hablar únicamente en parábolas. Es claro que este modo de hablar para Jesús no es simplemente una ayuda para hacer asequible una realidad o una doctrina independiente de tal medio. El reino de Dios sólo se puede expresar y anunciar de modo conveniente mediante parábolas. Así que sobre el mensaje de la venida del reino de Dios pende algo abierto. Jesús habla del misterio del reino de Dios (Mc 4, 11). ¿En qué consiste este misterio, a partir del cual, y únicamente así, todo lo demás resulta claro y comprensible?

1. La pretensión oculta de Jesús

El concepto de misterio [1] juega un papel, ante todo, en la apocalíptica, Qumrán, Pablo y sus discípulos. Se está pensando en la sentencia de Dios, oculta a los ojos humanos, desvelada sólo por revelación, que se ha de realizar al fin de los tiempos. Saber sobre el misterio del reino de Dios implica, por tanto, conocer el hecho de su irrupción. Si los discípulos conocen los misterios del

---

1. G. Bornkamm, art. μυστήριον, en ThWNT IV, 809-834.

reino de Dios, quiere decir que se les han abierto los ojos para la alborada del tiempo mesiánico (Mt 13, 16 s). Esta aborada acontece por la palabra y la obra de Jesús; su llegada significa la llegada del reino de Dios. El en persona es el misterio del reino de Dios. Por eso se puede decir de los testigos oculares: «¡Dichosos los ojos que ven lo que veis!, pues yo os digo que muchos profetas y reyes quisieron ver lo que veis y no lo vieron, quisieron oír lo que oís, y no lo oyeron» (Lc 10, 23 s). En su «predicación inaugural» en Nazaret puede decir Jesús, pues, tras leer un texto profético: «Hoy se ha cumplido ante vuestros oídos esta palabra de la Escritura» (Lc 4, 21). Si expulsa los demonios con el dedo (o con el espíritu) de Dios, entonces el reino de Dios ha llegado (Lc 11, 20; Mt 12, 28). Llegó la hora prometida por el profeta: «Los ciegos ven, los cojos andan, los leprosos son limpios y los sordos oyen; los muertos reucitan y a los pobres se les anuncia la buena noticia». Todo esto ocurre ahora por Jesús. Por lo cual añade: «Dichoso el que no se escandaliza de mí» (Mt 11, 5 s).

Con la venida de Jesús está viniendo, pues, de modo oculto el reino de Dios. Orígenes resumió esto diciendo que Jesús es la αὐτοβασιλεία [2], el reino de Dios en persona. Con más precisión tendríamos que decir: Jesús es la llegada del reino de Dios en la figura del ocultamiento, la humillación y la pobreza. En él se hace concretamente palpable lo que quiere decir su reino; en él se revela lo que es el reino de Dios. En su pobreza, obediencia y carencia de patria representa la explicación concreta de la voluntad de Dios. En él se ve claro qué significan la divinidad de Dios y la hominidad del hombre:

En Jesús de Nazaret son inseparables su persona y su «asunto»; él es su asunto en persona. Es la realización concreta y la figura personal de la llegada del reino de Dios. Por eso toda la predicación de Jesús sobre el reino de Dios que viene, su conducta y actuación contienen una cristología implícita o indirecta, que después de pascua se expresó en la profesión explícita y directa [3]. Lo peligroso de esta caracterización es que se da la impresión de que la cristología explícita y directa de después de pascua representaría *sólo* una explicación más o menos lógica a base de reflexión humana. Mientras que si la llegada del reino de Dios es totalmente obra de Dios y respuesta libre de la fe,

2. Cf. Orígenes, *In Mt tom. XIV* 7 (sobre Mt 18, 23), GCS 40, 289.
3. Este concepto lo introdujo R. Bultmann, *Theologie des Neuen Testaments*, Tübingen ⁵1965, 46; cf. también H. Conzelmann, *Jesus Christus*, RGG III, 619-653. 650 s.

entonces también esta explicación cristológica tiene que ser a su vez enteramente acción de Dios y respuesta de la fe. Por tanto, no puede tratarse de una *mera* explicación; no se puede seguir adelante sin la categoría del *novum*. Por eso, hablando de la venida del reino de Dios, habrá que referirse a dos figuras o grados: la figura del ocultamiento y la humillación y la del esplendor. En concreto hay diversos caminos para aclarar esta cristología oculta en la conducta, palabra y obra de Jesús. Comenzamos con la conducta y postura de Jesús. Normalmente cumplió los deberes de un piadoso judío; reza y va los sábados a la sinagoga. Pero también quebranta el precepto sabático entendido al modo judío (Mc 2, 23-3, 6 y *passim*), el ayuno (Mc 2, 18-22) y las prescripciones de pureza de la ley judía (Mc 7, 1-23). Come con publicanos y pecadores, trata con cultualmente impuros, llamados entonces impíos. Se le moteja de amigo de pecadores y publicanos (Mt 11, 19). Esta postura tiene que ver sólo indirectamente con la crítica y los cambios sociales; su sentido total se ve claro sólo en relación con el mensaje de Jesús sobre la llegada del reino de Dios en el amor. Hasta hoy en oriente el aceptar a uno a la mesa significa concederle la paz, confianza, fraternidad y perdón; la comunión de mesa es comunión de vida [4]. En el judaísmo compartir la misma mesa significa comunión ante la presencia de Dios. Cada comensal, tomando un trozo del pan partido, participa en la alabanza pronunciada por el padre de familia sobre el pan entero. En último término, cada comida es preanuncio del banquete escatológico y de la comunión escatológica con Dios. «Las comidas de Jesús con publicanos y pecadores no son simplemente expresión de su desacostumbrada humanidad, munificencia social y compasión con los despreciados, sino que su importancia va más hondo: expresan el envío y mensaje de Jesús (Mc 2, 17), comidas escatológicas, festejos anticipados del banquete salvador del fin de los tiempos (Mt 8, 11 par), en los que ya ahora se representa la comunidad de los santos (Mc 2, 19). La inclusión de los pecadores en la comunidad de salvación gracias a la participación de la misma mesa, constituye la prueba más clara del mensaje sobre el amor salvador de Dios» [5]. Pero también es decisivo un segundo aspecto: es Jesús el que recibe a los pecadores en la comunión con Dios, introduciéndolos en la comunión consigo mismo. Esto significa que perdona los pecados. Desde el

---

4. Cf. J. Jeremias, *Teología del nuevo testamento* I. La predicación de Jesús, Salamanca ²1974, 139 s.
5. *Ibid.*, 141.

principio se descubrió, sin duda, lo monstruoso de esta pretensión: «Blasfema contra Dios» (Mc 2, 6). Porque el perdón de los
pecados es posible sólo a Dios. *Por tanto, la conducta de Jesús
con los pecadores implica una pretensión cristológica inaudita.
Jesús se comporta como uno que está en lugar de Dios* [6]. *En él y
por él se realizan el amor y la misericordia de Dios.* No hay
mucho de esto a aquella palabra en Juan: «Quien me ve, ve al
Padre» (Jn 14, 9).

La predicación de Jesús contiene también una cristología
implícita. A primera vista Jesús actúa como un rabbi, profeta o
maestro de la sabiduría. Pero mirando las cosas con más atención
se descubren diferencias características entre él y los tres grupos
mencionados. Esta distinción la notaron sin duda sus contemporáneos. Se preguntaban sorprendidos: «¿Pero qué es esto? Es una
doctrina nueva y se anuncia con autoridad ilimitada» (Mc 1, 27).
Porque Jesús no enseña como un rabbi, que se limita a explicar
la ley de Moisés. Es cierto que utiliza la misma fórmula que
tenemos en los rabinos: «Pero yo os digo» (Mt 5, 22. 28 y
passim). Con esta fórmula acostumbraban los rabinos a distinguir
su opinión, enseñando y disputando, de la contraria de modo
claro y terminante. Pero tales discusiones se mantenían dentro
de la base común de la ley judía. Mas Jesús sobrepasa la ley (al
menos en las antítesis primera, segunda y tercera de las bienaventuranzas, que se consideraban originarias), abandonando, en consecuencia, el suelo del judaísmo. Es verdad que no pone su palabra contra, pero sí sobre la suprema autoridad del judaísmo,
sobre la palabra de Moisés. Con todo, detrás de la autoridad de
Moisés está la de Dios. El pasivo «se dijo a los antiguos» es en
realidad un velado circunloquio del nombre de Dios. Por consiguiente, con su «pero yo os digo» Jesús pretende decir la palabra
definitiva de Dios, que cumple de modo insuperable la palabra
de éste en el antiguo testamento.

Y Jesús habla también de modo distinto a un profeta. Este
lo único que hace es transmitir la palabra de Dios: «Así habla
el señor», «oráculo de Yahvé». Jamás se encuentra una fórmula
así en Jesús. No distingue su palabra de la de Dios. Habla con
plena autoridad propia (Mc 1, 22. 27; 2, 10 y *passim*). Prescindiendo de si expresamente dijo que era el mesías, la única categoría acorde con tal pretensión es la del mesías, del que el

---

6. Cf. E. Fuchs, *Die Frage nach dem historischen Jesus,* en *Zur Frage nach
dem historischen Jesus,* Tübingen 1960, 143-167.

judaísmo esperaba que no anulara la antigua ley, sino que la explicara de una manera nueva. Pero Jesús cumple esta esperanza de modo tan inaudito y saltándose todos los esquemas conocidos, que el judaísmo en su totalidad rechazó la pretensión de Jesús. No se puede decir de otra manera: *Jesús se consideró como la boca y la voz de Dios.* Sus contemporáneos entendieron muy bien esta pretensión, aunque la rechazaron; incluso llegaron a la conclusión siguiente: éste blasfema contra Dios (Mc 2, 7).

Existe una tercera vía para mostrar una cristología implícita en el Jesús terreno: la llamada de Jesús a decidirse y al seguimiento [7]. Jesús llamó a su pueblo a una decisión definitiva mediante su conducta y su predicación. La decisión en pro o en contra de la aceptación del reino de Dios la vincula concretamente a la decisión respecto de él, de su palabra y su obra. Esta relación se ve de modo especialmente claro en la palabra de Mc 8, 38, que en el fondo es originaria de Jesús: «El que se avergüence de mí y mis palabras..., de él se avergonzará también el hijo del hombre...». *Es decir, que a la vista de la conducta y predicación de Jesús se toma la decisión escatológica; en él se decide uno respecto de Dios. Tal llamada a la decisión implica toda una cristología.*

Esta constatación se concreta asimismo atendiendo a la llamada de Jesús al seguimiento. Apenas podrá negarse que Jesús congregó a su alrededor un grupo de discípulos y que a él se debe especialmente la elección de los doce. En esto Jesús se comporta a primera vista como un rabbi judío, que junta discípulos en torno suyo. Pero es equivocado hablar de Jesús sin más como de un rabbi. A diferencia de un rabbi judío no se le puede pedir a Jesús, por ejemplo, que lo reciba entre sus discípulos. Jesús elige libre y soberanamente «a los que quiso» (Mc 3, 13). Su llamada: «Sígueme» (Mc 1, 17) no es pregunta, propaganda ni ofrecimiento, sino una orden; aún más, se trata de una palabra creadora que hace discípulo al individuo de que se trata (Mc 1, 17; 3, 14). De modo que ya por la entrada en el seguimiento de Jesús se ve claro algo de su poder pleno. Todavía más evidente resulta si se mira el contenido del seguimiento. A diferencia de lo que ocurre con los rabinos, jamás se habla de disputas eruditas entre Jesús y sus discípulos. La meta del discipulado no es la

7. Cf. K. H. Schelkle, *Jüngerschaft und Apostelamt*. Eine biblische Auslegung des priesterlichen Dienstes, Freiburg-Basel-Wien ³1965, especialmente 9-30; M. Hengel, *Nachfolge und Charisma*, Berlin 1968; J. Ernst, *Anfänge der Christologie*, Stuttgart 1972, 125 s.

asimilación de tradición, sino la participación en la proclamación del reino de Dios, participación también en el poder pleno de Jesús, anunciando con fuerza la cercanía del reino de Dios y expulsando los espíritus inmundos (Mc 1, 17; 3, 14; 6, 7 y *passim*). Por último, en contra de lo que pasa con los rabinos, no se trata de una relación provisional maestro-discípulo, hasta que el discípulo mismo se hace maestro. No hay más que un maestro (Mt 10, 24 s; 23, 8). Por eso la vinculación de los discípulos de Jesús a su maestro es también más profunda que la de los rabinos. Jesús llama a sus discípulos «para que estén con él» (Mc 3, 14); participan de su peregrinaje, de su carencia de patria y, por tanto, de su destino peligroso. Se trata de una comunión de vida total, de una comunión de destino pase lo que pase. La decisión del seguimiento significa simultáneamente romper con todas las demás ataduras, significa «dejar todo» (Mc 10, 28); en definitiva, es jugarse el todo por el todo (cf. Mc 8, 34). *Un seguimiento tan radical y total equivale a una profesión cara a Jesús. Por eso entre el tiempo prepascual y pospascual hay no sólo una continuidad de contenido en la profesión, sino que se da igualmente una continuidad sociológica entre el grupo de discípulos de antes y después de la pascua.* [8]

La cristología implícita del Jesús terreno contiene una exigencia inaudita que hace saltar todos los esquemas preexistentes. En él nos las tenemos que ver con Dios y su señorío; en él uno se encuentra la gracia y el juicio de Dios; él es el reino de Dios, la palabra y el amor de Dios en persona. Esta pretensión es mayor y más elevada que lo que pudieran expresar todos los títulos. Por eso, como en seguida veremos, si Jesús se mostró sumamente reservado frente a ellos, se debió no a que pensara ser menos, sino a que pretendía ser más de lo que podían expresar. Quién es él sólo se puede expresar mediante fórmulas de superioridad: «aquí hay más que Jonás», «aquí hay más que Salomón» (Mt 12, 41 s). Pero esta pretensión resaltada hasta lo último la encontramos en Jesús sin fanfarronería ni jactancia, sin un comportamiento que recuerde poder, influencia, riqueza y consideración. Es pobre y sin patria. Está entre sus discípulos como quien sirve (Lc 22, 27). De esta forma vuelve a plantearse la pregunta ¿quién es éste?

8. Cf. H. Schürmann, *Die vorösterlichen Anfänge der Logientradition,* en *Traditionsgeschichtliche Untersuchungen zu den synoptischen Evangelien,* Düsseldorf 1968, 83-108.

2. Problema de los títulos de exaltación de Jesús (mesías, hijo del hombre, hijo de Dios)

Tanto la predicación de Jesús como su conducta y sus milagros llevan a plantearse esta pregunta: ¿quién es éste? ¿qué dice de sí mismo? La cuestión es antigua; arranca, sin duda, del primer grupo de discípulos de Jesús y la disputa que entre ellos provocó; allí se le dieron las respuestas más distintas (cf. Mc 6, 14 s; 8, 27 s par). Desde entonces la pregunta se ha planteado una y otra vez. *Esta cuestión sobre la persona y el significado de Jesús es «la» cuestión cristológica fundamental ya en el nuevo testamento y mucho más en el desarrollo dogmático de la iglesia antigua así como en la teología contemporánea.*

Si esta pregunta se plantea con vistas al Jesús terreno, entonces hay que formularla así: ¿pretendió Jesús ser el *cristo*, es decir, el mesías? El título de mesías o de cristo [9] se consideró tan central ya en el nuevo testamento que acabó por convertirse en nombre propio. Tenemos ante nosotros *el* título cristológico. Ya en el nuevo testamento se convirtió, en cierto modo, en el punto de formación de otras sentencias cristológicas importantes del nuevo testamento; muy pronto se combinó con la palabra del hijo del hombre (cf. Mc 8, 29. 31; 14, 61 s) y con la expresión de hijo de Dios (cf. Mt 26, 63; Jn 20, 31). De modo que es muy importante para la cristología esta pregunta: ¿se tuvo Jesús a sí mismo por mesías?, o mejor: ¿pretendió Jesús mismo ser el mesías?

La esperanza mesiánica en tiempos de Jesús no era unitaria. En el antiguo testamento la esperanza no se concentraba originariamente sobre un salvador especial, sino sobre Dios mismo y la llegada de su reino. El puente hacia la esperanza mesiánica lo supuso la idea veterotestamentaria sobre el rey. A éste se le consideraba como el ungido, además de los sacerdotes y, eventualmente, los profetas (1 Sam 10, 1; 16, 3; 2 Sam 2, 4; 5, 3), y como el procurador terreno de Yahvé. Así se explica que en la entronización se le prometiera dominio universal. Esto suponía una pretensión desmesurada para el regente de un pequeño principado, atrapado entre las grandes potencias. De modo que se tuvo que plantear la cuestión: ¿eres tú el que ha de venir o tenemos que aguardar a otro? [10]. Es en las profecías de Natán (2 Sam 7, 12-16) donde por primera vez se concreta tal promesa de futuro respecto de la casa de David. Allí se llega a decir: «Seré padre para él y él será hijo para mí» (v. 14). La promesa de un futuro davídida como salvador se en-

9. Cf. J. Obersteiner - H. Gross - W. Koester - J. Schmid, *Messias*, en LThK VII, 335-342 (bibliografía); W. Grundmann - F. Hesse - M. de Jonge - A. S. van der Woude, art. χρίω, en ThWNT IX, 482-576. 518 s; E. Stauffer, *Messias oder Menschensohn?*: Nov Test 1 (1956) 81-102; O. Cullmann, *Christologie*, 111-137; F. Hahn, *Hoheitstitel*, 133-225; W. Kramer, *Christos-Kyrios-Gottessohn*. Untersuchungen zu Gebrauch und Bedeutung der christologischen Bezeichnungen bei Paulus und den vorpaulinischen Gemeinden, Zürich-Stuttgart 1963, especialmente páginas 203-214.
10. Cf. G. von Rad, *Teología del antiguo testamento* I, 401.

cuentra más tarde de muy diversas maneras (cf. Am 9, 11; Is 9, 6 s; 11, 1; Miq 5, 2-4; Jer 33, 15-17; Ez 37, 22-24; Ag 2, 20 s). En el Is-II (Déutero-Isaías) el salvador es el sufriente siervo de Dios (42, 1-7; 49, 1-9; 50, 4-9; 52, 13-53, 12), en Daniel lo es el hijo del hombre (7, 13); en Zacarías se encuentran dos figuras mesiánicas, un mesías regio y otro sacerdotal (4, 11-14). Algo semejante aparece en Qumrán. En tiempos de Jesús las esperanzas mesiánicas eran de lo más variado, además de las de tipo político-nacionalista de los zelotes tenemos, por ejemplo, la esperanza rabínica de un nuevo maestro de la ley. Otras figuras eran: el sumo sacerdote escatológico, el profeta, Elías que retorna, el hijo del hombre, el siervo de Dios. Así que el título de mesías estaba abierto y hasta era oscuro, ambiguo, se prestaba a falsas interpretaciones.

En tal estado de cosas no sorprende que jamás se encuentre en boca de Jesús el título de mesías en los evangelios. Era demasiado ambiguo y equívoco como para poder expresar con claridad su misión. Lo único que ocurre siempre es la aplicación del título a Jesús desde fuera, mientras que él lo corrige y hasta lo critica (cf. Mc 8, 29-33).

Este hecho ha provocado las más diversas explicaciones. Para Reimarus, Jesús se mantuvo en el horizonte conceptual judío. Comprendió el reino de Dios como una realidad política, interpretándose a sí mismo como mesías político. Por eso los discípulos de Jesús esperaron en él hasta su muerte como en un salvador mundano. Sólo tras su muerte cambiaron su «sistema» anterior, dando lugar a la idea de un salvador espiritual y sufriente por todo el género humano. De manera totalmente distinta interpretó la teología liberal la realidad bíblica. Pensó que Jesús cambió radicalmente la esperanza mesiánica político-externa del judaísmo, pasando a una idea interiorizada, puramente espiritual. Según los esbozos de los liberales sobre la vida de Jesús éste es un libertador espiritual-moral de su pueblo, que quiso implantar una renovación y un reino espiritual, y que por su idea fue libremente a la muerte con la conciencia de que también ésta pertenece a la victoria de su reino. Para esta interpretación dieron los liberales todavía otra explicación antropológica; en la misma naturaleza humana está metida la idea siguiente: por la lucha a la victoria, por el fracaso a la glorificación. Aquí Jesús se convierte, en definitiva, en cifra de una idea general y de un principio moral. Con gran acierto notó A. Schweitzer que la investigación liberal sobre la vida de Jesús se construye un cuarto evangelio ideal a base de una explicación psicológica de los tres primeros, poniendo a ese cuarto evangelio en lugar del que históricamente es el cuarto. En la euforia de su explicación psicologizante no se dieron cuenta de que en el evangelio de Marcos no se dice ni una sola palabra de todo eso. [11]

Importante fue la solución crítico-literaria de W. Wrede, según la cual la idea mesiánica de los evangelios no es de tipo judío sino cristiano, suponiendo una añadidura dogmática de la teología de la comunidad [12]. W. Wrede partió de la observación de que en el evangelio de Marcos Jesús inculca una y otra vez el silencio respecto de su dignidad mesiánica (3, 11 s; 8, 30). A los milagrosamente curados se les encarga que no digan nada del milagro de Jesús (1, 44; 5, 43; 7, 36; 8, 26). Con todo, Jesús mismo obra milagros totalmente en público. ¿Qué solución dar a esta contradicción? Según Wrede

---

11. Cf. A. Schweitzer, *Geschichte*, 376 s.
12. Cf. W. Wrede, *Das Messiasgeheimnis in den Evangelien*. Zugleich ein Beitrag zum Verständnis des Markusevangelium, Göttingen 1901.

la vida de Jesús no tuvo nada de mesiánico. Sólo después de pascua se la situó a la luz de la fe mesiánica. Marcos niveló el vacío entre ambos estadios mediante la teoría del secreto. Por tanto, la mesianidad de Jesús no es algo histórico, sino que representa una proposición de fe de Marcos y de la tradición, de la que es deudor. Por eso M. Dibelius llama al evangelio de Marcos «libro de las epifanías ocultas» [13]. Aceptó la teoría de Wrede, ante todo, R. Bultmann. Con ello se ha convertido en determinante para la teología actual a pesar de todas las modificaciones que ha sufrido.

A. Schweitzer fue quien más profundamente criticó la teoría de Wrede y Bultmann sobre la vida amesiánica de Jesús [14]. Según Schweitzer no se puede explicar el por qué de la muerte de Jesús, si es que su vida discurrió amesiánicamente. Pero son los cuatro evangelios los que transmiten al unísono el título de la cruz de Jesús: *Jesús de Nazaret rey de los judíos* (Mc 15, 26 par) [15]. Apenas si puede dudarse de la credibilidad histórica de este relato, que da la razón de la condena. Esto significa que Jesús fue ejecutado como pretendiente mesiánico y como cabecilla político. Si se quiere tomar esto como mero malentendido, la conducta de Jesús tiene que haber dado al menos pie para una interpretación mesiánico-política. Y llegamos a la segunda dificultad de Schweitzer: ¿cómo pudo llegar la comunidad a la idea de la mesianidad de Jesús, si es que no hubo en la vida de Jesús al menos indicios mesiánico-escatológicos? «No es fácil eliminar la mesianidad de la "vida de Jesús" y, sobre todo, de su pasión; y mucho más difícil resulta todavía... volverla a introducir en la teología comunitaria»... «¿Por qué no iba Jesús a poder pensar dogmáticamente y "hacer historia" activamente tan bien como un pobre evangelista, que tiene que hacer lo mismo sobre el papel, obligado a ello por la "teología comunitaria"?» [16]. ¿Hasta qué punto pueden «las apariciones del resucitado llevar a los discípulos a la idea de que el maestro crucificado es el mesías?». La valoración mesiánico-escatológica de las experiencias de la resurrección presupone indicios mesiánico-escatológicos del Jesús terreno del tipo que sean.

Punto de partida de toda discusión de la pretensión mesiánica de Jesús es la escena de Cesarea de Filipo (Mc 8, 27-33 par) [17]. Camino de Jerusalén pregunta Jesús: «¿Por quién me tiene la gente?». Las respuestas son muy variadas: «Unos dicen que Juan Bautista, otros que Elías, otros que uno de los profetas». Pero Simón Pedro profesa: «Tú eres el mesías». Jesús responde imponiendo silencio, contraponiendo a la profesión de Padre una palabra sobre el sufrimiento del hijo del hombre. Al reprocharle por ello Pedro, Jesús lo rechaza como Satanás. El núcleo de la historia debe de ser histórico, como recientemente ha mostrado con buenas razones R. Pesch.

Por tanto, ya antes de pascua hubo una profesión de los discípulos respecto a Jesús como cristo, es decir, como mesías. Pero esta profesión se distingue de las opiniones que corrían entre el pueblo; no está pensada, pues, en el sentido de un mesianismo político. Es cierto que en el grupo de discípulos de Jesús había algunos que originariamente pueden haber sido zelotes o que, al menos, estaban próximo a este movimiento. Pero Jesús rechazó siempre una interpretación zelótico-política de su actividad. En con-

13. M. Dibelius, *Formgeschichte*, 232 (entrecomillado del autor).
14. Cf. A. Schweitzer, *Geschichte*, 376-389.
15. Cf. la bibliografía citada en cap. 4, nota 8.
16. A. Schweitzer, *Geschichte*, 383, 391.
17. Cf. al respecto R. Pesch, *Das Messiasbekenntnis des Petrus* (Mc 8, 27-30). Neuverhandlung einer alter Frage: BZ 17 (1973) 178-195; 18 (1974) 20-31.

secuencia, la profesión de Pedro no enlaza con la mesianología política, sino con la tradición profética del ungido. Para esta línea tradicional el mesías es el profeta escatológico ungido con Espíritu santo. Esta interpretación encaja perfectamente en el marco mostrado hasta aquí: Jesús como mensajero y figura de la palabra definitiva de Dios, que exige absoluta obediencia; pero la interpretación es nuevamente superada. Jesús rechaza de manera indirecta la idea mesiánica de Pedro o la amplía a base de la palabra sobre la necesidad del dolor impuesta por Dios. Aunque tales concepciones puedan hallarse enraizadas en la tradición judía, a Pedro le son extrañas; no sólo aquí en Cesarea de Filipo, sino incluso el viernes santo. Por eso Jesús mismo no se apropia esta idea mesiánica. Prohíbe expandirla, lo que resulta explicable también porque las esperanzas mesiánicas se podían interpretar mal políticamente, con lo que al movimiento mesiánico que provocaría en el pueblo podía dar pie a la acusación y la condena.

Y llegamos a un segundo texto importante en esta cuestión: confesión de Jesús ante el sanedrín (Mc 14, 61 s par). Es cierto que el texto no representa protocolo jurídico alguno; ninguno de los discípulos estuvo presente en el proceso. Además la confesión de Jesús muestra ya una reflexión cristológica tardía, puesto que combina el título de mesías con el de hijo del hombre. Con todo, la cuestión mesiánica tiene que haber jugado un papel importante en el proceso, pues a Jesús se le condena, según testimonio unánime de los cuatro evangelistas, como «rey de los judíos» (Mc 15, 26 y par), o sea, como pretendiente mesiánico. Apenas si puede dudarse de la autenticidad de este *titulus crucis*. Y esto permite sacar consecuencias retrospectivas respecto del decurso del proceso. En él Jesús no podía negar rotundamente la pretensión mesiánica sin renunciar a la escatológica. De haber rechazado el carácter mesiánico de su conducta, hubiera cuestionado su envío. Con cierta probabilidad se puede deducir, pues, que a Jesús le fue arrancada una profesión mesiánica ante el sanedrín. Esto era tanto más posible, cuanto que el título de mesías había perdido la posibilidad de ser mal interpretado políticamente en esta situación de impotencia, habiendo recibido un nuevo sentido. Jesús se ha convertido en el mesías del dolor y de la cruz.

Esta conclusión se confirma por el hecho de que el predicado de cristo aparece por primera vez en el kerigma de la pasión y dentro de esta misma tradición (1 Cor 15, 3-5). En consecuencia, Jesús es el mesías de la cruz para la primitiva predicación. De acuerdo con esto la tradición un poco más reciente mantiene también que Dios hizo a Jesús mesías sólo por su muerte y resurrección (Hech 2, 36). Por consiguiente, si se quiere hablar de Jesús como mesías, no se puede partir de ninguna de las concepciones mesiánicas vigentes en aquel tiempo. Se ha de partir más bien de que la primitiva comunidad incorporó ciertamente un título judío, pero interpretándolo cristianamente. Aun concediendo que el título no jugó papel alguno para el Jesús histórico, la predicación cristiana originaria no representa, con todo, una rejudaización del mensaje de Cristo, sino una respuesta legítima a su pretensión de ser la plenitud escatológica de Israel. La primitiva comunidad, valiéndose del título de mesías, mantuvo que Jesús es una plenitud que supera todas las esperanzas.

La consecuencia es clara: *Jesús es el cumplimiento de la antigua alianza rompiendo todas las esperanzas vigentes hasta entonces. Vio al contradictor de su mensaje sobre el reino de Dios que se acerca no en un poder político, como hubiera correspondido a la imagen mesiánica de la esperanza judía, sino en el poder satánico del mal. No hambreó el poder ni la violencia, sino que interpretó su actividad como servicio.* «Si el señorío es constitutivo para el mesías, el de Jesús se realiza en el servicio. Si para el mesías el camino hacia el reino pasa por la lucha hasta la victoria, el de Jesús está señalado por el sufrimiento y el fracaso... En el señorío del servicio que incluye el dolor, servicio que surge del pensar los pensamientos de Dios, en ese servicio alborea la nueva concepción de la mesianidad, que impidió a Jesús llamarse mesías, porque esto hubiera favorecido la interpretación errada de su misión».[18]

La autopretensión de Jesús se expresa en las palabras sobre el hijo del hombre con más claridad que en el título mesías-cristo[19]. Representan uno de los problemas neotestamentarios más difíciles, y la investigación está aún muy lejos de dar una explicación más o menos clara y concorde de su origen y sentido. Por consiguiente, no es posible dar en la exposición presente sino una hipótesis razonada, que en general sigue la exposición de E. Schweitzer.

Mientras que el título mesías-cristo siempre aparece en boca de otros y jamás en la de Jesús, el término *hijo del hombre* en el nuevo testamento aparece siempre en labios de Jesús con una única explicación (Hech 7, 56). En total se emplea unas 80 veces. Es generalmente reconocido que hijo del hombre es secundario en muchos casos. Existe, pues, en el nuevo testamento una tendencia a ponerle a Jesús en la boca esta palabra. Pero el hecho de que siempre sea Jesús mismo el que habla del hijo del hombre, pasa por ser el argumento más fuerte de que aquí tenemos un recuerdo histórico, o sea, de que Jesús mismo habló del hijo del hombre. Todas las demás suposiciones crean en cualquier caso más problemas que los que solucionan. Y esto vale igualmente de las tesis de Ph. Vielhauer de que Jesús no ha podido hablar al mismo tiempo del reino de Dios y del hijo del hombre, porque ambas concepciones nada tienen que ver la una con la otra y hasta se excluyen; la *basileia* es exclusivamente obra de Dios, descartando, por tanto, un salvador escatológico. Pero la cuestión es, con todo, si no fue precisamente esto lo decisivo y original de la conducta y predicación de Jesús, que en él su persona y su «asunto», la llegada del reino de Dios, estaban íntimamente unidos y prácticamente se identificaban, de modo que en la predicación y obras de Jesús el reino de Dios se aproximaba tanto a los hombres que la decisión por o contra Jesús equivalía a decidirse por o contra el reino de Dios. ¿No está dentro de la lógica de la pretensión original de Jesús el que juntara tradiciones que en general, aunque no de modo absoluto (cf. Dan 7, 13 s), estaban desligadas? ¿O por qué se le debería conceder a Jesús menos originalidad que a ciertos hipotéticos profetas pospascuales, de los que ni siquiera el nombre conocemos?

18. W. Grundmann, art. χρίω, en ThWNT IX, 531; cf. F. Hahn, *Hoheitstitel,* 193 s.
19. Cf. A Vögtle, *Menschensohn,* en LThK VII, 297-300 (bibliografía); C. Colpe, art. ὁ υἱὸς τοῦ ἀνθρώπον, en ThWNT VIII, 403-481. 433 s; E. Sjöberg, *Der verborgene Menschensohn in den Evangelien,* Lund 1955; H. E. Tödt, *Der Menschensohn in der synoptischen Überlieferung,* Gütersloh 1959; W. Marxsen, *Anfangsprobleme der Christologie,* Gütersloh 1960, 20-34; E. Schweitzer, *Der Menschensohn. Zur eschatologischen Erwartung Jesu,* en *Neotestamentica.* Deutsche und englische Aufsätz 1951-1963, Zürich-Stuttgart 1963, 56-84; Ph. Vielhauer, *Gottesreich und Menschensohn in der Verkündigung Jesu,* en *Aufsätze zum Neuen Testament,* München 1965, 55-91; Id., *Jesus und der Menschensohn,* en o. c., 92-140; O. Cullmann, *Christologie,* 138-198; F. Hahn, *Hoheitstitel,* 13-53.

¿Pero quién es y qué se quiere decir con este hijo del hombre? En primer lugar el concepto de hijo del hombre es característico, general o generalizante en lugar de «hombre» para el pensamiento semítico. En este sentido aparece en Ezequiel 93 veces, dirigiéndose Dios al profeta, y además 14 veces como expresión distinguida en lugar de hombre (Sal 8, 5; 80, 18; Job 25, 6 y *passim*). Por supuesto que un problema difícil es, cómo se llegó a la idea de un celeste hijo del hombre en Dan 7, 13 y en la apocalíptica y cuál es el significado del concepto. Parece que este celestial hijo del hombre, viene en las nubes del cielo, es representante del reino escatológico de Dios y de los «santos del altísimo» (7, 21 s. 25), es decir, del verdadero Israel, que sustituirá a los imperios mundiales. A diferencia de las fieras terribles, que representan los reinos precedentes, el hijo del hombre es el símbolo de la humanidad del reino escatológico de Dios. Sólo en los escritos apocalípticos posteriores (discursos simbólicos del Henoc etiópico, 4 Esdras) adquiere el hijo del hombre rasgos individuales. Pero esta interpretación no parece que estuviera muy expandida en tiempos de Jesús. De todas formas no se encontraba fijado dogmáticamente en el judaísmo tardío el modo de hablar del hijo del hombre. El término hijo del hombre era más bien una especie de enigma misterioso, con el que Jesús quería al mismo tiempo expresar y velar su pretensión.

En los sinópticos se pueden distinguir tres grupos de palabras referentes al hijo del hombre. En el contexto de la vida terrena de Jesús se sitúan las que hablan de la actividad presente del hijo del hombre: la palabra sobre el perdón de los pecados (Mc 2, 10), sobre la violación del sábado (Mc 2, 28), sobre la comparación de la situación de Jesús con las zorras y los pájaros (Mt 8, 20), la acusación de que Jesús es un comilón y bebedor (Mt 11, 19), la palabra que presenta a Jesús como signo de juicio (Lc 11, 30), la comparación de los días de Jesús con los de Noé, puesto que los hombres viven sin preocupaciones, sin atender a la llamada del hijo del hombre (Lc 17, 22. 26). Todas estas palabras concuerdan muy bien con el trato y participación de la misma mesa con los pecadores, con sus conflictos a propósito del sábado, su vida errante, su llamada escatológica a la penitencia y a la decisión. Enlazan con la terminología del profeta Ezequiel. Allí el hijo del hombre está lleno del espíritu (Ez 2, 2), tiene que transmitir la palabra de Dios (2, 3 s), habita en medio de un pueblo que no quiere oír ni ver (12, 2 s); tiene que profetizar contra Jerusalén (4, 7) y amenazar con el final (11, 9-11); su palabra es enigma y parábola (17, 2). Al hablar, pues, Jesús de sí mismo de modo indirecto como hijo del hombre, se designa tipológicamente como quien experimenta el sino del ser hombre, pero que, al mismo tiempo, es enviado por Dios, dotado con su espíritu, constituyendo el signo escatológico de Dios y que, sin embargo, es rechazado por los hombres.

Y nos encontramos con un segundo grupo de palabras sobre el hijo del hombre, las que se refieren a su pasión (Mc 8, 31; 9, 31; 10, 33 s y *passim*). Según convicción de la mayoría de los exegetas, tal y como están formuladas se deben al tiempo pospascual, aunque por el contenido y forma originaria remiten, sin duda, a la vida terrena de Jesús. Esto con tanta más razón cuanto que ya el primer grupo habla del rechazo y vida errante del hijo del hombre. Parece, pues, que la originalidad de Jesús consistió en haber relacionado al hijo del hombre con la tradición sobre el justo sufriente y exaltado, muy expandida en el judaísmo tardío. Con esto pudieron enlazar palabras algo tardías sobre el hijo del hombre, como la tradición extrasinóptica (Hech 7, 56), e igualmente palabras muy antiguas (Mc 14, 62); especialmente el evangelio de Juan es el que desarrolló mucho esta teología sobre el hijo del hombre exaltado o glorificado (3, 14; 8, 28; 12, 23. 24; 13, 31). El enigma del título hijo del hombre sirvió a Jesús para expresar la tensión que impregna todo su mensaje: la plenitud escatológica del tiempo se realiza en y por un predicador ambulante, pobre y ridiculizado, perseguido y, finalmente, asesinado. El esquema rebajamiento-exaltación, tan importante para la cristología posterior, se encuentra preformado ya aquí.

Mencionemos, por fin, las palabras futuro-apocalípticas, que hablan del hijo del hombre que vendrá al final de los tiempos sobre las nubes del cielo con gran poder y majestad (Mc 13, 26 par; 14, 62 par y *passim*). Para muchos exegetas estas palabras son las más antiguas de la tradición sobre el hijo del hombre, mientras que E. Schweitzer las considera precisamente como no jesuanas. Pero es muy probable que Jesús habló en tercera persona del hijo del hombre y que amenazó con su llegada repentina y pronta (Mt 24, 27. 37 par; Lc 18, 8; 22, 22; Mt 10, 23). La palabra sobre el hijo del hombre está aquí al servicio de la predicación profética; es a propósito para mostrar la tensa dinámica de su predicación y la relación de la predicación y decisión actuales con la pronta venida del reino de Dios representado por el hijo del hombre. Lo dicho vale, ante todo, del *logion* Mc 8, 38 que muchos exegetas consideran como auténtico en su sustrato fundamental: «Quien se avergüence de mí y de mis palabras..., también se avergonzará de él el hijo del hombre, cuando venga en la gloria de su padre...». Aquí Jesús no se identifica con el hijo del hombre, lo cual no significa que el hijo del hombre sea una figura salvífica que supere a Jesús; al contrario, la decisión propiamente dicha se toma aquí y hoy frente a la palabra de Jesús. El hijo del hombre casi no es más que una cifra de la significación escatológico-definitiva de las palabras y conducta de Jesús así como de la decisión de la fe; es, al mismo tiempo, símbolo de la certeza que Jesús tiene de ser la plenitud. Así que no se podrá hablar de una igualdad personal, pero sí funcional, de Jesús con el hijo del hombre que ha de venir.

La palabra rica y misteriosa sobre el hijo del hombre presenta a Jesús como el representante escatológico de Dios y su reino, así como el representante de los hombres. En él y por él, en su persona y su destino se decide el asunto de Dios y los hombres. Trae y es la gracia y el juicio de Dios. A partir de la palabra del hijo del hombre pueden comprenderse los desarrollos esenciales de la cristología pospascual y probar que son legítimos: la cristología del sufrimiento y la exaltación lo mismo que la esperanza de la vuelta, la importancia personal de Jesús lo mismo que la universal.

Toda la profundidad de la autopretensión de Jesús y todo el misterio de su persona se nos abren sólo cuando nos ocupamos de la designación de majestad, que jugó el mayor papel en el desarrollo posterior de las profesiones de fe en el nuevo testamento y la antigua iglesia, designación que se mostró como la más adecuada y fructífera, es decir, los títulos: hijo o hijo de Dios. [20]

20. Cf. R. Schnackenburg, *Sohn Gottes* I, en LThK IX, 851-854 (bibliografía); P. Wülfling von Martitz - G. Fohrer - E. Schweitzer - E. Lohse - W. Schneemelcher, art. υίος, en ThWNT VIII, 334-403. 367 s; J. Bieneck, *Sohn Gottes als Christusbezeichnung der Synoptiker*, Zürich 1951; B. M. F. van Iersel, *Der «Sohn» in den synoptischen Jesusworten*, Leiden 1961; Th. De Kruijf, *Der Sohn des lebendigen Gottes. Ein Beitrag zur Christologie des Matthäusevangeliums*, Roma 1962; O. Cullmann, *Christologie*, 276-313; W. Kramer, *Christos-Kyrios-Gottessohn*, especialmente 105-125, 183-193; F. Hahn, *Hoheitstitel*, 280-333; J. Jeremias, *Abba*; Id., *Teología del nuevo testamento* I, 80 s.

Cuando se habla del título de hijo o hijo de Dios, no podemos partir de las sentencias dogmáticas posteriores sobre la filiación divina metafísica de Jesús; ésta se encuentra *por de pronto* totalmente fuera de las posibilidades de pensamiento corrientes en el ambiente veterotestamentario-judío y helenístico, que son las de Jesús y del nuevo testamento. En la mitología gentil se habla con frecuencia de hijos de dioses en el sentido biológico-genealógico, nacidos de una mujer humana; en la época helenística se designó como' θεῖος ἀνήρ a hombres célebres extraordinarios y dotados de carismas (príncipes, médicos, filósofos, etc.); según la filosofía estoica todos los hombres eran hijos de Dios por la participación del único logos. El trasfondo mitológico, politeísta y panteísta de tales sentencias contribuía a hacer tanto más sospechoso al rígido monoteísmo del antiguo testamento el hablar de hijos de Dios. Cuando el antiguo testamento hablaba de un hijo de Dios, jamás era basado en la descendencia o en otra relación natural, sino únicamente por razón de elección, misión y obediencia y servicio correspondientes. En este sentido se llama hijo a Israel, al que Dios llamó de Egipto (Ex 4, 22; Os 11, 1; Jer 31, 9). Como representante de Israel puede llamarse hijo de Dios el rey (Sal 2, 7; 89, 27 s) y, en consecuencia, el mesías (2 Sam 7, 14). Más tarde pueden llamarse hijos de Dios todos los piadosos (Sal 73, 15; Sab 5, 5). La idea de una descendencia física se excluye absolutamente en todos los casos. La filiación divina se funda exclusivamente en la adopción; hay que considerarla en el trasfondo de la fe veterotestamentaria de la elección o de las esperanzas teocráticas.

Según los sinópticos Jesús jamás se llama hijo de Dios. En consecuencia, se ve que la expresión hijo de Dios representa claramente una profesión de fe de la iglesia. Pero es discutible si Jesús habló de sí llamándose «el hijo» en la forma absoluta. Para progresar en esta cuestión, lo mejor que podemos hacer es partir de una observación lingüística: Jesús dice siempre «mi padre» (Mc 14, 36 par; Mt 11, 25 par) o «vuestro padre» (Lc 6, 36; 12, 30. 32) o «vuestro padre celestial» (Mc 11, 25 par; Mt 23, 9), pero jamás habla de «nuestro padre». El «padrenuestro» no constituye una dificultad, pues se dice: «*Vosotros* debéis orar así» (Lc 11, 2; Mt 6, 9). Hay buenas razones para pensar que la distinción en cuanto al contenido se remonta hasta Jesús mismo. Esta terminología se mantiene de modo consecuente a través de todos los estratos neotestamentarios hasta llegar a la clásica formulación de Juan: «Mi padre y vuestro padre» (Jn 20, 17). Desde este exclusivo «mi padre» se percibe una relación intransferible y única de Jesús con Dios. En esta terminología se aprecia una conciencia especial de filiación. Pretendiera para sí o no expresamente el título «hijo», en este modo de hablar se expresa implícitamente que aunque todos son hijos de Dios (cf. Mt 5, 9. 45), él lo es de una manera especial y única.

La cuestión de si Jesús mismo empleó expresamente el *título* de hijo, se concentra en primera línea en Mt 11, 27 (o Lc 10, 22): «Todo me lo ha dado mi padre. Nadie conoce al hijo sino el padre, y nadie conoce al padre sino el hijo y a quien él quiera revelarlo». Desde el historiador eclesiástico de Jena, K. v. Hase, se habla con frecuencia de un «aerolito del cielo joánico». Pero el influjo de la tradición joánica sobre los sinópticos sería sumamente raro y apenas si es aceptable; más bien sería la tradición joánica la que tendría su origen y se aclararía por este lugar sinóptico. Pero la cuestión propiamente dicha es la siguiente: ¿se remonta esta palabra a Jesús mismo? Contra el origen jesuano se aducen continuamente dos argumentos: el conocimiento mutuo de que aquí se habla es *terminus technicus* de la mística helenística y el uso absoluto de «el hijo» es título cristológico posterior. Pero entretanto J. Jeremias ha probado con toda claridad el carácter semítico de este logion. En el ambiente semítico es corriente la expresión de que el padre y el hijo se conocen mutuamente. Por tanto, la locución «el hijo» no es aquí título alguno, sino expresión de una experiencia generalmente válida. Así que habrá que decir que, si bien el *título* de hijo no se remonta hasta Jesús, fue él quien habló de sí como hijo de una manera incomparable. Por tanto, podemos suponer que Mt 11, 27 al menos contiene la «reelaboración de palabras auténticas de Jesús». Esto se afirma con tanta más razón cuanto que en otras palabras de Jesús se tiene paralelos en cuanto al contenido (cf. Lc 10, 23; Mt 5, 17; Lc 15, 1-7. 8-10. 11-13). Pero el conocimiento mutuo entre padre e hijo, del que se habla, no se puede reducir, a la luz del pensamiento bíblico, a algo meramente externo. Este mutuo conocimiento no es un fenómeno meramente intelectual, sino algo mucho más complejo, un mutuo afectarse, determinarse, intercambio y unión en el amor.

La cuestión es si se puede aclarar algo esta relación y hacerla accesible. A pesar de su carácter estrictamente incomparable, ¿se la puede interpretar por analogía con nuestra relación con Dios? Es decir, ¿se puede hablar de fe de Jesús? [21]. Al intentar responder a esta cuestión, lo primero que hay que tener claro es que Heb 12, 2 es el único lugar que habla con toda claridad de fe de Jesús, y que no se encuentran en el nuevo testamento más paralelos sobre el tema «fe de Jesús». Pero se puede considerar como paralelo sinóptico en cuanto al fondo Mc 9, 23. En este lugar Jesús enlaza con la pregunta del padre de un epiléptico: «Si algo puedes, apiádate de nosotros y ayúdanos». A lo que Jesús responde: «Todo es posible al que cree». De manera que aquí la fe es participación en la omnipotencia de Dios y, por ende, poder de curar. En este contexto el único que se puede entender como el «creyente» es Jesús mismo, al que le es posible la curación, precisamente a causa de su «fe». *Así que Jesús por su obediencia radical es radical procedencia de Dios y radical consagración a Dios. Por sí no es nada, siéndolo todo de Dios y para Dios. De modo que es hueco y vacío total para el amor de Dios que se autocomunica. El volverse de Jesús al Padre presupone ciertamente el dirigirse y comunicarse del Padre a Jesús. La cristología posterior del hijo no es otra cosa que la explicación y traducción de lo que se encuentra oculto en la obediencia y entrega filial de Jesús. Lo que Jesús vivió ónticamente antes de pascua, se expresó ontológicamente después de ella.*

La oculta y señera pretensión de hijo por parte de Jesús posee una segunda dimensión. No se trata en ella sólo de una relación «privada» e íntima de Jesús con su Padre, sino al mismo tiempo, de la misión pública suya. Como hijo se le ha dado pleno poder: se le ha entregado todo para revelarlo a los demás (Mt 11, 27). Como hijo es, al mismo tiempo, en un sentido único e intransferible el hijo para los otros hijos, o el hijo que debe hacer hijos a los otros. Ser y misión como hijo son indisolubles. Esta sentencia se aclara y profundiza también con la perícopa, que habla de la curación del joven epiléptico. Al final de la perícopa Jesús presenta la oración como condición, de la que depende la posibilidad o imposibilidad de tal curación (Mc 9, 29). Análogamente se habla también en Mc 11, 22 s de la fe que traslada montañas. No se necesitan pruebas de que Jesús rezó por

---

21. Sobre esta cuestión cf., ante todo, H. U. von Balthasar, *Fides Christi*, en *Sponsa Verbi*, Madrid 1964, 57-97; G. Ebeling, *Jesus und Glaube*; W. Thüsing, *Neutestamentliche Zugangswege zu einer tranzendental-dialogischen Christologie*, en K. Rahner - W. Thüsing, *Christologie*, 211-226.

los suyos. Su intercesión es el aspecto principal de su propia obediencia en la fe. Ahí se ven ambas cosas: su relación con el Padre y con nosotros. Jesús cree absolutamente que Dios escuchará y esta fe de Jesús es participación en la omnipotencia de Dios; esta fe oracional es el ser de Dios por nosotros. [22]

Puesto que en la oración de Jesús se comunica su fe y su amor, es por lo que en ella se nos muestran también de la manera más clara la unidad de ser y misión de Jesús. La petición es confesión de la pobreza. El que pide se somete a la disposición de otro. En su obediencia Jesús es totalmente hueco y vacío para Dios; en su fe es modo existencial del amor de Dios. Al ser el totalmente creyente, es el totalmente lleno del poder de Dios, participa de la omnipotencia de Dios que consiste en el amor. Y al encontrarse totalmente abierto para Dios, lo está igualmente para nosotros. Por eso en cuanto pedidor es al mismo tiempo el señor. Pues si el pedir es signo de pobreza e impotencia, el poder-pedir es la prueba de un poder y una posibilidad, que tiene que ser dada. Así que en él se juntan pobreza y riqueza, poder e impotencia, plenitud y vacío, apertura y realización. *Por tanto, el ser de Jesús como hijo es inseparable de su misión y servicio. El es la existencia de Dios para los otros. Ser y misión, cristología esencial y funcional no pueden ser contrapuestas mutuamente; no pueden ni siquiera separarse la una de la otra; se condicionan recíprocamente. Su función, su existencia para Dios y para los otros, constituye, al mismo tiempo, su esencia; y viceversa, la cristología funcional implica una esencial.*

El tema del Dios-Padre fue desacreditado por la teología liberal. A. von Harnack quería reducir toda la predicación de Jesús a los dos elementos siguientes: Dios como padre y el valor infinito del alma humana, Dios y el alma, el alma y su Dios [23]. La consecuencia en Harnack es una concepción interiorizada y privatizada de la fe y hasta un rechazo de la cristología. «No es el hijo el objeto del evangelio, sino únicamente el Padre, como Jesús lo predicó» [24]. ¡Como si se pudiera hablar de Dios como Padre sin hablar del que es el hijo! Pero el problema hoy es aun más complejo. Porque la cuestión es cómo se podrá hacer hoy comprensible y relevante el tratar de Dios como padre y de la filiación de Jesús como modelo definitivo del hombre en una sociedad comprometida en la emancipación y cada vez más despreocupada de lo paternal (A. Mitscherlich). El centro del mensaje de Jesús, el hablar del reino de Dios y el mensaje de Dios como padre plantean el problema de la autoridad y el dominio y parecen, por lo mismo, imposibles de asimilar. En consecuencia, se prefiere con frecuencia hablar de la libertad de Jesús, que nos resulta más comprensible, y colocarla en el centro. Libertad cristiana es siempre libertad liberada —liberada por Dios—. E. Käsemann ha descubierto claramente esta relación, formulándola de modo expresivo: «El trajo y vivió la libertad de los hijos de Dios, que siguen siendo hijos y libres sólo mientras encuentren en el padre a su señor» [25]. En cuanto «el» hijo por antonomasia, Jesús, es el reino de Dios personificado en el amor que se autocomunica; en cuanto «el» hijo es «el» libre. En él se decide también nuestra libertad. Se verá claro lo que significa en concreto esta libertad cuando nos ocupemos del camino siguiente de Jesús, de su camino a la muerte de cruz. Sólo aquí se ve también claramente el sentido más profundo de su filiación.

22. W. Thüsing, *o. c.*, 213.
23. A. von Harnack, *Das Wesen des Christentums*, 49 s.
24. *Ibid.*, 92.
25. E. Käsemann, *Das Problem des historischen Jesus*, 212.

8
La muerte de Jesús

1. *Marco histórico*

El hecho de que Jesús de Nazaret fue ejecutado en una cruz pertenece a las realidades más ciertas de la historia de Jesús. Más difícil es ya la fecha concreta de su crucifixión [1]. Los cuatro evangelistas concuerdan en afirmar que fue el viernes de la semana pascual judía.

Se discute si fue el 14 ó el 15 de nisán (quizá marzo-abril). Para los sinópticos la última cena de Jesús parece que fue pascual, en cuyo caso Jesús habría muerto en la cruz el 15 de nisán. No ocurre así en Juan; para él Jesús murió el día de preparación de la fiesta de pascua (Jn 19, 14), cuando se sacrificaban los corderos en el templo, o sea, el 14 de nisán. Muy en conformidad con esto Juan no presenta la última cena de Jesús con sus discípulos como pascual, sino como de despedida. Sin duda que en ambas perspectivas juegan su papel motivos teológicos. Los sinópticos están interesados en resaltar como pascual la última cena, mientras que en Juan domina el interés por presentar a Jesús como el verdadero cordero pascual (19, 36). La decisión de la cuestión histórica no es fácil. Pero hay algo que se inclina a favor de la exposición joánica. Pues es improbable que el sanedrín se reuniera en el día más solemne de los judíos. Apoyan el que Jesús muriera en la víspera de la pascua también los siguientes detalles: que los discípulos (cf. Lc 22, 38; Mc 14, 47) y los esbirros (cf. Mc 14, 43) lleven armas; que Simón de Cirene venga del campo (cf. Mc 15, 21). A base de cálculos astronómicos se llega al 7 de abril del año 30 d. C. como el día más probable de la muerte de Jesús.

La crucifixión era una forma romana de ejecución. Se aplicaba sobre todo a esclavos (piénsese en la rebelión de Espartaco). Los ciudadanos romanos no podían ser crucificados, sino sólo

---

1. Cf. J. Blinzler, *Der Prozess Jesu*; P. Winter, *On the trial of Jesus*, Berlin 1961; J. Jeremias, *Abendmahlsworte*, 31-35 (bibliografía).

decapitados. Porque la crucifixión pasaba no sólo por especialmente cruel, sino también por una pena sumamente infamante. Cuando los romanos imponían a guerrilleros independentistas esta pena de muerte propia de esclavos, equivalía a una burla cruel. Cicerón escribe: «La idea de la cruz tiene que mantenerse alejada no sólo del cuerpo de los ciudadanos romanos, sino hasta de sus pensamientos, ojos y oídos» [2]. Entre gente bien ni siquiera se podía hablar de una muerte tan denigrante. Por tanto, Jesús fue ejecutado como rebelde político. Lo prueba también el *titulus crucis*: «Rey de los judíos» (Mc 15, 26 par) [3]. De este hecho se dedujo que Jesús había sido un cabecilla parecido a los zelotes. Pero esta tesis resulta insostenible a la vista de las fundamentales diferencias entre Jesús y los zelotes. Mas no se puede negar que los romanos desconfiaban y se preocupaban con cualquier movimiento de masas, dado el inestable clima político de la Palestina de aquel tiempo. Además que los militares romanos no podían distinguir tampoco con demasiada precisión teológica. De modo que los enemigos judíos de Jesús pudieron encontrar con facilidad una excusa para presentar querella política contra él ante Pilato, cuya posición entonces en Roma no era demasiado brillante, pudiéndosele presionar, pues, con facilidad.

Más difícil que la cuestión de por qué fue condenado Jesús por Pilato, lo es esta otra: cuál fue la razón de que lo condenara el sanedrín. Pero parece que en el proceso de Jesús ante el sanedrín (Mc 14, 53-65 par) jugaron dos cosas: la cuestión mesiánica, importante para la acusación ante Pilato, y la palabra de Jesús sobre la destrucción del templo. Con ello se debía probar que Jesús era un falso profeta y blasfemo, contra lo que existía la pena de muerte (cf. Lev 24, 16; Dt 13, 5 s; 18, 20; Jer 14, 14 s; 28, 15-17). Apoyan lo dicho igualmente las dos escenas de burlas [4]. En definitiva el burlarse del delincuente debe parodiar en cada caso el delito por el que es condenado. La soldadesca romana se burla de Jesús como rey de los judíos, vestido con un manto de púrpura y coronado de espinas, mientras que ante el sanedrín se ríen de él como de falso profeta. Juegan con él como a la gallina ciega: «Profetiza quién te pegó». La condena como falso profeta y blasfemo enlaza con la conducta de Jesús: quebrantamiento

---

2. Cicerón, *Pro C. Rabirio perduellionis reo*, cap. V (§ 16), en *Opera* II/1 (ed. por I. C. Orellius), Turici 1854, 650; cf. Id., *In C. Verrem actio secunda*, lib. V, cap. LXIV (§ 165) y cap. LXVI (§ 169), en *o. c.*, 435 s.
3. Para bibliografía, cf. *suppra* cap. 4, nota 8.
4. Cf. J. Jeremias, *Teología del nuevo testamento* I, 99 s; Id., *Abendmahlsworte*, 72 s.

del precepto sabático judío, de las prescripciones sobre pureza, trato con pecadores y cultualmente impuros y, finalmente, su crítica a la ley. Todo esto socava los fundamentos del judaísmo. Puesto que en tiempos de Jesús el sanedrín mismo no podía ejecutar la pena de muerte, se llegó a una mañosa colaboración con la potencia romana ocupante tan odiada por otra parte. Así que Jesús cayó prácticamente entre el aparato de los poderosos. En definitiva, lo asesinaron: malentendido, cobardía, odio, mentira, intrigas y emociones.

Pero todo esto discurre sobre el escenario superficial de la historia. Para el nuevo testamento y la tradición cristiana la muerte de Jesús tiene otra dimensión más profunda. No basta con el mero malentendido y la dimensión política de esta muerte, o con ver en Jesús al hombre libre, al violador de la ley y al inconformista incómodo, liquidado por sus enemigos. Todo esto jugó indudablemente su papel. Pero para el nuevo testamento la muerte de Jesús no es solamente acción de los judíos y romanos, sino obra salvadora de Dios y libre autoentrega de Jesús. Por eso la cuestión esencial para nosotros es la siguiente: ¿cómo entendió Jesús su propia muerte? ¿qué significado le dio a su fracaso?

2. *Perspectiva escatológica*

La cuestión de cómo entendió Jesús su muerte nos coloca ante problemas muy graves a la vista de las fuentes de que disponemos. Es llamativo que la fuente de los *logia*[5] no sólo carezca de toda huella de historia de la pasión, sino que no contenga ni un solo indicio. Lo único que en ella encontramos es una mención sobre el destino violento de los profetas y su aplicación a Jesús (cf. Lc 11, 49 s par); sus discípulos tienen que contar igualmente con el rechazo y la persecución (Lc 6, 22 par; cf. 12, 8 par). Pero en estos lugares no se atribuye a la muerte de Jesús un significado salvador propiamente dicho. Distinta es la situación por lo que se refiere a los anuncios de la pasión por parte de Jesús (Mc 8, 31 par; 9, 31 par; 10, 33 par)[6]. Todos ellos expresan la presciencia que tiene de su muerte, resaltando al

---

5. Cf. H. Kessler, *Die theologische Bedeutung des Todes Jesu*, 236 s.
6. Cf. G. Strecker, *Die Leidens- und Auferstehungsvoraussagen im Markusevangelium (Mc 8, 31; 9, 31; 10, 32-34)*: ZThK 64 (1967) 16-39; H. Kessler, *Die theologische Bedeutung des Todes Jesu*, 248 s.

mismo tiempo su libertad en la aceptación de su sino de muerte; además, presentan el sufrimiento de Jesús como una necesidad impuesta por Dios. Por supuesto que hoy se piensa generalmente que estos anuncios, al menos en su forma actual, son *vaticinia ex eventu*, o sea, explicaciones pospascuales de la muerte de Jesús, y no palabras auténticas suyas. Lo dicho vale, en especial, para el tercero de los anuncios que expresa ya pormenores muy detallados del decurso real de la pasión. Si Jesús hubiera predicho tan claramente su muerte y resurrección, sería incomprensible la huida de los discípulos, su decepción y su incredulidad inicial frente al testimonio de la resurrección.

Y llegamos a los relatos de pasión propiamente dichos en los cuatro evangelios. Muestran una concordancia muy grande, mayor, en cualquier caso, que en el material tradicional del resto de los evangelios. Sin duda que la tradición de la pasión representa un ramo de la tradición antiguo e independiente. No se puede discutir razonablemente la proximidad a los acontecimientos históricos, aunque ciertas cuestiones de detalle sobre el decurso histórico siguen abiertas. Pero más importante que tales detalles históricos es la constatación de que la tradición de la pasión está muy claramente determinada por intereses teológicos. Se encuentran motivos apologéticos, dogmáticos y parenéticos. Los relatos de pasión no quieren, pues, ser solamente narraciones, sino también predicación. Explican la pasión ya a la luz de la resurrección. Se la expone como sufrimiento del mesías, como pasión del justo, como cumplimiento del antiguo testamento y, por tanto, de la voluntad de Dios. El canto del siervo sufriente de Yahvé (Is 53) e igualmente los salmos 22 y 69 determinaron con mucha profundidad la exposición.

A la vista de esta situación de las fuentes es comprensible la perplejidad de una gran parte de exegetas ante la muerte de Jesús. La perplejidad tiene que existir, ante todo, si se acepta con W. Wrede que la vida terrena de Jesús no tuvo absolutamente nada de mesiánica, pues presuponiendo tal cosa no se puede ya explicar por qué fue crucificado Jesús como «rey de los judíos», o sea, como pretendiente mesiánico. Por eso Bultmann puede presentar la crucifixión de Jesús sólo como malentendido político, escribiendo: «La mayor perplejidad... es el hecho de que no podemos saber cómo entendió Jesús su final, su muerte»[7]. Para Bultmann no se puede encubrir la posibilidad de que Jesús al final se desmoronó[8]. De modo semejante piensa W. Marxsen que el historiador puede «afirmar con gran seguridad que Jesús

7. R. Bultmann, *Das Verhältnis der urchristlichen Christusbotschaft zum historischen Jesus*, Heidelberg 1960, 11.
8. *Ibid.,* 12.

no entendió su muerte como acontecimiento salvador»[9]. Si hubiera sido así, resultaría incomprensible su actividad volcada sobre el presente, conforme a la cual el *éschaton* ocurre ahora. Parecidos planteamientos y opiniones se encuentran también en la teología católica en el llamado modernismo de comienzos de este siglo. Según éste, Jesús no entendió su muerte como salvífica; esto fue invención de Pablo. Jesús fue reducido por sus enemigos, dejándose llevar a la cruz con sometimiento digno de admiración como mártir de su justa causa. Esta tesis de que el carácter soteriológico de la muerte de Jesús fue una doctrina inventada por Pablo, la condenó Pío x en el *Syllabus*[10]. Por eso es comprensible la polvareda que se levantó cuando los pensamientos de Marxsen fueron aceptados más o menos por teólogos católicos como H. Kessler[11] y A. Vögtle[12]. Con estas tesis ha entablado una detallada polémica, ante todo, H. Schürmann.[13]

Con las fuentes de que disponemos es sumamente difícil decir cuál fue la interpretación que Jesús dio a su muerte. Para salir de estas dificultades se ha intentado probar que ya en el antiguo testamento y el judaísmo de la época de Jesús existían teologúmena que permitían una explicación soteriológica de la muerte de Jesús por él mismo. Aunque no se pueda probar la idea de un mesías sufriente, sin embargo, se encontraba muy extendida la idea del justo que sufre y la concepción de la fuerza expiatoria de tal sufrimiento (2 Mac 7, 18. 37 s; 4 Mac 1, 11; 6, 29; 9, 23 s; 17, 22)[14]. Estas verificaciones son indadublemente justas e importantes. Pero la cuestión no es, en resumidas cuentas, si Jesús pudo interpretar su muerte como salvadora, sino si de hecho la entendió así. Esta *quaestio facti* es la que constituye la verdadera dificultad a la vista de las fuentes.

Una salida de tales dificultades la indicó especialmente A. Schweitzer[15]. A su entender, la llegada del reino de Dios y los apuros escatológicos, la venida del mesías y los dolores mesiánicos son inseparables. El anuncio de la pasión como previ-

9. W. Marxsen, *Erwägungen zum Problem des verkündigten Kreuzes*, en *Der Exeget als Theologe*. Vorträge zum Neuen Testament, Gütersloh 1968, 160-170.
10. Cf. DS 3438.
11. Cf. H. Kessler, *Die theologische Bedeutung des Todes Jesu*; Id., *Erlösung als Befreiung*, Düsseldorf 1972.
12. A. Vögtle, *Jesus von Nazareth*, en R. Kottje - B. Moeller (ed.), *Ökumenische Kirchengeschichte* I, Mainz-München 1970, 3-24.
13. H. Schürmann, *Wie hast Jesus seinen Tot bestanden und verstanden?* Eine methodenkritische Besinnung, en P. Hoffmann (ed.), *Orientierung an Jesús*, 325-363.
14. E. Lohse, *Märtyrer und Gottesknecht*. Untersuchungen zur urchristlichen Verkündigung vom Sühntod Jesus Christi, Göttingen 1955, 9, 110; E. Schweitzer, *Erniedrigung und Erhöhung bei Jesus und seinen Nachfolgern*, Zürich ²1962, 53 s; H. Kessler, *Die theologische Bedeutung des Todes Jesu*, 253 s.
15. Cf. A. Schweitzer, *Das Messianitäts- und Leidensgeheimnis*, 81-98; Id., *Geschichte*, 432-443. Sobre el aspecto problemático de este esbozo se hablará en seguida.

sión del aprieto escatológico pertenece a la predicación de la cercanía del reino de Dios [16]. Por eso Jesús, como muestra el padrenuestro, habló desde el principio del peligro de la tentación (Mt 6, 13; Lc 11, 4), pensando en los aprietos escatológicos, que predijo desde el comienzo, sin duda, también a sus seguidores (Mt 10, 34 s). Los apuros del sufrimiento y la persecución son, para él, parte de la figura humillada y oculta del reino de Dios, encajando también, en consecuencia, en la línea general de su predicación. De esta forma, desde el mensaje escatológico de Jesús sobre la *basileia* conduce un camino bastante recto hasta el misterio de su pasión.

Esta explicación encaja bien en el curso real de la vida de Jesús. Tenemos que aceptar que Jesús tuvo que contar y contó con un final violento. Quien se comportaba como él, tenía que contar con las últimas consecuencias. Muy pronto se le acusó ya de blasfemo (Mc 2, 7), de alianza con el diablo o de magia (Mt 12, 24 par), de quebrantar el precepto sabático (Mc 2, 23 s. 27; Lc 13, 14 s); por eso se le espiaba para poder acusarlo (Mc 3, 2); se procuraba cazarlo con preguntas capciosas (Mc 12, 13 s. 18 s. 28 s). La enemistad y la amenaza de muerte de los fariseos, que en esto colaboraban con los herodianos, odiados por otra parte, como después se aliaron con los romanos, se cernía indudablemente sobre Jesús desde el comienzo de su actividad (Mc 3, 6). No en vano exigió de sus discípulos un seguimiento total, es decir, incluso romper con los vínculos familiares de la piedad (Mc 8, 21 s; Lc 9, 59 s). El decidirse por él no trae paz, sino rompimiento con lo circundante (Mc 10, 34; Lc 12, 51). También aquí se encuentra en el trasfondo el motivo del *peirasmós* final.

A lo dicho hay que añadir el destino del Bautista (Mc 6, 14-29; 9, 13), que tuvo que presentar a Jesús la posibilidad de su propia muerte violenta, si es que no tenía ya razones para pensar lo mismo. Quizás fue no en último término por razón de ese acontecimiento por lo que contó con tener que sufrir él mismo la suerte de los profetas. Lc 13, 32 s, «una pieza biográfica en el sentido propio» [17], muestra que se apropió esta tradición tan extendida en el judaísmo tardío: «Id y decidle a ese zorro: expulso demonios, curo hoy y mañana y al tercer día habré acabado, pero hoy, mañana y al día siguiente tengo que seguir marchando; es imposible que un profeta caiga fuera de Jerusalén» (cf. Mt 23,

---

16. Cf. H. Seesemann, art. πεῖρα, en ThWNT VI, 30 s.
17. R. Bultmann, *Geschichte der synoptischen Tradition*, 35.

34-39). A este contexto pertenece también la parábola de Jesús sobre los malos viñadores (Mc 12, 1-12). El núcleo viene a ser este: «Lo mismo que el alevoso asesinato del hijo por parte de los arrendatarios tendrá como consecuencia la intervención cierta del dueño de la viña, así ocurrirá también con el asesinato —planeado— de Jesús, el plenipotenciario escatológico de Dios, asesinato que provocará el juicio sobre los jefes responsables del pueblo» [18]. En el destino de los profetas ve Jesús prefigurado el suyo propio. Así como ellos fueron perseguidos y rechazados en Jerusalén, así tiene que decidirse también su suerte en Jerusalén. Por supuesto que para Jesús se trata de la crisis última, escatológica, de la decisión sobre gracia y juicio.

De esta forma, Jesús no se dirige hacia Jerusalén sin sospechar nada. Pero no es cierto si se dirigió allí para confrontar a su pueblo con su mensaje en la hora decisiva y ponerlo ante la alternativa de decidirse (cf. Lc 19, 11; 24, 21; Hech 1, 6). Es improbable que quisiera provocar la decisión y la venida del reino de Dios, como supone A. Schweitzer. Esto contradiría su confianza en el Padre, al que le dejaba todo. Pero sin duda en Jerusalén tuvieron lugar manifestaciones mesiánicas de sus partidarios (Mc 11, 7 s par), lo que sorprendió no poco, dándose hasta algún alboroto popular. Cierto es que en el templo se dio un choque (Mc 11, 15 s par). Pero apenas si puede contarse con que se trató de un acto revolucionario, de una ocupación del monte del templo por sus partidarios. La purificación del templo se ha de interpretar más bien como acción profética, que significa, enlazando con la esperanza del antiguo testamento (Is 56, 7; Jer 7, 11), la irrupción del tiempo escatológico, el fin del antiguo templo y el comienzo del nuevo. Jesús incorporó, sin duda, estas esperanzas, preanunciando la destrucción del antiguo templo y la construcción de uno nuevo. A esto remite la palabra del señor, ciertamente auténtica, que tenemos en Mc 13, 2, donde se promete que no quedará piedra sobre piedra. En este contexto parece haberse planteado la cuestión sobre su autoridad (Mc 11, 27 s). En cualquier caso, la escena del templo fue una provocación contra las autoridades judías. Ella desató el proceso, jugando un papel decisivo en su condenación por el sanedrín (cf. Mc 14, 58; 15, 29). Por tanto, resulta claro lo siguiente: el conflicto de Jesús con sus enemigos se sitúa en un contexto escatológico. Jesús anun-

18. M. Hengel, *Das Gleichnis von den Weingärtnern Mc 12, 1-12 im Lichte der Zenonpapyri und der rabbinischen Gleichnisse*: ZNW 59 (1968) 1-39. 38.

cia el final del antiguo eón y la irrupción del nuevo. El conflicto sobre su persona se relaciona con el existente entre el antiguo y el nuevo eón. Jesús quiso y aceptó este conflicto hasta las últimas consecuencias.

La perspectiva escatológica resulta especialmente clara en los textos de la última cena (Mc 14, 17-25 par; 1 Cor 11, 23-25)[19]. En su forma actual es cierto que no son relatos auténticos, sino que muestran con mucha claridad estilización litúrgica. Aquí puede quedar abierta la cuestión de si representan en su totalidad tradición comunitaria, o sea, etiología cultual, o si contienen también, y hasta qué punto, un recuerdo históricamente fiable. De todas formas en esos relatos se encuentra al menos una palabra que no se introdujo en la liturgia posterior y que, por consiguiente, se ha de considerar como originaria del señor: «En verdad os digo que no volveré a beber del fruto de la vid hasta el día en que lo beba nuevo en el reino de Dios» (Mc 14, 25; cf. Lc 22, 16. 18)[20]. Por tanto, la última cena de Jesús con sus discípulos tiene indudablemente carácter de acción simbólica escatológica, por la cual Jesús desde ahora da a los suyos parte en los bienes escatológicos. En la última cena Jesús no se fija sólo en su muerte inminente, sino también prevé el reino de Dios que llega. Su muerte se encuentra vinculada a la venida de la *basileia*. Esta explicación escatológica de su muerte corresponde a la dirección total de su mensaje escatológico, según el cual el señorío de Dios viene en humillación y ocultamiento. De modo que Jesús mantuvo el carácter escatológico de su predicación y su actividad también y precisamente a la vista de su muerte.

En definitiva, de lo mismo da testimonio la palabra con que murió Jesús según narran Marcos y Mateo: «Dios mío, Dios mío, ¿por qué me has abandonado?» (Mc 15, 34; Mt 27, 46)[21]. Esta palabra constituyó un problema desde el principio. A Lucas le parece ya insoportable; por esa razón hace morir a Jesús diciendo: «Padre, en tus manos encomiendo mi espíritu» (23, 46). Y en

19. Cf. H. Schürmann, *Der Paschamahlbericht Lc 22 (7-14) 15-18*, Münster 1953; Id., *Der Einsetzungsbericht Lc 22, 19-20*, Münster 1955; G. Bornkamm, *Jesús de Nazaret*, 168 s; Id., *Herrenmahl und Kirche bei Paulus*, en *Studien zu Antike und Urchristentum*. Ges. Aufsätze II, München 1970, 138-176; J. Jeremias, *Abendmahlsworte*; P. Neuenzeit, *Das Herrenmahl*. Studien zur paulinischen Eucharistieauffassung, München 1960; E. Käsemann, *Anliegen und Eigenart der paulinischen Abendmahlslehre*, en *Exegetische Versuche und Besinnungen* I, 11-34.
20. Cf. G. Bornkamm, *Jesús de Nazaret*, 168; H. E. Tödt, *Der Menschensohn in der synoptischen Überlieferung*, 193, 279; F. Hahn, *Die alttestamentlichen Motive in der urchristlichen Abandmahlsüberlieferung*: EvTh 27 (1967) 337-374.
21. Cf. H. Gese, *Psalm 22 und das Neue Testament*. Der älteste Bericht vom Tode Jesu und die Entstehung des Herrenmahles: ZThK 65 (1968) 1-22.

Juan, Jesús muere hasta con un grito de victoria: «Está consumado» (19, 30). Así que ya dentro de la tradición bíblica se consideró escandaloso que Jesús hubiera muerto abandonado de Dios. La misma perplejidad se refleja en la historia exegética posterior. Pero la exégesis puede, por supuesto, mostrar que el grito de Jesús: «Dios mío, ¿por qué me has abandonado?» proviene del Sal 22, que imprimió su sello a todo el relato de la pasión. La cita del comienzo del salmo está remitiendo, conforme al modo de citar de aquel tiempo, al salmo íntegro. Este salmo es una lamentación que acaba en una acción de gracias. El sufrimiento del justo se experimenta como abandono de Dios, pero en el sufrimiento y la angustia de muerte el justo siente que Dios es señor desde el principio y que lo salva para una vida nueva. El salmo expresa esta experiencia sirviéndose del lenguaje apocalíptico y convirtiéndola en destino típico y paradigmático. La salvación de muerte se convierte así en la alborada del reino escatológico de Dios. La palabra de Jesús: «Dios mío, Dios mío, ¿por qué me has abandonado?» no representa, pues, un grito de desesperación, sino una oración que está cierta de ser escuchada y que espera la llegada del reino de Dios.

No es totalmente cierto que Jesús moribundo rezara en alto el salmo 22: quizá se trate de una explicación muy temprana de la muerte de Jesús a la luz de la resurrección. Mas aunque se trate de una interpretación que entendió la muerte de Jesús como cumplimiento de los dolores apocalípticos y como llegada del reino de Dios, habría que decir que se había acertado a expresar de modo insuperable la intención global de Jesús. Jesús no se desmoronó en su fe, pero gustó la noche y el aprieto de la fe más profundamente que cualquier otro hombre. Porque al clamar moribundo a Dios, clama no sólo al Dios del antiguo testamento, sino al Dios al que llamó padre en sentido exclusivo y con el que se sabía unido de manera incomparable [22]. O sea, experimentó a Dios como aquel que se retira precisamente en la cercanía, aquel que es el totalmente distinto. Experimentó el insondable misterio de Dios y su voluntad. Pero superó esta noche por la fe. De forma que en este vacío insuperable se convirtió en el hueco para la plenitud de Dios. Su muerte se convirtió en fuente de la vida. Su muerte llegó a ser la otra cara de la venida del reino de Dios en el amor.

---

22. La interpretación que da J. Moltmann, *El Dios crucificado*, Salamanca 1975, 206 s, representa una superinterpretación especulativa.

Resumiendo podemos decir: *el mensaje de Jesús sobre la llegada del reino de Dios como nuevo eón incluye la espera del peirasmós escatológico. Su mensaje exige la ruptura radical con el eón presente, lo que incluye la aceptación de la muerte en cuanto última consecuencia. En este sentido la muerte de Jesús en la cruz no es solamente la última consecuencia de su valiente actuación, sino resumen y suma de su mensaje. La muerte de Jesús en la cruz es la suprema concretización de lo único que le interesó: la venida del reino escatológico de Dios. Esta muerte es la figura de realización del reino de Dios en las condiciones de este eón, la realización del reino de Dios por medio de la impotencia humana, de la riqueza mediante la pobreza, del amor en medio del abandono, de la plenitud en el vacío, de la vida a través de la muerte.*

3. Significado soteriológico

Ya en estadios muy tempranos de la tradición pospascual [23] la muerte de Jesús se interpretó como salvadora y expiatoria «por nosotros» y «por los muchos». Se la contempló a la luz del cuarto canto del siervo de Yahvé: «No tenía atractivo ni belleza..., despreciado y abandonado de los hombres, varón de dolores... Mas ciertamente llevó nuestra enfermedad y cargó con nuestros dolores... Fue traspasado por nuestros pecados, molido por nuestras maldades; cargó el castigo sobre él para paz nuestra, habiendo sido curados nosotros por sus heridas... Ofreció su vida como sacrificio por el pecado, verá descendencia que vivirá largamente... Porque se entregó a la muerte, contándosele entre los malhechores, porque llevó los pecados de muchos e intercedió por los pecadores» (Is 53, 1-12). Este canto del siervo sufriente de Yahvé sirve ya en la antigua fórmula de fe de 1 Cor 15, 3-5 y en la igualmente antigua tradición de la última cena (1 Cor 11, 24; Mc 14, 24 par) para presentar la muerte de Jesús como expiación sustitutoria para la salvación de los hombres. Esta explicación fue desde entonces fundamental para la concepción cristiana de la redención en general y de la eucaristía en particular. De hecho apenas si puede reconstruirse con suficiente seguridad

23. Cf. W. Schrage, *Das Verständnis des Todes Jesu Christi im Neuen Testament*, en E. Bizer, *Das Kreuz Jesu Christi als Grund des Heils*, Gütersloh 1967, 49-89; H. Kessler, *Die theologische Bedeutung des Todes Jesu*, 265 s.

si Jesús utilizó en la última cena la *fórmula* «por los muchos» como explicación de su muerte. Se discute igualmente la autenticidad histórica del *logion* de Mc 10, 45 que habla de dar la vida como «rescate (λύτρον) por los muchos»; no se encuentra en el paralelo lucano (cf. Lc 22, 27). Pero si la interpretación de la muerte de Jesús como ofrecimiento expiatorio a Dios y en favor de los hombres no tuviera apoyo alguno en la vida y muerte de Jesús, el centro de la fe cristiana se acercaría peligrosamente a la mitología e ideología. Dios, por la predicación posterior y sin tener en cuenta a Jesús, habría dado a la muerte de éste un significado del que él nada sospechó y que hasta excluyó, si es que, como algunos piensan, acabó por desmoronarse. Esto no correspondería en absoluto a la manera como Dios actúa respecto y con los hombres según la predicación de Jesús.

De muchas maneras se intenta probar que Jesús mismo atribuyó a su muerte un significado soteriológico. Pero es muy inseguro pretender apoyarse en determinadas *ipsissima verba Iesu*. Esto tiene éxito sólo si se puede demostrar a base de una argumentación de convergencia que tales palabras responden a la intención total (*ipsissima intentio*) de Jesús. Y esto se puede mostrar de dos maneras. Partimos primeramente de que Jesús entendió su muerte en el contexto de su mensaje sobre la venida del reino de Dios. *El reino de Dios es la concreción de la salvación. De modo que la interpretación escatológica de la muerte de Jesús implica una interpretación de tipo soteriológico. Por ello podemos hablar de una soteriología oculta de Jesús analógicamente a como lo hacemos de la cristología del mismo tipo.*

La segunda perspectiva parte otra vez de la constatación de que el reino de Dios se realiza en Jesús de modo personal en la forma de servicio. Jesús está entre sus discípulos como quien sirve (Lc 22, 27). Este servicio de Jesús no se puede considerar como meramente humanitario. Sin duda que la comunión de Jesús con pecadores y marginados de entonces tenía para ellos también algo de humanamente liberador. Mas Jesús curaba las alienaciones de los hombres desde su raíz más profunda. La verdadera liberación traída por Jesús consistía en el perdón de la deuda ante Dios. La nueva comunión que traía e instituía era la comunión con Dios. Este servicio redentor le acarreó desde el principio la enemistad de sus oponentes (Mc 2, 1-12; Lc 15). Vieron en ello blasfemia contra Dios y lo condenaron a muerte. Seguimiento de Jesús significa siempre seguirlo en este servicio. «Quien quiera ser el primero, ha de ser el último de todos y servidor de todos» (Mc 9, 35 par). El servicio, el amor hasta al enemigo, o sea, el ser para otros, es lo que constituye la nueva existencia que Jesús abrió e hizo posible. En tal existencia hay que contar con todo, abandonarlo todo (Mc 10, 28 par), exponiendo hasta la misma vida (Mc 8, 34 s par). Desde este punto de vista hay que decir que Jesús tuvo que tener presente la idea de que también el ofrecimiento de su propia vida en el sentido de su actuación global es servicio en favor de los otros. Los teologúmena del judaísmo tardío sobre la muerte sustitutiva y expiatoria del justo se orientaban en esta dirección. El hecho de que Jesús no se aplicó directamente el título de siervo de Yahvé, cosa que ocurrió, como vimos, con los *títulos* de mesías e hijo de Dios, no significa, pues, que no se haya *sabido* a sí mismo como el siervo de Yahvé que sirve y sufre por «los muchos». Toda su vida tuvo este carácter y no hay nada en contra, mientras que mucho habla en favor de que Jesús mantuvo esta interpretación de sí mismo también en su muerte, o sea, que la consideró como servicio sustitutorio y salvador por los muchos. *Así que Jesús es el hombre para los otros en su vida y en su muerte. Este ser-para-los-otros constituye su esencia más íntima, pues por eso es el amor de Dios personificado para los hombres.*

Desde este trasfondo adquieren una cierta verosimilitud histórica algunos *logia* discutidos. De esta manera se puede mostrar quizás que el segundo de los anuncios de la pasión encierra un núcleo absolutamente histórico: «El hijo del hombre es entregado en las manos de los hombres» (Mc 9, 31 par)[24]. También el rescate de Mc 10, 45 recibe en esta perspectiva global un «marco en la vida de Jesús», con mayor razón teniendo en cuenta que el correspondiente paralelo de Lucas, que desconoce esta palabra, se ve que tiene ya un sabor helenístico y, por tanto, es más reciente que el texto de Marcos. Por último, desde este punto de vista de la intención total de Jesús parece que también las palabras de la última cena sobre el dar la vida por los muchos (Mc 14, 24) poseen una verosimilitud mucho mayor de lo que normalmente se piensa, si no en cuanto a su formulación, sí en lo referente a su base y contenido. Más allá de una probabilidad fundamentada no se puede llegar en la investigación histórica. Pero de tales cuestiones históricas sobre autenticidad en particular no depende teológicamente demasiado, por cuanto sobre el asunto en sí no puede haber duda razonable. Porque en el fondo las fórmulas tardías *hyper* están profundamente enraizadas en la vida del Jesús terreno.

---

24. Cf. J. Jeremias, *Teología del nuevo testamento* I, 321 s.

Pero hay que mencionar todavía una dificultad importante [25]. La aceptación de una presciencia indirecta y latente de Jesús sobre el significado salvador de su muerte, ¿no lleva a una insuperable contradicción con su predicación sobre el reino de Dios? Esta parte de que salvación y perdición se deciden aquí y ahora por la postura adoptada ante la predicación y conducta de Jesús. ¿Cómo compaginar la convicción de que Dios sólo por la muerte de Jesús es como obra la salvación de los hombres? ¿No se desvaloriza *a posteriori* con ello toda la precedente actividad de Jesús, rebajándola a mero antecedente? Esta dificultad ignora que por el hecho de haber rechazado Israel en su totalidad la fe en el mensaje de Jesús, había surgido una nueva situación. También los discípulos inmediatos de Jesús acabaron por sentirse desconcertados por él. Así que tuvo que andar su último camino totalmente solo en un aislamiento insondable. Lo anduvo, como hasta ahora, por obediencia para con su Padre y por servicio a los demás. Esta obediencia y servicio suyos hasta la muerte se convirtieron en el único lugar, en que la llegada prometida del reino de Dios pudo hacerse realidad de un modo que hizo saltar todos los esquemas existentes hasta entonces. Al final, Jesús lo único que pudo hacer fue dejar al Padre el modo y manera de esta llegada en medio del definitivo abandono y de la noche más profunda de la obediencia desnuda. *La muerte obediente de Jesús es, pues, resumen, concreción y cima definitiva y superadora de todo respeto de toda su actividad. La significación salvífica de Jesús no se limita exclusivamente a su muerte. Pero tal significación experimenta en la muerte de Jesús su claridad y definitividad última.*

Claro y definitivo se hizo también en la muerte de Jesús el ocultamiento de su mensaje y su pretensión. La impotencia, pobreza y falta de vistosidad con que el reino de Dios alboreó en su persona y actividad, alcanzaron su colmo último y hasta escandaloso. De esta forma, la vida de Jesús acaba con un interrogante decisivo. Historia y destino de Jesús siguen siendo una cuestión a la que únicamente Dios puede responder. Si la actividad de Jesús no ha de haber fracasado, esta respuesta sólo puede consistir en que en su muerte ha irrumpido el nuevo eón. Pero este es el contenido de la profesión en la resurrección de Jesús.

---

25. Cf. W. Marxsen, *Erwägungen zum Problem des verkündigten Kreuzes*, 164 s; A. Vögtle, *Jesus von Nazareth*, 20 s.

SECCION SEGUNDA

El Cristo resucitado y exaltado

9

La razón de la fe en la resurrección de Jesús

Con la muerte violenta y vergonzosa de Jesús en la cruz parecía que todo había acabado [1]. También los discípulos de Jesús entendieron su muerte como el fin de sus esperanzas. Defraudados y resignados volvieron a sus familias y su profesión. El mensaje de Jesús sobre el reino de Dios que se había acercado parecía haber sido desmentido por su final. Es cierto que en el judaísmo de entonces había teologúmena —ante todo la idea del sufrimiento sustitutorio del justo— con ayuda de los cuales se podía superar teológicamente la muerte de Jesús; pero éste había vinculado su «causa», la llegada del reino de Dios, tan estrechamente a su persona que este «asunto» no podía seguir adelante sin más tras su muerte. No se podían seguir cultivando y trasmitiendo las ideas e ideales de Jesús, como se hizo con los de Sócrates tras la muerte de éste. Así que tras la muerte de Jesús no se podía enlazar sin solución de continuidad con su «causa» ni se podía trasmitir su mensaje liberador al modo de un movimiento de Jesús.

1. Cf., ante todo, K. H. Rengstorf, *Die Auferstehung Jesu. Form Art und Sinn der urchristlichen Osterbotschaft*, Witten ²1954; H. Grass, *Ostergeschehen und Osterberichte*, Göttingen ³1964; W. Marxsen, *Die Auferstehung Jesu als historisches und als theologisches Problem*. Gütersloh ⁴1966; J. Kremer, *Das älteste Zeugnis von der Auferstehung Christi*. Eine bibeltheologische Studie zur Aussage

1. Datos de la tradición

Y, sin embargo, la cosa siguió adelante tras el viernes santo, más aún, entonces es cuando propiamente empezó a marchar. Se volvió a congregar el círculo de discípulos dispersos, se formó la comunidad y la iglesia, comenzó una misión universal entre los judíos y muy pronto también entre los gentiles. Este nuevo comienzo con su potente dinámica histórica sólo puede hacerse comprensible desde el punto de vista puramente histórico a base de una especie de «explosión inicial». Se pueden citar para ello razones religiosas, psicológicas y sociales en aquella situación. Pero sólo por circunstancias históricas la causa de Jesús tenía muy pocas probabilidades de seguir en pie. El final de Jesús en la cruz fue no sólo su fracaso privado, sino una catástrofe de su descrédito religioso. Por eso el nuevo comienzo tiene que considerarse tan fuerte que no sólo «aclare» la dinámica desacostumbrada del cristianismo primitivo, sino que «venza» también este problema inicial de la cruz.

und Bedeutung von 1 Cor 15, 1-11, Stuttgart ²1967; Ph. Seidensticker, *Die Auferstehung Jesu in der Botschft der Evangelisten*. Ein traditionsgeschichtlicher Versuch zum Problem der Sicherung der Osterbotschaft in der apostolischen Zeit, Stuttgart 1967; W. Marxsen - U. Wilckens - G. Delling - G. Geyer, *Die Bedeutung der Auferstehungsbotschaft für den Glauben an Jesus Christus*, Gütersloh 1967; K. Lehmann, *Auferweckt am dritten Tag nach der Schrift*. Früheste Christologie, Bekenntnisbildung und Schriftauslegung im Lichte von 1 Cor 15, 3-5, Freiburg-Basel-Wien 1968; H. Schlier, *Über die Auferstehung Jesu Christi*, Einsiedeln 1968; W. Marxsen, *Die Auferstehung Jesu von Nazareth*, Gütersloh 1968; W. Pannenberg, *Dogmatische Erwägungen zur Auferstehung Jesu*: KuD 14 (1968) 105-118; Id., *Fundamentos de cristología*, Salamanca 1974, 67 s; F. Mussner, *Die Auferstehung Jesu*, München 1969; A. Kolping, *Wunder und Auferstehung Jesu Christi*, Bergen-Enkheim 1969; H. U. von Balthasar, *El misterio pascual*, en MySal III/2, 143-335; G. Kegel, *Auferstehung Jesu - Auferstehung der Toten*. Eine traditionsgeschichtliche Untersuchung zum Neuen Testament, Gütersloh 1970; H. Ludochowski, *Auferstehung - Mythos oder Vollendung des Lebens?*, Aschaffenburg 1970; U. Wilckens, *Auferstehung. Das biblische Auferstehungszeugnis historich untersucht und erklärt*, Stuttgart-Berlin 1970; B. Klappert (ed.), *Diskussion um Kreuz und Auferstehung*, Wuppertal ⁴1971; Id., *Die Auferweckung des Gedreuzigten*. Der Ansatz der Christologie Karl Barths im Zusammenhang der Christologie der Gegenwart, Neukirchen 1971, especialmente 1-82 (bibliografía); A. Geense, *Auferstehung und Offenbarung*. Über den Ort der Frage nach der Auferstehung Jesu Christi in der heutigen deutschen evangelischen Theologie, Göttingen 1971; X. Léon-Dufour, *Resurrección de Jesús y mensaje pascual*, Salamanca ²1974; A. Gesché, *Die Auferstehung Jesu in der dogmatischen Theologie*, en J. Pfammatter - F. Furger (ed.), *Theologische Berichte* II, Zürich-Einsiedeln-Köln 1973, 275-234 (bibliografía); E. Fuchs - W. Künneth, *Die Auferstehung Jesu Christi von den Toten*. Dokumentation eines Streitgesprächs, Neukirchen 1973; R. Pesch, *Zur Entstehung des Glaubens an die Auferstehung Jesu*. Ein Vorschlag zur Diskussion: ThQ 153 (1973) 201-228; H. Küng, *Zur Entstehung des Auferstehungsglaubens*. Versuch einer systematischen Klärung: ThQ 154 (1974) 103-117.

La respuesta del nuevo testamento a la cuestión sobre la base de la iglesia y de su fe es totalmente clara. Según testimonio de todos los libros bíblicos los discípulos de Jesús anunciaron muy poco después de su muerte que Dios lo había resucitado, que el antes crucificado se había mostrado vivo y que los había enviado a ellos a anunciar este mensaje a todo el mundo. En esta proposición inaudita todos los escritos neotestamentarios hablan un mismo lenguaje: «Por tanto, sea yo sean ellos así lo anunciamos y así lo habéis creído» (1 Cor 15, 11); «Dios ha resucitado a este Jesús, de lo que somos testigos todos nosotros» (Hech 2, 32). Este testimonio concorde de todo el nuevo testamento forma la base y el centro del mensaje neotestamentario: «Pero si Cristo no resucitó, entonces nuestra predicación es baldía y baldía es vuestra fe» (1 Cor 15, 14; cf. 17, 19).

Este lenguaje claro y terminante no les resultó fácil a los discípulos desde el principio. Los evangelios y los Hechos hablan de incredulidad inicial y de obstinación (Mc 16, 14), dudas (Mt 28, 17), burlas (Lc 24, 11; cf. 24, 24), resignación (Lc 24, 21), miedo y pavor (Lc 24, 37; cf. Jn 20, 24-29). Sin embargo, esta actitud reservada y crítica, contraria a todo entusiasmo, habla en favor de los discípulos y su testimonio. La mayor fuerza de convicción la recibe este testimonio por el hecho de que todos los testigos estaban dispuestos a morir por su mensaje. Este testimonio de vida y no sólo de palabras impide dar de lado sin más al mensaje bíblico, despachándolo como entusiasmo que no hay que tomar en serio.

Tan pronto como nos ocupamos en detalle del testimonio de la resurrección de Jesús, nos encontramos con múltiples y difíciles problemas. En primer lugar nos interesa el referente a la trasmisión del mensaje mismo de la resurrección. Al ocuparse de él se constata que, a diferencia de la tradición de la pasión de Jesús, donde los cuatro evangelistas a pesar de ciertas diferencias de detalle en general siguen un esquema relativamente concorde, los relatos y testimonios pascuales se diferencian notablemente. El testimonio bíblico se bifurca en dos direcciones diferentes de tradición, en cada una de las cuales existen a su vez considerables diferencias: existe el kérygma pascual y hay historias pascuales.

El kérygma pascual lo tenemos en fórmulas de profesión kerygmáticas y litúrgicas fijas y breves. La mayoría de las veces podemos aislar del contexto estas profesiones como materiales originariamente independientes; casi siempre son mucho más antiguas que el escrito neotestamentario en que hoy se encuentran. O sea, que no representan relatos no obligatorios y meras narra-

154 El Cristo resucitado y exaltado

ciones de determinados discípulos, sino que son formulaciones de profesión obligatorias y públicas de las primeras comunidades. Es característica la antiquísima aclamación, probablemente de origen litúrgico: «Verdaderamente ha resucitado el Señor y se ha aparecido a Simón» (Lc 24, 34). La principal y más conocida de estas fórmulas es la de 1 Cor 15, 3-5: «Cristo murió por nuestros pecados según las Escrituras y fue sepultado; al tercer día fue resucitado según las Escrituras y se apareció a Cefas y luego a los doce». Pablo cita esta fórmula como tradición que él ya encontró formada. De modo que se trata de un texto muy antiguo utilizado ya en los años cuarenta, quizás al final de los años treinta, en las comunidades misionales más antiguas, probablemente en Antioquía. Consiguientemente con este texto nos acercamos mucho a los acontecimientos trasmitidos referentes a la muerte y resurrección de Jesús. Puesto que el texto tiene una disposición estrófica, se trata además de algo solemne y con intención de obligar. En forma resumida se encuentran tales profesiones en Hech 10, 40 s y 1 Tim 3, 16; aquí ya no se nombran testigos, sino que se habla en general de apariciones.

Además existe una serie de formulaciones profesionales y de himnos que no hablan de apariciones, sino que testifican inmediatamente la resurrección de Jesús. Hay que referirse, ante todo, a la profesión en dos estrofas en Rom 1, 3 s y al himno cristológico de Flp 2, 6-11, ambos prepaulinos. Asimismo es digno de notarse la antigua fórmula catequética de Rom 10, 9: «Pues si profesas con tu boca: Jesús es señor, y crees en tu corazón que Dios lo resucitó de entre los muertos, te salvarás». Muchas profesiones de resurrección se encuentran en los primeros capítulos de los Hechos, así 2, 32: «Dios ha resucitado a este Jesús, de lo que somos testigos todos nosotros» (cf. 3, 15; 5, 31 s y *passim*). Otros textos se hallan en Rom 10, 5-8; Ef 4, 7-12; 1 Pe 3, 18-22; 4, 6.

De este kérygma pascual se distinguen las historias pascuales, que se hallan al final de los cuatro evangelios (Mc 16, 1-8 par). También se cuentan entre ellas los relatos finales de Lucas y Juan sobre comidas del Resucitado con sus discípulos y sobre el tocarlo (Lc 24, 13-43; Jn 20, 19-29; 21). En estos relatos se encuentran también tradiciones de encuentros con el Resucitado. Pero se distinguen de las fórmulas kerygmáticas por ser más extensas. Las apariciones en la tradición kerygmática, donde Pedro aparece en primer lugar, y las contenidas en las historias pascuales, en que juegan un importante papel nombres totalmente distintos, incluso mujeres, no están acordes. Más importante es que en las narraciones pascuales se habla del hallazgo del sepulcro vacío, cosa que no se menciona en la otra tradición. Mientras que las tradiciones de encuentros con el Resucitado remiten originariamente a Galilea, los relatos sobre el sepulcro se sitúan naturalmente en Jerusalén.

Las historias pascuales de los evangelios, en especial las referentes al sepulcro, plantean problemas arduos. La cuestión fundamental es la siguiente: ¿se trata de relatos históricos al menos con un fondo histórico, o son leyendas que expresan la fe pascual en forma de narraciones? Es decir, ¿son los relatos pascuales y sobre todo los referentes al sepulcro, un producto o el origen histórico de la fe pascual?

En esta cuestión las opiniones son muy dispares. La más corriente es, sin duda, la que afirma que la fe pascual se originó con el descubrimiento del sepulcro vacío, y que a este descubrimiento siguieron el anuncio del (o de los) ángel(es) y, por último, los encuentros con el Resucitado. Defendió últimamente este parecer, ante todo, H. von Campenhausen [2] con ayuda de métodos histórico-críticos. A ello se contrapone la idea según la cual las narraciones pascuales son secundarias respecto del kérygma pascual, que perseguían fines apologéticos y tendían a presentar la realidad y corporeidad de la resurrección en contra de intentos reduccionistas de tipo espiritualista. Además representarían una forma de fe pascual muy material y, en consecuencia, problemática. Aquí la resurrección de Jesús se convierte ya en un hecho constatable y en fenómeno que se puede hallar al modo mundano.

Un análisis detallado de los relatos sobre el sepulcro lleva a las siguientes conclusiones:

1. Entre las narraciones de los cuatro evangelistas existen diferencias esenciales. Los cuatro hablan de una vivencia de las mujeres junto al sepulcro en la mañana de pascua. Pero Mc (16, 1) y Lc (24, 10) nombran a tres mujeres (aunque no sean las mismas), mientras que para Mt (28, 1) son solamente dos y Jn (20, 1) nombra tan sólo a una (aunque en 20, 2 se lee: «no sabemos»). También es distinto el motivo de la ida al sepulcro. En Mc y Lc se menciona la intención de ungir el cadáver, en Mt se habla de ver el sepulcro. Según Mc (16, 8) las mujeres no contaron luego nada a nadie, para Mt (28, 8) corrieron a los discípulos para contárselo. Mt (28, 2. 5) y Mc (16, 5) hablan de un ángel que se apareció a las mujeres, Lc (24, 3 s) nombra a dos y lo mismo Jn (20, 11 s), cuando la segunda visita de María Magdalena. En Jn (20, 13 s) el ángel no comunica a las mujeres la resurrec-

2. Cf. H. von Campenhausen, *Der Ablauf der Osterereignisse und das leere Grab*, Heidelberg ²1958.

ción, al contrario de los sinópticos. Estas y otras diferencias no armonizables muestran que ya no se pueden reconstruir los acontecimientos de la
semana de pascua, aún más, que a los relatos pascuales ni les interesa, sin
duda, tal narración puramente histórica.

2. El relato más antiguo, del que dependen todos los demás, es el de
Mc 16, 1-8. Ello se deduce de que Mt y Lc concuerdan sólo en la medida
en que lo hacen con Mc; no hay duda de que les sirve de base el texto
de Mc. Puesto que todos los demás relatos dependen indudablemente de Mc,
que es el más antiguo, lo único que puede llevarnos adelante es un análisis
de esta perícopa. Se ve que, al menos en la forma actual, no es un relato
histórico [3]. La introducción comienza con una cierta inverosimilitud. El deseo de ungir a un enterrado, envuelto en lienzos, todavía al tercer día, no se
apoya en costumbre alguna corriente y es de por sí absurdo atendiendo al
clima. Es una desprevención demasiado burda el que las mujeres sólo ya en
camino se acuerden de que necesitan ayuda para apartar la piedra y poder
así entrar en el sepulcro. Por tanto, tenemos que suponer que no se trata
de detalles históricos, sino de medios estilísticos con los que se pretende
llamar la atención y aumentar la tensión. No hay duda de que todo está
estudiado muy hábilmente en orden a la palabra del ángel que da la solución: «Resucitó; no está aquí. Mirad el lugar donde lo pusieron» (16, 6).
Es llamativo, con todo, que las mujeres reciban el encargo de comunicar a
los discípulos que Jesús les precede hacia Galilea y que allí lo verán, pero,
según la nota final, ellas se callaron y no dijeron nada a nadie de su experiencia. Sin duda, se trata de un silencio no pasajero, sino permanente, motivo típico de Marcos. Así que el relato muestra con claridad de diversas
maneras la actividad redaccional de Marcos.

3. Quitando la aportación redaccional de éste, se llega a una tradición
muy antigua, premarcana. Apoya la gran antigüedad de esta tradición, ante
todo, el hecho de que el relato fue adornado en las etapas subsiguientes,
hasta llegar al evangelio apócrifo de Pedro, cada vez con más elementos
legendarios. Por el contrario, la sobriedad de la tradición recogida en Mc
16, 1-8 apoya su gran antigüedad. Legendario (en el sentido de la historia
de las formas) es sólo el kérygma del ángel. Pero ahí no se llama la atención
primariamente sobre el hecho de que el sepulcro está vacío. Más bien se
anuncia la resurrección y luego se apunta al sepulcro como signo de esta fe.
De ello se sigue que esta antigua tradición no es un relato histórico sobre
el hallazgo del sepulcro vacío, sino testimonio de fe. Desde el punto de
vista de historia de las formas esta tradición se puede designar, sobre todo,
como etiología cultual, es decir, se trata de una narración que debe justificar una celebración cultual [4]. Sabemos por otras fuentes que en el ambiente
del judaísmo de entonces se veneraban los sepulcros de hombres célebres.
De la misma manera podía haber venerado la primitiva comunidad jerosoli-
mitana el sepulcro de Jesús, reuniéndose en celebración litúrgica anualmente
para el aniversario de la resurrección en o junto al sepulcro. En esa celebración se anunciaría la buena nueva de la resurrección, mostrando el sepulcro vacío como signo de ello. [5]

3. Sobre lo que sigue, cf. M. Brändle, *Die synoptischen Grabeserzählungen*:
Orientierung 31 (1967) 179-184.
4. Así, ante todo, L. Schenke, *Auferstehungsverkündigung und leeres Grab*.
Eine traditionsgeschichtliche Untersuchung von Mc 16, 1-8, Stuttgart 1968.
5. Cf. J. Jeremias, *Die Heiligengräber in Jesu Umwelt*. Eine Untersuchung zur
Volksreligion der Zeit Jesu, Göttingen 1958.

4. La calificación de etiología cultual que se da a Mc 16, 1-8 no dice nada de la historicidad o no historicidad del hecho que le sirve de fondo. En este caso hay incluso razones para decir que en este relato se han utilizado elementos históricos. El principal argumento en pro de un núcleo histórico es éste: una tradición tan antigua, originaria incluso de Jerusalén, no se hubiera podido mantener ni un solo día si no hubiera sido un hecho para todos los que tenían que ver con ello el que el sepulcro estaba vacío. Y es llamativo que en toda la polémica judía contra el mensaje cristiano de la resurrección no se halle este argumento que tan a propósito hubiera sido.

Es cierto que si se quiere se pueden proponer cientos de hipótesis diferentes. Pero Campenhausen tiene razón al escribir: «El que quisiera pensar en un traslado del cadáver, en un cambio o en otras posibilidades, puede, naturalmente, dejar correr a placer su fantasía —aquí todo es posible y nada puede probarse—. Pero eso ya no tiene nada que ver con investigación histórica. Examinando lo que es posible examinar, no se puede menos de tener que respetar, a mi entender, la noticia del sepulcro vacío como tal y de su temprano descubrimiento. Hay mucho que apoya esto y nada decisivo y terminante lo contradice; la noticia es, pues, probablemente histórica» [6]. Por supuesto que históricamente no se llega a más que a constatar una tradición muy antigua, que hay que considerar muy probablemente como histórica; pero con otras tradiciones tampoco se llega más lejos.

Esta constatación de un núcleo histórico en los relatos sobre el sepulcro no tiene nada que ver con que sea prueba de la resurrección. Históricamente lo único que se puede llegar a probar es la probabilidad de que el sepulcro se encontró vacío: pero nada puede decirse desde el punto de vista histórico sobre el cómo se vació el sepulcro. De por sí el sepulcro vacío es un fenómeno ambiguo. Ya en el nuevo testamento encontramos diversas explicaciones (cf. Mt 28, 11-15; Jn 20, 15). Se hace claro sólo por la predicación que tiene su base en las apariciones. El sepulcro vacío no constituye para la fe prueba alguna, pero sí un signo.

Así tenemos ante nosotros originariamente dos tradiciones distintas. Ambas ramas parecen muy antiguas. Pero al principio existieron, sin duda, totalmente independientes. Marcos debe de haber sido el primero que las unió. Porque en él el ángel remite a las mujeres a los discípulos y en especial a Pedro, prometiendo a éstos los encuentros con el Resucitado en Galilea: «Os precede a Galilea; allí lo veréis como os dijo» (16, 7). Esta vinculación al principio todavía relativamente superficial se va haciendo luego cada vez más estrecha. Ya Lucas pone las apariciones en Jerusalén (24, 36-49). En Juan el entretejido es aún más profundo, pues, según él, el Resucitado se aparece junto

---

6. H. von Campenhausen, *Ablauf der Osterereignisse*, 42.

al sepulcro a María Magdalena (20, 14-17). Además Juan narra apariciones de Jesús ante los apóstoles tanto en Jerusalén (20, 19-23. 24-29) como —en el capítulo suplementario— en Galilea (21, 1-23). Aquí se han unido ya definitivamente ambas corrientes de la tradición.

Los relatos sobre el sepulcro son los que más han influido la piedad tradicional de pascua y las concepciones de la fe sobre la resurrección. Cuando se habla de la resurrección, pensamos casi instintivamente en pinturas como la de Matthias Grünewald, en la que Cristo sale resplandeciente del sepulcro. Pero ya una primera vista de conjunto sobre los datos del nuevo testamento nos hace ver claro que esta idea no es natural sin más ni más. El papel principal lo jugaron para la primitiva iglesia no las historias sobre el sepulcro, sino los testimonios con carácter de profesión sobre los encuentros con el Resucitado. Y aunque las tradiciones sobre el sepulcro son probablemente muy antiguas, sin embargo, se unieron con la de las apariciones, originaria de Galilea, sólo en un estado posterior. A la vista de este hecho tenemos que partir primeramente de las tempranas profesiones pascuales y de tradiciones referentes a apariciones, intentando ordenar a partir de ellas los relatos sobre el sepulcro. Por tanto, tenemos que emprender un camino opuesto respecto de la piedad pascual tradicional y las concepciones de su fe.

Mas al intentar esto se presentan muchas dificultades en el camino. Ya mencionamos las divergencias no armonizables entre la tradición kerygmática y las narraciones pascuales. Pero también en sí ambas tradiciones no son uniformes. Ya en 1 Cor 15, además de la tradición referente a Pedro y los doce (15, 5), se cita una segunda que habla de Santiago y todos los apóstoles (15, 7), hablándose incluso, cosa no mencionada en ninguna otra parte, de una aparición ante 500 hermanos (15, 6). Menos uniformes son aún, como dijimos, los relatos pascuales. El número y nombre de las mujeres, el número de sus visitas al sepulcro, el número de los ángeles no son los mismos. Entre los diversos relatos se encuentran ciertas suturas y huellas tendentes a pulir las diferencias. No es posible armonizar.

Pero a pesar de todas las diferencias no armonizables todas las tradiciones concuerdan en una cosa: Jesús se apareció tras su muerte a determinados discípulos; se mostró vivo y fue anunciado como resucitado de entre los muertos. Todas las tradiciones giran alrededor de este centro y de este núcleo. Pero se trata, sin duda, de un centro difuso, de un núcleo que no se puede constatar sin más ni se puede concretar fácilmente [7]. Las distintas proposiciones se hallan al mismo tiempo continuamente en camino en el intento de expresar ese centro. El foco propiamente dicho, la resurrección misma, jamás se narra o se describe de modo inmediato. No hay ni un solo testigo neotestamentario que afirme haber presenciado la resurrección misma. Este límite se sobrepasa sólo en los evangelios apócrifos tardíos. Los escritos canónicos del nuevo testamento son consciente de la imposibilidad de hablar de la resurrección de ese modo directo como si de un hecho materialmente cósmico se tratara.

Desde el punto de vista puramente lingüístico se observa ya que la tradición neotestamentaria sobre la resurrección de Jesús no representa narraciones neutrales, sino profesiones y testimonios de creyentes [8]. En estos textos lo que interesa no es sólo lo que se dice, sino el hecho de que se dice y cómo se hace. No se pueden separar en este sentido sin más el contenido y la forma. La realidad de la resurrección es inseparable de su testificación. Esto quiere decir que la resurrección no es un hecho que aconteció una vez y se acabó, un hecho cerrado, constatable del pasado, sino una realidad actual y que determina hoy a los testigos. Hechos históricos, en especial el sepulcro vacío, pueden servir de indicio y signo a la fe, pero no son prueba de la resurrección. Mucho más importante que tales «hechos» es, con todo, la prueba de credibilidad existencial que prestan a su fe los testigos de la resurrección mediante su vida y su muerte.

2. *Presupuestos hermenéuticos*

Los testimonios sobre la resurrección hablan de un acontecimiento que trasciende el ámbito de lo históricamente constatable; representan, en este sentido, un problema límite exegético-histórico. La respuesta a la cuestión de en qué modo es posible, con todo, hablar de ello de manera teológicamente responsable, depende de presupuestos hermenéuticos fundamentales sobre si se reconoce, y cómo, una dimensión metahistórica, y en qué forma se la puede encajar en el ámbito de lo históricamente constatable.

En la teología clásica se descuidó mucho la discusión hermenéutica de los testimonios sobre la resurrección. Esencialmente se

7. Así, ante todo, H. U. von Balthasar, *El misterio pascual*, 266 s.
8. Cf. a este propósito A. Gesché, *Auferstehung Jesu*, 301 s.

conformó con repetir de modo llano el testimonio de fe[9]. Como Jamás se le puso fundamentalmente en cuestión, no se vieron tampoco en la precisión de reflexionar sobre él, como ocurrió, por ejemplo, con la cuestión de la encarnación. De esta forma, se desplazó la fe en la resurrección de su puesto central y fundamental testificado en el nuevo testamento. A diferencia de la encarnación y pasión, la resurrección jamás formó sistema en la cristología; sirvió más o menos de confirmación maravillosa de la fe en la divinidad de Cristo y en el significado redentor del sacrificio de la cruz. Esta situación cambió radicalmente sólo con la aparición de la teología crítica moderna. En ella los puntos de vista histórico-exegéticos estuvieron influenciados según los casos por presupuestos científicos, filosóficos y hermenéuticos.

Para el hombre moderno normalmente es verdadero y real desde el punto de vista histórico lo que se halla testificado de modo fidedigno y es, al menos en principio, objetivamente constatable: *verum quod factum*. Es decir, los fenómenos históricos se comprenden por la relación y en analogía con otro acontecimiento. Donde se presuponga esta concepción de realidad de modo absoluto, no hay lugar alguno para la realidad de la resurrección, que no es explicable ni por la relación ni por analogía con el resto de la realidad. Y así se llegó a las más distintas hipótesis para aclarar «razonablemente» contenido y origen de la fe pascual.

Lo esencial de toda la discusión moderna se contiene ya en los *Fragmentos de un anónimo de Wolfenbüttel* de H. S. Reimarus. En los fragmentos: *Sobre la historia de la resurrección* y *Sobre el propósito de Jesús y sus discípulos*[10] se encuentran los argumentos que se han mantenido hasta hoy, en especial el de que los relatos pascuales de los evangelios son un insoluble entretejido de contradicciones, que no se pueden componer para que formen un fenómeno unitario; para él representan un embuste de los discípulos. A éstos se les desmoronaron todas las esperanzas cuando apresaron y crucificaron a su maestro. Por ello vacían el sepulcro, inventan apariciones y comunicaciones del Resucitado.

Esta hipótesis del embuste se desechó más tarde, pues era demasiado superficial. La sustituyeron otras explicaciones: la hipótesis de la remoción, de la equivocación, de la muerte aparente, de la evolución y la famosa hipótesis de la visión. Una cierta importancia tienen hoy las hipótesis de la evolución y de la visión. Aquélla supone[11] que la fe en la resurrección es un «agregado» de ideas y esperanzas religiosas corrientes en aquel tiempo.

9. Cf. una visión de conjunto en *Ibid.*, 275 s.
10. Cf. ambos fragmentos en G. E. Lessing, en WW XII, 397-428 y XIII, 221-327.
11. Cf. M. Buber, *Zwei Glaubensweisen*, en WW I, 724-726; en la misma dirección interpreta recientemente también U. Wilckens, *Auferstehung*.

Se citan las promesas y esperanzas veterotestamentarias, los mitos y misterios helenísticos sobre dioses que mueren y resucitan e igualmente la apocalíptica del judaísmo tardío con sus ideas de resurrección y arrebatamiento. La más extendida y hasta hoy la de mayor influencia es la hipótesis de la visión, propuesta por primera vez por D. F. Strauss [12]. Según ésta, la fe pascual no se funda sobre apariciones «objetivas», sino sobre visiones (alucinaciones) subjetivas de los discípulos, que acabaron por provocar toda una «epidemia de visiones de Cristo», en las que unos contagiaron a otros.

Como vemos, las explicaciones se han ido cambiando mucho al correr de los años. Pero una cosa es común a todas: la pregunta por la resurrección la plantean como cuestión sobre el hecho en el sentido estricto que hemos descrito. El fallo de la apologética eclesiástica consistió en haber aceptado casi sin resistencia este modo de proponer la cuestión. En vez de corregir la estrechez de miras de la problemática, dio una respuesta diferente a la cuestión propuesta. La apologética pudo, sin duda, mostrar que todas las hipótesis mencionadas, que pretendían explicar la fe pascual, de hecho no la podían explicar y que no eran concluyentes ni desde el punto de vista histórico-exegético, ni psicológico ni en cualquier otro aspecto. Positivamente se intentó probar que la resurrección era un hecho histórico. Es decir, se insistió en el hecho del sepulcro vacío. Con ello lo que se hacía era desplazar la discusión sobre la resurrección hacia una cuestión periférica y marginal. Porque la fe pascual no es primariamente fe en el sepulcro vacío, sino en el Señor exaltado y viviente.

Al mismo tiempo toda la cuestión se inclinó hacia una falsa perspectiva. Mientras que para la Escritura pascua representaba el misterio central de la fe, se convirtió cada vez más en motivo externo de credibilidad y prueba externa de la fe. Este modo de ver las cosas es errado ya de raíz. La pascua no es un hecho que se pueda aducir como prueba para la fe; la pascua misma es también objeto de fe. La resurrección como tal no es constatable históricamente, sino la fe en ella que tenían los primeros testigos y, en cierto sentido, lo es también el sepulcro vacío. Mas, aun presuponiendo que pudiéramos probar el hecho del sepulcro vacío, esto no sería ni con mucho una prueba de la resurrección. El hecho del sepulcro vacío es ambiguo. Ya en la Escritura se interpreta de diversas maneras este fenómeno, encontrándose allí las hipótesis de robo y remoción (Mt 27, 64; 28, 12 s; Jn 20, 13 s). El sepulcro vacío es sólo un signo en el camino hacia la fe y un signo para el que cree.

---

12. D. F. Strauss, *Das Leben Jesu* II, 655 s.

Un cambio se operó sólo con la teología dialéctica y su acentuación del carácter escatológico que impregna y determina al cristianismo como tal. Pero para K. Barth [13] la escatología no es una historia final; la resurrección de los muertos representa para él más bien una parífrasis de la palabra de Dios y de su reino. No se puede hablar de ella como de un hecho histórico. Representa una acción de Dios exclusiva e incomparable, que, es cierto, ocurre en el espacio y el tiempo y, en este sentido, no se puede idealizar, simbolizar o alegorizar. Por eso es cierto que el sepulcro vacío es sólo un signo y un complemento, pero un complemento objetivamente imprescindible y al que quiera negarlo no le resultará fácil escapar del docetismo.

Mas a pesar de todo el progreso teológico que implicaba, a esta concepción de Barth le faltaba reflexión hermenéutica, que es el gran mérito, ante todo, de R. Bultmann, quien, no obstante la crítica que en cuestiones concretas hacía a Barth, se mostraba de acuerdo con él en que la resurrección de Jesús no es un hecho objetivable. Para hacer comprensible lo que se dijera de la resurrección, Bultmann podía enlazar con el método propio de las ciencias del espíritu desarrollado por F. Schleiermacher y W. Dilthey por contraposición con el explicativo que siguen las ciencias naturales. La explicación se mueve dentro de la relación sujeto-objeto; pero donde se trata de relaciones sujeto-objeto y de la interpretación de manifestaciones vitales del hombre histórico, y también de la interpretación de testificaciones y testimonios de fe, ahí ya no se puede constatar y probar objetivamente, sino que sólo se puede intentar comprender a partir de la impresión y acuerdo subjetivo. La dogmática que trataba contenidos «objetivos» de revelación se convirtió para Schleiermacher en enseñanza de fe, exégesis de experiencia y convicción subjetiva de fe. Un desarrollo esencial experimentó este método hermenéutico gracias a la filosofía existencial de M. Heidegger, que asimiló, ante todo, R. Bultmann, para interpretar de nuevo con su ayuda también los testimonios del nuevo testamento sobre la resurrección. A él ya no le interesaba explicar el «hecho» de la resurrección, sino comprender el fenómeno de la fe en ella respecto de su importancia *pro me*. Por eso la tesis central de Bultmann es la siguiente: «La fe en la resurrección no es otra

---

13. K. Barth, *Die Auferstehung der Toten.* Eine akademische Vorlesung über 1 Cor 15, München 1924; Id., *Die Kirchliche Dogmatik* III/2, Zollikon-Zürich 1948, 529-547; *Ibid.* IV/1, Zollikon-Zürich 1953, 311-394.

cosa que la fe en la cruz como acontecimiento salvífico» [14], es decir, la fe en que la cruz es un suceso escatológico. Esto es posible gracias a la predicación. Por eso Bultmann puede decir también: «La fe en la iglesia como portadora del kéryma es la fe pascual, que precisamente consiste en la fe de que Cristo está presente en el kérygma». [15]

Karl Barth formuló la idea de Bultmann diciendo que Jesús había resucitado para el kérygma. A lo que Bultmann responde: «Acepto la frase. Es totalmente correcta con tal de que se la entienda bien. Presupone que el mismo kérygma es acontecimiento escatológico; dice que Jesús está verdaderamente presente en el kérygma, que es *su* palabra, la que alcanza al oyente en el kérygma... El sentido de la fe pascual es creer en el Cristo presente en el kérygma» [16]. Presuponiendo esta tesis central, sobran todas las cuestiones sobre el hecho histórico. Lo único tangible como suceso histórico es la fe pascual de los primeros discípulos. Pero entonces la cuestión es la siguiente: ¿cómo se llegó a esta fe pascual, cómo surgió el kérygma pascual? Para el historiador, según Bultmann, el origen de la fe pascual se reduce a vivencias de tipo visionario. Para el creyente, por el contrario, «el acontecimiento histórico del origen de la fe pascual significa... la automanifestación del Resucitado, la acción de Dios, en la que culmina el acontecimiento salvífico de la cruz» [17]. El mismo origen de la fe pascual es, pues, un suceso escatológico y, como tal, objeto de fe. Para Bultmann, la fe pascual no es simplemente convencimiento subjetivo del significado salvífico de la cruz. En la fe acontece más bien «algo» en los discípulos y en los creyentes. Se trata de una acción de Dios, que en cuanto tal no se puede, sin embargo, legitimar históricamente.

Esta posición no carece de ambigüedades. Se tiene la impresión de que para Bultmann en pascua no ocurre prácticamente nada con Jesucristo, sino con los discípulos. Pascua y origen de la fe pascual se identifican. De esta forma, pascua no es ya un acontecimiento que precede a la fe y en el que la fe cree, sino un acontecimiento de la misma fe. De lo que se deduce otro peligro. Si la fe pascual es la fe en el Cristo hoy presente en el kérygma de la iglesia y que actúa en nosotros, entonces la cris-

14. R. Bultmann, *Neues Testament und Mythologie*, en *Kerygma und Mythos* I, 46 (cursiva del original).
15. Id., *Das Verhältnis der urchristlichen Christusbotschaft zum historischen Jesus*, 27.
16. *Ibid.*
17. Id., *Neues Testament und Mythologie*, 47.

tología no sólo se reduce a soteriología, sino que viene a cambiarse además en eclesiología. Bultmann puede hablar incluso de la fe pascual como de la fe «en la iglesia como portadora del kérygma» [18]. En este punto comienza también la crítica no sólo por parte de la teología católica, sino también por parte de Barth, Käsemann y otros. No encuentran ya respetada aquí la preeminencia y superioridad de Cristo ante y sobre nuestra fe. Por último, hay que notar aún que Bultmann mismo se da cuenta de que con su teología de la resurrección se encuentra en contradicción con la Escritura y, en especial, con el testimonio más importante de 1 Cor 15. Como historiador, Bultmann es lo suficientemente honrado como para conceder que la argumentación de Pablo con el acento sobre testigos históricos muy determinados apunta en otra dirección, pero piensa poder calificar de fatal esta argumentación de Pablo. [19]

El punto de partida de R. Bultmann ha sido recogido y continuado de diversas maneras. Las más importantes son, además de G. Ebeling [20], las ideas de W. Marxsen [21]. Parte lo mismo que Bultmann de una distinción entre histórico y teológico. Histórico es únicamente lo que se puede comprobar como tal. «La fe no puede establecer hechos históricos» [22]. El «más» de la fe respecto de lo puramente histórico se sitúa, pues, al nivel del significado. Con estas tesis fundamentales está decidido ya que a la resurrección de Jesús no se la puede llamar acontecimiento histórico. «Lo único que históricamente se puede constatar es... que hubo hombres que tras la muerte de Jesús afirmaron algo que les aconteció y que interpretaron como ver a Jesús» [23]. Hay que distinguir el suceso y su interpretación. Porque el ver lleva, a través de una conclusión, a esta interpretación: Jesús ha resucitado [24]. Así que la proposición: «Jesús ha resucitado» no es una proposición histórica, sino un modo de interpretar el ver. Pero tal interpretación no se debe objetivar e historizar; es una proposición debida a mera reflexión. [25]

Junto a esta interpretación retrospectiva del ver piensa Marxsen poder constatar otra más antigua dirigida hacia adelante, de tipo no personal sino funcional, es decir, el continuar el envío, la causa de Jesús. Por eso, según Marxsen, la resurrección significa: el asunto de Jesús sigue adelante; en el kérygma sucede el acontecimiento de la venida del reino de Dios de modo

18. Id., *Das Verhältnis der urchristlichen Christusbotschaft zum historischen Jesus*, 27.
19. Cf. *Neues Testament und Mythologie*, 45; de modo semejante también Id., *Karl Barth*, «*Die Auferstehung der Toten*», en GuV I, 54 s.
20. Cf. G. Ebeling, *Das Wesen des christlichen Glaubens*, München-Hamburg ⁵1967, 53-66.
21. Cf. W. Marxsen, *Die Auferstehung Jesu als historisches und als theologisches Problem*, así como *Die Auferstehung Jesu von Nazareth*. Las citas que siguen se refieren todas a la obra nombrada en primer lugar.
22. *Ibid.*, 10.
23. *Ibid.*, 20, cf. también 16.
24. *Ibid.*, 14, 22, 27.
25. *Ibid.*, 15, 34.

siempre nuevo. Ahora el kérygma de la iglesia ocupa el lugar de Jesús; en él se encuentra hoy el ofrecimiento de Jesús. «Y donde verdaderamente me afecta, entonces sé: él vive» [26]. La diferencia entre Bultmann y Marxsen consiste, ante todo, en que para Bultmann la resurrección expresa el significado escatológico de la cruz, mientras que Marxsen rechaza esta reducción a la cruz, cargando toda la fuerza sobre el Jesús terreno. Para Marxsen la pascua no constituye el dato central de la fe cristiana, sino sólo el presupuesto de que la causa de Jesús sigue adelante, pero no un comienzo fundamentalmente nuevo. [27]

Todavía tendremos que ocuparnos de la problemática exegética de la posición de W. Marxsen, en especial, de los puntos flacos de su interpretación de los relatos de resurrección. Aquí, donde sólo atendemos a los presupuestos hermenéuticos, tenemos que contentarnos con llamar la atención sobre el hecho de que el concepto de «suceso» es un absurdo en el sentido en que lo utiliza Marxsen [28]. Un suceso no es jamás algo mudo, que sólo posteriormente haya que interpretar de esta o aquella manera; representa más bien algo intencional, con un contenido que desde el principio se entiende de una u otra manera. Por más que tal entender naturalmente no tiene que ser reflejo, sin embargo, jamás se pueden separar, en principio, experiencia y su interpretación lingüística. De hecho los textos neotestamentarios siempre hablan de un ver muy concreto, de ver al Resucitado o al Señor. Respetando sin recortes esta determinación de que Jesús es el contenido de la visión, habrá que aceptar también la proposición que habla de resurrección como deducción consecuente. Por tanto, toda la cuestión se reduce a saber si los relatos sobre apariciones representan únicamente fórmulas de legitimación para continuar el asunto de Jesús, o si expresan la experiencia de una nueva realidad, poseyendo, en consecuencia, un contenido propio. Esta cuestión se fija en si Marxsen ha apreciado rectamente el valor fundamental de la pascua respecto del Jesús terreno.

La cuestión propuesta la ha tratado, ante todo, R. Pesch [29] enlazando tácitamente con F. Chr. Baur y con la hipótesis de la evolución que ha renovado M. Buber. Pesch defiende la tesis que ya había propuesto A. von Harnack y recientemente U. Wilckens [30], en el sentido de que los relatos de apariciones y sus fórmulas son fórmulas de legitimación. Sobrepasando a Marxsen, Pesch intenta valérselas también sin el «suceso del ver», consi-

26. *Ibid.*, 35.
27. Cf. W. Marxsen, *Anfangsprobleme der Christologie*, 20 s.
27. Cf. sobre esto especialmente las críticas de K. Lehmann, *Auferweckt am dritten Tag*, 340 s, así como las de H. Schlier, *Über die Auferstehung Jesu Christi*, 40 s.
29. Cf. R. Pesch, *Zur Entstehung des Glaubens an die Auferstehung Jesu*, y, además, en ThQ 153 (1973) las aportaciones de W. Kasper, *Der Glaube an die Auferstehung Jesu vor dem Forum historischer Kritik*, 229-241; K. H. Schelkle, *Schöpfung des Glaubens?*, 242 s; P. Stuhlmacher, «*Kritischer müssten mir die Historisch-Kritischen sein!*», 244-251; M. Hengel, *Ist der Osterglaube noch zu retten?*, 252-269; y como colofón R. Pesch, *Stellungnahme zu den Diskussionsbeiträgen*, 270-283. Además, H. Küng, *Zur Entstehung des Auferstehungsglaubens*, y recientemente W. Breuning, *Aktive Proexistenz. Die Vermittlung Jesu durch Jesus selbst*: TThZ 83 (1974) 193-213.
30. Cf. W. Wilckens, *Der Ursprung der Überlieferung der Erscheinungen des Auferstandenen. Zur traditionsgeschichtlichen Analyse von 1 Cor 15, 1-11*, en W. Joest - W. Pannenberg (ed.), *Dogma und Denkstrukturen*, Göttingen 1963, 56-95; Id., *Auferstehung*, especialmente 147.

derando fundamentada la fe en la resurrección en la pretensión escatológica de Jesús, interpretada después de su muerte con ayuda de concepciones de arrebatamiento y resurrección propias del judaísmo tardío. De manera que aquí la fe en la resurrección expresa la perenne validez de la pretensión escatológica de Jesús; la razón de esta fe no la constituyen las apariciones, sino Jesús mismo. Puesto que Jesús en persona es el acontecimiento escatológico del amor de Dios, se podría hablar de una mediación de Jesús por el mismo Jesús (W. Breuning). Prescindiendo de la cuestión —respondida negativamente por la mayoría de los especialistas— de si Pesch explica acertadamente los relatos neotestamentarios de apariciones y los «paralelos» del judaísmo tardío, se plantea la cuestión fundamental de si la fe en una incomparable acción de Dios (y en este sentido se testifica la resurrección en la Escritura) se puede explicar suficientemente como resultado de una simple reflexión, o si no se necesita para ello una comprensión indeduciblemente nueva, concedida por Dios, que los escritores neotestamentarios intentaron expresar con ayuda del concepto de aparición. ¿No desvalorizaría un conocimiento meramente deductivo el rompimiento de la cruz y el comienzo nuevo relativo de pascua? Con esta cuestión fundamental la posición de Pesch nos coloca ante la tarea de aclarar la relación entre la problemática histórica y la teológica, evitando tanto una teología kerygmática parcialista como un historicismo y la recaída en la teología liberal.

W. Pannenberg [31] **ha introducido una nueva fase de la discusión con su interpretación de la revelación como historia, sobrepasando el planteamiento de Barth y Bultmann. A Pannenberg le interesa el significado de la problemática histórica dentro de la teología. Porque si la fe en la resurrección ocupa el lugar de ésta, entonces tal fe apenas se puede distinguir de un aseguramiento subjetivo. Por eso busca Pannenberg un apoyo de la fe en el Jesús histórico. Pero, a diferencia de Marxsen, la pretensión escatológica de poder por parte de Jesús —que Pannenberg entiende prolépticamente— seguiría siendo afirmación vacía si Dios no la hubiera confirmado. El resurgimiento de Jesús por Dios constituye esta comprobación y confirmación de Jesús. Para él todo se reduce a probar la realidad histórica de la resurrección. Pannenberg ataca decididamente la idea de Barth según la cual la resurrección es inaccesible al cuestionamiento histórico. Según Pannenberg no hay razón alguna para afirmar que la resurrección de Jesús es un verdadero acontecimiento, si no se puede decir lo mismo desde el punto de vista histórico. Con ello Pannenberg**

31. Cf. W. Pannenberg, *Fundamentos*, 67 s; Id., *Dogmatische Erwägungen zur Auferstehung Jesu*; además las reflexiones preparatorias en Id., *Dogmatische Thesen zur Lehre von der Offenbarung*, en *Offenbarung als Geschichte*, Göttingen ⁴1970 (versión castellana en preparación); Id., *Die Offenbarung Gottes in Jesus von Nazareth*, en J. M. Robinson - J. B. Cobb (ed.), *Theologie als Geschichte - Neuland in der Theologie. Ein Gespräch zwischen amerikanischen und europäischen Theologien* III, Zürich-Stuttgart 1967, 135-169.

carga a la investigación histórica con un brutal cometido probatorio, atribuyendo otra vez al hecho del sepulcro vacío una importancia teológica considerable.

Este desplazamiento de acentos y la consecuente sobrecarga de la investigación histórica han sido con frecuencia criticados. Por supuesto que —y esto se omite la mayoría de las veces en la crítica de Pannenberg— éste puede probar la historicidad de la resurrección sólo en cuanto que los datos de la tradición los «considera a la luz de la esperanza escatológica de una resurrección de los muertos» [32]. Es decir, Pannenberg sitúa la problemática histórica en un horizonte hermenéutico más amplio, considerando por principio la interdependencia mutua entre hecho y significado; apunta una solución que está más allá de los extremos de la facticidad histórica constatable y la reducción a la mera significación para la fe. Fundamentalmente hay que concordar con esta intención, aunque de hecho Pannenberg sobrecarga al método histórico y quizás atribuye al hecho del sepulcro vacío una importancia que no tiene dentro de los testimonios neotestamentarios.

La teología católica actual busca una solución al problema echando mano de la categoría de signo. Los acontecimientos históricos de por sí o no dicen nada o son ambiguos; comienzan a decir algo y se hacen claros en un contexto más amplio. Y viceversa, también las palabras que explican son huecas y vacías, si no se refieren a algo verdaderamente acontecido, siendo así confirmadas. Por eso no se debería hablar de pruebas históricas, sino de signos. En este sentido, el sepulcro vacío es un signo que ha de excluir cualquier clase de docetismo. Respecto de la resurrección vale, pues, de modo especial, lo que el Vaticano II dijo en general de la revelación: «El acontecimiento salvífico se realiza en la palabra y la acción, íntimamente unidas, pues las obras que Dios hace en el decurso de la historia, revelan y confirman la doctrina y las realidades expresadas mediante las palabras; éstas, a su vez, anuncian las obras, manifestando el misterio que contienen». [33]

Tras esta aclaración fundamental de la relación entre la problemática hermenéutica y la historia, sigue en pie la cuestión sobre el horizonte hermenéutico más adecuado. Es indudable que las reflexiones antropológicas son rechazadas de plano por la teología dialéctica de K. Barth como inadecuadas, porque a partir

32. *Ibid.*, 95.
33. *Dei verbum*, n.° 2.

del hombre no existe continuidad alguna entre muerte y vida, teniendo toda continuidad e identidad su única razón en la fidelidad de Dios a su creación. Pero precisamente esta idea de la fidelidad de alianza por parte de Dios para con su creación impide interpretar la resurrección como pura *creatio ex nihilo.* En su fidelidad Dios recoge todas las esperanzas que él mismo introdujo en sus creaturas. De esta manera es posible defender el derecho de una problemática antropológica y hermenéutica dentro del enfoque teo-lógico de Barth, interpretando las estructuras antropológicas como la gramática de la que Dios se sirve de un modo indeduciblemente nuevo. Revelación como revelación no es absolutamente posible para el hombre si no es a base de conceptos y representaciones humanas.

Esencialmente hay que mencionar cuatro intentos distintos de una aproximación antropológica a la fe en la resurrección. K. Rahner [34] y con él, entre otros, L. Boros [35] y H. Ebert [36] parten de una fenomenología de la libertad humana, que sustancialmente tiende a lo incondicional y definitivo, colmándose así en la eternidad. La vida eterna es la acción de Dios que consagra definitivamente la libertad del hombre. J. Ratzinger [37] quiere mostrar lo mismo con ayuda de una fenomenología del amor, que es más fuerte que la muerte. Amar a un hombre quiere decir según G. Marcel: tú no morirás [38]. W. Pannenberg, por su parte, intenta partir de una fenomenología de la esperanza [39]. Según él, al hombre le es esencial esperar más allá de la muerte, y este destino infinito del hombre constituye el contenido de la imagen y el símbolo de la resurrección de entre los muertos. Enlazando con M. Horkheimer y concretizando el contenido de la concepción de Pannenberg, J. Moltmann parte, por último, de la esperanza de justicia [40]. El sentido humano sólo está garan-

34. Cf. K. Rahner, *Sentido teológico de la muerte,* Barcelona 1965; Id., *Cuestiones dogmáticas en torno a la piedad pascual,* en ET IV, 159-177; Id., *La vida de los muertos,* en *Ibid.,* 441-449; Id., *Christologie,* 38-40.

35. Cf. L. Boros, *El hombre y su última opción.* Mysterium mortis, Madrid-Estella 1972.

36. Cf. H. Ebert, *Die Kise des Osterglaubens* Zur Diskussion über die Aufesrtehung Jesu: Hochland 60 (1967) 305-331.

37. Cf. J. Ratzinger, *Introducción al cristianismo.* Lecciones sobre el credo apostólico, Salamanca ³1975, 263-271.

38. G. Marcel, *Geheimnis des Seins,* Wien 1952, 472.

39. Cf. W. Pannenberg, *Was ist der Mensch?* Die Anthropologie der Gegenwart im Lichte der Theologie, Göttingen ²1964, 31-40; Id., *Fundamentos,* 102-110.

40. Cf. J. Moltmann, *Dios y la resurrección,* en *Esperanza y planificación del futuro.* Perspectivas teológicas, Salamanca 1971, 67-101; Id., *El Dios crucificado,* pág. 228 s.

tizado si el asesino no triunfa al final sobre la víctima. La idea de una resurrección general de los muertos en la apocalíptica del judaísmo tardío se dedujo lógicamente según Moltmann de pensar hasta las últimas consecuencias la justicia de Dios que triunfará de modo irresistible. Con ello la problemática de la resurrección se acerca al problema de la teodicea; en el planteamiento antropológico lo que importa es el ser Dios de Dios, su justicia y fidelidad en la historia de la pasión del mundo.

Partiendo de diversos fenómenos, todos estos intentos llegan a la misma conclusión: *la pregunta por el sentido por parte del hombre no se puede contestar sólo desde dentro de la historia, sino que únicamente es posible hacerlo desde el punto de vista escatológico. Por eso el hombre en todas las realizaciones fundamentales de su ser se mueve implícitamente por la cuestión sobre la vida y su sentido definitivo. Por supuesto que la contestación sólo es posible al final de la historia. Ahora el hombre lo único que puede hacer es escuchar y escrutar la historia por si descubre signos en los que se vislumbre este final o en los que hasta acontezca anticipadamente.* Estos signos siempre serán ambiguos dentro de la historia; claros se hacen sólo gracias a la anticipación creyente del fin de la historia, y viceversa, esta anticipación tendrá que cerciorarse constantemente al contacto con la historia. Sólo en este amplio horizonte de la cuestión pueden entenderse en plenitud los testimonios de la iglesia primitiva y de la tradición eclesiástica posterior.

3. *Fundamentación teológica*

Los primeros testigos de la resurrección apoyan su testimonio en apariciones del Resucitado. La antigua fórmula de fe de 1 Cor 15, 3-5 habla ya de una aparición a Pedro y otra a los doce. En otros lugares juega Pedro igualmente un importante papel en los testimonios de pascua (Lc 24, 34; Mc 16, 7; Jn 21, 15-19). No hay duda de que Pedro es el testigo primigenio de la resurrección. Tiene un *primatus fidei* por razón del cual es *centrum unitatis* de la iglesia. Es llamativo, por cierto, que paralelamente con Pedro y los doce se nombre dos versos después a Santiago y a los demás apóstoles. Desde A. von Harnack se ha supuesto que 1 Cor 15, 3-7 refleja la historia de la situación de mando en la

comunidad de Jerusalén [41]. Allí el grupo director lo constituyeron
originariamente los doce, cuyo portavoz era Pedro, mientras que
más tarde fue Santiago quien ejerció la dirección. De ello se
sacó la siguiente conclusión: el recuento de apariciones del Resucitado tiene la finalidad de legitimar a ciertas autoridades de la
iglesia. Se trata, pues, de fórmulas de legitimación. Esto es algo
cierto e importante: las apariciones fundamentan el apostolado,
incluyendo siempre el motivo de la misión. Sólo entramos en
contacto con la verdad y la realidad de la pascua a través del
testimonio de los apóstoles. La fe en Cristo es verdad de testimonio, cuya ley fundamental la expresa con exactitud Rom 10,
14-15. 17: «¿Cómo van a creer sin haber oído? ¿Y cómo van a
oír sin nadie que predique? ¿Pero cómo va a predicar alguien, si
no es enviado?... De modo que la fe viene del oír».

Pero la cuestión es precisamente si se puede independizar
el motivo de la misión, si es lícito interpretar las apariciones
pascuales de modo sólo funcional y si se puede contraponer esta
interpretación funcional a una interpretación personal, referente
a la persona de Cristo. La respuesta exige una detallada investigación de la terminología del nuevo testamento. El término
clave es, tanto en 1 Cor 15, 3-8 como en Lc 24, 34, ὤφθη (cf.
también Hech 9, 17; 13, 31; 26, 16). Este ὤφθη puede tradu-
cirse de tres maneras: 1) en pasiva: fue visto; la actividad es
de los discípulos; 2) en pasiva considerada como circunloquio de
la acción de Dios: fue mostrado, fue revelado; la actividad
es de Dios; 3) como medio: se dejó ver, apareció; la actividad es de Cristo mismo.

Unicamente son aceptables la segunda y tercera significación,
pues el término ὤφθη es ya en el antiguo testamento un concepto
fijo para designar las teofanías (cf. Gén 12, 7; 17, 1; 18, 1;
26, 2 y *passim*) Las apariciones del Resucitado se presentan
conforme al modelo teofánico; según el nuevo testamento se
trata, pues, de revelaciones en las que Dios anda de por medio.
Por eso el nuevo testamento puede hablar también de que Dios
manifestó al Resucitado (Hech 10, 40). Una aparición así entendida es esencialmente inmanejable y está determinada por la
«dialéctica de la presentación» [42]. Dios se revela precisamente

41. Cf. A. von Harnack, *Die Verklärungsgeschichte, der Bericht des Paulus
1 Cor 15, 3 s und die beiden Christusvisionen des Petrus*, Berlin 1922.
42. Así, ante todo, H. Schlier, *Über die Auferstehung Jesu Christi*, 21, y
K. Lehmann, *Die Erscheinungen des Herrn*. Thesen zur hermeneutisch-theologischen
Struktur der Ostererzählungen, en *Wort Gottes in der Zeit*. Festschrift für
K. H. Schelkle, Düsseldorf 1973, 367.

como el Dios oculto (cf. Is 45, 15). La revelación de Dios no es ilustración, sino revelación de su ocultez y misteriosidad. Este resultado deja a la interpretación todavía una libertad de movimiento bastante grande. W. Marxsen es quien más lejos llega. Habla de una experiencia de visión. Apoyándose en Gál 1, 15 s; 1 Cor 9, 1 afirma que jamás se dice que se haya visto al Resucitado, sino que se ha visto a Jesús como señor, como hijo. Es decir, que no podemos partir de las apariciones del Resucitado, sino de una experiencia de visión, que, a modo de conclusión, se interpreta echando mano del concepto de resurrección. «Resurrección de Jesús» es, pues, interpretación del suceso de la visión. Contra esta tesis hay no sólo serias dificultades hermenéuticas, sino también histórico-exegéticas. Porque exegéticamente se puede demostrar que en Gál 1, 15 s no se habla de ver, sino de revelación del Exaltado; 1 Cor 9, 1 habla, sin duda, de ver a Jesús como *kyrios*. De acuerdo con esto la fórmula ὤφθη no aparece jamás sola, sino siempre en relación con la de ἠγέρθη o también ἐγήγερται: ha sido resucitado. No está bien arrancar el ὤφθη de este contexto y hacerlo origen de una teoría. Por tanto, hay que partir de este dato: los discípulos vieron al Señor resucitado. ¿Pero qué significa esto?

Sobre el sentido de las sentencias sobre apariciones existe una discusión exegética entre K. H. Rengstorf [43] y W. Michaelis [44]. Rengstorf parte de que el sujeto activo es Dios mismo, pero quiere mantener el aspecto de percepción. Y, en consecuencia, interpreta así: Dios lo hizo perceptible a los ojos humanos. De otro modo piensa Michaelis: del hecho de que se trata de terminología fija de revelación deduce que la cuestión del cómo de esta revelación se neutraliza en gran medida, o sea, se subordina a la valoración teológica. Para él lo que se acentúa no es la percepción sensitiva, pues no se trata del hacerse visible, sino que lo que se resalta es el carácter de revelación. Tiene razón K. Lehmann [45] al decir que la cuestión no se soluciona al nivel de esta alternativa. Porque contra Rengstorf hay que mantener que el nuevo testamento mantiene lejos de las apariciones pascuales todo lo visionario, jamás se habla de «visiones», de sueños diurnos o nocturnos, de arrobamientos extáticos, etc. Esta reserva es llamativa y aleccionadora. Por lo mismo son insuficientes tanto la categoría de la visión subjetiva como la de la objetiva, que ha introducido, ante todo, H. Grass [46]. Por otra parte, contra Michaelis se puede decir que no se trata de un ser dominado por alguna trascendencia anónima, numinosa. Se trata de una

43. Cf. K. H. Rengstorf, *Die Auferstehung Jesu*, 93-100.
44. Cf. W. Michaelis, *Die Erscheinungen des Auferstandenen*, Basel 1944; Id., ὁράω, en ThWNT V, 357-360.
45. Cf. K. Lehmann, *Die Erscheinungen des Herrn*, 370 s.
46. Cf. H. Grass, *Ostergeschehen*, 233-249.

revelación totalmente concreta, de la revelación de Jesús el Crucificado como el Resucitado y Señor exaltado. Se trata, sin duda, de un suceso totalmente personal, consistente, según Flp 3, 12, en ser apresado por Cristo.

De Gál 1, 12. 16 se deduce cómo haya que entender esto en concreto [47]. Pablo habla con terminología apocalíptica de la ἀποκάλυψις Ἰησοῦ Χριστοῦ. Por tanto, las apariciones del Resucitado representan sucesos escatológicos, o sea, anticipación de la desvelación escatológica definitiva, que sólo Dios puede llevar a cabo. Por eso se dice en Gál 1, 15 s que «Dios decidió revelar en mí a su hijo». En 2 Cor 4, 6 se dice exhaustivamente: «Dios que dijo: "De las tinieblas salga la luz", es quien la ha hecho brillar en nuestros corazones, para que seamos iluminados para conocimiento de la gloria de Dios en el rostro de Cristo». O sea, *Dios es quien revela y lo que él revela es su propia gloria. Pero la revela en el rostro de Jesucristo. Por tanto, «se ve» en la doxa de Dios al crucificado anteriormente, es decir, se contempla la doxa de Dios como glorificación del Crucificado. Lo que sale al encuentro a los testigos es la gloria de Dios, su ser de Dios, que se manifiesta precisamente en que Dios se identifica con el Crucificado y lo resucita de la muerte a la vida.*

A un resultado parecido lleva un análisis de las apariciones que se narran en los evangelios. Aquí el Resucitado sale al encuentro saludando y bendiciendo, llamando, hablando y enseñando, consolando, instruyendo, y enviando, fundando una nueva comunidad. Al principio los discípulos reaccionan con turbación, miedo, desconocimiento, duda, incredulidad; lo primero que el Resucitado tiene que hacer es «vencerlos». A este vencimiento de su postura en la fe se añade el motivo del envío y la autorización. La mejor descripción de ambos aspectos se encuentra en Mt 28, 16-20. Aquí se vislumbra algo de la *exousía* divina, de la inaccesible excelsitud y no constatabilidad de su aparición. El es experimento sólo en el acto de fe y adoración. Según otros relatos aparece esfumándose (Lc 24, 31; Jn 20, 1 s). No se le puede encerrar en su aparición; aparece yéndose; viene como quien se va. Se marcha metiéndose en la dimensión de Dios.

Esta interpretación la dificultan otros textos distintos, donde se habla de tocar al Resucitado y de comidas en común con él (cf. Lc 24, 38 s; Jn 20, 26 s). A primera vista tales expresiones parecen inaceptables, se aproximan al límite de lo teológicamente

---

47. Cf. H. Schlier, *Über die Auferstehung Jesu Christi*, 33 s.

posible y corren el peligro de apoyar una fe pascual «masiva». Pero no hay duda de que detrás de todo eso existe una doble finalidad: por una parte, se trata de probar la identidad del Resucitado con el Crucificado; el Resucitado es reconocido por las cicatrices. Por otro lado, está jugando su papel un motivo apologético: se intenta rechazar un espiritualismo parcialista y realzar la corporeidad de la resurrección. Pero Juan se ha dado cuenta de la peligrosidad y el malentendido que acecha a su medio estilístico. Por eso termina su relato con esta sentencia: «Dichosos los que, sin ver, creen» (20, 29). Con esta acotación final se vuelve a colocar todo en la perspectiva acertada y se dice que los textos hay que interpretarlos a la luz de la meta perseguida: la fundamentación de la *fe* pascual.

Como resumen se puede decir esto: 1. *Las apariciones no representan acontecimientos objetivamente determinables. No se las puede mirar como observador neutralmente distanciado. Se trata de un ser afectado totalmente por Jesús, de un ser abordado y poseído, de despertar a la fe. En las apariciones Jesús se gana definitivamente autoridad y reconocimiento en la fe de los discípulos.* Pero se equivoca quien entienda este acontecimiento en el sentido de que se facilitó la fe a sus primeros testigos a base de un suceso maravilloso, o como si un milagro exorbitante los hubiera «tirado» al mismo tiempo, poniéndolos de rodillas. Sería grotesco llegar así a la consecuencia insoslayable de que los primeros que anunciaron la fe no creyeron, pues mediante el ver se les dispensó de la fe. Hay que partir, pues, de que se trató de un ver creyente [48]. Más exactamente se podría decir que se trató de una experiencia en la fe. Por más que fueran experiencia en la fe, las «apariciones» no se redujeron sin más a experiencias de fe, es decir, expresión suya. Se trató de encuentros con el Cristo presente en el espíritu. No fue la fe la que fundó la realidad de la resurrección, sino que fue la realidad del Resucitado, imponiéndose a los discípulos, la que fundamentó la fe. Por eso hay que distinguir entre el origen de la fe pascual y la razón de esta fe, la resurrección de Jesús mismo.

2. *El encuentro con el Señor resucitado se califica en el nuevo testamento como encuentro y experiencia de Dios. Lo que los discípulos vieron fue la realidad del reino de Dios llegado definitivamente en Jesucristo mediante su muerte, percibieron el resplandor de la gloria de Dios en el rostro del Crucificado. En las apariciones se trata de la autorrevelación escatológica de Dios.*

---

48. Cf. G. Ebeling, *Das Wesen des christlichen Glaubens*, 64 s.

*Esta es la razón propiamente dicha de la fe pascual y de la fe
como tal, si es que fe significa tener sólo a Dios como razón y
meta de la vida, dejar a Dios serlo totalmente, darle sólo a él el
honor. La razón de tal fe no la pueden constituir hechos o pruebas aisladas, sino que lo serán la fidelidad-verdad de Dios mismo
que se imponen al hombre. En este sentido se puede decir que
Jesús de Nazaret, el testigo de la fe, se ha convertido en estas
«apariciones» en razón de la fe.*

3. *La experiencia pascual de fe de los primeros discípulos
muestra las estructuras fundamentales de la fe, como ésta constituye el ser del cristiano. Pero esa experiencia se distingue también esencialmente de nuestra fe, en cuanto que ésta se nos proporciona gracias a la experiencia de los testigos primitivos y su
tradición. Con nuestra fe nos encontramos sobre el fundamento
del testimonio apostólico.* El comienzo no es jamás sólo el primer
punto de una serie de otros que siguen: el comienzo contiene lo
que sigue, constituyendo la ley jamás superada, bajo la cual todo
se encuentra. El comienzo trasciende y contiene lo que temporal-
mente resulta de él; de modo que posee otra estructura diferente
de lo siguiente cualitativa y no sólo cuantitativamente, no pudiendo en consecuencia ser superado de modo adecuado en el
orden del conocimiento [49]. Aplicadas a nuestro problema, estas
reflexiones generales sobre la esencia del comienzo significan que
no nos es posible una intelección adecuada de una fe no proporcionada por tradición y que, por tanto, únicamente podemos entender por analogía las apariciones pascuales como el comienzo
de esta fe. Tendremos que mantener que se trató de un encuentro
personal con Cristo. La cuestión definitiva no es qué pasó «objetivamente», sino si estamos dispuestos, como los primeros discípulos, a dejarnos poseer por Jesucristo.

Si la fe pascual y, por tanto, la fe en Cristo descansa sobre
el testimonio de los apóstoles, entonces no nos es accesible en
absoluto de otro modo que a través del testimonio apostólico,
trasmitido en la iglesia como comunidad de los creyentes. Sólo en
y por este testimonio es el Cristo resucitado realidad actual por
su espíritu en la historia, pues realidad histórica jamás es independiente de que sea conocida en la historia. En este sentido y
sólo en él se puede decir que Jesús ha resucitado para el kérygma.
Jesús es perenne presencia en la historia a través del testimonio
de la iglesia apostólica.

49. Cf. A. Darlapp, *Anfang*, en LThK I, 525-529.

10

El contenido de la fe
en la resurrección
de Jesús

1. *La resurrección de Jesús como proeza escatológica de Dios*

Para designar la resurrección de Jesús, la Escritura emplea, ante todo, dos términos [1]: el transitivo ἐγείρειν: resucitar en activa y pasiva, y el transitivo e intransitivo ἀνιστάναι: hacer levantarse o levantarse. En ambos se trata de una manera metafórica de hablar, de una comparación con el ser despertado o despertar del sueño. Hay que ser consciente de este carácter plástico del modo de hablar sobre la resurrección; para nosotros, que nos encontramos aún más acá de la muerte, resulta inaccesible la realidad de fondo de la contemplación y expresión directas; no podemos hablar sino mediante imágenes y comparaciones. El uso figurado de ambos conceptos se encuentra ya en el helenismo y el judaísmo. Significan o la resurrección de muertos que vuelven a esta vida terrena, o, como es el caso en el judaísmo tardío, la esperada resurrección general y escatológica de los muertos. Así que cuando se habla en el nuevo testamento de la resurrección de Jesús, lo que se quiere decir es que con él han comenzado los acontecimientos escatológicos. Jesús es el primero de los resucitados (Hech 26, 23; 1 Cor 15, 20 s; Col 1, 18). En consecuencia, la resurrección de Jesús se sitúa en el horizonte de esperanza escatológica y se la califica de suceso escatológico. Por consiguiente, su resurrección no significa vuelta a la vida anterior.

---

1. Sobre la terminología, cf. E. Fascher, *Anastasis-Resurrectio-Auferstehung.* Eine programmatische Studie zum Thema «Sprache und Offenbarung»: ZNW 40 (1941) 166-229; K. H. Rengstorf, *Die Auferstehung Jesu,* 22 s; J. Kremer, *Das älteste Zeugnis,* 40-47; A. Oepke, art. ἀνίστημι, en ThWNT I, 368-372; Id., art. ἐγείρω, en ThWNT II, 334-336.

El no vuelve a la corrupción (Hech 13, 34). «Cristo, una vez resucitado de entre los muertos, ya no muere más; la muerte ya no tiene poder sobre él; ... vive su vida para Dios» (Rom 6, 9 s). La resurrección no es volver a tomar la vida anterior, sino comienzo de la nueva creación (cf. 1 Cor 15, 42 s).

La esperanza del judaísmo tardío referente a la resurrección general de los muertos al final de los tiempos no es un complemento ni una añadidura a la fe del antiguo testamento. El origen de esta esperanza es la fe en Yahvé como señor de la vida y de la muerte, que todo lo mantiene en la mano, a quien todo pertenece y de quien uno se puede fiar incondicionalmente aún más allá de la muerte. «El Señor mata y vivifica; hace bajar al sepulcro y vuelve a sacar de él» (1 Sam 2, 6; cf. Dt 32, 39). Por eso puede decir Job en medio de la mayor tribulación: «Sé que mi redentor vive y un defensor se me levanta del polvo. Aunque mi piel se haga trizas y mi carne se consuma, veré a Dios» (Job 19, 25 s). De acuerdo con esto puede definir a Dios la oración judía *Shemone Israel* llamándolo «Dios que vivifica a los muertos». Pablo utiliza este apelativo varias veces (Rom 4, 17; 2 Cor 1, 9). La resurrección es acción de Dios en tal medida y tan característica de él que puede servir para designar a Dios.

En este sentido el nuevo testamento habla de la resurrección de Jesús en activa sólo raramente (1 Tes 4, 14; Lc 24, 7; Jn 20, 9), apareciendo las más de las veces en pasiva, como velado circunloquio de la acción de Dios resucitando a Jesús (Mc 16, 6 par; Lc 24, 34; Jn 21, 12; Rom 4, 25; 6, 4. 9; 7, 4; 8, 34; 1 Cor 15, 4. 12 s. 16 s. 20; 2 Tim 2, 8). En muchos lugares la resurrección de Jesús se le atribuye inmediatamente a Dios (cf. 1 Cor 6, 14; Rom 10, 9; 1 Cor 15, 15 y *passim*). Este es el caso, ante todo, en las formulaciones antitéticas de los Hechos: «Vosotros matasteis al príncipe de la vida, pero Dios lo resucitó de entre los muertos» (3, 15; cf. 2, 23 s; 5, 30, etc.). La resurrección de Jesús es, pues, una proeza de Dios, una acción «de la energía poderosa de su virtud» (Ef 1, 19 s; cf. Col 2, 12), de su gloria (Rom 6, 4) y de su espíritu (Rom 8, 11; 1 Pe 3, 18). La fórmula «Dios que resucitó a Jesús de entre los muertos» (Rom 4, 24; 8, 11; 2 Cor 4, 14; Gál 1, 1; Ef 1, 20; Col 2, 12) se convierte por tanto en predicado divino y título de Dios en el nuevo testamento. *La resurrección de Jesús representa no sólo la decisiva acción escatológica de Dios, sino su autorrevelación escatológica; en ella se revela definitiva e insuperablemente quién es Dios: aquel cuyo poder abarca vida y muerte, ser y no ser, aquel que es amor y fidelidad creadoras, el poder de la nueva vida, aquel en quien se puede confiar de modo incondicional, aunque se desmoronen todas las posibilidades humanas. La resurrección de Jesús es revelación y realización del reino de Dios anunciado por Jesús. En la resurrección de Jesús de entre los muertos manifestó Dios su fidelidad en el amor y se identificó definitivamente con Jesús y su causa.*

La fe en la resurrección de Jesucristo se funda, pues, en la profesión más fundamental de la fe como tal, en la fe en la posibilidad creadora y en la fidelidad de Dios. Se basa, en definitiva, en la fe en el ser Dios de Dios. Y viceversa, pues lo mismo se puede decir que el ser Dios de Dios se revela de modo definitivo sólo en la resurrección de Jesús. La decisión en pro o en contra de la fe pascual no se refiere a determinados sucesos maravillosos, sino que equivale a si se está decidido a contemplar la realidad a partir de Dios y a confiarse a Dios en la vida y en la muerte. La decisión quiere decir, pues, si uno piensa poder vivir desde sí mismo, desde sus propias posibilidades, o si más bien se tiene el coraje de hacerlo a partir de aquel de quien no podemos disponer, a partir de Dios. La fe pascual confía en que Dios dispone de posibilidades más allá de la realidad presente, más allá de la muerte, y se atreve a apostar en vida y muerte por este Dios, «al que todo le es posible». En consecuencia, el mensaje pascual es un ataque a toda imagen del mundo cerrada en sí misma, que se absolutiza sin dejar espacio alguno a las posibilidades de Dios inderivablemente nuevas, creadoras. La fe en la resurrección no representa una corrección aislada a tal imagen del mundo; ni se quiebra por un instante la regularidad de las leyes naturales, sino que lo que se cuestiona es más bien la totalidad de la imagen del mundo. Se trata de la decisión fundamental respecto de la orientación y el sentido de la existencia como tal. Si se entiende así la fe pascual, con ella está en juego todo el conjunto de la fe. Una fe cristiana que no fuera también fe en la resurrección sería tan absurda como un hierro de madera. El concepto cristiano de Dios es inseparable de la fe en la resurrección. *La fe pascual no es, por tanto, una añadidura a la fe en Dios y en Jesucristo; es resumen y esencia de esta fe.*

2. *La resurrección de Jesús como exaltación*

La resurrección de Jesús es la confirmación definitiva de su persona y su asunto. Significa no sólo la definitividad de su mensaje y su obra, sino también la de su persona. ¿Pero qué quiere

decir esto? ¿Se piensa sólo en que en la persona y conducta de
Jesús nos ha salido al encuentro el modelo definitivo del hombre?
¿Es el mensaje de la resurrección la legitimación de una conducta humana, determinada por una libertad radical para con
Dios y los hombres, la legitimación de una libertad determinada
por fe y amor? ¿O quiere decir además, como es convicción tradicional de la fe, que Jesús no permaneció en la muerte, sino
que vive? Pero entonces se plantean inmediatamente todas las
difíciles cuestiones sobre la historicidad y corporeidad del Resucitado, sobre el estado del Glorificado.

Para la exposición de lo que constituye la dimensión cristológica de la resurrección partimos del análisis de la antigua profesión de fe 1 Cor 15, 3-5. Consta de dos estrofas paralelas, cada
una con dos versos:

> Cristo murió por nuestros pecados según las Escrituras,
> y fue sepultado/
> resucitó al tercer día según las Escrituras,
> y se apareció a Cefas, después a los doce.

A causa del paralelismo de ambas estrofas es posible interpretar la segunda por correspondencia con la primera. En ésta
se halla primeramente una proposición histórica («Cristo murió»), a la que se atribuye un significado soteriológico («por
nuestros pecados»), entendido como cumplimiento de la promesa
veterotestamentaria («según las Escrituras»); el segundo verso
(«y fue sepultado») sirve de corroboración, pues el enterramiento
representa para la mentalidad judía el término y sello de la
muerte. Aplicando este esquema a la segunda estrofa, se deduce
que la sentencia sobre la resurrección tiene que referir también
un acontecimiento histórico, cuyo sentido soteriológico se expresa
mediante el teologúmenon del tercer día, a lo que se añade otra
vez una «prueba de Escritura»; las apariciones ante Pedro y los
doce sirven de corroboración de esta historia de salvación.

Hay que aclarar de antemano en qué medida la fórmula «al tercer día»
tiene un sentido más soteriológico que histórico[2]. No hay por qué excluir
que en el fondo originariamente se pensó en un dato histórico, o el hallazgo
del sepulcro vacío o la primera aparición al tercer día. Pero el hecho de que
el sentido histórico es al menos secundario, se ve en que, además, de la

---

2. Cf. las detalladas discusiones de K. Lehmann, *Auferweckt am dritten Tag*
(bibliografía); Id., *Triduum mortis*, en LThK X, 339.

locución «al tercer día» también se emplean «después de tres días» o «después del tercer día». Mayor importancia reviste un teologúmenon judío, según el cual Yahvé no deja más de tres días en situación apurada a los israelitas o a los justos. Este teologúmenon se apoya en Os 6, 2: «Después de dos días nos dará la vida, al tercero nos levantará, de modo que vivamos ante él». También se podía uno apoyar en la leyenda, según la cual Jonás estuvo en el vientre del pez tres días y tres noches (Jon 2, 1). Es decir, con el tercer día se afirma que Yahvé intervino con la resurrección de Jesús, para libertar a su justo; la resurrección de Jesús es un acontecimiento salvífico, mediante el cual se cumple la Escritura. Es el cambio histórico-salvífico definitivo, la prueba decisiva de la fidelidad, justicia y amor de Dios.

Si el tercer día no se ha de entender, pues, primariamente en sentido de fecha de calendario, cronística, sino como expresión del profundo significado histórico-salvífico de la resurrección de Jesús, esto no quiere decir que ésta se haya de reducir a puro significado. Porque precisamente de lo que se trata es de expresar mediante el teologúmenon del tercer día el significado salvífico de un verdadero acontecimiento, acentuando que Dios intervino efectivamente en una situación histórica real absolutamente desesperada. El teologúmenon del tercer día se fija, pues, en la historicidad de la salvación, en la historia de la salvación. Nos hallamos ante la cuestión decisiva sobre la historicidad de la resurrección. Por supuesto que la respuesta a esta cuestión depende mucho de lo que se entienda por historicidad. Desde el principio se ha dicho que no se trata de un hecho históricamente constatable en el sentido de que se pueda comprobar en general de modo objetivo y neutral. Se ha visto también entretanto la razón para llegar a esta conclusión: la resurrección es la acción de Dios señera e incomparable, que no representa en cuanto tal un hecho más entre otros. Con todo, como se deduce de la relación entre las dos estrofas de 1 Cor 15, 3-5, esta acción de Dios no se desarrolla en una «suprahistoria» allende la historia de los hombres, sino que se refiere ni más ni menos que al crucificado y enterrado antes. *La resurrección tiene su término histórico en Jesús de Nazaret, el crucificado y enterrado, término que impide el que se la pueda considerar como puro acontecimiento de fe. La continuidad e identidad entre el crucificado y resucitado se basa, sin embargo, sólo en la fidelidad de Dios a la creación y la alianza. Esto saca a la resurrección de Jesús fuera de toda correlación y analogía con cualquier otro acontecimiento y significa que el nuevo eón ha irrumpido en la historia.* La Escritura expresa la profunda dimensión teológica de este acontecimiento, sirviéndose especialmente del concepto «exaltar» y «exaltación» [3]. En el himno cristológico prepaulino de la carta a los Filipenses [4] (2, 9) se habla de exaltación en vez de resurrección; esta perspectiva aparece en muchos lugares del nuevo testamento (Lc 24, 26; Ef 4, 8 s; 1 Tim 3, 16; Heb 12, 2; 2 Pe 1, 11; Ap 5, 6). En otros lugares la exaltación es la consecuencia inmediata de la resurrección, con la que va unida, así, por ejemplo, en la antigua cristología de los dos estadios en Rom 1, 3 s (cf. también Hech 5, 30 s; 1 Tes 1, 10; Ef 1, 20 s; 1 Pe 1, 21; 3, 22, etc.). El Resucitado vive para Dios (Rom 6, 9 s). Por eso aparece según Mt 28, 16 s —el único relato de apariciones de este evangelio— como el exaltado y dotado del poder pleno divino. Donde con más claridad y de modo más comprometido aparece la relación entre cruz, resurrección, exaltación y envío del espíritu es en el evangelio de Juan. En el cuarto evangelio [5] «exaltación» es término ambivalente, que significa tanto el ser levantado en la cruz como la exaltación hacia el Padre (Jn 3, 14; 8, 28; 12, 32), la glorificación (7, 39; 12, 16, etc.). La obediencia hasta la cruz, como centro más íntimo de la existencia de Jesús (4, 34; 5, 30) y como autoentrega al Padre, es, al mismo tiempo, su paso hacia él (13, 1) y la entrada en la gloria eterna (17, 5. 23 s). Por eso el resucitado se aparece a María Magdalena como de camino hacia el Padre, como ausentándose en camino hacia él (20, 17). Al exaltado en la cruz y hacia el Padre en un único acontecimiento es al que se le dio todo poder, pudiendo atraer todo a sí (12, 32). Por eso da el Resucitado el espíritu a los discípulos ya en la tarde de pascua, mediante el cual los hace partícipes de su poder pleno (20, 22). Sin duda que ésta es la teología pascual más grandiosa que imaginarse pueda: muriendo se entrega Jesús obedientemente a la voluntad del Padre; éste la acepta, de modo que la autoentrega de Jesús alcanza su meta, es acepta ante Dios y significa su exaltación. Viernes santo, pascua, ascensión y pentecostés forman un único e indivisible misterio, la

3. Cf. sobre esto G. Bertram, art. ὕφος, etc., en ThWNT VIII, 600-619; Id., Erhöhung, en RAC VI, 22-43; E. Schweizer, Erniedrigung und Erhöhung bei Jesus und seinen Nachfolgern, Zürich ²1962; F. Hahn, Hoheitstitel, especialmente 112-132, 189-193, 251-268, 290-292, 348-350 y passim.
4. Cf., ante todo, E. Käsemann, Kritische Analyse von Phil 2, 5-11, en Exegetische Versuche und Besinnungen I, 51-95; G. Bornkamm, Zum Verständnis des Christus-Hymnus Phil 2, 6-11, en Studien zu Antike und Christentum. Gesammelte Aufsätze II, München 1963, 177-187 (versión castellana en preparación); J. Gnilka, Der Philipperbrief, Freiburg-Basel-Wien 1968, 131-147 (bibliografía).
5. Cf. con más detalle W. Thüsing, Die Erhöhung und Verherrlichung Jesu im Johannesevangelium, Münster ²1970; R. Schnackenburg, Das Johannesevangelium II, Freiburg-Basel-Wien 1971, 498-512 (excurso).

única *pascha Domini*, el único pasar de Jesús por la muerte a la vida, por cuya muerte nos abre también una nueva vida en el Espíritu santo.

Esta unidad entre resurrección y exaltación, testificada en casi todos los escritos del nuevo testamento, parece haberse roto en Lucas [6], que entre resurrección y ascensión «intercala» un tiempo de 40 días. Además, parece que Lucas, a diferencia del resto del nuevo testamento, describe la asunción como un desaparecer visible (Hech 1, 9 s). Estos relatos son los que más han influido en las concepciones corrientes de la fe. Por supuesto que hay que tener en cuenta que los 40 días de Lucas no pretenden ser un dato temporal histórico exacto, sino que representan un número redondo, y hasta un número sagrado (marcha de los israelitas por el desierto, permanencia de Jesús en el desierto). En realidad el número 40 es el único disponible para indicar un tiempo relativamente largo. Se trata, pues, de un tiempo sagrado largo y especialmente importante. Se trata del tiempo en que el resucitado apareció a los discípulos.

En consecuencia, el «relato» lucano sobre la ascensión aparece dentro de una aparición pascual. Por eso en Hech 1, 3 se habla también expresamente de un «ver». Lo mismo que en la historia del sepulcro se encuentra también aquí un ángel que interpreta. Estos paralelismos muestran que la historia de la ascensión en Lucas es pascual. También en otras partes se habla en Lucas de apariciones de Cristo desde el cielo (Hech 10, 40; 10, 30); también para Lucas entró Jesús en su gloria y en su resurrección (Lc 24, 26; cf. 23, 42 s). En el relato de la ascensión Lucas expresa lo mismo gráficamente mediante el símbolo de la nube. Esta, que oculta a Jesús a la vista de los discípulos atónitos, no es un fenómeno meteorológico, sino un símbolo teológico. La nube es ya en el antiguo testamento el vehículo de Dios y signo de su poderosa presencia. En nuestro relato la nube no significa, pues, sino que Jesús ha sido adentrado en el ámbito de la gloria y vida divinas y que desde Dios se encuentra con los suyos de otro modo. De esta forma, la historia de la ascensión resulta ser la última pascual. En Lucas los 40 días tienen la función de enlazar el tiempo de Jesús con el de la iglesia; aquí se «sueldan» ambas épocas; se trata, por tanto, de la idea de continuidad entre Jesús y la iglesia, que Lucas sólo puede expresar de esta manera. La ascensión es la última aparición pascual y, al mismo tiempo, el comienzo de la iglesia.

La idea de exaltación nos resulta hoy extraña. La cosa era distinta para el judaísmo tardío. E. Schweizer ha probado que allí jugaba un gran papel el pensamiento del justo sufriente y exaltado [7]. Elías, Henoc y otros justos son arrebatados al cielo para ser mantenidos lo mismo que Baruc como testigos para el último juicio; así se esperaba la vuelta de Elías al final de los tiempos (Mt 11, 14; 16, 14; 17, 10). La exaltación (o arrebata-

---

6. Cf. G. Lohfink, *Die Himmelfahrt Jesu. Untersuchungen zu den Himmelfahrts- und Erhöhungstexten bei Lukas*, München 1971; Id., *Die Himmelfahrt Jesu - Erfindung oder Erfahrung?*, Stuttgart 1972.
7. Cf. E. Schweizer, *Erniedrigung und Erhöhung*, especialmente 21-33.

miento) era en el judaísmo tardío la única categoría de que se disponía para expresar que un hombre terreno jugará otra vez un papel en los acontecimientos escatológicos. Es decir, exaltación es una categoría corriente, con cuya ayuda se intentaba traducir la importancia escatológica de un hombre.

Esa es la razón de por qué las proposiciones más antiguas sobre la exaltación de Jesús se encuentran en un contexto eminentemente escatológico: Jesús es exaltado por un cierto tiempo (breve), para luego aparecer desde el cielo como el mesías escatológico y volver como tal (1 Tes 1, 10; Hech 3, 20s) [8]. Lo que se quiere decir es esto: en este Jesús de Nazaret, que fue crucificado y ahora vive en Dios, se decide el destino escatológico; el que lo confiesa ya ahora, será salvo en el juicio. El que profesa a Jesús en la fe, tiene el futuro asegurado, puede esperar y confiar. «¿Quién va a condenar? ¿Acaso Cristo Jesús que murió, aún más, que resucitó y ahora está a la derecha de Dios e intercede por nosotros? ¿Quién nos podrá separar del amor de Cristo? ¿Tribulación o angustia, persecución, hambre, desnudez, peligro o espada?» (Rom 8, 34 s).

Con esto se aclara un segundo aspecto de la idea de exaltación que se irá desarrollando cada vez más. Si la profesión actual respecto de Jesucristo es tan decisiva, entonces es que su señorío no puede considerarse como puramente futuro, sino que tiene que ser más bien ya actual. Del señorío sin duda sólo futuro originariamente resulta ahora el señorío presente. Esto no implica una ruptura fundamental, pues también la idea anterior tenía su verdadera meta en la profesión actual respecto de Jesucristo, profesión que en la parusía no es más que confirmada. Aunque el acento se corre algo, el aspecto escatológico, sin embargo, no es simplemente suprimido (cf. 2 Tim 4, 1. 18; 1 Cor 15, 24 s). La posición presente de poder se desarrolla, ante todo, echando mano de los salmos; un papel especial juega Sal 110, 1: «Siéntate a mi derecha hasta que ponga a tus enemigos por escabel de tus pies» (cf. Mt 14, 62 par; 16, 19; Hech 2, 23; Ef 1, 20; Heb 1, 3. 13; 8, 1; 10, 12 s). Exaltación significa, pues, entronización celeste y la instalación en dignidad y poderío divinos. En cuanto exaltado Jesús participa del poder (Rom 1, 3 s; 1 Cor 5, 4; 2 Cor 12, 9; Flp 3, 10; Ef 1, 20 s; 1 Pe 3, 22) y la gloria ($\delta\delta\zeta\alpha$) de Dios (Flp 3, 21; 2 Cor 4, 4; 1 Pe 1, 21). En esta «posición

---

8.   Cf. F. Hahn, *Hoheitstitel*, especialmente 126-132, y la crítica de W. Thüsing, *Erhöhungsvorstellung und Parusierwartung in der ältesten nachösterlichen Christologie*, Stuttgart 1969.

de poder» intercede por nosotros ante el Padre (Rom 8, 34) y nos protege en el futuro juicio de Dios (Rom 5, 9 s). Según el evangelio de Juan el Resucitado entra en el eterno amor con el Padre (17, 23). En una palabra: resurrección y exaltación quieren decir que Jesús vive todo y por siempre para Dios (Rom 6, 9 s). *La exaltación a la derecha de Dios no significa, pues, el arrebatamiento a un empíreo más allá del mundo, sino el ser de Jesús con Dios, el ser en la dimensión de Dios, de su poder y gloria. No quiere decir lejanía del mundo, sino un nuevo modo de estar con nosotros; ahora Jesús está con nosotros desde Dios y al modo de Dios; dicho gráficamente: está con Dios como nuestro intercesor, «semper interpellans pro nobis» (Heb 7, 25).* [9]

Resumiendo, se puede decir que la resurrección de Jesús es la unidad íntima de un acontecimiento histórico y escatológico-teológico. La dimensión histórica de Jesús consiste en que acontece en Jesús de Nazaret el Crucificado. Resurrección de Jesús significa que la cruz, que humanamente representa el final, un fallo, la ignominia, es al mismo tiempo hazaña de Dios y, en consecuencia, nuevo comienzo y razón de la esperanza. Resurrección significa que la obediencia de Jesús llega verdaderamente adonde tiende: a Dios, y que éste la acepta, llevando a Jesús hacia sí. *La resurrección es el fin de la muerte en la cruz, fin que remata y perfecciona. Por eso no es otro acontecimiento posterior a la vida y pasión de Jesús, sino que representa lo que de más profundo ocurrió en la muerte de Jesús: la entrega realizada y padecida del hombre verdadero a Dios y la aceptación compasiva y amorosa de esta entrega por parte de Dios. La resurrección es, al mismo tiempo, la profunda dimensión divina de la cruz, puesto que Dios encuentra acogida definitivamente en el hombre y éste la halla en Dios* [10]. Gracias a esta unidad paradójica de cruz y resurrección entra el amor y el poder de Dios total e irrevocablemente en la existencia humana hasta la muerte y, viceversa, el hombre se entrega por obediencia totalmente a la voluntad del Padre. Ambas cosas son dos caras de un acontecimiento. Cruz y resurrección forman juntas la única *pascha Domini.*

Con esta interpretación de la resurrección se plantea de nuevo la cuestión de su corporeidad. En realidad, tomando en serio la historicidad se deduce también la corporeidad de la resurrección,

---

9. Cf. las apreciaciones de J. Ratzinger, *Himmelfahrt Christi* II. Systematisch, en LThK V, 360-362.
10. Cf. K. Rahner, *Sentido teológico de la muerte*, Barcelona 1965; Id., *Cuestiones dogmáticas en torno a la piedad pascual*, en ET IV, 159-177; Id., *Christologie*, 44-47.

pues como hombre concreto y humano Jesús de Nazaret no es imaginable sin su cuerpo. Si no se quiere, pues, caer en un docetismo cristológico, no hay más remedio que aceptar la corporeidad de la resurrección. Entonces la cuestión se reduce a saber cómo hay que imaginar esa corporeidad de la resurrección. Es claro que esta cuestión plantea problemas difíciles y puede ocasionar dificultades de fe. No ayudan en este sentido las especulaciones escolásticas sobre la identidad material del cuerpo terreno y glorificado, ni tampoco lo que se dice de las propiedades y naturaleza del cuerpo resucitado, sino que la cuestión fundamental es, en definitiva, qué entiende la Escritura por cuerpo y corporeidad.

Cuerpo (σῶμα) es en la Escritura [11] un concepto no sólo importantísimo, sino, al mismo tiempo, uno de los más difíciles. Según la Escritura el cuerpo es tan esencial al hombre que ni se puede imaginar una existencia sin el cuerpo tras la muerte (1 Cor 15, 35 s; 2 Cor 5, 1 s). Para el hebreo el cuerpo no es, a diferencia del griego, el sepulcro del alma (σῶμα-σῆμα), ni aún menos, como para los gnósticos, el principio del mal, del que el yo propiamente dicho del hombre tendría que liberarse. El cuerpo es creación de Dios e indica siempre el todo del hombre y no una parte solamente. Pero este todo del hombre no se concibe ni como algo cerrado en sí, como es el caso en el helenismo clásico, ni como carne, como dice el materialismo, ni tampoco como persona y personalidad, como interpreta el idealismo. El cuerpo es el hombre entero en su relación con Dios y los demás hombres. Es el lugar en que encuentra el hombre a Dios y a sus cohombres. El cuerpo es la posibilidad y realidad de la comunicación.

La relación con Dios y los demás hombres se puede calificar de diversas maneras. El cuerpo es el lugar donde el hombre se halla en cada ocasión en una determinada relación de dominio; es el lugar en que el hombre se encuentra entregado al pecado, o al egoísmo, codicia, ansia de poder, etc., o donde sirve a Cristo en amor, entrega, generosidad, etc. Para aquel que confiesa a Jesucristo el cuerpo es el lugar donde tiene que probarse y realizarse esta obediencia. Es el lugar de la obediencia concreta. Es por lo que Pablo dice que deberíamos servir a Dios con nuestro cuerpo (Rom 12 1 s); deberíamos glorificar a Dios con nuestro cuerpo (1 Cor 6, 20). Por eso pertenece el cuerpo al *kyrios* y el

---

11. Cf. para lo que sigue, E. Schweizer - F. Baumgärtel, art. σῶμα, en ThWNT VII, 1024-1091.

kyrios al cuerpo (1 Cor 6, 13). Según que nos situemos en una relación de dominio o de servicio, así también el cuerpo será sárquico o pneumático respectivamente. Un cuerpo pneumático, del que habla Pablo en 1 Cor 15 dedicado a la resurrección, no es, por tanto, un cuerpo formado de no se sabe qué sustancia milagrosa pneumática. El *soma pneumatikón* es más bien un cuerpo cualificado por el *pneuma*, un cuerpo determinado totalmente por el espíritu de Dios. El *pneuma* no es, pues, la materia, la sustancia de que está hecho este cuerpo, sino la dimensión en la que el cuerpo se halla; está en la dimensión de Dios.

Ahora podemos decir de modo definitivo qué es el cuerpo pneumático del (de los) resucitado(s): el todo del hombre (por tanto, no sólo el alma), que se halla definitivamente en la dimensión de Dios, que se ha adentrado total y absolutamente en el señorío de Dios. O sea, que corporeidad de la resurrección significa que toda la persona del Señor se halla definitivamente con Dios. Pero corporeidad de la resurrección significa también que el resucitado sigue en relación con el mundo y con nosotros, precisamente como quien se halla ahora con Dios; se encuentra, pues, de un modo divino con nosotros, es decir, de manera totalmente nueva. Por eso puede escribir Pablo que el cuerpo del Señor es el cuerpo por nosotros (τὸ σῶμα τὸ ὑπὲρ ὑμῶν) (1 Cor 11, 24). Este ser de Jesucristo para nosotros y este su estar con nosotros continuo y nuevo se manifiesta del modo más claro en la eucaristía, donde Cristo se nos entrega y comunica. Es decir, corporeidad de la resurrección no significa sino que Jesús en la totalidad de su persona se encuentra con Dios y desde Dios se encuentra con nosotros continuamente y de una manera nueva.

Esta perspectiva bíblica del cuerpo se puede verificar antropológicamente [12]. Para la moderna antropología corporeidad no equivale sin más al organismo y a la materialidad. Corporeidad significa más bien el entretejido del hombre con el mundo; significa que el hombre se halla tan en el mundo y el mundo tan en el hombre, que éste gracias a su cuerpo tiene como propio un trozo de mundo y hasta él mismo es un trozo de mundo. Por y en su cuerpo el hombre se halla en relación con el todo de la realidad del mundo. El cuerpo es, al mismo tiempo el «en-medio» que vincula a hombre y mundo, la presencia del mundo en el hombre y de éste en aquél. Este corporal estar-con-el-mundo por parte del hombre y este estar-con-el-hombre por parte del mundo

---

12. Para bibliografía cf. *infra*, cap. 12.

es tan esencial y constitutivo para ambos, que el hombre no existiría absolutamente sin este real estar-en-elmundo, y viceversa, tampoco existe el mundo como tal sin esta relación con el hombre. De modo que no ocurre que el hombre sea primeramente hombre (espíritu, yo, etc.) y tenga además una relación con el mundo. Más bien el hombre lo es sólo por su relación con el mundo, es decir, por su cuerpo que lo constituye en él mismo. Por eso es imposible para el hombre una existencia separada del cuerpo.

Las breves reflexiones antropológicas pueden aclarar lo que dice la Biblia. *La corporeidad de la resurrección significa que Jesucristo, habiendo entrado totalmente en la dimensión de Dios por su resurrección y exaltación, se encuentra «hasta la consumación del mundo» (Mt 28, 20) de una manera nueva y divina totalmente en el mundo, en nosotros y con nosotros. Por la resurrección y exaltación de Jesús ha llegado a Dios definitivamente un «trozo de mundo» y Dios lo ha aceptado de modo irrevocable.*

Lo nuevo que ha acontecido mediante la llegada de Jesús a Dios y su nueva llegada a nosotros, es llamado cielo tradicionalmente, siguiendo el lenguaje mitológico [13]. Cielo significa originariamente el lugar superior, el piso que se halla sobre la tierra (empíreo). Por lo general este cielo se representa como espacio vacío en el que Jesús fue recibido y en el que al final entrarán los santos en procesión festiva. Estas son ideas más o menos mitológicas; teológicamente el cielo es la dimensión que existe cuando la creatura llega definitivamente a Dios. Entrar en el cielo quiere decir: llegar a Dios; estar en el cielo significa: estar con Dios. En consecuencia el cielo es un fenómeno escatológico; no *existe* simplemente, sino que surge en el momento en que la primera creatura llega a Dios de modo escatológico-definitivo. El cielo se hace, pues, en la resurrección y exaltación de Cristo. En realidad, Jesús no es acogido en el cielo, sino que el cielo se crea al ser subido definitivamente a Dios. El cielo es el cuerpo pneumático resucitado de Cristo.

A la luz de lo dicho se deducen algunas perspectivas para enjuiciar las especulaciones escolásticas sobre las propiedades y estado del cuerpo resucitado. La impasibilidad (*impassibilitas*) e inmortalidad (*inmortalitas*), la sutileza (*subtilitas*) y agilidad (*agilitas*), es decir, semejanza con el espíritu y total predominio y sometimiento del cuerpo al espíritu, la superación de toda alienación en el hombre y, finalmente, la claridad (*claritas*), la transfiguración por la gloria de Dios, todas estas cosas —a pesar de toda la proble

---

13. Cf. sobre esto J. Ratzinger, *Himmel* III. *Systematisch*, en LThK V, 355-358, Id., *Himmelfahrt*.

mática de tales especulaciones en particular— pueden ser interpretadas como efectos del carácter definitivo que el hombre todo adquiere en la gloria de Dios. Más difícil es la cuestión de la identidad material del cuerpo glorificado de la resurrección con el terreno. La mayor parte de los teólogos mantienen no sólo la identidad de la corporeidad, sino incluso del organismo material. Prescindamos de la pregunta sobre lo que tal identidad material pueda significar, por ejemplo, a la vista del continuo cambio de materias; prescindamos igualmente de fijarnos en las consecuencias respecto de otros problemas que surgen, para los que, en realidad, no hay solución, piénsese en la cuestión sobre la edad con que los muertos resucitan, dejando de lado todo eso, todavía se pregunta uno si Pablo en 1 Cor 15, 35-44 no resalta más bien la discontinuidad entre el cuerpo terreno y el glorificado, acabando por dar de lado a toda la cuestión por considerarla absurda: «Pero alguno dirá: ¿cómo resucitarán los muertos? ¿qué cuerpo van a tener? ¡Necio! Tampoco revive lo que siembras, si no muere... Así ocurre con la resurrección de los muertos. Se siembra algo corruptible, resucita incorruptible. Se siembra algo vil, resucita glorioso. Se siembra algo débil, resucita fuerte. Se siembra un cuerpo terreno, resucita un cuerpo espiritual». Y el cuerpo, es decir, el hombre es espiritual en sus relaciones con los demás hombres y con el mundo, cuando esta relación está total y absolutamente dominada por el amor de Dios. Mas apenas si se puede decir algo concreto sobre el cómo de ese cuerpo pneumático. De todas formas tales cuestiones desaparecen totalmente tras las sentencias sobre el significado salvífico de la corporeidad de la resurrección.

Con el cuerpo de Cristo ha llegado ya a Dios toda la realidad. De modo que el cielo se adentra ya en el tiempo. Es, por tanto, muy consecuente llamar a la iglesia cuerpo de Cristo, en cuanto que es el lugar en que Cristo está presente por la fe, la esperanza y el amor. Cuando Pablo dice que nuestra patria está en el cielo (Flp 3, 20) y que ya hemos sido trasladados con Cristo al cielo (Ef 2, 6; cf. Col 1, 5; 3, 3), es que el cielo a modo de inicio se encuentra allí donde hay hombres que están «en Cristo» por la fe y el amor, la esperanza y la paciencia, aceptando con su mundo lo definitivo que llegó con Cristo. De esta manera se introduce la realidad total en la nueva dinámica histórica, que alcanzará su plenitud sólo cuando Dios se haya hecho «todo en todo» (1 Cor 15, 28).

La importancia histórico-salvífica que Jesús tiene gracias a su resurrección y exaltación, la expresa la Escritura mediante su profesión en Cristo como el *kyrios* [14]. Junto a la profesión: «Jesús

---

14. Cf. sobre el particular G. Quell - W. Foerster, art. χύριος, en ThWNT III, 1038-1098, especialmente 1078 s; O. Cullmann, *Christologie*, 200-214; F. Hahn, *Hoheitstitel*, 67-132; I. Hermann, *Kyrios und Pneuma*. Studien zur Christologie der paulinischen Hauptbriefe, München 1961; W. Kramer, *Christos-Kyrios-Gottessohn*, especialmente 61 s; E. Schweizer, *Erniedrigung un Erhöhung*, 77-86; Id., *Jesus Christus im vielfältigen Zeugnis des Neuen Testaments*, München-Hamburg ⁸1968, 145 s, 172 s.

es el Cristo» juega el papel decisivo en la iglesia primitiva esta otra: «Jesús es el Señor» (Rom 10, 9; 1 Cor 12, 3; Flp 2, 11). Con este título se intenta expresar el poder celeste del Resucitado y Exaltado.

Sobre el origen de este título hubo y hay una gran discusión. Un gran papel jugó en los antiguos cultos mistéricos como designación de cada una de las divinidades objeto de culto; también se encuentra en el culto imperial romano. La escuela de historia de las religiones (especialmente W. Bousset) y en tiempos más recientes R. Bultmann y su escuela derivan este título, por tanto, del mundo del helenismo. Pero esta teoría tropieza con la gran dificultad de que encontramos el título de *kyrios* en forma aramea en la aclamación cultual *maranatha* (1 Cor 16, 22; Ap 22, 20; Did 10, 10, 6) de las comunidades palestinenses. Y el hecho de que esta aclamación aramea se encuentre aún más tarde en textos griegos, muestra que fue corriente ya muy pronto, por lo que se trasmitió a las comunidades helenistas como tradición sagrada. Por eso W. Foerster, O. Cullmann, E. Schweizer y la mayoría de los autores católicos piensan con razón que el título es de origen palestinense.

Más importante que el origen es el contenido de este título. El *maranatha* puede interpretarse de diversas maneras. Puede significar: «Nuestro Señor ha venido» (está presente) o: «Ven, Señor nuestro». En el primer caso se trata de una profesión, en el segundo, de una petición para que venga pronto la parusía. Es claro que Pablo llama *kyrios* al Señor presente y exaltado. En esta idea se implican dos cosas: Jesús está exaltado, se encuentra cabe Dios; pero también está presente por su pneuma en la iglesia (2 Cor 3, 17), ante todo, por la palabra y el sacramento. De modo que para Pablo, Jesucristo no es primariamente el maestro y modelo, sino el Señor, que está presente en la palabra y la celebración eucarística y que hace servidores suyos al apóstol y a cada cristiano en particular. «Pues ninguno de nosotros vive para sí mismo, y nadie muere para sí mismo; si vivimos, vivimos para el Señor, y si morimos, morimos para el Señor; vivamos o muramos, pertenecemos al Señor» (Rom 14, 7 s).

Este señorío se extiende a todo el cosmos y se retrotrae hasta el comienzo de la creación, como dice Pablo a modo de alusión (1 Cor 8, 6) y se encuentra plenamente desarrollada la idea en los escritos deuteropaulinos (Ef 1. 10 s; Col 1, 15-20; Heb 1, 2 s) y en Juan (1, 1-10). El universo entero está sometido a Cristo. El es, al mismo tiempo, el lugarteniente del reino de Dios; en él y por él se implanta ese reino. Esta explicación cosmológica y protológica de la profesión cristológica es una consecuencia normal del carácter escatológico de la vida, muerte y resurrección de Jesús. Si en él ha irrumpido el final y la consumación de la historia y se ha alcanzado la meta en la que todo halla su plenitud, es decir, si con él ha llegado la salvación, eso se debe solamente a que todo fue creado desde el principio con vistas a Cristo. El sí del Padre a Cristo y a su obra es, pues, al mismo tiempo, el sí a toda realidad, es la salvación del mundo.

3. *La resurrección de Jesús como acontecimiento salvador*

La resurrección del Crucificado y su entronización en una situación de poder divino no es para el nuevo testamento un acontecimiento aislado, sino comienzo y anticipación de la resurrección general de los muertos. Jesús es el primogénito de los resucitados (1 Cor 15, 20; Col 1, 18; Hech 26, 23; cf. 3, 15; Ap 1, 17 s). Considerando atentamente las cosas, Pablo no entiende la resurrección general de los muertos a partir de la resurrección de Jesús, sino, viceversa, la resurrección de Jesús es presentada en el horizonte de la esperanza de la resurrección general de los muertos: «Si no hay resurrección de los muertos, tampoco Cristo resucitó» (1 Cor 15, 13; cf. 16). *Es decir, la resurrección de Jesús está en una perspectiva universal; no sólo es un acontecimiento incomparable, acabado, sino que se encuentra abierto al futuro, y hasta abre el mundo hacia el futuro. Ella implica la consumación escatológica del hombre en su totalidad, la nueva humanidad y el mundo nuevo. Es brillo y esplendor anticipado de aquello a que toda la creación aspira gimiendo expectante, la revelación de la libertad de los hijos de Dios (cf. Rom 8 19 s), el reino futuro de la libertad.*
La irrenunciabilidad del horizonte escatológico-apocalíptico de la fe pascual y, en consecuencia, de la fe cristiana y de la teología como tales ha sido resaltada especialmente por E. Käsemann [15]. W. Pannenberg [16] ha mostrado que ello no representa una dimensión esencial del hombre que hoy nos sea totalmente inaccesible, sino que más bien se encuentra fundada en el destino infinito que el hombre tiene y en la esperanza resultante. J. Molt-

15. Cf. a este propósito E. Käsemann, *Zum Thema der urchristlichen Apokalyptik*, en *Exegetische Versuche und Besinnungen* II, 105-131.
16. Cf. W. Pannenberg, *Fundamentos*, 92 s.

mann [17] ha sacado de ello en su *Teología de la esperanza* consecuencias sistemáticas tanto para la comprensión del mundo y
del hombre como para la de Dios. Por supuesto que no se debe
prescindir de que la apocalíptica no conoce la resurrección de un
solo hombre antes de la resurrección general de los muertos.
Y en este sentido la resurrección de Jesús implica una corrección
de la imagen apocalíptica del mundo, corrección que en el fondo
significa que para el nuevo testamento no se trata de un futuro
cualquiera del mundo, sino del futuro de Jesucristo. Se trata de
la expansión universal de aquello que irrumpió definitivamente
en su persona y su suerte. Por eso ha acentuado con razón
W. Kreck [18] que no es sólo la escatología la que determina la cristología, sino que también ocurre al revés, es decir, que la escatología se encuentra bajo la medida de la cristología. Jesucristo
mismo es nuestro futuro y esperanza. El Dios de la esperanza
(Rom 15, 13) en el nuevo testamento no tiene características
abstractas, sino que posee rasgos humanos concretos, los de un
rostro humano y los de la figura humana de aquel que se entregó
por nosotros.

La corrección y concreción cristológica de los esbozos apocalípticos del judaísmo tardío son de una importancia fundamental
para la recta comprensión de lo específicamente cristiano. Con
ello se dice no sólo que el futuro de toda realidad ya ha empezado
con Jesús y que se encuentra decisivamente determinado por él,
sino que además se dice que la persona y suerte de Jesús es este
futuro, que gracias a su resurrección se ha convertido en la salvación del mundo. «Fue entregado por nuestros pecados y resucitado por nuestra justificación» (Rom 4, 25). Esto quiere decir
lo siguiente: *la resurrección de Jesús significa no sólo la aceptación y confirmación definitiva de Jesús así como su incorporación
a la comunión de vida y amor con Dios. En la resurrección y
glorificación de Jesús Dios ha aceptado más bien incluso el ser
de Jesús por los otros y ha hecho la paz y se ha reconciliado definitivamente con el mundo. En y por Jesús el amor de Dios se encuentra ahora irrevocablemente volcado hacia todos los hombres.*

Esta sentencia fundamental que ahora hay que desarrollar en
concreto, significa en primer lugar un correctivo crítico no sólo

17. Cf. J. Moltmann, *Teología de la esperanza*. Investigaciones sobre la fundamentación y consecuencias de una escatología cristiana, Salamanca ²1970; Id., *El
Dios crucificado*, especialmente 228-248.
18. Cf. además W. Kreck, *Die Zukunf des Gekommenen*. Grundprobleme der
Eschatologie, München 1961, 82 s.

frente a abstractas utopías modernas, sino también frente a intentos de derivar una ideología cristiana de la historia a partir de la esperanza fundada en la resurrección de Jesús. Tales son posibles en sentidos distintos y hasta contrapuestos. Al modo del entusiasmo del primitivo cristianismo se puede acentuar tanto el estar en Cristo y en el nuevo eón realizado ya ahora que resulte indiferente la realidad que todavía queda del mundo viejo. Tal modo de ver las cosas puede cobrar caracteres de distanciamiento y huída del mundo, y también puede desembocar en libertinaje moral. Por otra parte, se puede intentar derivar de pascua una ideología histórica progresiva, evolucionista o revolucionaria. Ambas concepciones ignoran la fundamentación cristológica de la conducta cristiana cara al mundo y la unidad entre cruz y resurrección que ello implica. Significa esta unidad que la esperanza pascual coloca al cristiano en el camino de la cruz, es decir, de la obediencia diaria realizada concretamente en el cuerpo (cf. Rom 12, 1).

Por tanto, la esperanza cristiana no se puede confundir con huir del mundo. La esperanza cristiana se funda más bien en la fidelidad de Dios a su creación y alianza, por eso se mantiene fiel al mundo esa esperanza. En cuanto dirigida a la vida eterna no sólo respeta la vida, sino que también se vuelve a todo viviente con voluntad de servicio. Quien espera se hace signo eficiente de la esperanza de vida. Por otra parte, esta esperanza no se deja encasillar en un principio general de progreso de tipo histórico-teológico. Cierto que la esperanza del cristiano dice que Dios acabará por ser «todo en todo» (1 Cor 15, 28). Pero este Dios todo en todo no se realiza en un desarrollo histórico cara a una meta; este desarrollo se basa más bien en la fe en el amor de Dios aparecido de modo escatológico-definitivo en la muerte y resurrección de Jesús, y a ese amor pertenece ahora todo futuro de manera indeducible. Tal esperanza no posibilita especulación histórica alguna, y sí una praxis histórica; de la fe en que el amor permanece siempre (1 Cor 13, 8) deduce que sólo lo que se hace por amor, dura siempre y se encuentra inmerso en la consistente realidad [19]. De este amor que se fija en la realidad es del que se puede decir que muestra su fuerza pascual y triunfadora aguantando y superando las tensiones. «Por todas partes nos apremian pero no nos cercan; nos encontramos perplejos pero no desconcertados; estamos perseguidos, pero no abandonados; estamos abatidos, pero no aniquilados. Por dondequiera llevamos

19. *Gaudium et spes*, n.° 39.

en el cuerpo la pasión mortal de Jesús, para que también la vida de Jesús se manifieste en nuestro cuerpo» (2 Cor 4, 8-10).

El amor y la fidelidad de Dios que se revelaron y mostraron eficientes de modo escatológico definitivo en la cruz y resurrección de Jesús, son la realidad escatológica como tal, la que determina el presente y a la que pertenece el futuro. Este nuevo estar «en Cristo» significa para el cristiano que está muerto y resucitado con Cristo, para resucitar alguna vez con él (Rom 6, 4 s). Puesto que la esperanza y realidad de la futura resurrección determinan ya ahora el presente, es por lo que las cartas deuteropaulinas pueden calificar a la resurrección como realidad ya presente (cf. Ef 2, 6; Col 3, 10 s). Pero el nuevo estar en Jesucristo no es un fluido misterioso que cambia casi mágicamente al hombre y la humanidad. La realidad escatológica que ha irrumpido en Jesucristo cambia más bien la situación objetiva de todos los hombres y les da la posibilidad de introducirse en esta nueva realidad mediante la fe y el bautismo. En la medida en que Jesucristo pertenece objetiva y ontológicamente a la situación de cada hombre, la resurrección representa un poder, un existencial, que precedentemente a nuestra decisión la cualifica y la provoca [20]. Dondequiera que el hombre se mete en esta realidad mediante la fe y el bautismo, se convierte en una nueva creatura en Cristo (2 Cor 5, 17; Gál 6, 15), pudiéndose decir entonces: «Ya no vivo yo, sino que es Cristo quien vive en mí» (Gál (2, 20).

El nuevo ser en Cristo se puede designar en la Escritura de diversas maneras: vida, justicia, redención, paz, perdón, etc. A ninguno de estos conceptos se puede renunciar. *Pero en la situación presente el mejor resumen imaginable de este nuevo ser en Cristo lo ofrece el concepto de libertad cristiana. Esta es para nosotros el modo concreto de realizar lo que significa resurrección dentro de la historia.*

Sin duda libertad [21] es un término muy utilizado, muy ambiguo y muy adulterado. Pablo se ve ya en la necesidad de delimitar la libertad cristiana contra el mal uso y la mala interpretación. Parece que aquello de «todo me está permitido» era un

---

20. Cf. más detalladamente *infra* cap. 12.
21. Cf. sobre este tema H. Schlier, art. ἐλεύθερος, etc., en ThWNT II, 484-500; Id., *Über das vollkommene Gesetz der Freiheit*, en *Die Zeit der Kirche*. Exegetische Aufsätze und Vorträge I, Freiburg-Basel-Wien ⁴1966, 193-206; Id., *Zur Freiheit gerufen. Das paulinische Freiheitsverständnis*, en *Das Ende der Zeit*. Exegetische Aufsätze und Vorträge III, Freiburg-Basel-Wien 1971, 216-233; E. Käsemann, *La llamada a la libertad*, Salamanca 1974; D. Nestle, *Freiheit*, en RAC VIII, 269-306; H. Küng, *La iglesia*, Barcelona 1968, 182-196.

lema de los entusiastas corintios (cf. 1 Cor 6, 12; 10, 23). Pablo se sirve del lema pero lo corrige en dos vertientes. Recuerda a los corintios que esta libertad tiene su base en Jesucristo. La libertad cristiana no se tiene sin más; ni tampoco se opta por ella porque sí. Sólo por Cristo es uno libertado para esta libertad; se trata de una libertad regalada, liberada (cf. Gál 5, 1. 13), vinculada a Cristo, de modo que el libre de ese modo pertenece, en realidad, a Cristo del mismo modo que Cristo es de Dios (cf. 1 Cor 3, 21-23; 6, 13-20). La libertad basada en Cristo y determinada por él es, además, libertad en favor del hermano, libertad que tiene en cuenta otros aspectos, que no destruye, sino que construye. Por eso se puede decir: «Todo me es lícito, pero no todo conviene» (1 Cor 6, 12; 10, 23). El módulo de la libertad cristiana es, pues, el amor de Dios aparecido en Cristo, efectivo en los cristianos, en los que se da a sí mismo.

La libertad cristiana se puede concretizar de tres maneras. En primer lugar es *libertad del pecado*. Ya desde el punto de vista general y humano la libertad lo es respecto de toda violencia externa e interna. Esos «principados y potestades» que esclavizan al hombre no son, sin embargo, para la Escritura como ocurre en el platonismo, el cuerpo, la materia y, en general, los bienes de este mundo; estas cosas son más bien realidades buenas y creadas por Dios. Esclavizan sólo cuando adquieren una independencia que contradice a la creación, convirtiéndose en instancias últimas, en ídolos, que ya no sirven al hombre ni éste se sirve de ellas, sino que es el hombre el que se pone a servirlas. Esto puede acontecer en una preocupación absorbente por la vida, el futuro, el dinero, las posesiones, hambreando ciegamente poder, fama, buscando el goce y el placer. Todo esto son maneras falsas de asegurarse la vida, apoyándose en la carne que pasa, en vez de hacerlo en Dios, que vivifica a los muertos. La Escritura llama pecado a esta decisión contra Dios; él es, ante todo, el que esclaviza al hombre. Por eso, la libertad cristiana es especialmente libertad frente al pecado (cf. Rom 6, 18-23; Jn 8, 31-36), es, formulando positivamente: libertad para Dios en Cristo Jesús (Rom 6, 11).

La libertad cristiana es, en segundo lugar, *libertad de la muerte*. La paga del pecado es la muerte (Rom 6, 23; cf. 5, 12-21). Pues si es verdad que el pecado corre tras la vida, no lo es menos que elige lo pasajero y caduco. De modo que desperdicia la verdadera vida y se precipita en la muerte. Por eso ésta no es un castigo de Dios impuesto desde fuera por el pecado, sino su íntima consecuencia (Rom 8, 13; Gál 6, 8). El tener que morir es la concreción masiva de la falta de libertad. Y la muerte no representa sólo el último momento de la vida, sino el poder y el destino que pende sobre toda la vida. Se hace notar en los múltiples sufrimientos, enfermedades, apuros, tribulaciones. La muerte misma es el culmen último de la falta de salida y de futuro de nuestra vida. Por eso, la libertad cristiana tiene que ser libertad frente a la muerte (cf. Rom 6, 5-9; 1 Cor 15, 20-22). Esto no significa que para los cristianos ya no existan el sufrimiento y la muerte como realidad. Pero para quien tiene su vida en Cristo, la orientación fundamental ya no se dirige hacia lo que perece en la muerte. Con lo que la muerte pierde su aguijón. La postura normal ante ella no es el miedo paralizante, sino la esperanza que puede aceptar hasta el sufrimiento y la muerte, porque no hay nada en el mundo que pueda separar del amor de Dios aparecido en Jesucristo, ni la vida ni la muerte (Rom 8, 31-39). Precisamente en la debilidad humana se impone la fuerza de la resurrección (2 Cor 7, 10; 12, 7-9). Esta libertad frente a la muerte significa positivamente la libertad que se sobrepone en la vida, la que puede comprometerse sin miedo ni preocupaciones.

Esa libertad cristiana que lo expone todo es, por último, *libertad frente a la ley* (Rom 7, 6). Pablo sabe que la ley de por sí es santa, justa y buena (Rom 7, 12), pero que, en concreto, provoca la codicia, haciéndose ocasión de pecado (Rom 7, 8). Por otra parte, el cumplimiento de la ley puede dar pie a autogloriarse en vez de glorificar a Dios (Rom 2, 23, etc.). La ley, que concretiza la voluntad de Dios, puede simultáneamente limitarla en determinados casos, no acertando con ella en toda su radicalidad o soterrándola bajo un montón de legalidad. De modo que la ley que Dios pensó como ayuda para el pecador, se puede convertir precisamente en medio de desobediencia y llevar a una legalidad que esclaviza. Por supuesto que libertad de la ley es lo contrario de capricho y libertinaje. El capricho no es libre, sino que es esclavo en la mayor medida, porque está esclavizado al propio yo y al antojo del momento. Es verdaderamente libre quien lo es también respecto de sí y de sus intereses para poder existir totalmente para Dios y los otros. Es decir, la libertad frente a la ley se realiza positivamente en el amor (Gál 5, 13). El amor es la plenitud de la ley (Rom 13, 10); cumple las exigencias de la ley con creces y desde dentro. Pero el amor es la realidad que ha triunfado en la resurrección de Jesús y que le regala la libertad a quien se le entrega en la fe.

La nueva presencia salvadora de Jesús entre sus discípulos fundamenta no sólo la esperanza y la libertad, sino que causa también un nuevo agrupamiento de los discípulos alrededor del Señor presente de una manera nueva. Por tanto, las apariciones del Resucitado continúan el movimiento escatológico convocante del Jesús terreno de una forma nueva. Así se llega tras la pascua a reunir a la iglesia como pueblo de Dios en la nueva alianza.

No es posible tratar aquí con detalle el difícil problema de la fundación de la iglesia; sólo se pueden ofrecer algunas indicaciones, ciertamente necesarias [22]. Con los datos del nuevo testamento lo que mejor concuerda es la idea de una fundación de la iglesia a lo largo de toda la actividad de Jesús, tanto del terreno como del exaltado, concepción que también ha incorporado el Vaticano II [23]. En el movimiento de convocación del Jesús terreno, en su círculo de discípulos, sus comidas, en especial, en la última cena antes de su muerte, etc., hay *vestigia ecclesiae* prepascuales, que pudieron utilizarse como materiales de construcción en la nueva situación de después de pascua. La nueva reunión no necesitaba palabra alguna explícita de fundación; estaba incluida ya en las apariciones pascuales y en la misión para predicar y bautizar (Mt 28, 19) que hunde sus raíces en esas apariciones. Ello equivale a decir que la iglesia es apostólica, que en ella tiene que haber testigos legitimados del evangelio (cf. Rom 10, 14 s); la palabra y el servicio de la reconciliación se fundamentan con la misma originariedad en la obra de la reconciliación (2 Cor 5, 19). Lo mismo que la predicación apostólica que funda a la iglesia se da con las apariciones pascuales, así ocurre con la comunidad en orden a la comida eucarística. El Resucitado vuelve a reanudar con sus discípulos la comunión de mesa interrumpida por su muerte; en el signo de la comida se encuentra otra vez de un modo nuevo con y entre los suyos. No es casual que muchas de las apariciones pascuales se desarrollen en el contexto de comidas (Lc 24, 30 s. 36-43; Jn 21, 9-14). Así que la eucaristía es, junto con la palabra, el lugar genuino del encuentro con el Resucitado. En este sentido no se puede decir solamente que Jesús resucitó para el kérygma, sino que también hay que decir que resucitó dentro del culto. [24]

---

22. Sobre este problema, cf H. Küng, *La iglesia*, 71-100; A. Vögtle, *Der einzelne und die Gemeinschaft in der Stufenfolge der Christusoffenbarung*, en I. Danièlou - H. Vorgrimmler (ed.), *Sentire ecclesiam. Das Bewusstsein von der Kirche als gestaltende Kraft der Frömmigkeit*, Freiburg-Basel-Wien 1961, 50-91.
23. Así el Vaticano II, *Lumen gentium*, n.º 2-5.
24. Cf. a este propósito el estudio de G. Koch, *Die Auferstehung Jesu Christi*, Tübingen 1959; para completar, también M. Kehl, *Eucharistie und Auferstehung. Zur Deutung der Ostererscheinungen beim Mahl*: GuL 43 (1970) 90-125.

La nueva concesión de la comunión de mesa, después de que los discípulos habían roto la comunidad con Jesús por la negación y la huída, es, al mismo tiempo, signo de perdón. La resurrección fundamenta conjuntamente el perdón de los pecados y la concesión del *shalom* escatológico. Juan es el que con más claridad ha expuesto esta relación al declarar que el grupo de discípulos reunidos de nuevo es el lugar donde se hace posible el perdón de los pecados: «A los que perdonéis los pecados, se les perdonan y a los que se los retengáis, se les retienen» (20, 23). Por tanto, la nueva incorporación a la comunidad de los discípulos es, al mismo tiempo, signo de la reincorporación a la comunidad con Dios. Este es el núcleo de lo que después se ha dado en llamar la sacramentalidad de la penitencia. De este modo, eucaristía y penitencia no se deben primariamente a un acto institucional aislado por parte de Jesús. Están implicadas en la resurrección y las apariciones del Resucitado; son expresión a modo de signo de la nueva presencia salvífica de Jesús con los suyos.

La nueva convocación que provocó la pascua en orden a la comunidad y su profesión pertenecen, pues, al acontecimiento escatológico. En este sentido la iglesia misma es un fenómeno escatológico que, con toda su provisionalidad histórica, participa del carácter escatológico-definitivo de la nueva historia que se abrió con la resurrección. Esto quiere decir en concreto lo siguiente: la iglesia es indestructible (indefectible); la iglesia existirá siempre. Pero la iglesia es iglesia de Jesucristo sólo mientras se mantenga en la fe en Jesucristo, el Crucificado y Resucitado. Por eso pertenece al carácter escatológico de la iglesia también el que jamás puede salirse fundamentalmente de la verdad de Cristo [25]. En y por la iglesia le está prometida al mundo de modo irrevocable por Jesucristo la verdad salvadora de Dios; Cristo está siempre presente en la historia en la predicación de fe y doctrina de la iglesia, en su liturgia y sus sacramentos y en toda su vida. Este testimonio es el que hay que desarrollar ahora prosiguiendo nuestra reflexión.

25. No podemos entrar aquí en la discusión sobre la infalibilidad de la iglesia; cf. mi aportación: *Zur Diskussion um das Problem der Unfehlbarkeit*: StdZ 188 (1971) 363-376, reeditado ahora en H. Küng (ed.), *Fehlbar?*, Zürich-Einsiedeln-Köln 1973, 74-89.

III

El misterio de
Jesucristo

11
Jesucristo, hijo de Dios

1. Hijo de Dios en el rebajamiento

La cuestión «Por quién tenéis a Cristo? ¿Quién es él?» fue desde siempre en el cristianismo la fundamental. Hay diversas respuestas a esta pregunta no sólo en la historia posterior, sino ya en el nuevo testamento. Jesús tiene en él muchos nombres. Se le llama el Cristo (mesías), el profeta, el hijo del hombre, el siervo de Dios, el sumo sacerdote, el salvador, el señor (*kyrios*), el hijo de Dios. Se ve que no hay título que baste para expresar quién es Jesús. Es el hombre que hace saltar todos los esquemas. Para expresar este significado incomparable en el nuevo testamento se fue imponiendo cada vez más un título a todos los demás; se vio que era el más adecuado y el más fructífero: Jesús, el hijo de Dios [1]. El apóstol Pablo puede resumir todo su mensaje en esta fórmula: «Evangelio de Dios sobre su hijo» (Rom 1, 3. 9; cf. 2 Cor 1, 19; Gál 1, 16). La profesión en la filiación divina de Jesús pasa por ser desde entonces lo distintivamente cristiano. Es cierto que otras religiones hablan también de hijos de dioses y de encarnaciones. El cristianismo puede hacer suya la cuestión salvífica que ello implica. Pero él vincula a su profesión en la filiación divina de Jesús una pretensión escatológica que dice que Dios se ha revelado y comunicado en Jesús de Nazaret de una vez para siempre, de modo incomparable, insustituible, definitivo e insuperable. *Por eso la profesión en Jesucristo como el hijo de Dios es un resumen que expresa lo esencial y específico de la totalidad de la fe cristiana. Sin la profesión en Jesús como el hijo de Dios no puede existir la fe cristiana.*

---

1. Para bibliografía, cf. *supra*, cap. 7, nota 20.

Aunque la profesión en Jesucristo como hijo de Dios representa el corazón de la tradición cristiana, a muchos cristianos les resulta difícil hoy el acceso a esta afirmación. La objeción más corriente y al mismo tiempo la más radical contra esta profesión es la que dice que representa uno de los últimos residuos de un pensamiento mítico misterioso. Para un pensamiento y una sensibilidad mítica era más fácil que para nosotros hoy pasar de lo humano a lo divino. Al mismo tiempo, lo divino era la dimensión profunda de toda la realidad, que lo llenaba todo con un resplandor numinoso. En todas partes, en cualquier encuentro y acontecimiento podía hacerse *epiphan* de improviso. Por eso se veneraban como divinos e hijos de dios a los genios que sobrepasaban la medida de la capacidad humana (príncipes, filósofos). Al estricto monoteísmo bíblico le era profundamente extraña esa mezcla de divino y humano. Por eso se podía hablar de un hijo de Dios o de hijos de Dios en el antiguo testamento sólo a base de una profunda desmitologización de este título. Recorrer la historia de esta reinterpretación puede ser una primera ayuda para nuestra comprensión actual.

Cuando el antiguo testamento utiliza el título de hijo de Dios para el pueblo de Israel (cf. Ex 4, 22 s; Os 11, 1, etc.), para el rey como representante del pueblo (cf. Sal 2, 7; 2 Sam 7, 14, etc.) o —como es el caso en el judaísmo tardío— para todo israelita piadoso y justo (cf. Sir 4, 10, etc.), este uso lingüístico no tiene como trasfondo el pensamiento mítico-politeísta ni el panteísta de la filosofía estoica, según la cual todos los hombres tienen por razón de la común naturaleza como Padre al único Dios, por lo que son llamados hijos de Dios. El título hijo o hijo de Dios en el antiguo testamento tiene que interpretarse a la luz de la fe en la elección y de las concepciones teocráticas que en ello se basan. La filiación divina no se fundamenta, consecuentemente, en la descendencia física, sino en la elección libre, graciosa por parte de Dios. El elegido de esa manera para hijo de Dios recibe una especial misión histórico-salvífica, que lo obliga a la obediencia y al servicio. El título de hijo de Dios no se entiende, pues, en el antiguo testamento de modo natural-sustancial, sino funcional y personal.

El nuevo testamento tiene que ser interpretado en primera línea a partir de la tradición del antiguo testamento. Sin embargo, se consuma otra vez una importante reinterpretación de los títulos «hijo» o «hijo de Dios». Como ya se dijo, Jesús no se aplicó expresamente ni el título de mesías ni el de hijo de Dios. Pero sí que pretendió hablar y actuar en lugar de Dios y estar con «su Padre» en una comunión incomparable e incomunicable. Esta pretensión representa algo incomparable y único desde el punto de vista de la historia de las religiones, que era imposible expresar a partir tanto de la concepción de Dios de tipo judíoteocrático como de tipo helenístico-esencial. Por tanto, si la comunidad pospascual respondió a la pretensión prepascual de Jesús y a su confirmación por la resurrección con la profesión en Jesús como hijo de Dios, entonces no es que haya realizado algo así como una apoteosis *a posteriori*, atribuyéndole una dginidad que sobrepasa su propia pretensión. Muy al contrario, estos títulos se quedaban todavía por detrás de la pretensión de Jesús en el contexto de la comprensión de aquel tiempo. Así que la primitiva iglesia tuvo que reinterpretar estos títulos. Lo hizo no de modo abstracto y especulativo, sino histórico y concreto. *La primitiva iglesia no interpretó sólo la persona y destino de Jesús sirviéndose del título «hijo» o «hijo de Dios», sino que también interpretó de una forma nueva el sentido de estos predicados a la luz de la vida, muerte y resurrección de Jesús. La historia concreta y el destino de Jesús se convirtieron así en exégesis de la esencia y actuación de Dios. Historia y destino de Jesús fueron interpretados como historia del acontecimiento mismo de Dios. Juan formuló esta realidad sirviéndose de la palabra de Jesús: «Quien me ve a mí, ve al Padre» (Jn 14, 9). En este sentido se puede hablar en el nuevo testamento de una cristología «desde abajo».*

La interpretación concreta-histórica del predicado de hijo de Dios significa que la filiación divina de Jesús no se interpreta como esencia suprahistórica, sino como realidad que se impone en y por la historia y destino de Jesús [2]. Este modo de pensar hace comprensible que en los estratos más antiguos del nuevo testamento no se hable de que Jesús es hijo de Dios desde el principio, sino de que fue «entronizado hijo de Dios en poder desde la resurrección de entre los muertos» (Rom 1, 4). En los evangelios sinópticos se tiene ya un estadio ulterior de la reflexión cristológica: Jesús es aceptado como hijo de Dios al ser bautizado en el Jordán (Mc 1, 11) o se le proclama como tal (Mt 3, 17). En consecuencia, Marcos puede dar a todo su evangelio la inscripción: «Evangelio de Jesucristo, hijo de Dios» (1, 1); para Marcos son,

---

2. Sobre la interpretación bíblica de la realidad, cf. Th. Boman, *Das hebräische Denken im Vergleich mit dem griechischen*, Göttingen ⁵1968, 35 s; C. Tresmontant, *Biblisches Denken und hellenistische Überlieferung. Ein Versuch*, Düsseldorf 1956; W. Kasper, *Dogma unter dem Wort Gottes*, Mainz 1965, 58-109. La interpretación bíblica de la realidad necesitaría aún de una explicación ontológica, que no podemos realizar aquí. Sería fundamental para una interpretación histórica de la realidad, que entiende el ser como consumación, sin que por ello se entregue todo a un proceso relativizante de devenir. Punto de arranque de tales reflexiones tendría que ser un repensar las modalidades aristotélico-escolásticas del ser: «realidad» (acto) y «posibilidad» (potencia). Pero habría que entender la potencia no como mero poder-ser, sino como ser-poder (Nicolás de Cusa: *posset*).

ante todo, los milagros de Jesús «epifanía misteriosa» de su filiación divina. En un tercer estadio se encuentra Lucas que ve la filiación divina de Jesús basada en su engendramiento maravilloso por la fuerza del Espíritu santo (1, 35).

Esta retrotracción progresiva del predicado de hijo de Dios fue interpretada de muy diversas maneras. Comunidades judeocristianas de primera hora, los llamados ebionitas, dijeron que Jesús fue adoptado como hijo de Dios sólo por razón de su vida intachable. Pero esta opinión desconoce que la resurrección y exaltación de Jesús confirman su pretensión de antes de pascua. Es imposible, pues, hablar de que Jesús fue hecho hijo de Dios sólo por la resurrección. Tampoco dicen nada del asunto las perícopas del bautismo, puesto que están más interesadas por la función y estado de hijo por parte de Jesús que en filiación esencial. Por tanto, el adopcionismo del siglo II procede anacrónicamente al introducir problemáticas y alternativas tardías en la tradición primitiva, posturas que entonces no existían [3]. Mas a pesar de estos fundamentales malentendidos acierta al haber visto que la interpretación escatológico-histórica de la relidad por parte de la Escritura no conoce concepto alguno esencial de tipo suprahistórico; interpreta el ser no como esencia, sino como realidad, es decir, como ser actuante. Por supuesto que la sentencia «el ser está deviniendo» no equivale a afirmar un ser que se hace. En la historia se confirma y realiza lo que una «cosa» es. En este sentido la resurrección de Jesús es la confirmación, revelación, puesta en vigor, realización y consumación de lo que Jesús antes de pascua pretendía ser y era. Su historia y su destino son la historia (¡no el hacerse!) de su esencia, su temporalización y autoexégesis [4]. Así se comprende que sólo al final y tras la consumación

3. Cf. W. Marcus, *Der Subordinationismus als historiologisches Phänomen*. Ein Beitrag zu unserer Kenntnis von der Entstehung der altchristlichen «Theologie» und Kultur unter besonderer Berücksichtigung der Begriffe «Oikonomia» und «Theologia», München 1963.

4. Una interpretación caprichosa de W. Künneth en su *Theologie der Auferstehung*, München ⁴1961, 114 s, al distinguir entre divinidad y filiación de Jesús. Mientras que Jesús desde siempre fue hijo de Dios, recibió la divinidad (χυριότης) sólo por la resurrección. En su cristología W. Pannenberg (*Fundamentos*, 165 s) ha rechazado con razón esta opinión, resaltando que Jesús es hijo de Dios retroactivamente desde su resurrección. Lo mismo dice D. Wiederkehr, *Esbozo de cristología sistemática*, en MySal III/1, 505 s. Esta terminología jurídica no es totalmente apropiada para expresar el contenido ontológico resaltado con razón por Pannenberg, en el sentido de que la resurrección fue la realización definitiva de lo que Jesús era desde el comienzo. Cf. también B. Welte, *Zur Christologie von Chalkedon*, en *Auf der Spur des Ewigen*, Freiburg-Basel-Wien 1965, 452-458.

del camino de Jesús, o sea, tras pascua, les resultara claro a los discípulos el pleno sentido de su pretensión y actuación prepascual de Jesús, su dignidad como hijo de Dios.

La interpretación progresiva del título de hijo e hijo de Dios se califica normalmente como paso de una cristología más funcional a otra más esencial y metafísica. Esto es acertado en la medida en que ciertamente los estratos primitivos del nuevo testamento no muestran todavía interés alguno por proposiciones en el sentido posterior. En la antigua cristología de los dos estadios lo que interesa es constitución de Jesús como hijo de Dios «en poder» (Rom 1, 4). Se tiene aquí, pues, una idea teocrático-funcional. También la sentencia «Tú eres mi hijo amado» en el bautismo de Jesús (Mc 1, 11) se sitúa en esta tradición mesiánico-teocrática; en definitiva, se trata de una cita que mezcla Sal 2, 7 e Is 42, 1. Pero la perícopa de la transfiguración habla ya de una transformación de la figura de Jesús (μεταμορφώθη) (Mc 9, 2), lo que implica una concepción esencialista del título de hijo de Dios. En el engendramiento por el Espíritu santo se trata finalmente no sólo de una función, sino del ser de Jesús; aunque se habla, por cierto, también del trono de David y del dominio sobre la casa de Jacob (Lc 1, 32 s). La cristología del ser y de la misión se hallan, pues, yuxtapuestas. Por más que no se haya reflexionado aún sobre su unidad en la tradición primera, no se las debe contraponer.

La íntima unidad de la cristología del envío y la esencial se hace temática, ante todo, en el cuarto evangelio. Está fuera de duda que en este evangelio se habla de una filiación divina de Jesús entendida esencialmente. Se expresa con claridad la unidad entre Padre e Hijo (10, 30); se realiza como unidad del conocimiento mutuo (10, 15) y del obrar en común (5, 17. 19. 20) Pero tampoco falta la interpretación mesiánica del título de [hijo] de Dios (1, 34; 10, 36; 11, 27). Las proposiciones ese[nciales] no se interpretan en sí y por sí, sino que sirven al i[ntento] lógico. Jesús participa de la vida de Dios par[a] nosotros (5, 25 s). Es decir, las sentenci[as remiten] a la íntima fundamentación de las de[más. A la in]versa, la obediencia de Jesús en [...] forma existencial de su fili[ación ...] habla solamente de la unida[d ...] de la sumisión de éste al Pa[dre ...] (14, 28). Así que el Hijo se s[...] a la voluntad del Padre (8, 29; [...] tuye precisamente la esencia del [...]

voluntad de aquel que me envió» (4, 34). Por tanto, la unidad
esencial entre Padre e Hijo no se concibe todavía tampoco en el
evangelio de Juan de modo propiamente metafísico, sino como
unidad de voluntad y conocimiento. El Hijo es aquel que hace
sitio totalmente a Dios en su obediencia. De manera que es total
y absolutamente transparente para Dios; su obediencia es la forma
en la que Dios se encuentra esencialmente presente. La obediencia
que Dios mismo obra y causa es la manera existencial y la aparición de la filiación divina. Jesús es en su obediencia la exégesis
de la esencia de Dios.

La llamada cristología funcional es, en definitiva, una cristología en realización. Expresa no solamente una función exterior
de Jesús, sino que contempla su función, es decir, su servicio
consumado y su obediencia respecto a su misión, como expresión
y realización de su ser, o sea, del ser de Dios en él y por él.
La llamada cristología funcional es, pues, figura de una cierta
cristología del ser. Pero ser no se entiende aquí como algo ya
disponible, sino como realización, no como sustancia, sino como
relación personal. El ser de Jesús se realiza a partir del Padre y
con vistas a los hombres. De modo que la cristología funcional
precisamente expresa la esencia de Dios como amor que se regala.

*La interpretación concreto-histórica de la filiación divina de
Jesús se expresa de la manera más clara en la teología paulina
de la cruz. Junto con la resurrección, la cruz es símbolo e ideo-
grama de la actuación de Dios, y hasta automanifestación escatológico-definitiva de Dios. El predicado de hijo de Dios recibe
también su explicación decisiva a partir de la cruz y la resurrección. Por eso, la cristología «desde abajo» es posible únicamente
como teología de la cruz.*

Esta tesis se puede probar exegéticamente de varias maneras [5].
Para los primeros cristianos la cuestión decisiva a vida o muerte
consistía precisamente en superar el escándalo de la crucifixión
de Jesús. Por eso intentaron muy pronto anunciar la escandalosa
cruz como voluntad y acción de Dios, como poder y sabiduría
corporizada de Dios (1 Cor 1, 24). Lo hicieron primeramente a
base de la prueba de Escritura. Ya dice la antigua profesión 1
r 15, 3-5 que Cristo fue crucificado «según las Escrituras»

ara lo que sigue, cf. K. H. Schelkle, *Die Passion Jesu in der Verkündigung
Testaments*; U. Wilckens, *Weisheit und Torheit*. Eine exegetisch-reli-
htliche Untersuchung zu 1 Cor 1 und 2, Tübingen 1959; W. Schrage,
nis des Todes Jesu Christi im Neuen Testament; H. U. von Balthasar,
cual, en MySal III/2, 143 s.

(cf. Mc 14, 21. 49). Con ello no se piensa en una palabra aislada del antiguo testamento, pues en ninguna parte está escrito lo que dicen Mc 9, 13 y Lc 24, 26 s, o sea, que el mesías tiene que padecer mucho. La Escritura se toma aquí como un todo. En realidad se trata de un postulado a partir de la fe pascual. Sólo posteriormente se encuentran referencias explícitas a Is 53. Ante todo, se empieza a narrar la historia de la pasión a base del lenguaje del salterio (en especial de Sal 22), intentándose aducir pruebas explícitas de Escritura (Mc 8, 31; 9, 12; 14, 21). Lo que se quiere decir es lo siguiente: la cruz no es un absurdo, sino resolución y voluntad de Dios. La cruz es la recapitulación del hablar y actuar de Dios en el antiguo testamento.

Si la cruz es voluntad de Dios, entonces no es accidente o casualidad alguna de la historia, sino una necesidad querida por Dios. Por eso hablan los textos neotestamentarios de un *tiene que* (δεῖ) conforme al cual acontece todo (cf. Mc 8, 31). Pos supuesto que no se trata de una necesidad histórica ni natural, sino que es impuesta por Dios y no se puede calcular racionalmente. Este «tiene que» viene de la terminología apocalíptica, con lo que la cruz se sitúa en el medio de los planes de Dios y en el centro de la historia del mundo. Representa el camino de los tiempos. Está determinada desde siempre. El Apocalipsis de Juan habla del cordero degollado desde el comienzo del mundo (Ap 13, 8; cf. 1 Pe 1, 20). En la cruz se manifiesta de modo definitivo quién es Dios y lo que es el mundo. Representa la revelación del eterno misterio de Dios.

El mismo fin persigue otra tradición neotestamentaria con ayuda de las llamadas fórmulas de entrega [6]. Su gran antigüedad se ve en que se encuentra ya en la tradición sobre la última cena: «Este es mi cuerpo entregado por vosotros» (1 Cor 11, 23; Lc 22, 19). En la primitiva tradición del nuevo testamento el sujeto de esta entrega es Dios mismo. El es quien entrega al hijo del hombre en las manos de los hombres (Mc 9, 31 par; 10, 33 par; 14, 21 par; Lc 24, 7). No es distinto el modo de hablar de los escritos paulinos. Rom 4, 25 (un lugar prepaulino) dice casi con sabor de profesión: «El que fue entregado por nuestros pecados y resucitado por nuestra justificación». La pasiva es un circunloquio del nombre de Dios. Algo semejante leemos en Rom 8, 32: «Pero por todos nosotros lo entrgó». Es decir, la muerte de Jesús es obra de hombres sólo superficialmente; en el fondo

6. Cf. W. Popkes, *Christus traditus*. Eine Untersuchung zum Begriff der Dahingabe im Neuen Testament, Zürich-Stuttgart 1967.

representa la acción salvadora escatológica de Dios. Pues no se trata de la entrega de un hombre cualquiera, sino de la del hijo del hombre (Mc 9, 31). Se trata, pues, de un acontecimiento escatológico. En él ha actuado Dios de modo decisivo y definitivo. Lo único que se pretende decir siempre, en definitiva, tanto por las «pruebas de Escritura» como por las fórmulas de entrega es esto: aunque aparentemente sean los hombres los actores y los culpables en el acontecimiento de la cruz, y aunque actúen hasta los demonios (cf. 1 Cor 2, 8), en definitiva, la cruz es obra de Dios. Por supuesto que esta proposición es sumamente paradójica y hasta absurda al parecer, contradiciendo a todas las concepciones normales que tenemos de Dios. Generalmente se piensa que Dios se revela en poder, fuerza y gloria. Pero aquí se muestra en contraposición a lo que pasa por grande, noble, bello y estimado; se muestra en la impotencia, ignominia, insignificancia y absurdo más profundos. De esta forma, la cruz sólo se puede interpretar como autovaciamiento (κένωσις) de Dios. Según el himno cristológico de Filipenses se vacía aquel que estaba en la forma de Dios, tomando la forma de esclavo; el que es libre, se hace obediente libremente (Flp 2, 6-8). Sin duda que el poder y libertad de Dios es tan soberano que se puede permitir al mismo tiempo el renunciar a todo sin «perder su rostro». De modo que precisamente en la impotencia se impone el poder de Dios, en el ser esclavo, su señorío, en la vida, la muerte. Con esto se reduce *ad absurdum* lo que en el mundo pasa por fuerte y sabio. Lo que siempre es locura, debilidad y escándalo representa aquí el poder y sabiduría corporizadas de Dios. Mas en esta lógica de la cruz no se trata de una paradoja estática; no se afirma sin más al mismo tiempo lo contrario. Más bien se emplean «fórmulas de ruptura» [7] dinámicas: «El que era rico, se ha hecho pobre por nosotros, para que nos enriquezcamos por su pobreza» (2 Cor 8, 9; cf. Gál 4, 5; 2, 19; 3, 13 s; 2 Cor 5, 21; Rom 7, 4; 8, 3 s). No sólo se trata, pues, de una reinterpretación de Dios por razón de su actuación en Jesucristo; sino que, al mismo tiempo, representa un cambio de nuestra realidad. Tomando Dios sobre sí nuestra pobreza, rompe la atadura del destino y nos libra. El cambio de valoración, la crisis y hasta la revolución de la imagen de Dios desemboca en la crisis, el cambio y hasta la redención del mundo.

---

7. E. Stauffer, *Vom λόγος τοῦ σταυροῦ und seiner Logik*: ThStK 103 (1931) 179-188.

Probablemente tendría que enmudecer todo lenguaje teológico, si quisiera intentar por sí mismo comprender intelectualmente esta perspectiva revolucionaria nueva de Dios y su actuación, si la misma Escritura no nos diera claras muestras de la dirección que hay que seguir en la reflexión. Para la Escritura la paradoja de la cruz es revelación del amor de Dios que supera toda comprensión. «Tanto amó Dios al mundo que entregó a su hijo unigénito» (Jn 3, 16; cf. Gál 1, 4; 2, 20; 2 Cor 5, 14 s). Así, la cruz es la radicalización del mensaje de la *basileia* sobre el amor de Dios a los pobres y marginados, amor que transforma al mundo. Es el amor el que aguanta y reconcilia la paradoja, sin bagatelizarla, porque es cosa del amor el unificar las cosas distintas. En definitiva, amor significa unidad y comunión con el otro aceptado en su otroriedad y, por ende, unidad y reconciliación en la dualidad que permanece.

La interpretatio christiana *del concepto de Dios a base de la cruz y resurrección de Jesús desemboca en una crisis, aún más, en una revolución de la idea de Dios. Dios revela su poder en la impotencia; su omnipotencia es simultáneamente sufrimiento ilimitado; su eternidad supratemporal no es rígida inmutabilidad, sino movimiento, vida, amor que se comunica a sí mismo a lo distinto de él. Por eso, la trascendencia de Dios es, al mismo tiempo, su inmanencia; el ser Dios de Dios es su libertad en el amor. No encontramos a Dios en la abstracción de todo lo concreto y determinado, sino muy concretamente en la historia y destino de Jesús de Nazaret. La misma Escritura sacó de ello las consecuencias, llamando a Jesucristo no sólo hijo de Dios, sino Dios.*

Sólo en relativamente pocos lugares del nuevo testamento, y éstos tardíos, se llama a Jesucristo expresamente Dios. La predicación divina para Jesucristo se encuentra en las cartas paulinas a lo más en dos lugares, cuya exégesis es extremadamente controvertida (Rom 9, 5; 2 Cor 1, 2), y sobre los que, sin duda, no se puede construir una cristología total. Por eso, la cristología tiene que arrancar del origen y centro de la fe neotestamentaria en Cristo, es decir, de la profesión pascual en Jesús como el Señor. Este título servía ya en los *LXX* de traducción griega de *adonai*, nombre de Dios en el antiguo testamento. La aplicación del título de *kyrios* al Cristo exaltado hunde sus raíces en la antigua aclamación litúrgica *maranatha* (1 Cor 16, 22; Ap 22, 20; Did 10, 6). También aparece el título de *kyrios* dentro de una doxología en el himno cristológico prepaulino de Filipenses; todo el cosmos se postra ante el Cristo exaltado y profesa con esta *proskynesis* su dignidad divina: «Jesucristo es *kyrios*» (2, 11). El pre-

dicado de *kyrios* se halla la mayoría de las veces en relación con
aclamaciones; en 1 Cor 1, 2 se llega a definir a los cristianos
como quienes invocan el nombre del señor Jesucristo. En el evangelio de Juan tanto el predicado de *kyrios* como el de Dios son
parte de una profesión y expresión de la adoración: «Señor mío
y Dios mío» (20, 28). El procurador romano Plinio comunica
todavía a su emperador Trajano que los cristianos cantaban
Christo quasi Deo [8]. *En consecuencia, la profesión en Jesús como
Dios no enraíza en especulaciones abstractas, sino en la fe en la
exaltación del Resucitado. El «marco vital» de esta profesión
es la doxología litúrgica. Expresa que Dios mismo se reveló y
comunicó definitivamente y sin cortapisas en la historia de Jesús.*

Sobre este trasfondo es como se llega a la profesión explícita
en Jesús como Dios en la escuela de Pablo y en los escritos joánicos. En Col 2, 9 se dice con toda precisión: «En Cristo habita
corporalmente toda la plenitud de la divinidad». La sentencia de
Tit 2, 13 se puede traducir de dos maneras: 1. «esperamos la
epifanía de la gloria del gran Dios y de nuestro salvador Jesucristo», o 2. «esperamos la epifanía de la gloria de nuestra gran
Dios y salvador Jesucristo». Puesto que la fórmula «Dios salvador» es algo fijo, parece que es más probable la segunda traducción. Si esto es acertado, entonces Cristo recibe aquí el título de
«gran Dios» (cf. 2 Pe 1, 1. 11; 2, 20; 3, 2. 18). La carta a los
hebreos llama a Cristo «esplendor de la gloria de Dios e imagen
de su esencia» (1, 3). A continuación se aplican a Cristo los
versos Sal 45, 7 s y 102, 26 s, que en el antiguo testamento están
dirigidos a Dios: «Tu trono, Dios, permanece eternamente... por
eso te ha ungido Dios, tu Dios, con óleo de alegría más que a
tus compañeros» y: «Tú, Señor, creaste al principio la tierra,
y los cielos son la obra de tus manos... tú eres el mismo y tus
años no acaban» (1, 8 s).

Las proposiciones más claras trascendentales para el ulterior
desarrollo se encuentran en los escritos joánicos. El prólogo del
cuarto evangelio [9] hace ya tres proposiciones fundamentales. El
verso 1a comienza así: «En el comienzo era el Logos». No se dice

---

8.   Plinius, *Liber X ad Traianum imperatorem cum eiusdem responsis*, XCVI,
7, en Pliny, *Letters and Panegyricus* II (ed. por B. Radice), London 1969, 288;
G. Lohfink, *Gab es im Gottesdienst der neutestamentlichen Gemeinden eine An-
betung Christi?*: BZ NF 18 (1974) 161-179, ha resaltado muy bien recientemente
que la *proskynese* litúrgica es el «marco vital» de la cristología del primitivo
cristianismo.
9.   Cf. R. Bultmann, *Das Evangelium des Johannes*, Göttingen [11]1950, 1-57;
R. Schnackenburg, *Johannesevangelium* I, 208-257; O. Cullmann, *Christologie*
253-275.

quién es este Logos, pero no hay duda de que para Juan el Logos no es otro que aquel de quien en el verso 14 se dice que se hizo carne. O sea, es de la persona histórica de Jesucristo de la que se dice que era ya en el comienzo. Esta fórmula «en el comienzo» recuerda a Gén 1, 1: «En el comienzo creó Dios...». Pero a diferencia de Gén no se habla en Juan de que Dios creó al Logos al principio, de modo que éste fuera la primera y más noble de las criaturas de Dios. El Logos existe ya en el comienzo, es decir, existe absolutamente atemporal-eterno. Lo mismo se dice en 8, 58 con un presente atemporal: «Antes que Abrahán existiera, soy yo». No hay duda, pues, de que el evangelio de Juan quiere hacer una proposición sobre el ser a base de otra que habla de preexistencia.

La sentencia del verso 1b representa una mayor concretización: «El Logos estaba cabe Dios». Este «estar cabe Dios» se presenta en 17, 5 como comunión en la gloria, en 17, 24 se la entiende como unidad en el amor, en 5, 26 como estar repleto de la vida de Dios, de manera que según 17, 10 el Padre y el Hijo tienen todo en común y en 10, 30 nos encontramos la fórmula: «Yo y el Padre somos una sola cosa». Pero esta unidad es un «estar cabe Dios», o sea, una unidad en la dualidad, una comunión personal. Lo cual se expresa gráficamente al hablar 1, 8 del Logos «que descansa en el seno del Padre y que por lo mismo puede darnos noticia. Es decir, mediante el preexistente «estar cabe Dios» se quiere fundamentar el poder pleno y la dignidad del Logos humanado. Puesto que participa de la gloria, el amor y la vida del Padre, puede comunicarnos gloria, amor y vida. Por eso es el Logos la vida y la luz de los hombres (1, 4). Porque en él se revela el origen de todo ser, se manifiesta en él el origen y la meta de nuestra existencia. Por tanto, la sentencia referida al ser está también aquí al servicio de una proposición salvífica y no se debe independizar, haciendo de ella una especulación que descansa en sí.

El punto culminante lo supone la sentencia del verso 1c: «y el Logos era Dios». El «Dios», que va sin artículo, es aquí predicado y no sujeto. Por tanto no es idéntico con ὁ θεός, del que antes se habló. Pero sí que quiere decir que el Logos es de naturaleza divina. Con toda la distinción entre Dios y Logos ambos están unidos por la única esencia divina. Aquí resulta claro que θεός no es sólo algo funcional, sino una sentencia referida a la esencia, aunque esta sentencia se ordene a una de tipo salvífico. La sentencia funcional es, pues, la meta de la esencial. Pero la función se basa también en la esencia; por eso, la proposición basada en ésta no es sólo un cifrado de la sentencia funcional. La proposición referida a la esencia sin la que se fija en la salvación representaría una especulación abstracta; y la sentencia salvífica sin la esencial carecería de fuerza y fundamento. Jesús es, pues, en su esencia y su ser el Logos personal de Dios, en el que encuentra respuesta definitiva la cuestión sobre la vida, la luz, la verdad.

En el cenit del evangelio se halla una disputa en la que se reflejan, sin duda, controversias judeo-cristianas en la comunidad joánica. Los judíos preguntan por la mesianidad de Jesús (10, 24); éste sobrepasa esta pregunta al decir: «Yo y el Padre somos una sola cosa» (30). Entonces acusan a Jesús: «Tú, que eres un hombre, te haces Dios» (33), y lo quieren apedrear por blasfemo. A continuación Juan hace que Jesús fundamente la posibilidad de la filiación divina con Sal 82, 6: «Yo os dije: sois dioses» (34). Y Jesús prosigue: «Si llamó dioses a hombres a quienes se dirigió la palabra de Dios, y si la Escritura no ha de fallar, ¿podéis decirle a aquel a quien el Padre santificó y envió al mundo: "blasfemas contra Dios", porque he dicho: "soy hijo de Dios"?» (35 s). Los judíos recusan esta fe y exigen de Pilato la sentencia de muerte: «Según la ley tiene que morir, pues se ha hecho hijo de Dios» (19, 7). Juan, por el contrario, cierra su evangelio con la profesión de Tomás: «Señor mío y Dios mío» (20, 28), y dice que en todo su evangelio lo que le interesa es llevar a la fe de «que Jesús es el Cristo, el hijo de Dios» (20, 31). De modo parecido acaba la 1 Jn con esta sentencia: «El es el verdadero Dios y vida eterna» (5, 20).

Las sentencias bíblicas sobre Jesús como verdadero Dios son, en consecuencia, claras y terminantes. ¿Pero cómo conciliar esta profesión con el monoteísmo bíblico? El nuevo testamento conoce este problema, aunque no haga consideraciones especulativas sobre ello. Pero las prepara, puesto que junto a la divinidad de Jesús, junto a su unidad con Dios afirma, al mismo tiempo, su distinción del Padre. Si en Jesús su obediencia representa la realización concreta de su ser de Dios, entonces se excluye de antemano el que de alguna manera se borre la distinción entre él y el Padre. Por eso le dice Jesús a uno que se postra ante él: «Nadie es bueno sino sólo Dios» (Mc 10, 18). En consecuencia, el nuevo testamento utiliza siempre la designación ὁ θεός únicamente referida al Padre, y jamás dicha del Hijo o del Espíritu;

al Hijo sólo se le llama θεός sin artículo [10]. El no es más que imagen (Rom 8, 29; 2 Cor 4, 4; Col 1, 15) y revelación (1 Jn 1, 1 s), aparición (epifanía) (1 Rom 3, 16; 2 Tim 1, 9 s; Tit 3, 4) del Padre.

El nuevo testamento describe la relación entre Padre, Hijo y Espíritu normalmente valiéndose de una ordenación mutua jerárquico-funcional [11]: «Todo es vuestro, pero vosotros sois de Cristo y Cristo es de Dios» (1 Cor 3, 22 s); «y debéis saber que la cabeza de todo hombre es Cristo, la de la mujer, el varón y la de Cristo, Dios» (1 Cor 11, 3); la tarea de Cristo consiste en someter todo a Dios y entregarle al final el reino (1 Cor 15, 28). En el cuarto evangelio se dice todavía: «El Padre es mayor que yo» (14, 28). De acuerdo con ello la doxología neotestamentaria y cristiana de primera hora no se dirige al «Padre, al Hijo y el Espíritu santo», sino al Padre por el Hijo en el Espíritu santo. Al movimiento del Padre por Cristo en el Espíritu santo hacia nosotros corresponde, pues, nuestro camino en el Espíritu santo por Cristo hacia el Padre.

Pero el nuevo testamento no se queda parado en estas fórmulas triádicas orientadas en sentido histórico-salvífico. Puede colocar ya relativamente pronto en total paralelismo la actuación del Padre, de Cristo y del Espíritu (cf. 1 Cor 12, 4-6). Esta perspectiva parece haber cristalizado pronto en fórmulas litúrgicas: «La gracia de nuestro señor Jesucristo, el amor de Dios y la comunión del Espíritu santo esté con todos vosotros» (2 Cor 13, 13; cf. 1 Pe 1, 1 s). Muy al final del desarrollo neotestamentario resume el llamado mandato bautismal del evangelio de Mateo el desarrollo teológico y práctico de la primitiva iglesia en esta expresión trinitaria: «Id, pues, a todos los pueblos y haced a todos los hombres discípulos míos, bautizándolos en el nombre del Padre y del Hijo y del Espíritu santo» (28, 19). No hay duda de que encontramos el esquema trinitario dondequiera que se intenta explicar ordenadamente la plenitud y la riqueza de la experiencia cristiana, confesando en resumen que el único Dios nos sale al encuentro concretamente en la historia y el destino de Jesús de una vez para siempre, estando presente sin interrupción en el Espíritu santo. [12]

---

10. Cf. H. Kleinknecht - G. Quell - E. Stauffer - K. G. Kuhn, art. θεός, en ThWNT III, 65-123; K. Rahner, *Theos en el nuevo testamento*, en ET ³I, 93-167.

11. W. Thüsing, *Per Christum in Deum.* Drei Studien zum Verhältnis von Christozentrik und Theozentrik in den paulinischen Hauptbriefen, Müster 1965.

12. Cf. F. J. Schierse, *La revelación de la trinidad en el nuevo testamento*, en MySal II/1, 117-165.

La profesión trinitaria no es una especulación carente de realidad, sino que su importancia consiste en que lo que aconteció por nosotros en Jesucristo de una vez para siempre, lo examina a la luz de su fundamento y en su esencia, expresando las consecuencias que tiene para la idea de Dios. *La profesión trinitaria es, pues, «el» resumen de la fe cristiana y la sentencia decisiva sobre la idea cristiana de Dios. Determina el concepto de Dios por la historia de la revelación, basando esta historia en la esencia de Dios. En este sentido hay que decir con K. Rahner que la trinidad intradivina (inmanente) es la histórico-salvífica (económica) y al revés* [13]. *Contenidísticamente la profesión trinitaria significa que Dios se ha mostrado en Jesucristo como amor que se comunica y que está presente como tal de manera constante entre nosotros en el Espíritu santo.*

2. Hijo de Dios desde la eternidad

Si Dios se ha comunicado a sí mismo de manera total y absoluta por Jesucristo en el Espíritu santo, definiéndose como el «Padre de nuestro señor Jesucristo», entonces Jesús pertenece a la esencia eterna de Dios. La profesión en el carácter escatológico del acontecimiento de Cristo tenía, pues, que desembocar desde dentro y de modo necesario en la cuestión sobre la esencia protológica de Jesús y su preexistencia [14]. Pero estas sentencias sobre la preexistencia no son, en contra de lo que algunas veces se piensa, el último resultado de una retrotracción progresiva de la filiación divina de Jesús desde la resurrección, pasando por el bautismo y la concepción, hasta la preexistencia. Entendidas así alargarían hacia atrás tiempo e historia, prolongándolos hasta el infinito. Pero el hecho de que tal idea de la eternidad tan sumamente problemática no exista realmente en el nuevo testamento, se deduce de que las proposiciones sobre el descenso de Cristo no se hallan sólo al final del proceso transmisor neotestamentario como producto de tal retrotracción, sino relativamente pronto, en práctica simultaneidad con la formación de la cristología de la exaltación. No se trata, como veremos, de una prolongación del

---

13. Cf. K. Rahner, *Der dreifaltige Gott als transzendenter Urgrund der Heilsgeschichte*, en MySal II, especialmente 327 s; H. de Lavalette, *Dreifaltigkeit*, en LThK II, 543-548.
14. Cf. W. Pannenberg, *Fundamentos*, 192 s.

tiempo hasta introducirlo en la eternidad, sino de una fundamentación de la historia de la salvación en la eternidad de Dios.

El himno cristológico prepaulino de Flp 2, 6-11 [15] habla ya
de Jesucristo que existía en la forma (μορφή) de Dios y tomó la
forma (μορφή) de siervo, al cual Dios *por eso* (διό) lo exaltó a
kyrios sobre todos los principados. E. Käsemann ha explicado
de una manera nueva el concepto de μορφή, que designa «el
ámbito en que uno se encuentra y que lo determina como un
campo de fuerza». Pero aunque con ello se exprese una proposición referida a la esencia, no existe, sin embargo, interés alguno
independiente por especulaciones sobre el estado preexistente. Se
trata de un acontecimiento, de un drama; «la cristología se nos
presenta aquí en el marco de la soteriología». Porque la esencia
del hombre es la esclavitud bajo los poderes cósmicos. Puesto
que Cristo viene, por así decir, desde fuera o desde arriba, están-
doles sometido, por tanto, por libre obediencia, es por lo que
suprime la relación inmutable y se presenta como el nuevo cosmo-
crator en lugar de la *ananke* (el sino). La redención se entiende
aquí como liberación, pero como liberación que se funda en la
obediencia de Jesús y que se consigue obedeciéndole a él. El motivo de la preexistencia no surge de interés especulativo, sino que
sirve de base a la preocupación soteriológica.

Lo muy «espontánea» que tiene que haber sido la cristología
descendente ya desde muy pronto lo muestra también el hecho
de que Pablo habla de ella en fórmulas fijas. Tales fórmulas de
envío [16], recibidas ya por él, se encuentran en Gál 4, 4; «Cuando
se cumplió el tiempo, envió Dios a su Hijo» y en Rom 8, 3; «Dios
envió a su Hijo en la figura de carne». Otra vez se menciona la
preexistencia no por sí misma, sino que se la presupone por interés de una sentencia soteriológica. Y lo que ahí importa no es la
humanaeión como tal, como es el caso en la tradición posterior,
sino de la venida bajo la ley a la carne, que se encuentra bajo el
poder del pecado, para liberarnos de este poder y darnos el espíritu de filiación, que autoriza a llamar a Dios «*abba*, padre» (Gál
4, 6; Rom 8, 15). En el evangelio de Juan se desarrollan mucho
estos motivos. Aquí Jesús dice varias veces, hablando de sí mismo,
que fue enviado por el Padre (5, 23. 37; 6, 38 s. 44; 7, 28 s.
33, etc.), que ha venido «del cielo» (3, 13; 6, 38. 51) o «de
arriba» (8, 23) y que ha salido del Padre (8, 42; 16, 27 s).

---

15. Para bibliografía, cf. *supra*, cap. 10, nota 4; las citas que siguen son de
F. Käsemann, *o. c.*, 68, 71.
16. Cf. W. Kramer, *Christos-Kyrios-Gottessohn*, 108-112.

Ya se habló de las sentencias sobre la preexistencia en el prólogo del evangelio de Juan. ¿De qué se trata en estas proposiciones corrientes para nosotros? *El motivo de la preexistencia y el envío deben expresar que la persona y el destino de Jesús no tienen su origen en la relación de un acontecimiento intramundano, sino que allí actuó Dios mismo de una manera intramundanamente indeducible. Esta libertad inderivable desde dentro del mundo rompe la atadura al sino, libertándonos para la libertad de los hijos de Dios. En las sentencias sobre la preexistencia del único hijo de Dios lo que importa es la fundamentación de nuestra filiación y salvación.*

Tan pronto como nos esforzamos por interpretar más en concreto las proposiciones neotestamentarias sobre la preexistencia, tropezamos con múltiples problemas. En primer lugar se presenta el aspecto desde el punto de vista de la historia de las religiones. La cuestión es si el nuevo testamento, al hablar de la preexistencia y el descenso del hijo de Dios, ha incorporado ideas mitológicas extrabíblicas que hoy podemos y tenemos que desmitologizar. Está fuera de duda que las ideas sobre la preexistencia y encarnación no han caído del cielo. El nuevo testamento lo que hace es aprovechar esquemas ya existentes. Desde que la escuela de historia de las religiones, en especial R. Reitzenstein, intentó reconstruir el mito del hombre-originario-salvador, se plantea la pregunta de si precisamente las sentencias sobre la filiación divina de Jesús, que hasta entonces pasaban por ser específicamente cristianas, son expresión del sincretismo generalmente religioso de aquel tiempo. El mito del hombre-originario-salvador habla, sin duda, del descenso o caída del hombre originario en la materia; para redimirlo baja un salvador, que recuerda a los hombres su origen celeste, les enseña así la verdadera gnosis, por la que son salvados, porque ahora pueden seguir al salvador en el camino hacia arriba. R. Bultmann y su escuela han intentado aprovechar el resultado de la investigación de la escuela de historia de las religiones para la exégesis del nuevo testamento. Pensaban que podían probar una dependencia de las proposiciones neotestamentarias sobre la preexistencia y la encarnación respecto de estas concepciones gnósticas. Parecía, pues, legitimado desde el punto de vista de historia de las religiones el programa de desmitologización de las sentencias neotestamentarias sobre la preexistencia.

Pero, ante todo, gracias a las investigaciones de C. Colpe [17], se sabe ahora que el problema de las fuentes hay que juzgarlo con una precaución esencialmente mayor. El mito gnóstico del salvador no se puede presuponer como algo unitario; sólo por influjo cristiano adquirió su desarrollo. Además, el interés de la gnosis no se centraba en la humanación del salvador, sino en hacerse salvador y ser salvado el hombre por el conocimiento de su origen esencial. El mito del salvador es, por así decir, sólo un modelo intuitivo, un medio de asegurarse sobre la verdadera esencia del hombre. A la gnosis lo que le preocupa es explicar el destino *general* del hombre alienado en su

17. Cf. C. Colpe, *Die religionsgeschichtliche Schule.* Darstellung und Kritik ihres Bildes vom gnostischen Erlösermythus, Göttingen 1961.

esencia y necesitado de redención. Mientras que el nuevo testamento se fija en la explicación del destino incomparable y *especial* de Jesucristo, Cristo para el nuevo testamento no es el prototipo del hombre necesitado de redención, ni, como en la gnosis, *salvator salvatus* ni *salvator salvandus*.

Teniendo en cuenta las diferencias entre la gnosis y el cristianismo, hay que decir que las ideas gnósticas pueden servir, a lo más, como medios secundarios de expresión para el mensaje del nuevo testamento. El origen inmediato de las sentencias neotestamentarias sobre la preexistencia se vuelve a buscar hoy, por tanto, en el ámbito del antiguo testamento y del judaísmo. Aquí, a diferencia de la gnosis, existe un pensamiento histórico. Según la concepción veterotestamentaria y judía las personas y acontecimientos importantes en la historia de la salvación existen de forma ideal o —ante todo para la apocalíptica— real ya antes de la creación del mundo en el plan o en el mundo de Dios. En la apocalíptica esto vale especialmente para la figura del hijo del hombre (Dan 7, 13 s). La teología rabínica enseñaba igualmente una preexistencia (ideal) del mesías, así como de la torá (sabiduría), del trono de la gloria y otras cosas. [18]

Los paralelismos más claros se encuentran en la especulación veterotestamentaria sobre la sabiduría [19]. La sabiduría personificada es emanación, esplendor e imagen de Dios (Sab 7, 25 s); se encuentra presente como consejera en la creación del mundo (8, 4; 9, 9) y puede llamarse «autora de todo» (7, 12); Dios la envía (9, 10. 17); hace que habite en Israel (Sir 24, 8 s). Por eso hoy predomina el convencimiento de que las ideas sobre la preexistencia de Jesús llegaron al nuevo testamento a través de la especulación sobre la sabiduría en el judaísmo.

Pero el problema teológico de fondo no está resuelto con esta derivación desde el punto de vista histórico-religioso. Al contrario, ahora es cuando se plantea con toda su fuerza. Porque la historia del espíritu no es «química de concepciones que se hayan juntado arbitrariamente y vuelvan a ser separadas con toda limpieza por el historiador moderno. Para que pueda llegarse a aceptar un influjo de ideas extrañas, tiene que haber surgido siempre antes una situación, en la que tales ideas sean saludadas como ayuda para expresar una problemática ya existente» [20]. El «marco vital» de estas ideas es en el nuevo testamento el carácter escatológico del acontecimiento de Cristo. *Las sentencias del nuevo testamento sobre la preexistencia expresan de un modo nuevo y profundo el carácter escatológico de la persona y la obra de Jesús de Nazaret. Jesús pertenece a la definición de la eterna esencia de Dios, porque Dios mismo se ha revelado y comunicado en Jesucristo de una manera definitiva, sin reservas e insuperable. Por*

18. Cf. detalladamente P. Billerbeck, *Kommentar zum Neuen Testament aus Talmud und Midrasch*, München ⁵1969, I, 974; II, 353-357.
19. Cf. E. Schweizer, *Zur Herkunft der Präexistenzvorstellungen bei Paulus*, en *Neotestamentica*, 105-109; U. Wilckens - C. Fohrer, art. σοφία, en ThWNT VII, 465-529; R. Schnackenburg, *Johannesevangelium* I, 290 s (excurso).
20. W. Pannenberg, *Fundamentos*, 190.

tanto, del carácter escatológico del acontecimiento de Cristo se deduce que Jesús es desde la eternidad hijo de Dios y Dios es desde la eternidad el «Padre de nuestro señor Jesucristo». Con ello la historia y destino de Jesús se fundan en la esencia de Dios; la esencia misma de Dios se muestra como un acontecimiento. En consecuencia, las sentencias neotestamentarias sobre la preexistencia desembocan en una reinterpretación completa del concepto de Dios.

El pensar conjuntamente a Dios y a la historia no es tan difícil como para la filosofía occidental de influencia griega. En la metafísica griega, desde los presocráticos hasta Platón y Aristóteles y el neoplatonismo, la inmutabilidad, impasibilidad y carencia de pasiones (ἀπάθεια) pasan por ser la suprema propiedad de lo divino [21]. El Dios del antiguo testamento, por el contrario, es experimentado como Dios del camino y la guía, como Dios de la historia. Por eso, cuando Yahvé se revela en Ex 3, 14 como «el que es», no se ha de interpretar en el sentido filosófico como referencia a la aseidad de Dios, sino como oferta y promesa efectiva de que Dios es el que eficientemente «está presente» en las situaciones cambiantes de la historia de su pueblo. El que Yahvé sea un Dios de la historia, por supuesto que tampoco significa para el antiguo testamento que sea un Dios que se está haciendo. Muy al contrario, pues el antiguo testamento se distingue con toda minuciosidad del mito en que no conoce ninguna clase de teogonía ni genealogía de Dios. En el antiguo testamento Dios no tiene comienzo y en cuanto al viviente tampoco está sometido a la muerte. Por tanto, la eternidad de Dios es algo indiscutible, pero no significa inmovilidad, inmutabilidad y atemporalidad, sino señorío sobre el tiempo, que prueba su identidad no en la autoidentidad carente de relación y abstracta, sino en la fidelidad concreta e histórica [22]. La humanación y, en consecuencia, la historización de Dios en Jesucristo es la culminación con creces de esta fidelidad histórica de Dios cara a su promesa de que *es el que está presente* y el que *está-con-nosotros*.

---

21. Un resumen ofrece recientemente W. Maas, *Unveränderlichkeit Gottes*. Zum Verhältnis von griechisch-philosophischer und christlicher Gotteslehre, München-Paderborn-Wien 1974.

22. Cf. Th. Boman, *Das hebräische Denken*, 35 s; C. H. Ratschow, *Anmerkungen zur theologischen Auffassung des Zeitproblems*: ZThK 51 (1954) 360-387; H. Sasse, art. αἰών, en ThWNT I, 197-209; G. Delling, *Das Zeitverständnis des Neuen Testament*, Gütersloh 1940. Cf. además las nuevas interpretaciones de K. Barth, E. Brunner, E. Jüngel, J. Moltmann, W. Kasper, H. Küng, H. Mühlen, K. Rahner y J. Ratzinger.

En el momento en que el joven cristianismo sobrepasó el ámbito judío y se encontró con el pensamiento (popular-) filosófico del mundo helenístico, tuvo que estallar el conflicto [23]. Un primer ejemplo fueron las disputas en el siglo II-III con el llamado monarquianismo (doctrina de un solo origen, *arché*), concepto que abarca todos los intentos del siglo II-III de conciliar la divinidad de Cristo con el monoteísmo judío o filosófico. Intentaba considerar a Jesucristo o como dotado de una fuerza (δύναμις) divina impersonal (monarquianismo dinámico de Teodoto de Bizancio y Pablo de Samosata) o como un modo (*modus*) especial de manifestarse el Padre (monarquianismo modalista de Noeto, Praxeas y Sabelio). Al último le dio Tertuliano el sobrenombre de patripasianismo, porque su doctrina llegaba a decir que fue el Padre quien había padecido bajo la máscara (πρόσωπον) del hijo. Pero a la gran disputa se llegó sólo en el siglo IV en pugna con el presbítero alejandrino Arrio (nacido en Libia hacia el 260), alumno del epígono de Orígenes, Luciano de Antiquía. La doctrina de Arrio hay que entenderla a la luz de la filosofía del platonismo medio. Estaba determinada por una teología eminentemente negativa: Dios es inexpresable, no engendrado, no hecho, sin origen e inmutable. Por eso, el problema fundamental consistía para él en la intervención de este ser no hecho e indivisible en el mundo de lo hecho y lo múltiple. Para esto le servía a Arrio el logos, un δεύτερος θεός, la primera y mejor de las creaturas y, al mismo tiempo, mediador en la creación. Por tanto, fue creado de la nada en el tiempo, siendo cambiable y falible; sólo a causa de su vida intachable fue adoptado hijo de Dios. Sin duda que en Arrio el Dios de los filósofos se impuso al Dios viviente de la historia. La doctrina bíblica del logos de tipo soteriológico se convirtió en especulación cosmológica y en moral. Su teología representa una aguda helenización del cristianismo.

Inició la disputa con Arrio el diácono y luego obispo de Alejandría Atanasio; él fue el motor espiritual del primer concilio ecuménico de Nicea (325). Es significativo que los padres de Nicea no se dejaran llevar a la especulación de Arrio, sino que únicamente quisieron conservar la

---

23. Cf. para lo que sigue las exposiciones de A. von Harnack, *Lehrbuch der Dogmengeschichte* I, *Die Entstehung des kirchlichen Dogmas*, Tübingen [5]1931; F. Loofs, *Leitfaden zum Studium der Dogmengeschichte*, Tübingen [6]1959, especialmente 1-263; R. Seeberg, *Lehrbuch der Dogmengeschichte* I, *Die Anfänge des Dogmas im nach apostolischen und altkatholischen Zeitalter*, Leipzig-Erlangen [3]1920; M. Werner, *Die Entstehung des christlichen Dogmas*, Bern-Leipzig 1941; A. Adam, *Lehrbuch der Dogmengeschichte* I, *Die Zeit der alten Kirche*, Gütersloh 1965; W. Köhler, *Dogmengeschichte als Geschichte des christlichen Selbstbewusstseins* I, *Von den Anfängen bis zur Reformation*, Zürich [3]1951; A. Grillmeier - H. Bacht, *Das Konzil von Chalkedon*. Geschichte und Gegenwart I, *Der Glaube von Chalkedon*, Würzburg [4]1973; A. Gilg, *Weg und Bedeutung der altkirchlichen Christologie*, München 1955; G. L. Prestige, *Dieu dans la pensée patristique*, Paris 1955; P. Th. Camelot, *Ephesus und Chalkedon*, Mainz 1963; I. Ortiz de Urbina, *Nizäa und Konstantinopel*, Mainz 1964; A. Grillmeier, *Christ in christian tradition*. From the apostolic age to Chalkedon, London 1965; J. Liébaert, *Christologie*. Von der Apostolischen Zeit bis zum Konzil von Chalkedon (451), mit einer biblisch-christologischen Einleitung von P. Lamarche, Freiburg-Basel-Wien 1965; F. Ricken, *Das Homousios von Nikaia als Krisis des altchristlichen Platonismus*, en *Zur Frühgeschichte der Christologie* (ed. por B. Welte), Freiburg-Basel-Wien 1970, 74-99; P. Smulders, *Desarrollo de la cristología en la historia de los dogmas y en el magisterio eclesiástico*, en MySal III/1, 417-504.

doctrina de Escritura y tradición. Por eso se sirvieron del símbolo de la iglesia de Cesarea (DS 40), compuesto esencialmente de formulaciones bíblicas, completándolo con adiciones que pedía la herejía de Arrio.

La declaración decisiva de la profesión de Nicea dice: «Creemos... en el único señor Jesucristo, hijo de Dios, unigénito del Padre, es decir, de la esencia del Padre, Dios de Dios, luz de luz, Dios verdadero de Dios verdadero, engendrado, no creado, consustancial (ὁμοούσιος) al Padre, por el que todo fue hecho en el cielo y en la tierra, que por nosotros los hombres y por nuestra salvación descendió y se hizo carne y hombre» (DS 125; NR 155). En esta formulación hay dos cosas dignas de notarse: 1) No es una doctrina abstracta, sino una profesión litúrgica de fe («creemos»). Esta profesión de fe se orienta hacia la historia de la salvación y procede de la tradición bíblica y eclesial. Por tanto, el nuevo dogma se entiende como servicio a la fe e interpretación de la tradición. La iglesia basa su fe no en la especulación privada, sino en la tradición común y pública, pero entiende esta tradición no como letra muerta, sino como tradición viviente, que se desarrolla en la discusión con nuevas cuestiones. 2) Las «nuevas» sentencias referentes a la esencia no deben vaciar las que se refieren a la salvación, sino ayudar a conservarlas. El interés fundamental de las sentencias ontológicas que interpretan la tradición hablando del verdadero ser de Dios de Jesús, consiste en decir que el hijo no se puede colocar al lado de las creaturas, sino al lado de Dios; en consecuencia, no es creado, sino engendrado y de igual esencia (ὁμοούσιος) que el Padre. Este concepto de ὁμοούσιος, procedente de la doctrina de la emancipación de la gnosis valentiniana, no se tomó, pues, en Nicea en el sentido filosófico-técnico; la concepción bíblica de Dios no debía ser sobrepasada por el concepto griego de esencia. Este concepto intentaba sencillamente explicar que el Hijo es divino por su naturaleza y está en el mismo plano que el Padre, de modo que quien lo encuentra, encuentra al mismo Padre.

Tras todo esto no había un interés primariamente especulativo, sino, en primera línea, una preocupación soteriológica que Atanasio acentuaba expresamente: si Cristo no es verdadero Dios, entonces tampoco hemos sido salvados, pues sólo el Dios inmortal nos puede redimir de nuestro sometimiento a la muerte y darnos parte en la plenitud de su vida. Por tanto, la doctrina de la verdadera divinidad de Jesucristo tiene que interpretarse en el marco de la soteriología de la antigua iglesia y de su idea de la redención como divinización del hombre. Este, creado a imagen de Dios, únicamente puede alcanzar su verdadero y propio ser por participación (μέθεξις) en la vida de Dios, o sea por semejanza con Dios (ὁμοίωσις θεοῦ). Pero después que la imagen de Dios se corrompió por el pecado, Dios tiene que hacerse hombre para que seamos divinizados y lleguemos otra vez al conocimiento del Dios invisible. Esta doctrina física (en el orden del ser) de la redención no tiene nada que ver, como con frecuencia se piensa, con una concepción físico-biológica y hasta mágica de la salvación. En el fondo se encuentra más bien la idea originaria griega de la *paideia* del hombre por imitación y participación en la figura del original divino visto en imagen. [24]

Como cualquiera de los concilios posteriores también el niceno fue no sólo el final, sino, al mismo tiempo, un nuevo comienzo del debate. El tiempo que siguió al niceno es uno de los períodos más oscuros y confusos de la iglesia. La razón de fondo de las nuevas discusiones radicaba en la ambigüedad del concepto ὁμοούσιος en la profesión de Nicea. Muchos no veían garantizada con él la distinción entre el Padre y el Hijo, sospechando por ello en este concepto un modalismo solapado. Hubieran estado contentos con que se hubiera cambiado no más que una letra, utilizando ὁμοίουσιος (semejante) en vez de ὁμοούσιος. Pero aquel concepto a su vez era sospechoso de arrianismo atemperado (semiarrianismo). Fueron los grandes capadocios (Basilio, Gregorio Nacianceno, Gregorio de Nisa) los que indicaron una salida de esta aporía, distinguiendo entre una esencia (οὐσία) y tres hipóstasis (ὑπόστασις). Esta distinción no aparecía de esa manera en la filosofía de entonces; representa una genuina apostación de la teología en su ocupación intelectual con los datos de la fe cristiana. Por supuesto que entonces no se entendía por hipóstasis todavía la persona, sino más bien la individualidad, la concreta realización de la esencia común [25]. Por muy insatisfactoria que para nosotros pueda resultar esta definición, sin embargo, significa nada menos que ya no se consideraba a la esencia general como lo supremo y que el pensamiento esencialista griego se quiebra en dirección a uno de tipo personal. De cualquier manera, con esto estaba libre el camino para el próximo concilio ecuménico, el primero de Constantinopla (381). Este segundo concilio ecuménico no aportó ninguna fórmula nueva en cristología; más bien confirmó la profesión de Nicea, defendiendo de nuevo el principio de la tradición. Pero este concilio demostró que entendía la tradición como algo muy vivo, puesto que no tuvo reparo en cambiar la fórmula de Nicea donde se había visto que era susceptible de ser interpretada y, además, deficiente a la luz de la teología que entretanto había progresado. Se suprimió la fórmula nicena: «engendrado de la esencia del Padre» (DS 150; NR 250). Se completó la cristología de Nicea de modo

---

24. Cf. G. Greshake, *Gnade als konkrete Freiheit.* Eine Untersuchung zur Gnadenlehre des Pelagius, Mainz 1972; Id., *Der Wandel der Erlösungsvorstellungen in der Theologischbichte,* en *Erlösung und Emanzipation* (ed. por L. Scheffczyk), Freiburg-Basel-Wien 1973, 69-101.
25. Sobre la significación del antiguo concepto hypostasis-persona, cf. *infra* cap. 13, especialmente nota 22.

positivo contra herejías, que negaban la divinidad del Espíritu santo (pneumáticos), definiendo la correspondiente pneumatología y se puso a esa cristología a tono con la conciencia eclesial de la fe y con la teología.

La profesión de fe niceno-constantinopolitana se mantiene hasta hoy como profesión litúrgica oficial de la iglesia; representa, además, hasta hoy el punto de convergencia entre todas las grandes iglesias de oriente y occidente. Es en esta profesión ecuménica, en el sentido propio de la palabra, en la que se deciden muy esencialmente tanto la cuestión de la actualización de la iglesia en viva continuación con su tradición, como también la cuestión de la unidad de las iglesias separadas. La discusión a este propósito se lleva bajo el lema de helenización y deshelenización del cristianismo. Para la historiografía dogmática liberal, en especial A. von Harnack, el dogma era «una obra del espíritu griego sobre el suelo del evangelio». Evangelio y dogma no se relacionan simplemente como un tema previo y su necesaria explicación; entre ambos ha hecho su aparición un nuevo elemento: la sabiduría del mundo de la filosofía griega [26]. Por eso Harnack quería retroceder más allá del desarrollo doctrinal cristológico hasta llegar a la fe de los padres llana y sencilla. Entretanto han penetrado también en la teología católica los lemas «helenización» y «deshelenización», frecuentemente como términos de moda. [27]

De lo dicho hasta ahora se deduce que tenemos que jugar de una manera esencialmente más diferenciada que lo hizo Harnack. Hay que conceder fundamentalmente que el cristianismo no podía soslayar una polémica con la pretensión universal de la filosofía griega del Logos y de la esencia precisamente a causa de la pretensión cristiana escatológico-universal; aquí no se trata de un renunciar a sí mismo, sino de reafirmarse el cristianismo [28]. En definitiva se trataba del *aggiornamento* de entonces en orden al intento hermenéutico necesario para expresar el men-

26. A. von Harnack, *Lehrbuch der Dogmengeschichte* I, 20.
27. Una visión de conjunto sobre historia y situación del problema ofrece A. Grillmeier, *Hellenisierung-Judaisierung des Christentums als Deuteprinzipien der Geschichte des kirchlichen Dogmas*: Scholastik 33 (1958) 321-355, 528-558; Id., *Die altkirchliche Christologie und die moderne Hermeneutik*, en J. Pfammatter - F. Furger (ed.), *Theologische Berichte* I, Zürich-Einsiedeln-Köln 1972, 69-169; P. Stockmeier, *Hellenismus und Christentum*, en SM II, 665-676; Id., *Glaube und Religion in der frühen Kirche*, Freiburg-Basel-Wien 1972; W. Pannenberg, *Fundamentos*, pág. 356 s.
28. Así W. Kamlah, *Christentum und Geschichtlichkeit*. Untersuchungen zur Entstehung des Christentum und zu Augustins «Bürgschaft Gottes», Stuttgart-Köln ²1951.

saje cristiano en el lenguaje del tiempo a la vista de la problemática de entonces. Por eso escribió con razón R. Seeberg: «La "helenización", romanización o germanización de por sí no corrompen al cristianismo; estas formas muestran de por sí únicamente que la religión cristiana fue repensada independientemente en las épocas en cuestión, siendo asimilada, y que se hizo parte integrante del saber espiritual y de la cultura de los pueblos. Pero el peligro de este proceso consiste en que los pueblos o la época en cuestión no sólo traducen formalmente el cristianismo, para hacérselo comprensible, sino que lo rebajan materialmente hasta otro nivel de religión. Lo primero tiene que constatarlo la historia de los dogmas como hecho inseparable de un desarrollo histórico fuerte, mientras que contra lo segundo tiene que protestar críticamente». [29]

Pero si se miran los credos de Nicea y Constantinopla desde esta perspectiva fundamental, se constatará con qué admirable precisión supo mantener la antigua iglesia la delimitación entre helenización legítima e ilegítima. El arrianismo era una helenización ilegítima que deshacía al cristianismo en cosmología y moral. Nicea, por el contrario, representaba una deshelenización; Cristo para el dogma no es principio mundano, sino de salvación. La distinción de Constantinopla entre οὐσία y ὑπόστασις supuso, en principio, hasta una ruptura del pensamiento griego esencialista en dirección a uno de tipo personal; lo definitivo y lo supremo ahora no era la naturaleza sino la persona.

Es comprensible que la teología de la antigua iglesia no consiguiera medir en seguida en todas sus consecuencias la decisión fundamental que se había tomado en Nicea y Constantinopla. Esto hubiera exigido una total refundición de todas las categorías de la antigua metafísica. De hecho las correcciones al pensamiento antiguo fueron más o menos aisladas. Así pudo acontecer que como consecuencia del ὁμοούσιος de Nicea entró en la teología el pensamiento metafísico de tipo esencialista, acabando, al fin, por desplazar el pensamiento de la Escritura que es escatológico e histórico-salvífico. A causa de ello el cristianismo perdió mucho de su dinámica histórica y de la perspectiva de futuro. Esta es la razón de la tesis de la desescatologización del cristianismo como presupuesto y consecuencia de su helenización. La consecuencia inmediata fue que la idea de Dios propia de la tra-

29. R. Seeberg, *Lehrbuch der Dogmengeschichte* I, 3.

dición, en realidad contra la intención de Nicea y Constantinopla, siguió dominada por la concepción griega de la inmutabilidad, impasibilidad y carencia de pasiones (ἀπάθεια) de Dios. La humanización de Dios y, sobre todo, el sufrimiento y muerte de Dios se convirtieron en el gran problema.

En la primitiva tradición, ante todo en Ignacio de Antioquía, la idea del rebajamiento es constante. «El atemporal, invisible, que se hizo visible por nosotros; el impalpable, el impasible, que se hizo pasible por nosotros» [30]. Es en el fondo lo mismo que encontramos en Ireneo: el incomprensible, inconcebible e invisible se hace en Cristo visible, concebible y comprensible a los hombres; el Padre inconmensurable se hace mesurable en Cristo; el hijo es la medida del Padre porque éste se hizo mensurable en él [31]. Las paradojas alcanzan su definitiva agudeza en Tertuliano en su escrito *Sobre el cuerpo humano de Cristo*: «El hijo de Dios fue crucificado, no me avergüenzo de ello, precisamente porque es algo vergonzoso; el hijo de Dios también murió, y es muy digno de crédito porque es absurdo; también murió y resucitó, y es cierto precisamente porque es imposible... de modo que el examen de ambas naturalezas nos ha mostrado al hombre y a Dios, por una parte como nacido, por la otra no nacido, aquí corporal allí espiritual, aquí débil allí soberanamente fuerte, aquí muriendo allí viviendo» [32]. En este contexto se encuentra también, en cuanto al contenido, la famosa fórmula: *credo quia absurdum est.*

La fuerza de tales formulaciones paradójicas no puede, sin embargo, hacer olvidar que con ello los padres traspusieron la cristología de la kénosis al marco intelectual de la doctrina filosófica sobre Dios que originariamente le era extraño. Lo que les preocupaba era la cuestión de cómo el infinito, invisible, inmortal puede hacerse finito, visible, mortal. Tan pronto como esta cuestión se planteó de un modo reflejo, tuvo que presentarse el problema de cómo lo finito puede ser *capaz* de lo infinito. ¿No se introduce con ello un desarrollo y un devenir en Dios? En contra de ello ya Orígenes expresó la convicción común al escribir: *Homo factus mansit quod erat* [33], y Agustín dice en el mismo sentido: *Sic se exinanivit: forman servi accipiens, non forman dei amittens, forma servi accessit, non forma dei discessit* [34]. Incluso teólogos, como el discípulo de Orígenes Gregorio Taumaturgo en oriente o Hilario en occidente, que ven los límites de estas proposiciones, no pueden salvaguardar la profundidad del sufrimiento. Ellos argumentan así: impasibilidad sería para Dios limitación y falta de libertad, por tanto, Dios tiene que poder sufrir; pero Dios sufre libremente, el sufrimiento no se le viene encima como por fatalidad, de modo que en medio del sufrimiento continúa siendo dueño de sí mismo. El sufrimiento se convierte, pues, en su fuerza, en su triunfo. El sufrimiento iba acompañado por el *sensus laetitiae.* Pero la cuestión que esta explicación plantea es si mantiene

30.   Ignacio de Antioquía, *Carta a Policarpo* III, 2, en *Padres apostólicos*, ed. D. Ruiz Bueno, Madrid 1965, 546-548; cf. Id., *Carta a los efesios*, en *Ibid.*, 561-567.
31.   Ireneo, *Adversus haereses* IV, 20, 4, ed. Harvey II, 216.
32.   Tertuliano, *De carne Christi* V (ML 2, 805-808).
33.   Orígenes, *De principiis, praef.* IV (GCS 22, 10).
34.   Agustín, *Sermo* 183, IV, 5 (ML 38, 990).

la profundidad del sufrimiento. Esta imagen corresponde menos al Jesús de Getsemaní que al justo sufrimiento en Platón, que es feliz, aunque se le atormenta y se le arrancan los ojos. [35]

La *theologia crucis* de Lutero es la que primero consigue abrirse paso a través de la teología dominada en su totalidad por la metafísica. Intenta con toda consecuencia no pensar la cruz a partir de una idea filosófica de Dios, sino, al revés, pensar a Dios a partir de la cruz. De una manera programática se expresa esto en las tesis de la *Disputa de Heidelberg* en 1518: *Non ille digne theologus dicitur, qui invisibilia Dei per ea, quae facta sunt, intellecta conspicit, sed qui visibilia et posteriora Dei per passiones et crucem conspecta intelligit* [36]. El misterio oculto de Dios no es algo del más allá; este Dios especulativo del más allá no nos interesa para nada; para Lutera el Dios oculto es el que lo está en la pasión y cruz. No debemos penetrar en los misterios de la majestad de Dios, sino contentarnos con el Dios de la cruz. No podemos encontrar a Dios fuera de Cristo; el que lo quiere encontrar fuera de Cristo, topa con el diablo. Desde este punto de partida llega Lutero a una transformación de la cristología. Acepta, sin duda, la de la antigua iglesia, pero le da un nuevo cariz. No le importa la cuestión de cómo se concilian la idea de Dios y la de hombre; es a partir de Cristo de donde se deduce lo que Dios y el hombre son. Así se aplican todas las sentencias sobre la majestad de la naturaleza divina a la humana; ante todo, la humanidad de Cristo participa de la omnipresencia de la divinidad. Y viceversa, también la divinidad participa de la bajeza de la humanidad, de su pasión y muerte.

Es cierto que aquí se plantean a Lutero problemas insolubles. Pues si la humanidad participa de las propiedades mayestáticas de Dios, ¿cómo puede seguir manteniéndose la auténtica humanidad de Jesús? Y si, por otra parte, la divinidad se adentra en la pasión, ¿cómo se ha de entender entonces el abandono de Jesús por parte de Dios en la cruz? Por ello, la teología de la cruz de Lutero tiene sus dificultades con la imagen histórica de Jesús, tal y como nos la testifica la Escritura. Ella nos plantea de nuevo

---

35. Sobre el problema como tal, cf. W. Elert, *Der Ausgang der altkirchlichen Christologie. Eine Untersuchung über Theodor von Pharan und seine Zeit als Einführung in die alte Dogmengeschichte* (ed. por W. Maurer y E. Bergsträsser), Berlin 1957; H. Küng, *Encarnación de Dios. Introducción al pensamiento teológico de Hegel como prolegómenos para una futura cristología*, Barcelona 1974; H. U. von Balthasar, *El misterio pascual*, en MySal III/2, 143 s.

36. M. Luther, *Disputatio Heidelbergae habita*, tesis 19 s, en WW I, 354; cf. W. von Loewenich, *Luthers Theologia crucis*, München ⁴1954.

la tarea de pensar el ser de Dios radicalmente desde el punto de
vista cristológico; pero también nos muestra la aporía en que cae
con ello la teología.

*La ojeada a la tradición muestra que la profesión niceno-
constantinopolitana sobre Jesucristo como verdadero Dios no está
ni mucho menos agotada. Este credo plantea más bien a la teología una tarea no resuelta hasta hoy. Hay que someter a una profunda reinterpretación cristológica la concepción e idea de Dios y
de su inmutabilidad, para volver a revalorizar así la interpretación bíblica del Dios de la historia.*

Un intento meritorio, aunque fracasado, en este sentido es el reciente de
P. Schoonenberg [37]. Parte del principio fundamental que también ha dirigido
hasta ahora nuestra exposición: «Todo nuestro pensamiento se mueve desde
la realidad en dirección a Dios, no pudiendo hacerlo jamás en la dirección
contraria... De ningún modo pasamos de la trinidad a Cristo y al espíritu
que se nos ha dado, sino siempre al contrario». Esto significa para Schoonenberg que «el contenido de la preexistencia divina de Cristo sólo se puede
determinar a partir de su vida terrena y glorificada» [38]. Pero de este principio acertado concluye que no podemos afirmar ni negar la cuestión de si
Dios es trinitario, prescindiendo de su autocomunicación histórico-salvífica.
Una conclusión *a posteriori* desde la trinidad histórico-salvífica de la revelación hasta la trinidad intradivina sería solamente posible, según él, «si
fuera accesible la relación entre la inmutabilidad de Dios y su libre autodeterminación. Puesto que no es este el caso, la cuestión sigue sin respuesta
y no puede tenerla, siendo incluso absurda en teología». Pero no es fácil, de
hecho, mantener esa abstención, como muestra después el mismo Schoonenberg al afirmar: «La distinción entre Padre, Hijo y Espíritu se ha de
llamar personal desde el punto de vista económico-salvífico, pero, a lo más,
modal intradivinamente» [39]. En contra de su actitud reservada del principio,
Schoonenberg califica de verdadera a la doctrina modalista sobre la trinidad,
en la medida en que se refiere al ser intradivino en sí. Es evidente la contradicción con los principios propuestos por él mismo.

Buscando la razón de estas tesis contradictorias en sí, se ve que se basan,
en definitiva, en un *a priori* filosófico. Pero el teólogo no tiene que partir
de tal *Crítica de la razón pura*, sino del testimonio neotestamentario, según
el cual Dios nos ha revelado su esencia y misterio más íntimos en Jesucristo
de una manera escatológico-definitiva. Esto significa que para la fe no hay
ningún oscuro misterio de Dios «detrás de» su revelación. Más bien Dios
se revela en Jesucristo sin reservas y definitivamente como el que es: «Dios
es amor» (1 Jn 4, 8. 16). Este amor insondable e incomprensible constituye
teológicamente su misterio y no el problema abstracto y filosófico, sobre

37. P. Schoonenberg, *Un Dios de los hombres*, Barcelona 1972; Id., *Trinität-der
vollendete Bund*. Thesen zur Lehre vom dreipersönlichen Gott: Orientierung 37
(1973) 115-117. Cf. sobre esto K. Rheinhardt, *Die menschliche Transzendenz Jesu
Christi*. Zu Schoonenbergs Versuch einer nicht-chalkedonischen Christologie: TThZ
80 (1971) 273-289; A. Schilson - W. Kasper, *Christologie im Präsens*, 115-122.
38. P. Schoonenberg, *Trinität*, 115.
39. *Ibid.*, 116.

cómo se relacionan mutuamente inmutabilidad y libre autodeterminación. Por tanto, si Dios se revela en Jesucristo escatológico-definitivamente como amor que se comunica a sí mismo, entonces la autocomunicación de Dios entre el Padre y el Hijo constituye la eterna esencia de Dios mismo. Para imponer intelectualmente esta verdad de Escritura y tradición, tenemos que partir desde más profundo que lo que lo ha hecho Schoonenberg.

Tenemos que hacer hoy algo parecido a lo que realizaron los concilios de la antigua iglesia para su tiempo: tenemos que traducir el evangelio de Jesucristo como el hijo de Dios críticamente, ayudándonos de los medios intelectuales de hoy. En esta tarea estamos a los comienzos. Es tan difícil porque el pensamiento moderno ha desembocado primeramente en la difuminación y negación de la verdad bíblica y de la antigua iglesia. Pero sería falso entender la historia del pensamiento moderno sólo como historia de destrucción de la cristología bíblica y de la antigua iglesia, y no también como proceso permanente de su purificación y levantamiento, éste en el doble sentido de supresión y elevación. El principio moderno de la subjetividad, el proceso en el que el hombre se concientiza de su libertad como autonomía, convirtiéndola en punto de partida, criterio y medio de su interpretación total de la realidad, todo eso se halla indudablemente en relación con la historia del cristianismo, en la que precisamente la cristología y la doctrina trinitaria tuvieron una parte esencial en que se abriera paso la convicción de la superioridad incuestionable de la persona y su libertad por encima de todos los demás valores y bienes por muy excelsos que fueran. La época moderna ha vuelto a incorporar estos motivos cristianos todavía algo oscuros en la antigüedad y la edad media y los ha desarrollado, aunque en parte de una manera parcial y secularizada.

Tan pronto como se pensó a Dios también en el horizonte de la subjetividad, no pudo ser ya considerado como el ser supremo, el más perfecto e inmutable. Así se llegó a una des-sustancialización del concepto de Dios, preparado por el escotismo y nominalismo medievales así como por pensadores como el maestro Eckehart y Nicolás de Cusa. Dos caminos se podían seguir, caminos que continuamente se han estado suplantando en el decurso de la época moderna, como ha mostrado W. Schulz [40]. O a Dios se le pensó como la última condición trascendental que hacía posible la libertad, que únicamente puede mantener

40. Cf. W. Schulz, *Der Gott der neuzeitlichen Metaphysik*, Pfullingen ³1957; H. Krings - E. Simons, *Gott*, en *Handbuch philosophischer Grundbegriffe* II, München 1973, 614-641.

su pretensión incondicional en un mundo de lo condicionado gracias al medio que constituye la libertad absoluta, o a Dios se le consideró como esencia de todas las esencias, o sea, en definitiva, como supraesencial, de modo que todo lo real representa, en último término, sólo un momento de lo infinito. La primera posibilidad tiende a funcionalizar la idea de Dios y a preguntar, por ejemplo, qué significa prácticamente para el hombre la doctrina sobre la trinidad. El parecer de Kant era que no se podía sacar de ella nada práctico. En el segundo caso se llega a una renovación del modalismo; se considera a las tres divinas personas como automanifestaciones de la única esencia divina en el mundo y en la historia. En ambos casos Jesucristo no puede valer sino de símbolo, cifra, imagen, modo de manifestarse sea el hombre sea lo divino.

Fue aportación genial de Hegel el haber unido mutuamente estas dos posibilidades de pensamiento de la época moderna. Para él lo absoluto no es sustancia, sino sujeto, que lo es únicamente vaciándose cara al distinto de sí mismo. «Lo verdadero es lo total. Pero lo total es sólo la esencia que se completa por su desarrollo. De lo absoluto hay que decir que esencialmente es resultado, que sólo al final es lo que de verdad es» [41]. Esta comprensión histórica de Dios se le proporciona a Hegel, sin duda, a partir de la cristología; llega a su cénit cuando Hegel da una explicación de la cruz e intenta pensar la muerte de Dios. Cita este canto luterano: «¡Oh gran desgracia! Dios mismo ha muerto», y llama a este acontecimiento «algo monstruoso, horrible, que pone ante el pensamiento el más profundo abismo de la discordia» [42]. Pero precisamente esta discordia es la que para Hegel convierte al acontecimiento de la cruz en representación externa de la historia del espíritu absoluto. Porque a la esencia del espíritu absoluto pertenece el que se revele y se manifieste a sí mismo, es decir, que se represente en el otro y para otros, haciéndose objetivo a sí mismo. Es, pues, esencial a la esencia del espíritu absoluto que ponga en sí mismo la distinción de sí, que sea idéntico consigo mismo, diferenciándose de sí [43]. Para Hegel esto constituye una exégesis filosófica de aquella palabra bíblica: Dios es amor. Porque es cosa del amor el encontrarse a sí mismo en el otro, en el vaciamiento de sí mismo. «Amor es distinción de dos, que en definitiva no

41. G. W. F. Hegel, *Phänomenologie des Geistes* (ed. por J. Hoffmeister), 21.
42. Id., *Vorlesungen über die Philosophie der Religion* II/2 (ed. Lason), 158.
43. *Ibid.*, 53 s.

son distintos» [44]. En este vaciamiento la muerte representa el cénit de la finitud, la suprema negación y, en consecuencia, la mejor visión del amor de Dios. Pero el amor significa en la distinción, al mismo tiempo, reconciliación y unión. Así que la muerte de Dios implica simultáneamente la supresión del vaciamiento, la muerte de la muerte, la negación de la negación, la realidad de la reconciliación. Por tanto, la palabra de la muerte de Dios posee un doble significado: tiene uno para Dios, pues lo manifiesta como Dios viviente, como el amor; y tiene otro para la muerte y para el hombre, mostrando que la negación existe en Dios mismo, que con ello lo humano se ha incorporado a la idea de lo divino. En Dios hay lugar para el hombre, su sufrimiento y muerte; Dios no es opresión del hombre, sino libertad del amor para el hombre.

Hegel intentó con esta exégesis pensar a Dios totalmente a partir de Jesucristo. ¿Pero lo consiguió verdaderamente? ¿No se convierte en él el escándalo de la cruz en el viernes santo especulativo? Hegel mismo dice que para la razón especulativa Dios no es misterio. Especulativamente la cruz se hace diáfana, se suprime y se reconcilia dialécticamente. No es más que la representación y visión de lo que ocurre y ocurrió eternamente en el espíritu absoluto. No es acontecimiento inderivable, histórico del amor, sino expresión de un principio-amor, ya no es acontecimiento libre, histórico, sino necesaria fatalidad. Aquí vale lo que dijo Goethe: «La cruz está tapada con rosas. ¿Quién ha puesto las rosas a la cruz?» [45]. Pero si a la muerte de Dios se la considera como necesaria, ¿se la sigue tomando en serio? ¿no se pasa también por alto toda la profundidad del sufrimiento humano? ¿no es entonces el hombre, su sufrimiento y muerte, un momento necesario en el proceso del espíritu absoluto, suprimiéndose tanto la libertad del hombre como la de Dios?

No fue casual que la teología poshegeliana insistiera en la indeductibilidad de la realidad (Schelling), de la existencia (Kierkegaard), la irreconciliabilidad de las situaciones materiales (Marx). Basados en la tradición cristiana habrá que decir, ante todo, que hay que reconciliar no sólo finito e infinito, naturaleza e historia, sino libertad y esclavitud, amor de Dios y culpa y pecado humano. Pero cuando el problema de la mediación alcanza no sólo abstractamente a Dios y al hombre, sino que se plantea en

44. *Ibid.*, 75.
45. J. W. von Goethe, *Die Geheimnisse*. Ein Fragment, citado por J. Moltmann, *El Dios crucificado*, 54.

esta concretividad, entonces la reconciliación sólo se puede realizar en un acontecimiento de libertad totalmente inderivable,
que no se puede convertir especulativamente en claro.

La crítica a Hegel no debe hacer olvidar que su filosofía (algo
parecido se podría mostrar respecto de Fichte y Schelling) le pone
a disposición al teólogo medios intelectuales que le ayudan a
tener en cuenta el acontecimiento de Cristo mejor de lo que le
era posible a la tradición de impronta metafísica, y a pensar a
Dios no abstracta y filosóficamente, sino en concreto como el Dios
y Padre de Jesucristo. El ser Dios de Dios tiene entonces que
pensarse como libertad en el amor, que está en sí mismo en
cuanto que se regala. Pero Dios sólo puede mostrarse como este
amor que se comunica a sí mismo en la historia de Jesucristo,
si él en sí mismo *es* este amor, o sea, si *es* en sí mismo la identidad y diferencia entre llamada libre y libertadora y entre respuesta libre y libertadora. *La trinidad intradivina es, por así
decir, la condición trascendental que hace posible la autocomunicación histórico-salvífica de Dios en Jesucristo por el Espíritu
santo. No es otra cosa que la exégesis consecuente de esta sentencia: «Dios es amor» (1 Jn 4, 8. 16).*

Sin poder adentrarnos en detalles en este contexto en la doctrina de la trinidad inmanente, hay que mostrar lo que pueden
dar de sí las categorías de la filosofía idealista, fijándonos en
una cuestión discutida hoy con mucha frecuencia. La pregunta
planteada por K. Barth en la teología protestante y por K. Rahner
en la católica es la siguiente: si es aplicable, y hasta qué punto, el
concepto moderno de persona, diferente del de *hypostasis-subsis-
tentia* en boga en la antigüedad y en la edad media, cuando se
trata de la trinidad, es decir, si se puede hablar de tres personas
divinas. En su lugar K. Barth quiere hablar de tres modos de
ser [46] y K. Rahner prefiere referirse a tres modos distintos de
subsistencia [47]. Es conocido que ya Fichte afirmó en la llamada
disputa sobre el ateísmo que el concepto de persona implica un
ponerse frente a otra realidad y, por tanto, lleva consigo finitud,
no pudiendo, en consecuencia, aplicarse a Dios. Hegel se ocupó de
esta problemática y mostró que la esencia de la persona consiste
en despojarse del aislamiento y peculiaridad, ampliándola hasta
la universalidad, ganando la personalidad concreta por la supre-

        46. K. Barth. *Die kirchliche Dogmatik* I/1, Zollikon-Zürich ⁵1947, 373 s;
H. Berkhof, *Theologie des Heiligen Geistes*, Neukirchen-Vluyn 1968, 128 s.
        47. K. Rahner, *El Dios trino como principio y fundamento trascendente de la
historia de la salvación*, en MySal II/1, 352-360.

sión de la abstracta y la sumersión en lo otro. La persona es, pues, una mediación entre universalidad y peculiaridad, y en consecuencia, la realización de la esencia del amor. Pues «amor es distinción de dos, que en definitiva no son distintos». Amor es «distinguir y suprimir la distinción» [48]. Todo esto es una perífrasis de la definición tradicional de las divinas personas con relaciones subsistentes y, al mismo tiempo, la mejor justificación para designar a éstas como personas. Por el contrario, si se renuncia al concepto de persona en la doctrina de la trinidad y se habla en su lugar de modos de ser o de subsistencia, se quita todo su «fruto»; en lugar de la libertad concreta en el amor se declara como lo último y supremo un concepto abstracto de ser, mientras que precisamente el sentido de la doctrina de la trinidad es decir que la realidad en su totalidad se encuentra estructurada profundamente como personal o interpersonal.

Si Dios *es* el libre en el amor, esto significa que no se puede agotar en el amor entre Padre, Hijo y Espíritu, sino que en la sobreabundancia de su amor en el Hijo tiene siempre lugar para lo distinto de sí mismo, lugar para el mundo y para el hombre. En el Hijo reconoce Dios a los hijos en libertad desde la eternidad; en el Hijo es desde la eternidad un Dios de los hombres y para los hombres. Aquí radica el sentido más profundo del pensamiento sobre la preexistencia del Hijo; esa idea está muy lejos de ser algo puramente especulativo, diciendo más bien que Dios en cuanto Dios de Jesucristo es un Dios de los hombres, que existe vuelto eternamente al hombre.

Por supuesto que este pensamiento es suprimido por la especulación escolástica, que piensa que en definitiva cualquiera de las tres divinas personas pudiera haberse hecho hombre [49]. Cualquier idea que deja el hecho a discreción (aunque posteriormente se la «suavice» con argumentos de conveniencia) suprime la relación íntima entre trinidad inmanente y económica, haciendo de la primera en realidad, una especulación inútil y de la segunda, una acción caprichosa y arbitraria de Dios. Por supuesto que K. Barth parece apuntar al extremo contrario con su tesis de que «Dios, al elegir al hombre, no sólo decide sobre éste, sino, de modo originario, sobre sí mismo» [50]. Y hay que reconocerle toda la razón a Barth, cuando dice que no hay misterio

48. G. W. F. Hegel, *Vorlesungen über die Philosophie der Religion* II/2 (ed. por Lasson), 75.
49. Tomás de Aquino, *Summa theologiae* III, q. 3 a. 5.
50. K. Barth. *Die kirchliche Dogmatik* II/2, Zollikon-Zürich ³1948, 1; cf. 101 s.

alguno oscuro tras su decisión salvadora concreta, y que ésta no representa un decreto abstracto, rígido; el misterio y el decreto salvador de Dios consiste más bien en que él es el Dios de los hombres en Jesucristo, pero que lo es precisamente en la libertad de su amor. Pero esta libertad en el amor parece cuestionarse cuando se habla de que Dios dispone sobre sí mismo en la elección graciosa y que precisamente en ella es Dios. H. U. von Balthasar ve con razón en esta tesis una forma idealista de pensamiento y el método del principio que se pone y se presupone a sí mismo, no ve asegurada la libertad de la gracia como excedente y abundancia del amor, sino fundada su necesidad. [51] Si Dios es el libre en el amor, entonces en Dios no sólo hay lugar para el mundo y el hombre, entonces Dios tiene *en* su eternidad también tiempo para el hombre. Porque entonces la eternidad de Dios no es autoidentidad rígida, abstracta y sin relación, sino que representa más bien la identidad de Dios en el hacerse otro; entonces la eternidad de Dios se prueba por su fidelidad en la historia. La eternidad no se ha de definir sin más negativamente como atemporalidad, sino, de forma positiva, como dominio sobre el tiempo. Por tanto, si Dios se hace, ello ocurre no a modo humano, sino a modo divino. No es la historia la que da a Dios su identidad; él no es un Dios que se está haciendo, que tuviera que sobrepujarse y realizarse en y por el tiempo; más bien es Dios el que da a la historia su identidad, el que le imprime coherencia y sentido. Aquí vemos nuevamente el sentido profundo de la idea de preexistencia. No indica un alargamiento del tiempo hacia atrás hasta meterse en la eternidad; lo que insinúa es más bien que Dios es un Dios de la historia en su Hijo desde la eternidad y en libertad y que tiene tiempo para el hombre.

3. *El hijo de Dios como plenitud del tiempo*

Jesucristo no es únicamente la definitiva autodefinición de Dios, sino, al mismo tiempo, la definitiva definición del mundo y el hombre. Puesto que en él se ha alcanzado la plenitud escatológica del tiempo, en él se manifiesta el sentido de la realidad en su totalidad. Aquí radica la importancia de las sentencias de la

---

51. H. U. von Balthasar, *Karl Barth*, 186 s.

Escritura sobre la mediación creadora de Cristo, que nos resultan hoy, a primera vista, sólo defícilmente accesibles. [52]
Proposiciones sobre la mediación creadora de Cristo se encuentran ya en escritos relativamente tempranos del nuevo testamento. Ya en 1 Cor 8, 6 se dice: «Sólo hay un Señor; por él existe todo y nosotros también». Para Pablo esto no es una especulación exagerada, sino la fundamentación de la libertad cristiana; porque en 1 Cor 8 se trata de la cuestión de si un cristiano podía comer carne comprada en el mercado, pero consagrada a los ídolos según costumbre de entonces. Pablo fundamenta la libertad cristiana llamando la atención sobre que hay un solo Dios, del que todo procede, y un solo Señor, por el que todo existe. El señorío de Cristo es, pues, universal, pero no engendra esclavitud, sino libertad, que, naturalmente, está obligada a pensar con amor en el hermano (8, 7 s). Este señorío universal de Cristo se impone también en 1 Cor 10, 4, donde Pablo, enlazando con especulaciones judías, dice que «era Cristo» la roca de que manó agua y acompañaba al pueblo de Israel en su peregrinaje por el desierto. De modo semejante dice 1 Pe 1, 11 que el espíritu de Cristo actuaba ya en los profetas. Otra vez se ve, pues, que la preexistencia de Cristo es una proposición soteriológica, es decir, sobre el significado salvador universal de Cristo.
El mayor desarrollo de las sentencias sobre la mediación creadora lo tenemos en Col 1, 15-17:

Él es la imagen del Dios invisible,
el primogénito de toda la creación.
Pues en él fue creado todo
en el cielo y sobre la tierra,
lo visible y lo invisible,
tronos y dominaciones, principados y potestades;
todo se creó por él y para él.
Él existe antes de toda la creación,
todo subsiste en él.

A esta primera estrofa sobre la mediación creadora universal le corresponde una segunda (1, 18-20), referida a la mediación salvífica universal de Cristo, según la cual en él está reconciliado

---

52. Cf. K. Pfleger, *Die verwegenen Christozentriker*, Freiburg-Basel-Wien 1964; H. U. von Balthasar, *Karl Barth*, 336 s; H. Küng, *Christozentrik*, en LThK II, 1169-1174; Id., *Rechtfertigung. Die Lehre Karl Barths und eine katholische Besinnung*, Einsiedeln 1957, 127 s, 138 s, 277; W. Pannenberg, *Fundamentos*, 208; H. Riedlinger, *El dominio cósmico de Cristo*: Concilium 11 (1966) 108-126; G. Rousseau, *Die Idee des Königstums Christi*, 63-69.

todo y en él se funda una paz (*shalom*) universal. Por tanto, nuevamente vemos que el pensamiento sobre la creación se orienta, como servicio y fundamentación, a la preocupación soteriológica. Y viceversa, el significado universal de la salvación cristiana tiene consecuencias para la conducta del cristiano en el mundo, porque ese significado libera del culto a las realidades terrenas, libera del anatema del gentilismo y de la legalidad del judaísmo, en el que, sin duda, se encontraban en peligro de caer los colosenses. La cristología universal fundamenta, pues, tanto la libertad cristiana como la responsabilidad cristiana cara al mundo.

Vamos a mencionar solamente los demás lugares neotestamentarios que contienen una cristología universal. Heb 1, 3: «El es esplendor de su gloria e imagen de su esencia; sustenta todo con su poderosa palabra». Resumiendo se puede decir, pues: «Jesucristo es el mismo ayer y hoy y eternamente» (13, 8). También para Ap 1, 17 es Cristo «el primero y el último». Las sentencias sobre la preexistencia en el prólogo de Juan, de las que ya tratamos, dicen igualmente que todo se hizo por el Logos y que, por lo mismo, era luz y vida de los hombres desde el principio (1, 3 s). Sólo en Jesucristo se ve con claridad lo que es verdad, luz, vida, hacia lo que los hombres tienden, porque él es luz, vida, verdad (Jn 8, 12; 14, 6, etc.). *Las sentencias sobre la mediación creadora de Jesucristo se orientan, sirven y fundamentan las que hablan de redención. Intentan imponer al carácter escatológico-definitivo y universal de la persona y la obra de Jesucristo como plenitud del tiempo (Gál 4, 4) y resaltar la libertad y responsabilidad cristianas en el mundo.*

Las proposiciones sobre la mediación creadora de Jesús tienen la misma raíz desde el punto de vista de historia de las religiones que las referentes a la preexistencia: la especulación del antiguo testamento sobre la sabiduría [53]. Esta era sumamente apropiada para expresar el carácter escatológico-universal del acontecimiento de Cristo. El antiguo testamento, con ayuda de la tradición sapiencial, que tenía en común con otros pueblos (en especial Egipto), intentó fundamentar ya la universalidad de la actuación histórico-salvífica de Yahvé en y con Israel, vinculando así mutuamente creación e historia de la salvación [54]. El nuevo testamento desarrolló muy pronto una cristología sapiencial en la llamada F (fuente Q) de los *logia* [55]. Se encuentra en las amenazas

53. Cf. *supra*, cap. 11, nota 19.
54. Cf. G. von Rad, *Weisheit in Israel*, Neukirchen-Vluyn 1970.
55. Cf. U. Wilckens - G. Fohrer, art. σοφία, en ThWNT VII, 515-516.

contra «esta generación» que no reconoce la sabiduría de Dios (Mt 23, 34-36. 37-39; Lc 11, 49-51; 13, 34 s; cf. Mt 11, 16-19; 12, 41; Lc 7, 31-35; 11, 31). Por tanto, la base de tales «especulaciones» es precisamente la fuente de los *logia*, a base de la cual algunos quieren reconstruir un rabbi Jesús para contraponerlo a la llamada especulación eclesiástica sobre Cristo.

El motivo de que la sabiduría de Dios, que es la locura de la cruz, encuentra oposición y contradicción por parte de la sabiduría de este mundo, vuelve a aparecer en 1 Cor 1 y 2 [56]. Por tanto, tampoco la teología de la cruz puede contraponerse a una cristología sapiencial en un horizonte universal; pero sí que supone un correctivo importante, para que no se cambien la sabiduría de Dios en Jesucristo y la del mundo, ni se «vacíe» la cruz de Cristo (1 Cor 1, 17). Un desarrollo más amplio encuentra la cristología de la sabiduría después en las deuteropaulinas. Ef 3, 10 habla de la múltiple sabiduría de Dios, que actúa en todas partes y es multiforme. Conforme al eterno plan de Dios apareció en Cristo, en el que se ocultan todos los tesoros de la sabiduría y el conocimiento (Col 2, 3), y es anunciada por la iglesia (Col 1, 26 s). Esta cristología sapiencial representa, sin duda, un paralelo de la cristología del Logos en el prólogo de Juan.

La universalidad de la salvación en Jesucristo fundada escatológicamente se expresa de la manera más completa con ayuda del concepto μυστήριον [57]. *Mysterium* significa en la Escritura primariamente no un misterio intelectual, sino, conforme al estilo apocalíptico, la eterna decisión salvífica de los tiempos. En este sentido se habla en Mc 4, 11 s del misterio del reino de Dios, aludiendo a Jesús mismo. Esta concentración y concreción cristológica del misterio de Dios se expone de la manera más completa en Ef 1. En Cristo concentró Dios su decisión eterna para llevar a cabo la plenitud de los tiempos (1, 9); porque en Cristo nos predestinó a la filiación en amor y por gracia (1, 5). En él estamos predefinidos, por así decir; en él estamos todos nosotros establecidos. De modo que en Cristo se reveló el misterio desconocido a tiempos anteriores (Rom 16, 25 s), oculto desde la

---

56. Cf. además, *Ibid.*, 519-523; H. Schlier, *Kerygma und Sophia.* Zur neutestamentlichen Grundlegung des Dogmas, en *Die Zeit der Kirche*, 206-232; U. Wilckens, *Weisheit und Torheit.*

57. Cf. G. Bornkamm, art. μυστήριον, en ThWNT IV, 809-834, especialmente 823 s; H. Schlier, *Der Brief an die Epheser.* Ein Kommentar, Düsseldorf [6]1968, especialmente 60 s, 153 s; J. Gnilka, *Der Epheserbrief*, Freiburg-Basel-Wien 1971, especialmente 76 s.

eternidad en Dios, creador de todo (Ef 3, 9). Esta revelación del misterio se realiza en concreto a través de la predicación de la iglesia (Ef 3, 6. 8 s). Puesto que a ella le está confiado el misterio del evangelio (Ef 6, 19), se puede llamar también a la iglesia, compuesta de judíos y gentiles, contenido del misterio (Ef 3, 6; Col 1, 26), pues en ella está Cristo entre nosotros. A la iglesia se la enmarca aquí en las perspectivas más amplias de la historia de la salvación y del mundo; es el lugar, en que se manifiesta totalmente el sentido de la historia y de la realidad; es la «divulgación» del misterio de toda realidad. En la unidad de los pueblos realizada en ella se manifiesta desde ahora la meta del misterio salvífico de Dios en Jesucristo: la reinstauración de la unidad rota, la recapitulación y pacificación del universo (Ef 1, 10). Pero este dominio cósmico de Cristo vuelve a ser sobrepasado; sirve, por su parte, a la alabanza y glorificación de Dios (1, 6. 12. 14). La definición que toda realidad recibe bajo el señorío de Cristo, no es la esclavitud, sino la filiación por el reconocimiento de un solo Padre (cf. también Rom 8, 29 s). Con ello se suprimió la dialéctica entre señorío y esclavitud como ley de la historia en favor de la filiación, cuya «mayoría de edad» consiste en la glorificación de Dios, del creador y salvador del cosmos.

Si Jesucristo es la sabiduría personificada y la recapitulación y la meta de toda realidad, entonces la realidad como totalidad y cada cosa real recibe de él y en orden a él su lugar y sentido definitivo. Pero entonces también su filiación, su ser para Dios y para los hombres, que constituye el centro, base y meta de la existencia de Jesús, tiene que determinar de la manera más íntima toda realidad de una manera oculta pero eficiente. Tal cristología universal quiere decir, en primer lugar, que no se deben poner dualísticamente en contra ni yuxtaponer creación y redención, naturaleza y gracia, cristianismo y mundo. Cristianismo, gracia y redención no son un lujo suplementario, ni una superestructura o una especie de segundo piso sobre la «realidad» natural; y viceversa, la realidad «natural» no es indiferente para la fe ni mundo malo sin más. Más bien hay que decir que Cristo está actuando en todas partes de modo oculto pero eficiente y que por doquier quiere imponerse. Tenemos que servirle en la vida diaria y no falta quien lo ha encontrado ahí sin haberlo reconocido. Por consiguiente, el cristianismo únicamente puede serlo en cuanto abierto al mundo; traiciona su esencia más íntima, si a modo de secta se refugia en el gueto.

En la historia de la teología hay (hablando esquemáticamente) tres grandes esbozos en otras tantas épocas, orientados hacia esa cristología universal [58]: la antigüedad y la edad media esbozaron una cristología cósmica. Cosmos para los griegos era no sólo un concepto de la física, sino también de la metafísica; por eso cosmos significaba no sólo el universo, sino la concreción de toda realidad, el orden completo del todo. La unidad y belleza del mundo se funda en el único Logos, que todo lo gobierna. Por doquier y en todo se encuentran fragmentos y huellas del Logos (λόγος σπερματικός). Los apologistas del siglo II incorporaron ya esta teoría, interpretándola cristológicamente. Según ellos, el Logos se reveló corporalmente en su plenitud en Jesucristo, mientras que en las religiones y filosofías gentiles sólo se hallan semillas de la verdad. Esta cristología cósmica presuponía una visión sacral del mundo, que en la ilustración mostró su íntima ambigüedad; si al cristianismo se le considera como la razón encarnada, entonces esto tiene que desembocar en una interpretación «racional» del cristianismo. El realce moderno de la subjetividad condujo al desencantamiento de la imagen del mundo; lo divino, incondicional y absoluto se experimentó ahora en la razón, la libertad y la conciencia del hombre. Así se llegó a una cristología orientada antropológicamente. Cristo fue mirado como la respuesta a la cuestionabilidad del hombre, como la plenitud de lo que el hombre siempre ansía en su búsqueda de su ser total. Dentro de la teología católica es, ante todo, K. Rahner, quien ha propuesto un esbozo de esta cristología orientada antropológicamente. [59]

Al «final de la época moderna» (R. Guardini) el hombre se experimenta, sin embargo, cada vez más no sólo como el señor de la realidad, sino también como entregado impotentemente a los poderes de la técnica, ciencia, política, etc., poderes históricos que él mismo ha producido. El todo de la realidad no se interpreta ya cósmica o antropocéntricamente, sino como proceso cambiante y acontecimiento de mediación entre mundo y hombre, es decir, como historia [60]. Así se llegó en el idealismo alemán de Schelling y Hegel, en Baader y Soloviev, a grandes especulaciones histórico-filosóficas, cristológicas y sofiológicas, en las que Cristo se presenta como ley fundamental y meta del desarrollo histórico. En la teología católica de los últimos decenios jugó un papel importante en este sentido la obra de Teilhard de Chardin [61]. Piensa que puede mostrar un proceso constante desde la cosmogénesis, pasando por la noogénesis (antropogénesis), hasta llegar a la cristogénesis. Para él Cristo es el punto omega de la evolución cósmica e histórica, que, según él y a diferencia del marxismo, no se encamina a una conciencia colectiva, sino a una megasíntesis estructurada personalmente, en la que Cristo es «un centro especial que brilla en el corazón de un sistema», el corazón del mundo. Tal «enmarcaje» histórico-teológico lo han intentado en el campo protestante, partiendo de presupuestos totalmente distintos, W. Pannenberg y J. Moltmann, resaltando al mismo tiempo el aspecto de la misión y la responsabilidad de lo cristiano cara al mundo.

---

58. Cf. las panorámicas que ofrecen H. U. von Balthasar, *Sólo el amor es digno de fe*, Salamanca 1970; J. Moltmann, *La revelación divina y el problema de su verdad*, en Perspectivas teológicas, 31-67, y *supra*, cap. 1.
59. Cf. *supra*, cap. 3.
60. Cf., además, *supra*, cap. 3 y especialmente la nota 49.
61. Cf. *supra*, cap. 1, nota 9.

Todo esto representa, sin duda, esbozos grandiosos y geniales en orden a una visión total cristocéntrica de la realidad. Con todo, no se debe ignorar tampoco un peligro que les es inmanente y que consiste en suprimir la singularidad de Jesucristo en aras de algo general y en llegar a un cristianismo que se realiza por doquier anónimamente en la humanidad, pagando su universalidad con la pérdida de su concreción y neta distinción. Por eso hay que definir con cuidado la relación entre cristianismo y mundo, naturaleza y gracia, creación y redención. Por una parte, desde Jesucristo se ilumina la realidad en su totalidad; sólo a partir de él se puede decidir definitivamente sobre el sentido de la realidad (*analogia fidei*). Pero si esta explicación cristológica de la realidad no se ha de sobreponer sólo exteriormente, convirtiéndose así en ideológica, entonces tiene que corresponder al ser de la realidad; o sea, la realidad en sí tiene que poseer la impronta cristológica, de modo que también desde la realidad reciba luz Jesucristo (*analogia entis*). En estas dos correspondencias tenemos que vérnoslas, por así decir, con una elipse de dos focos. No se debe suprimir parcialmente la tensión entre ambos.

La tentación de soluciones parciales se presenta desde distintos sitios. En primer lugar se trata de la tentación de integralismo [62], queriendo ordenar la realidad casi-totalitariamente a partir de Cristo, olvidando que Cristo impone su universalidad no por medio de una opresión esclavizante, sino de la libertad filial en el amor. Pero el respeto de la libertad incluye respeto y tolerancia incluso de la libertad que ha tomado una decisión errónea. Al integralismo se le contrapone el secularismo. Entiende a Jesucristo como la evolución del mundo que se llegó a colmar, como símbolo y cifra de un auténtico ser de hombre. Cristianismo es, en definitiva, todo lo humanamente noble y bueno; desaparece la diferencia entre cristianismo y mundo. Cristo es sólo la ilustración (revelación) de lo anónimamente cristiano. Donde únicamente se piensa a base de este esquema de revelación y epifanía, se pasa por alto el carácter histórico del acontecimiento de Cristo, que no sólo revela el sentido de la realidad, sino que lo realiza de tal manera, que sólo al encontrarse con Jesucristo se decide el sentido definitivo del hombre.

Esta unidad diferenciada e histórica entre creación y redención es el gran tema del esbozo histórico-salvífico del padre de la dogmática católica, Ireneo de Lyon. Puesto que el hombre fue creado a imagen de Dios, se encuentra orientado hacia la semejanza gratuita con el original. Cuando el hombre se salió por el pecado de esta orientación de la comunión con Dios, éste no lo dejó caer. En Jesucristo lo recapituló y renovó todo. Pues

---

62. Cf. O. von Nell-Breuning, *Integralismus*, en LthK V, 717-781.

él se hizo «lo que nosotros somos para hacernos totalmente lo que él es» [63]. Al hacerse hombre, nos mostró la verdadera imagen del hombre; como reflejo del Padre invisible pudo volver a asemejarnos con el modelo [64]. De esa manera el hijo de Dios humanado representa la plenitud sobreabundante de la historia. «Trajo toda novedad trayéndose a sí mismo». [65]

Este motivo de la plenitud sobreabundante lo resumió la teología de la alta edad media en esta fórmula: *Gratia non destruit naturam, sed supponit et perficit naturam* [66]. Este axioma se interpretó mal con frecuencia, como si la gracia presupusiera una naturaleza desarrollada y plena en la medida de lo posible, incluso una vitalidad humana repleta. Se olvidó que Dios aceptó y redimió precisamente lo agonal, débil y necio. También se olvidó que la naturaleza del hombre en concreto siempre es naturaleza determinada históricamente, es decir, por la libertad, que se halla o en el pecado o en la salvación, pero nunca se encuentra neutralmente en la antesala del cristianismo como *natura pura*. Por eso originariamente este axioma no representa una proposición concreta, material, óntica, sino una fórmula estructural formal, ontológica, que quiere decir que la gracia no es una realidad independiente, sino un regalo de Dios a una creatura que ya se presupone (*suppositum*), que por su parte está capacitada para ser agraciada por Dios y que sólo en este agraciamiento alcanza su perfección. De modo que hay que distinguir entre la constitución «natural» del hombre (*perfectio forma*) y su perfección (*perfectio finis*) [67]. En otros términos, el hombre alcanza la perfección de su naturaleza sobrepasándola en dirección a Dios y su gracia. Esta trascendencia implicada en la esencia de la libertad humana halla su suprema realización en la pascua, es decir, en el paso de Cristo de la muerte a la vida en el Padre.

Por tanto, en la muerte y resurrección de Cristo llega a la realización singular y suprema aquello que constituye la esencia

63. Ireneo, *Adversus haereses* V, praef. (ed. W. W. Harvey II, 314).
64. Cf. *Ibid.* V, 16, 2 (II, 368).
65. *Ibid.* IV, 34, 1 (II, 269).
66. Sobre la historia de este axioma, cf. J. Beumer, *Gratia supponit naturam. Zur Geschichte eines theologischen Prinzips:* Gr 20 (1939) 381-406, 535-552; B. Stoeckle, *Gratia supponit naturam. Geschichte und Analyse eines theologischen Axioms,* Roma 1962 (bibliografía). Sobre la significación objetiva, cf. E. Przywara, *Der Grundsatz «Gratia non destruit, sed suponit et perficit naturam». Eine ideengeschichtliche Interpretation:* Scholastik 17 (1942) 178-186; J. Alfaro, *Gratia supponit naturam,* en LThK IV, 1169-1171 (bibliografía); J. Ratzinger, *Gratia praesupponit naturam,* en *Palabra en la iglesia,* Salamanca 1976.
67. Así, ante todo, H. Volk, *Gnade und Person,* en *Gott alles in allem,* especialmente 119 s.

más profunda del hombre: el ser amor que se supera a sí mismo y se vacía de sí mismo. Esta ley fundamental la universaliza Jesús mismo: «El que quiera salvar su vida, la perderá; pero quien la pierda por mí y por el evangelio, la salvará» (Mc 8, 35). «Si el grano de trigo no cae en la tierra y muere, permanece solo; pero si muere, da mucho fruto. Quien ama su vida, la pierde, pero quien odia su vida en este mundo, la guardará para la vida eterna» (Jn 12, 24 s). Estos *logia* adquieren ahora incluso relevancia ontológica: todo lo que existe, existe sólo en el paso a otro; toda peculiaridad tiene su verdad solamente en que es incorporada en un todo. Lo viviente tiene que salir de sí para conservarse. El yo tiene que vaciarse en un tú para ganarse a sí y al otro. Pero comunidad, sociedad y humanidad sólo pueden encontrar y conservar su unidad dentro de un todo que abarca y supera a sus miembros, y esto es un servicio que, a su vez, sólo puede ser personal. De modo que unidad entre los hombres es únicamente posible en la autotrascendencia en orden al común reconocimiento de Dios. Formulado de modo más general se diría: todo ser encuentra su identidad no por un estar-en-sí falto de relación y seco; la identidad concreta es únicamente posible por la relación y autosuperación en orden a otro. De esa manera, el amor, que constituye el centro más íntimo del ser de Jesús, representa el vínculo que mantiene unido todo y da a cada uno su sentido.

Esta explicación cristológica de la realidad se halla, por cierto, en estricta contradicción con esa forma de pensamiento dominante hoy en occidente y que determina la vida social, se trata de un modo de pensar que hace punto de partida el interés propio de cada uno. Pero hoy se encuentra apoyado, ante todo, por un esbozo de alcance universal y de la máxima actualidad política, que declara la lucha como medio para alcanzar la meta de la historia, el reino de la libertad. Para Karl Marx toda la historia es una historia de luchas de clases [68]; la ley fundamental de la historia es la dialéctica entre dominio y esclavitud, alienación y liberación (emancipación). El cristianismo mira la alienación del hombre con no menos realismo; ve al hombre alienado por el poder del pecado, que se manifiesta y objetiviza en situaciones injustas e inhumanas en lo social y económico. Esta alienación llega tan profundo que el hombre no puede liberarse por la propia fuerza ni como individuo ni como grupo o clase. Es necesario un comienzo radicalmente nuevo, como lo ha traído Jesu-

68. Cf. K. Marx - F. Engels, *Manifiesto comunista*, Madrid 1932.

cristo en su amor a Dios y a los hombres. En el cristianismo no se trata, por tanto, de una libertad emancipada, sino de una libertad liberada, puesta en libertad. El modelo cristiano no es, pues, la relación entre amor y esclavo, sino la de padre e hijo, que es liberado por el padre en orden a su propio ser. Pero donde la filiación se convierte en concreción de la interpretación cristiana del hombre, allí no es la lucha, sino el amor el motor de la historia. Por supuesto que amor significa también decisión y compromiso incondicionales por la justicia para todos. Puesto que el amor acepta y confirma al otro como otro de modo incondicional, le da también lo que le pertenece; constituye, pues, el alma y la plenitud superadora de la justicia, la fuerza para acomodar las exigencias de la justicia a las situaciones cambiantes de la historia y, llegado el caso, para renunciar a derechos legítimamente adquiridos. De ese modo se convierte el amor en motor de la historia. Una cristología universal es digna de crédito sólo cuando no se limita a teoría, sino que empuja a la práctica. De la profesión en Jesucristo como el hijo de Dios se deduce una nueva visión del hombre que está abocado a la filiación, a la libertad, que se realiza en el amor. Jesucristo mismo nos ha mostrado y posibilitado de manera singular esta nueva imagen del hombre.

Por eso si preguntamos para terminar : cur Deus homo?, tenemos que contestar con el credo apostólico : propter nos et propter nostram salutem. La humanación de Dios es la recapitulación y plenitud superabundante de la historia, la plenitud del tiempo; por ello llega el mundo a su ser total y a su salvación. Esta respuesta arroja una nueva luz sobre la clásica controversia entre tomistas y escotistas a propósito de la finalidad de la humanación de Dios [69]. Su pregunta consiste en si Dios se habría hecho hombre aunque no hubiera existido el pecado, o sea, si la finalidad primaria de la humanación era la redención del pecado o la recapitulación del cosmos en Cristo. Si se analiza con más detalle la controversia escolástica, se ve que se reduce a una cuestión abstracta sobre el orden de los decretos divinos: «¿Determinó Dios la humanación previendo el pecado, o permitió el pecado presuponiendo la humanación?» [70]. Esta cuestión carece de respuesta para nosotros. Tenemos que despedirnos de toda teoría sobre las cosas que Dios hubiera podido hacer si... Dando la razón a la

69. Cf., además, R. Haubst, *Vom Sinn der Menschwerdung.* «Cur deus homo», München 1969, así como el bosquejo teológico-histórico de H. U. von Barthasar, *Karl Barth,* 336-344.
70. M. Schmaus, *Teología dogmática* III: *Dios redentor,* Madrid 1959.

pasición tomista, podemos partir sólo de la revelación concreta y real de Dios en Jesucristo, según la cual Dios salva al mundo en su pecado, en cuanto que lo recapituló de nuevo en Jesucristo, y entonces podemos reconocer en la realidad la posibilidad de Dios: Jesucristo como la realidad de la revelación constituye desde la eternidad su posibilidad. En él Dios es el amor en el que acepta y reconcilia lo distinto de sí mismo, liberándolo así para consigo mismo, es decir, para el amor. La muerte de Dios en la cruz y la resurrección como la negación de esta negación se hacen comprensibles de esa manera en cuanto cima de la autorrevelación de Dios para la salvación del mundo. Ellas son aquello *quo nil maius fieri potest.* [71]

71. F. W. J. Schelling, *Die Philosophie der Offenbarung*, en WW VI (ed. por M. Schröter), 561 y 566.

12

Jesucristo, hijo del hombre

1. Jesucristo, hijo del hombre y la concretización de nuestra salvación

El hecho de que Jesús de Nazaret fue un hombre verdadero es para el nuevo testamento algo que se presupone con toda naturalidad. Así se habla de que nació de una madre humana, que creció, tuvo hambre, sed, cansancio, alegría, tristeza, amor, ira, fatigas, dolores, se vio abandonado de Dios y, por fin, murió. La realidad de la existencia corporal de Jesús en el nuevo testamento es, pues, un hecho incuestionable y, por eso, no discutido (con excepción de algunos escritos tardíos), presupuesto sin más. Pero los escritos neotestamentarios se interesan poco por los detalles de su existencia humana; sobre el exterior y figura de Jesús o sobre su «vida anímica» apenas si se nos dice algo. Porque al nuevo testamento no le interesan ni la desnuda realidad de la vida de Jesús ni los detalles concretos de sus situaciones, sino el significado salvífico de este verdadero ser hombre. Todo el interés se centra en decir que en él y por él Dios habló y actuó de una manera escatológico-definitiva y, por lo mismo, históricamente insuperable, y hasta que Dios estaba en él para reconciliar el mundo consigo (2 Cor 5, 18). Por eso también la salvación escatológica de cada hombre se decide en este hombre concreto, Jesús de Nazaret. «Quien me confiese ante los hombres, a él lo confesará también el hijo del hombre ante los ángeles de Dios; pero quien me niegue ante los hombres, él será negado ante los ángeles de Dios» (Lc 12, 8 s; cf. Mc 8, 38). Esta concretización del acontecimiento y la decisión salvífica justifica el escándalo de lo cristiano. «Y dichoso quien no se escandalice de mí» (Mt 11, 6).

El kérygma pascual incorpora este tema con la sentencia fundamental de esta identidad: el Resucitado es el Crucificado y el Crucificado es el Resucitado. De ese modo se mantiene la importancia salvífica del hombre concreto Jesús de Nazaret también para la situación pospascual. Al mismo tiempo, se resalta su carácter de escándalo, en cuanto que la cruz, signo de la ignominia y la muerte, se convierte en signo de gloria y vida. Lo que para los gentiles es locura y para los judíos escándalo se convierte para el que cree en signo del poder y sabiduría de Dios (cf. 1 Cor 1, 18). Mediante esta teología de la cruz se vuelve Pablo contra el entusiasmo del primitivo cristianismo, que se imagina estar ya ahora totalmente lleno del espíritu de Dios, olvidando que continúa relacionado retrospectivamente con la cruz concreta de Cristo y está llamado, a la sombra de la cruz, a una obediencia corporal concreta y al servicio en el día a día del mundo.

Los evangelios convierten este tema en su programa y eligen como forma de predicación la narración de la historia de Jesús. El cuarto evangelio expresa con nitidez la idea dominante: «y el Verbo se hizo carne (σάρξ) y acampó entre nosotros» (1, 14) [1]. «Carne» [2] designa en la Escritura al hombre desde el punto de vista de su pobreza, caducidad, debilidad y trivialidad. Lo que se quiere decir es, pues, que la palabra de Dios se introdujo totalmente en nuestro ser de hombre, hasta el fondo de su normal trivialidad, su inutilidad, su fracaso y su vacío. Pero no se dice simplemente que «Dios se hizo hombre», sino que «se hizo este hombre Jesús de Nazaret». Esta limitación a este hombre uno y único implica, al mismo tiempo, un juicio sobre todos los demás, en los que la palabra no se hizo carne. La proposición sobre la encarnación en el cuarto evangelio significa, pues, en cierto sentido, una desmitologización y desacralización del hombre y una relativización de lo que normalmente los hombres consideran grande, significativo y distinguido. Así que el enunciado sobre la encarnación del Verbo representa una verdad crítica, de la que no se puede derivar ninguna teología triunfalista de la encarnación. Porque esta proposición no se puede entender en modo alguno, como si la palabra de Dios hubiera hecho el ser hombre en general signo y sacramento de la salvación o hasta se hubiera adentrado, transfigurando y corroborando en las estructuras de

---

1. Por esta razón parece poco probable que el cuarto evangelio se encuentre marcado por el docetismo, tesis que ya propuso F. Chr. Baur y que recientemente ha vuelto a resucitar E. Käsemann, *Jesu letzter Wille nach Johannes 17*, Tübingen 1966, especialmente 51 s. Cf. R. Schnackenburg, *Johannesevangelium* I, 243 s.

2. E. Schweizer - F. Baumgärtel - R. Meyer, art. σάρξ, en ThWNT VII, 98-151.

nuestro mundo concreto, de su poder y su riqueza; más bien tiene un sentido exclusivo-crítico: en este único hombre está Dios continuamente entre nosotros.

Esta concretización de la promesa de salvación y de la correspondiente decisión que se exige fundamenta el escándalo propiamente dicho de lo cristiano, que ninguna predicación y ninguna teología debe suprimir o acortar, porque sólo mediante este escándalo puede mantenerse el que Dios se ha introducido de modo concreto en nuestro ser de hombre. El escándalo de esta concretización tiene que acuñar al cristianismo desde el fondo. Por eso existe una iglesia concreta con proposiciones y signos salvíficos concretos y obligatorios, que —aunque se sabe de su historicidad y no es necesario ocultar pecaminosidad en la iglesia— no se la puede cambiar por otra con la sospechosa afirmación de que lo importante, en definitiva, no es esto exterior. Pero la iglesia tampoco debe negar el carácter escandaloso de lo cristiano, en cuanto que ella misma quiere ser una *ecclesia gloriae* triunfalista, que bendice el poder y la riqueza mundanas y hasta se pavonea de ellas. La palabra de Dios tiene que adentrarse también por ello en la carne del mundo hasta el fondo de lo humano. Quien reconoce esto, no contrapondrá ya mutuamente la teología de la encarnación y la de la cruz.

Lo que en los testimonios de la Escritura fue presupuesto indiscutible se convirtió pronto en problema de vida o muerte para la iglesia. Al abandonar ésta las fronteras del ámbito judío y penetrar en el mundo espiritual del helenismo de una configuración totalmente distinta, cayó quizás en la crisis más profunda que jamás haya tenido que superar y que fue mucho más peligrosa que la persecución exterior de los primeros siglos. A este movimiento espiritual que amenazó en su sustancia la esencia de la fe cristiana, se le llama la gnosis. [3]

3. Cf. C. Colpe - E. Haenchen - G. Kretschmar, *Gnosis*, en RGG II, 1648-1661 (bibliografía); R. Haardt, *Gnosis*, en SM III, 291-301 (bibliografía); W. Bauer, *Rechtgläubigkeit und Ketzerei im ältesten Christentum*, Tübingen 1934; W. Bousset, *Hauptprobleme der Gnosis*, Göttingen 1973; R. Bultmann, γινώσκω, en ThWNT I, 688-719; Id., *Das Urchristentum im Rahmen der antiken Religionen*, Zürich-Stuttgart ²1954; C. Colpe, *Die religionensgeschichtliche Schule*. Darstellung und Kritik ihres Bildes vom gnostischen Erlösermythus, Göttingen 1961; R. Haardt, *Die Gnosis*. Wesen un Zeugnisse, Salzburg 1967; E. Haenchen, *Gab es eine vorchristliche Gnosis?*, en *Gott und Mensch*, Tübingen 1965, 265-298; H. Jonas, *Gnosis und spätantiker Geist* II/1, *Von der Mythologie zur mystischen Philosophie*, Göttingen 1954; G. Quispel, *Gnosis als Weltreligion*, Zürich 1951; H. Raschke, *Das Christusmysterium*. Wiedergeburt des Christentums aus dem Geist der Gnosis, Bremen 1954; R. Reitzenstein, *Die hellenistischen Mysterienreligionen*. Nach ihren Grundgedanken und Wirkungen, Darmstadt 1956; Id., *Das iranische Erlösungsmysterium*, Bonn

Se discute mucho entre los investigadores el origen y la esencia de la gnosis. Pero hoy en general no se piensa, como los padres de la iglesia, que la gnosis represente en primera línea un fenómeno intraeclesiástico, es decir, una nueva interpretación de la fe con ayuda de categorías helenísticas. La gnosis era un movimiento religioso de tipo sincretista muy extendido ya en tiempos anteriores al cristianismo. Ante todo gracias a los escritos de Qumrán se sabe que comenzó no sólo en terreno helenístico, sino también en el del judaísmo. Sólo secundariamente incorporó la gnosis también elementos cristianos a su «sistema» en una forma cambiada, con lo que probablemente se llegó al mito del hombre originario salvador.

Según la gnosis la redención acontece mediante el saber. El hombre es salvado de los enigmas de la existencia humana, en cuanto que piensa en su destino celeste, librándose en su yo espiritual del cerco del mundo material. Por eso se distingue la gnosis por un dualismo craso, por una oposición entre luz y tinieblas, bien y mal, espíritu y materia, Dios y mundo. No le importa redimir al cuerpo y la materia, sino redimirse del cuerpo y la materia. Esto desemboca en desprecio del cuerpo, del matrimonio y del engendramiento o, por el contrario, en un libertinaje desenfrenado. Sin duda que aquí se trata de una posibilidad fundamental de solucionar la existencia humana, contestando a la cuestión sobre el de donde y el adonde del hombre y el mundo, en especial, sobre el origen y superación del mal.

Ya muy pronto penetraron corrientes gnósticas en la iglesia. Los gnósticos se llamaban pneumáticos y pretendían ser cristianos de clase superior, que se consideraban por encima de la interpretación «carnal» del cristianismo comunitario. De acuerdo con su presupuesto dualístico Cristo no pudo tener un verdadero cuerpo. Por eso hablaban de un cuerpo aparente (δόκημα). Esto les mereció el nombre de docetas («defensores del cuerpo aparente»)[4]. Unos atribuían a Jesús un cuerpo aparente desprovisto de toda realidad (Marción, Basílides), otros (Apeles, Valentín) enseñaban que tuvo un cuerpo pneumático, etéreo (astral). Pero la tentación gnóstica no se limitó a los primeros siglos, sino que acompañó a la iglesia y la teología a través de toda su historia. Toda la edad media se caracteriza por una corriente inferior gnóstica (habría que nombrar, ante todo, a los albigenses). Elementos gnósticos se encuentran nuevamente en ciertos principios idealistas que consideran al hombre sólo como espíritu, que, con la excusa de interiorizar, espiritualizar y profundizar al cristianismo, lo que hacen es espiritualizar la figura de Cristo y la redención. No es necesario que esto llegue tan lejos como para hacer de Cristo un mero mito o convertirlo en importante sólo como idea o cifra. Todo lo concreto e histórico se desprecia como exterior, accesorio o hasta como un obstáculo. Se lucha contra la objetivización y cosificación de la fe y lo que se consigue, con frecuencia, es una deshistorización y espiritualización. También en la teología existe una «jerga propia» (Th. W. Adorno). No sin fundamento ha acusado E. Käsemann a la teología kerygmática de docetismo kerygmático.

Pero sería falso ver la tentación de docetismo sólo en la teología, ignorando su influjo callado y mucho más peligroso en la fe y vida de la iglesia.

1971; L. Schottroff, *Der Glaubende und die feindliche Welt*. Beobachtungen zum gnostischen Dualismus und seine Bedeutung für Paulus und das Johannesevangelium, Neukirchen 1970; R. Mc. L. Wilson, *Gnosis und Neues Testament*, Stuttgart 1971.
4. Cf. A. Grillmeier, *Doketismus*, en LThK III, 470-471; R. Schnackenburg, *Johannesbriefe*, Freiburg-Basel-Wien ²1963, 15-20, 24 s.

En la historia de la piedad cristiana con frecuencia se sublimó y divinizó tanto la figura de Jesús, que para la conciencia eclesiástica corriente apareció como un Dios que se paseaba por la tierra, oculto tras el adorno y librea de una figura humana, pero cuya divinidad «resplandece» una y otra vez, mientras que se ocultan detalles pertenecientes a la «banalidad» humana. Fundamentalmente apenas si se podrá decir, que la doctrina de la verdadera humanidad de Jesús y su significado salvífico haya penetrado profundamente en la conciencia corriente de los cristianos. En el fondo, se encuentra aquí, con frecuencia, una concepción de Jesucristo sumamente mitológica y doceta.

La disputa con la gnosis fue y es para la iglesia una lucha a vida o muerte. Se discute si Pablo, en sus polémicas con sus enemigos corintios (2 Cor 10-13) y con los «fuertes» de allí (1 Cor 8-10), con su ansia de sabiduría (1, 17-2, 5), la importancia excesiva que daban a la glosolalía (12-14) y la negación de la resurrección (15), se las tiene que ver con gnósticos [5] o —lo que parece más probable— con entusiastas. En Colosas, por el contrario, son claras las corrientes judeo-gnósticas [6] que exigían la abstención de determinadas comidas y bebidas y la observancia de determinados cultos (2, 16 s; cf. 1 Tim 4, 3 s, etc.), negando, en consecuencia, la mediación salvífica universal de Jesús (1, 15 s), en el que Dios habita corporalmente (σωματικῶς) en toda su plenitud (2, 9). La acentuación de la corporeidad de la salvación sirve aquí de fundamentación a la libertad cristiana, que, por supuesto, significa algo muy distinto a libertinaje, pues precisamente porque Cristo es todo en todo, tenemos que renovarnos en él a imagen del creador (3, 10 s) y hacerlo todo en el nombre de Jesús dando gracias al Padre (3, 17). Todas las situaciones humanas son ahora lugar concreto de servicio y obediencia.

Con toda claridad se polemiza en la primera y segunda cartas de Juan y ahora se hace expresamente con características cristológicas [7]. Así como el cuarto evangelio comienza con la profesión en la encarnación del Logos, así lo hace la 1 Jn con esta sentencia: «Lo que era desde el principio, lo que oímos, lo que vimos con nuestros ojos y tocamos con nuestras manos sobre el Verbo de la vida..., eso es lo que os anunciamos» (1, 1). Este escrito apostólico tardío lanza incluso un claro anatema contra todos los que niegan la encarnación: «En esto conocéis el espíritu de Dios: todo espíritu que confiesa que Jesucristo es el venido en la carne,

---

5. Así, ante todo, W. Schmithals, *Die Gnosis in Korinth*. Eine Untersuchung zu den Korintherbriefen, Göttingen ³1969.
6. Cf. G. Bornkamm, *Die Häresie des Kolosserbriefes*: ThLZ 73 (1948) 11-20.
7. Pero R. Schnackenburg duda, con razón, que se trate ya de un docetismo en el sentido posterior. Cf. R. Schnackenburg, *Johannesbriefe*, 20 s.

es de Dios, y ningún espíritu que no confiese a Jesús, es de Dios; ese tal es del anticristo...» (4, 2 s; cf. 4, 15; 5, 5 s). Con la misma nitidez se dice en 2 Jn: «En el mundo han aparecido ciertos seductores, que no confiesan que Jesucristo sea el venido en la carne. Este es el seductor y el anticristo» (v. 7). *Por tanto, la cuestión de la encarnación representa no sólo la demarcación entre cristianismo y no cristianismo, sino entre cristianismo y anticristianismo. La profesión en la venida de Dios en la carne es el criterio decisivo para distinguir lo cristiano. De esta profesión depende el que la vida, la luz y el amor hayan aparecido concretamente en nuestro mundo (1 Jn 1, 2; 4, 9) y que gracias a la fe y al amor podamos superar al mundo de la muerte, la mentira y el odio (5, 4).*

Los símbolos de fe de la antigua iglesia se enfrentan con la herejía doceta de modo muy sencillo, pero muy profundo, profesando la fe en la creación de Dios y mencionando los hechos principales de la vida de Jesús: nacimiento, pasión y muerte. Sólo en la edad media aparecen condenaciones concretas de la gnosis. El segundo concilio de Lyon (1274) profesa la verdadera y total humanidad de Cristo, afirmando que no fue algo fantástico (DS 852). El concilio de Florencia (1441) en el *Decretum pro iacobitis* se vuelve asimismo contra los maniqueos, que enseñan sólo un *corpus phantasticum*, y contra los valentinianos que únicamente quieren admitir un *corpus caeleste* (DS 1340 s).

Pero las herejías de la gnosis y el maniqueísmo fueron rechazadas no tanto mediante declaraciones magisteriales oficiales, sino que más bien fueron superadas intelectualmente por la teología, desenmascarando muy profundamente su carácter acristiano. Porque la gnosis representa no tanto una herejía cuanto una doctrina acristiana y anticristiana. Lo puso bien en claro ya Ignacio de Antioquía. Su argumentación se orienta totalmente por la soteriología: toda negación de la realidad de la humanidad de Jesús significa la negación de la realidad de nuestra redención, pues si Jesús tuvo un cuerpo meramente aparente, entonces sólo en apariencia padeció, sólo en apariencia hemos sido redimidos (Esmirn 2), y hasta la eucaristía es mera apariencia (Esmirn 7). Finalmente, en ese caso es absurdo que padezcamos corporalmente por Jesús y suframos persecución (Esmirn 4, 1). Todo se evapora en mera apariencia. Por eso, Ignacio llama a Cristo con toda drasticidad un «portador de carne» (σαρχοφόρος) (Esmirn 5; cf. Trall 19; Magn 9).

Estos argumentos los emplea y profundiza, ante todo, Ireneo de Lión. Establece el principio fundamental que aparece una y otra vez en la tradición que sigue: «... El que por su amor infinito se hizo lo que nosotros somos, para hacernos plenamente lo que él es» [8]. Esta idea se encuentra en Ireneo en el contexto de la *anakephalaiosis* (teoría de la recapitulación), según la cual Cristo representa el resumen y cima de toda la historia de la humanidad. En su cuerpo y en su vida humana repite todas las fases del desarrollo de la humanidad, empezando por la niñez, y la lleva hasta la mayoría

---

8. Ireneo, *Adversus haereses* V, praef. (ed. W. W. Harvey II, 314).

de edad y la plenitud, es decir, hasta Dios. De modo que precisamente en su corporeidad es resumen y cabeza de la creación. Como principio fundamental de su teología —y de toda teología católica— contrapone Ireneo a la gnosis la unidad entre creación y redención. Esta decisión teológica fundamental la llevó a cabo la iglesia al contraponer el canon de la Escritura compuesto de antiguo y nuevo testamento contra Marción, que quería separar al Dios creador del antiguo testamento del Dios redentor del nuevo y, en consecuencia, quería anular los escritos bíblicos. *La unidad de creación y redención es, pues, «el» principio hermenéutico fundamental para la exégesis de la Escritura.*

A la vista de la importancia fundamental de la humanidad de Jesucristo para nuestra salvación, es necesario preguntar aún con más detalle, en el trasfondo de la antropología actual, qué significa la venida de Dios en la carne. Partimos de la cuestión sobre qué hay que entender por cuerpo del hombre, intentando luego, en primer lugar, llegar a la concepción de carne (σάρξ), para poder comprender mejor en qué medida la venida de Jesús en la carne puede significar nuestra salvación.

La antropología moderna[9] se ha liberado del dualismo griego y de la división cartesiana del hombre en *res cogitans* (alma) y *res extensa* (cuerpo). Cuerpo y alma no son simplemente dos realidades que existen yuxtapuestas o incrustadas, sino que forman un todo indivisible; el hombre es totalmente cuerpo y totalmente alma, y ambas son siempre todo el hombre. También nuestra vida espiritual, nuestro pensar y libre querer, está y sigue vinculado no sólo exteriormente a un sustrato corporal, por ejemplo, a determinadas funciones cerebrales, sino que también interiormente llevan la impronta profunda de lo corporal; el cuerpo penetra en las más sublimes autorrealizaciones del espíritu humano. Esto se ve con la mayor claridad en el fenómeno del lenguaje humano. El reír y llorar son asimismo expresión de todo el hombre; el gesto humano expresa el pensamiento, lo sujeta, lo subraya. Refiriéndonos al hombre, hablamos no sólo de que se alimenta, sino de ágape, no sólo de su cabeza, sino de su rostro. Sobre todo en la expresión es el hombre él mismo, y hasta «exis-

9. Cf. F. P. Fiorenza - J. B. Metz, *El hombre como unidad de cuerpo y alma,* en MySal II/2, 661-714; J. B. Metz, *Corporalidad,* en CFT I, 317-326; W. Maier, *Das Problem der Leiblichkeit bei Jean-Paul Sartre und Maurice Merleau-Ponty,* Tübingen 1964; W. Pannenberg, *Was ist der Mensch?* Die Anthropologie der Gegenwart im Lichte der Theologie, Göttingen 1964; K. Rahner - A. Görres, *El cuerpo y la salvación,* Salamanca 1975; K. Rahner, *Eterna significación de la humanidad de Jesús para nuestra relación con Dios,* en ET ³III, 47-61; G. Siewerth, *Der Mens und sein Leib,* Einsiedel 1953; M. Theunissen, *Der Andere.* Studien zur Sozialontologie der Gegenwart, Berlin 1965; B. Welte, *Die Leiblichkeit des Menschen als Hinweis auf das christliche Heil,* en *Auf der Spur des Ewigen,* 83-112.

te» en él. De modo que el hombre no sólo tiene un cuerpo, sino que *es* este cuerpo. En él se abre y manifiesta todo el hombre. El cuerpo es expresión, símbolo, excarnación, medio esencial del hombre. En el cuerpo está todo el hombre «presente», por eso se le puede concebir precisamente como «existencia» y presencia del hombre.

Hay que mencionar una segunda experiencia. Sabemos que el hombre se puede esconder también tras su rostro, que se puede colocar una máscara y jugar otro papel; con sus palabras puede no sólo revelarse, sino también ocultar sus pensamientos e intenciones. La corporeidad del hombre significa que se puede distanciar de sí mismo, que se puede mantener reservado y negarse a la comunicación. El hombre llega hasta a experimentar que no puede reinstaurar la armonía que debería reinar entre alma y cuerpo; se escapa de sí mismo en su cuerpo. Porque el cuerpo, en cuanto que nos es dado, jamás es expresión total. Por eso tiene una cierta oposición contra el espíritu. Por tanto, el cuerpo no es solamente símbolo y expresión del hombre, sino que constituye también su ocultación y retraimiento.

Este punto de vista se refuerza con otra constatación. El cuerpo del hombre es no sólo expresión del alma humana, sino también el «campo de influjo» del mundo sobre el hombre. Por el cuerpo nos hallamos entretejidos con el mundo cósico, no sólo pertenecemos a este mundo sino que estamos entregados en sus manos hasta el caso extremo de que podemos morir por violencia externa. Por el cuerpo estamos con las cosas y las cosas con nosotros. El cuerpo es un pedazo de mundo que nos pertenece de tal manera que somos este pedazo; pero también es un pedazo de mundo por el que estamos dentro del mundo, no perteneciéndonos totalmente a nosotros. El cuerpo es un «entre» el hombre y el mundo. Mediante nuestro cuerpo nos determina el mundo que nos circunda pero no sólo de manera exterior y accidental, sino interiormente en aquello que somos. Nuestro hallarnos situados en el mundo es una determinación esencial de nuestro ser. Pero a través de su cuerpo el hombre no sólo se encuentra entretejido con el mundo que lo rodea sino igualmente con los hombres con quienes vive. Por nuestro cuerpo tenemos comunión de sangre con nuestra familia, nuestro pueblo, nuestra raza y, finalmente, con la humanidad entera. Pero la vinculación con los hombres llega aún más al fondo; ella constituye no sólo nuestro ser corporal, sino, de modo decisivo, también nuestra identidad personal. Nuestra libertad es, en concreto, posible solamente en la medida en que los otros nos dejan espacio para ella y lo respetan. Como Hegel mostró, la libertad concreta se basa en la confirmación y aceptación mutua en el amor. Por eso, en definitiva, la libertad concreta es únicamente posible dentro de un orden solidario de la libertad, donde cada uno recibe del otro un espacio concreto de vida y libertad. A su vez, dentro de este espacio el individuo se realiza sólo encontrándose con otras personas significativas (P. L. Berger). De modo que en nuestro ser nos encontramos condefinidos por lo que los otros son; nuestro ser es esencialmente ser-con.

Resumiendo todo lo dicho, se deduce que el hombre en su corporeidad representa de hecho un problema doble sumamente profundo. El cuerpo puede ser expresión y realización esencial del hombre; pero puede ser también lugar de abandono del hombre. El cuerpo puede ser signo de salvación y felicidad y también de perdición, ruptura y desavenencia. La corporeidad del hombre muestra la total ambigüedad de lo que el hombre, en definitiva, es: un ser que sólo se puede realizar en el cuerpo y en el mundo, pero que en esta realización puede equivocar su destino y perderse a sí mismo. El término «hombre» y «humano» es curiosamente dudoso; en él se entrelazan lo encumbrado y lo ruín, noble y ordinario, banal y extraordinario. «Con la expresión "esto es humano" se excusa hoy todo. Uno se divorcia: es humano. Se engaña en un examen o en un concurso: es humano. Uno pulveriza su juventud en el vicio: es humano. Se es celoso: es humano. Se defrauda: es humano. No hay vicio que no se excuse con esta fórmula. De modo que con el término "humano" se designa lo que hay en el hombre de más caduco y bajo. A veces hasta se convierte en sinónimo de animal. ¡Qué lenguaje tan singular! Pero si lo humano es precisamente lo que nos distingue del animal. Humana es la razón, el corazón, la voluntad, la conciencia, la santidad. Esto es humano».[10]

En esta tensión no metafísica, pero fáctica entre alma y cuerpo, hombre y hombre, hombre y mundo, es donde se plantea la cuestión de la salvación. Porque salvación significa integridad de la existencia humana en y con el mundo. Pero en estas tensiones experimenta el hombre su desintegración, o sea, su situación de perdición. Aquí experimenta de hecho su falta de libertad, abandono y autoalienación. Esta situación ambigua recibe en la Escritura y en la tradición eclesiástica una explicación clara. Para la Escritura y la tradición la relación y tensión fun-

10. J. G. Saliège, citado por J. Ratzinger, *Gratia praesupponit naturam*, 178 s.

damental no es alma-cuerpo, hombre-mundo, espíritu-materia, individuo-sociedad, hombre-humanidad, sino Dios-hombre, Diosmundo, creador-creatura. La integración de los polos de tensión dentro de la antropología y el mundo es posible únicamente, si el hombre como totalidad se supera en dirección a Dios, pues sólo él como creador abarca todas estas dimensiones como su unidad unificante. Pero si se rompe la comunión entre Dios y hombre, entonces se llega, como consecuencia, a la desintegración en el hombre, entre los hombres así como entre el mundo y el hombre.

Esta situación de la lejanía de Dios y la consecuente autoalienación es lo que la Escritura llama pecado (ἁμαρτία) [11]. Pero el pecado no consiste sólo en la acción aislada y responsable del hombre, con la que se opone a la voluntad de Dios; el pecado se experimenta en la Escritura también como situación global y como poder, que todo hombre carga sobre sí por razón de su solidaridad como ser y no sólo por solidaridad ética y práctica con todos los demás, ratificándola luego mediante su propia acción. Esta copecaminosidad no es, pues, sólo algo exterior al hombre, no sólo un mal ejemplo, influencia perniciosa, atmósfera seductora, sino que determina a todo hombre interiormente en lo que *es* ante Dios, ante los otros y ante sí mismo. En realidad, con este concepto de la copecaminosidad en cuanto existencial real del hombre hemos dicho en el fondo lo que se quiere decir con pecado original, concepto no feliz y que se presta a malentendidos. [12]

Pecado original quiere decir que la situación universal que determina a cada uno interiormente contradice de hecho a la originaria voluntad de salvación por parte de Dios, que todo lo

11. G. Quell - G. Bertram - G. Stählin - W. Grundmann, art. ἁμαρτάνω, en ThWNT I, 267-320.
12. No podemos ocuparnos aquí con detalle de la compleja discusión sobre el pecado original. Cf. U. Baumann, *Erbsünde? Ihr traditionelles Verständnis in der Krise heutiger Theologie*, Freiburg-Basel-Wien 1970; J. Gross, *Geschichte des Erbsündendogmas. Ein Beitrag zur Geschichte des Problems von Ursprung des Übels*, München-Basel 1960-1972; H. Rondet, *Problème pour la réflexion chrétienne. Le péché originel, l'enfer et autres études*, Paris 1946; P. Schoonenberg, *Theologie der Sünde*, Einsiedel-Zürich-Köln 1966; Id., *El hombre en pecado*, en MySal II/2, 946-1042 (bibliografía); K. H. Weger, *Theologie der Erbsünde*. Con un excurso: *Erbsünde und Monogenismus de Karl Rahner*, Freiburg-Basel-Wien 1970; H. Haag, *Biblische Schöpfungslehre und kirchliche Erbsündenlehre*, Stuttgart 1966; M. Flick - Z. Alszeghy, *El hombre bajo el signo del pecado*, Salamanca 1972; Z. Alszeghy - M. Flick, *Il peccato originale in prospettiva evoluzionistica*: Gr 47 (1966) 202-225; A. Vanneste, *Le décret du concile de Trente sur le péché originel*: NRTh 87 (1965) 688-726; Id., *La préhistoire du décret du concile de Trente sur le péché originel*: NRTh 86 (1964) 355-369, 490-510; Id., *La théologie du péché originel*: RevClergé-Afric (sept. 1967) 492-513; L. Scheffczyk, *Pecado original*, en CFT III, 398-409.

creó con vistas a Cristo y quiere colmarlo todo en él. *Quiere decir que la salvación que Dios ha pensado para el hombre como hombre, no se le da de hecho por su origen, de manera que existe una contradicción entre su ordenación a Cristo y su determinación por la copecaminosidad general.* Aquí radica la razón más profunda de la ruptura en el hombre y el mundo. La alienación frente a Dios y respecto de su voluntad salvífica resumida en Cristo desemboca en la alienación del hombre respecto de sí mismo: en una disensión entre espíritu y cuerpo, conocer y querer, en la crisis de identidad del hombre, cuyos efectos alcanzan incluso al ámbito somático en el sufrimiento, la enfermedad y el sometimiento a la muerte. Añádase la alienación entre los hombres: odio, mentira, reyertas, injusticia, relaciones opresoras de dependencia e incapacidad para el contacto, comprensión y conversión. Finalmente existe la alienación entre el hombre y su mundo: la dependencia irracional respecto de poderes anónimos sean naturales o sociales y la esclavitud consiguiente hasta llegar al caso extremo de morir a manos de tales poderes. En una palabra: en lugar del amor en cuanto sentido del ser aparece de hecho el egoísmo que se aísla y quiere reafirmarse a sí mismo, resultando de ello una absurdidad incoherente, cerrada.

Esta experiencia de ruptura y separación de la realidad en sí y la experiencia de la tensión incurable entre la esperanza que sigue en pie cara a la salvación y la situación real de perdición desembocó una y otra vez en sistemas de un dualismo metafísico. Pero con ello se suaviza también la tensión, pues se descarga la libertad del hombre y se responsabiliza a Dios de modo insoportable. El mal que hay en el mundo cae sobre Dios, convirtiéndolo en un demonio. La tradición reconoció con nitidez este peligro, basando la situación de pecado (pecado original) en una acción libre histórica (pecador originario), en la que estamos solidariamente entretejidos y en la que consentimos por propia decisión; tal explicación es justa tanto con la libertad del hombre como con la de Dios. A pesar de todas las dificultades que con esta explicación se relacionan, que vea quien lo niegue cómo escapa o al maniqueísmo dualista o al idealismo armonizante. Quien por amor a la libertad deseara navegar entre Escila y Caribdis, o sea, quien no quiera fijar metafísicamente el poder del pecado ni bagatelizarlo, y quien quiera hacerlo de un modo probado ante el pensamiento, para ése la doctrina clásica del pecado original constituye una de las mayores aportaciones de la historia de la teología, no por su conceptualidad susceptible de interpretarse mal, pero sí por lo que con ello se quiere decir, y la considerará asimismo como una de las más importante contribuciones del cristianismo a la historia del espíritu.

Con lo dicho hasta ahora hemos intentado enlazar con las reflexiones de la antropología actual y explicar el concepto bíblico de «carne». Hemos descrito la situación en la que acontece nuestra redención y, al mismo tiempo, hemos preparado una interpretación de ésta. Ahora puede ser claro, en qué medida la realidad de nuestra salvación y de nuestra redención depende de la venida de Jesucristo a esta situación concreta. Por eso hay que mostrar ahora que la redención es únicamente posible en cuanto concreta e histórica.

Si los análisis realizados hasta ahora son acertados, entonces la liberación de la situación presente alienante sólo es posible por un comienzo nuevo indeducible desde dentro de la historia. Porque la prisión solidaria bajo el pecado condiciona el que la perdición sea insuperable por un solo individuo o por un grupo dentro de la historia. Cada posibilidad despreciada está realmente perdida y no puede volver a repetirse sin más. La experiencia confirma cuánto nos ata nuestro pasado y cuánto pesa sobre nuestro futuro. Además, toda culpa trae consecuencias que el autor ya no puede calcular ni impedir, convirtiéndose así en causa de más culpa, porque condiciona por adelantado negativamente la actuación de otros. Por tanto, en vez de buscar juntos su autorrealización, haciéndosela posible, cada uno destruye mutuamente las condiciones de libertad de los otros y se rechaza mutuamente sobre sí mismo. Donde, con todo, se intenta un buen comienzo y alguien se atreve a tomar una nueva iniciativa, fracasa con facilidad por la oposición o desconfianza del otro, se pierde en la complejidad de los problemas o se rompe al chocar con las estructuras del desorden establecido. De modo que la historia del pecado posee una fuerza de gravitación totalmente «natural», que tiende a cerrarse cada vez más en un circuito de muerte. Si ha de haber salvación, a pesar de todo, se necesita un nuevo comienzo, un hombre que se meta en esta situación y la rompa.

Con este trasfondo se comprende que la Escritura nos anuncie a Jesucristo como el nuevo Adán (Rom 5, 12-21). De hecho al entrar como hijo de Dios corporalmente en el mundo, se cambia la situación de todos. Con él se cualificó de nuevo el espacio existencial de cada hombre y él mismo se hizo nuevo. Cada hombre se define ahora por el hecho de que Jesucristo es su hermano, vecino, compañero, conciudadano, cohombre. Ahora Jesucristo pertenece al destino ontológico del hombre. Pero puesto que con Jesucristo viene Dios mismo, el hombre se encuentra con él corporalmente en vecindad con Dios. Con la venida de Cristo se abrió a todo el mundo y a todos los hombres un nuevo kairós, una nueva posibilidad de salvación. Con él se ha hecho nueva la situación de todos, porque en la humanidad única el ser de cada uno es determinado por el de todos. Precisamente en el cuerpo de Cristo se nos da y se nos ofrece corporalmente la salvación. *Por la humanación de Dios en Jesucristo se ha cambiado la situación de perdición en la que todos los hombres están presos y por la que están íntimamente determinados. Esa situación se rompió en un lugar y este nuevo comienzo determina ahora de forma nueva la situación de todos los hombres. Por eso la redención se puede entender como liberación.*

La caracterización de la redención como liberación corresponde absolutamente al lenguaje bíblico. Conforme al sentido originario del término, redención [13] quiere decir tanto como: desatar, librar, libertar, arrancar, sacar. Con frecuencia se nombran situaciones muy concretas de apuro y calamidad: enfermedad, peligro de muerte, prisión, calumnia, persecución y opresión. La obra redentora comienza al sacar a Abrahán del país de sus antepasados (Gén 12, 1 s). La decisiva acción redentora es la liberación de Israel de la esclavitud de Egipto (Ex 6, 6; 13, 3 s, etc.). En la época profética se convierte en modelo de la redención del final de los tiempos (Sal 78, 12 s; Jer 23, 7 s; Is 43, 16 s). En concreto en el antiguo testamento hay dos raíces en este sentido. El concepto *gaal* pertenece al ámbito del derecho. El *goel* es el pariente más próximo que tiene la responsabilidad de rescatar otra vez para la parentela la vida y bienes de la familia que cayó en la esclavitud. Aplicado a Dios, este título indica toda la profundidad del pensamiento de elección y alianza (cf., ante todo, Is 41, 14; 43, 14; 44, 24, etc.). De la manera más conmovedora se designa a Dios como redentor en Job: «Pero sé que mi redentor vive. El será el último en levantarse del polvo» (19, 25). Aquí se reconoce a Yahvé como protector de los indefensos incluso más allá de la muerte. El segundo concepto, *pidin*, al hablar de rescate o redención se fija no en la relación de parentesco ni siquiera en la persona del que redime, sino únicamente en el precio que se paga. Puesto que aquí no hay «pagador» obligado jurídicamente, el concepto *pidin* es a propósito para presentar la redención como acto puramente gracioso. La gratitud de la redención se expresa asimismo por el hecho de que Yahvé jamás paga un rescate; obra más bien por propio poder, cuando redime a Israel de la esclavitud de Egipto (Dt 7, 8; 9, 26, etc.). Es cierto que a la idea de redención le falta casi por completo la referencia al pecado. Redención es casi sinónimo de liberación de la cárcel, y más tarde se refiere a liberación de apuro, angustia y muerte. En época aún más tardía el término conservó el matiz de esperanza en la liberación del dominio extranjero (cf. Lc 1, 71). El concepto se convirtió ahora en contenido de esperanza escatológica.

---

13. Cf. J. Gewiess - F. Lakner - A. Grillmeier, *Erlösung*, en LThK III, 1016-1030; O. Procksch - F. Büchsel, art. λύω, en ThWNT IV, 329-359.

En este sentido pudo incorporarlo el nuevo testamento. El lugar principal es la palabra sobre el rescate Mc 10, 45 (= Mt 20, 28): «Pues el hijo del hombre no ha venido a que le sirvan, sino a servir y dar su vida en rescate por los muchos». Es improbable que la palabra se deba a Jesús mismo. Está llena de enigmas: no se dice quién es el receptor del rescate, ni de qué se rescata, ni por qué se ha de pagar un rescate y no libera Dios sin él. Pero el *logion* no es un fragmento de una doctrina dogmática sobre la reconciliación; se hace claro sólo a la luz de la historia de la muerte de Jesús.

En las cartas neotestamentarias el concepto de redención se encuentra en fórmulas fijas (1 Tim 2, 6; Tit 2, 14; 1 Pe 1, 18 s). Pablo acentúa, ante todo, la redención en Cristo (Rom 3, 24; cf. Col 1, 13 s; Ef 1, 7). Cristo fue hecho redención por Dios (1 Cor 1, 30). Jesucristo es, pues, la redención en persona; es inseparable de su persona y su destino. No es algo disociable de Jesús y la cruz. Con ello el término redención adquirió en el cristianismo primitivo un contenido específico, que no se puede probar fuera de él. Este contenido no se puede determinar y concretizar desde fuera. Es una falta que ha cometido una y otra vez la tradición; error que vuelve a acechar de las maneras más diversas, sea porque la idea cristiana de libertad se concilia con demasiada ligereza con una postura abstracta y liberalista, sea porque se esboza una *teología de la liberación* y, a veces con bastante ligereza, un análisis de la situación de tipo marxista se convierte en base de proposiciones teológicas. Y la mejor manera, sin duda, de aclarar lo que significa redención cristiana como liberación, es preguntar por la esencia de la libertad cristiana; y ésta sólo se puede definir en relación con la libertad de Jesucristo, que se consumó en la cruz.

Si se define la redención como la libertad traída por Jesucristo y como la libertad que Jesucristo mismo es, entonces se describe, en último término, lo que la teología escolástica llama redención objetiva. Esta significa, a diferencia de la subjetiva, la realidad de la salvación antes del acto subjetivo tendente a apropiarnos esa salvación; y la salvación es tan real que nos cualifica ya antes de nuestra decisión, haciendo posible a ésta. Pero este cambio fundamental no se ha de entender, como si el mundo fuera mudado por Jesucristo de alguna manera milagrosa y como si la salvación y la redención se nos vinieran encima sin decisión personal y sin fe. Al contrario, la nueva situación creada por Cristo nos sitúa otra vez en concreto en la libertad de decidir. Suelta el encantamiento de la desorientación bajo la vieja situación, contraponiéndole una nueva y real posibilidad. Ahora el hombre no se encuentra sin alternativa. La corporeidad de la salvación no es, pues, instancia alguna contra la personalidad y libertad de la decisión salvadora, sino precisamente su posibilidad e invitación concreta. Un segundo malentendido hay que deshacer: la redención no existe por cierto al modo de los objetos; por consiguiente, la redención objetiva no se puede interpretar al modo de recipiente y tesoro de gracias, del que se reparte a cada uno su gracia subjetiva. La realidad es también en este asunto de naturaleza intersubjetiva. Lo mismo que el pecado original se trasmite mediante la vieja humanidad, así se recibe la redención por la nueva humanidad, por los que creen en Jesucristo y creyendo se sienten afectados por él, por la iglesia, representada por María simbólicamente bajo la cruz (cf. Jn 19, 25-27).

El sentido de esta trasmisión concreta de la salvación y esta esencia concreta de la gracia se perdió en gran medida en la tradición eclesiástica a causa de la disputa con el pelagianismo [14]. Frente a una interpretación de la gracia parcialísticamente ética como buen ejemplo resaltó, ante todo, Agustín la esencia interior y espiritual de la gracia y su carácter ontológico. Pero en el marco de una ontología orientada personal e intersubjetivamente, ambas cosas no es necesario que se contrapongan. Mas hoy parece llegado el tiempo, no sólo por razones históricas, sino también pastorales, de entender la gracia como libertad concreta, revalorizando no sólo la *gratia externa*, marginada en la escolástica, sino de conceder un mayor relieve teológico a la renovación de la iglesia y de sus comunidades. Pues la realidad de la redención de Jesucristo se transmite y actualiza en el encuentro concreto, las conversaciones, comunión de vida con hombres poseídos por Jesucristo.

Más importante aún que la cuestión de la trasmisión es la referente al contenido de la redención. Al responder a esta pregunta adquiere otra vez importancia salvífica la doctrina sobre la verdadera humanidad de Jesucristo. Porque él es la salvación en su persona corporal. Esto significa que la redención cristianamente entendida no se puede interpretar de modo meramente interior, personal y existencial; no se la puede presentar tampoco, en un sentido erróneo, como puramente sobrenatural, como si no tocara absolutamente lo natural. La salvación es el estar salvo el hombre entero; se trata del hombre nuevo, libertado de las alienaciones de la existencia antigua en orden a una nueva libertad no *del* cuerpo y *del* mundo, sino *en* el cuerpo y *en* el mundo. El lema «salva tu alma» y la designación del servicio pastoral de la iglesia como «cura de almas», son, en consecuencia, al menos parcialistas y pueden desembocar con facilidad en la huida ante los apuros concretos, las necesidades y preocupaciones del hombre. Servicio pastoral es preocupación por el hombre en su totalidad, preocupación por la integridad e identidad del ser

14. Cf. G. Greshake, *Gnade als konkrete Freiheit*. Eine Untersuchung zur Gnadenlehre des Pelagius, Mainz 1972.

de hombre. Pero Jesucristo es la salvación en su persona corporal
como el Crucificado y Resucitado. El lleva la identidad e integridad del ser de hombre bajo las condiciones de alienación y
desintegración. Por eso, el camino hacia la identidad e integridad
del ser de hombre pasa por cruz y resurrección. La corporeidad
y concretización de la salvación significa, por ende, que ya no
hay situación que, en principio, estuviera perdida y fuera desesperada, impía y alejada de Dios y que no pudiera convertirse en
salvífica, en la medida en que se la entienda en la fe. De modo
que con la venida de Jesucristo se nos ha abierto un camino y una
libertad nueva, un camino que no lleva simplemente a la reinstauración del hombre originario, sino que lleva hacia adelante
hacia un nuevo ser de hombre.

2.   Jesucristo hombre total y la humanidad de la salvación

Lo mismo que la Escritura presupone con toda naturalidad
la verdadera humanidad de Jesús de Nazaret, con la misma
naturalidad habla de que Jesús es hombre total. Es cierto que la
Biblia jamás dice que Jesús de Nazaret tuviera un alma humana
espiritual; esto fue un problema de la historia posterior de la
dogmática. Con todo, la Biblia lo presupone, pues de lo contrario,
no podría atribuir a Jesús actos y posturas anímicas como alegría
y tristeza, compasión e ira, amor y simpatía. Jesús se nos presenta en los evangelios como hombre que pregunta y se mara-
villa, que tiene amigos y se siente profundamente afectado por
el rechazo de que es objeto. Sin embargo, en los evangelios no se
trata nunca de la vida anímica de Jesús, siendo prácticamente
imposible escribir una psicología suya a base de los escasos datos
de la Escritura. Los muchos intentos que se hicieron en este sentido, o fueron muy parciales o pronto tropezaron con lo extraordinario e incomparable de este hombre, que escapa a la explicación psicológica. [15]
Si se quiere discutir sobre la perfecta humanidad de Jesús en
el sentido de la Escritura, no se debe empezar con su psicología.
Punto de arranque tiene que ser más bien lo que la Escritura
dice sobre la obediencia de Jesús. En el evangelio de Lucas la
primera palabra de Jesús es la siguiente: «¿No sabíais que tengo

---

15. Cf. T. Ternus, *Das Seelen-und Bewusstseinsleben Jesu.* Problemgeschicht-
lichsystematische Untersuchung, en *Das Konzil von Chalkedon* III, 81-237.

que estar en lo de mi Padre?» (2, 49). Como última palabra en boca de Jesús pone Lucas ésta: «Padre, en tus manos encomiendo mi espíritu» (23, 46). Según narran todos los evangelistas, Jesús pasa solo en oración en el monte las noches que preceden a las grandes decisiones de su vida. Con particular fuerza describen los evangelios su lucha con la voluntad del Padre en el huerto de Getsemaní: «*Abba*, Padre, todo te es posible. Quítame este cáliz. Pero que no ocurra como yo quiero, sino como lo quieres tú» (Mc 14, 36 par).

Pablo mira todo el camino de Jesús desde el motivo de la obediencia: «Se rebajó y se hizo obediente hasta la muerte, y muerte de cruz» (Flp 2, 8). De modo que se convierte en la contraimagen de la desobediencia del primer Adán (Rom 5, 19). Este tema se vuelve a tratar en la carta a los Hebreos. «Pues el sumo sacerdote que tenemos no es uno que no pudiera hacerse cargo de nuestras debilidades, sino que más bien fue tentado en todo como nosotros, pero no pecó» (4, 15 s). «En sus días terrenos ofreció oraciones y súplicas con fuertes clamores y lágrimas ante quien tenía poder para salvarlo de la muerte, y fue escuchado por su temor reverencial; era el Hijo, pero por los sufrimientos aprendió lo que es obediencia, y llegado así a la consumación, se convirtió en causa de vida eterna para cuantos lo obedecen» (5, 7-9). De esta manera es «autor y consumador de la fe» (12, 2).

Según el evangelio de Juan, Jesucristo vive totalmente de cumplir la voluntad del Padre y de realizar su misión. Su comida es hacer la voluntad de quien lo envió (4, 34). No puede hacer nada por sí mismo; lo que el Padre hace, lo hace él también (5, 19); no busca su voluntad (5, 30) ni su propio honor (8, 50). Es totalmente existencia a partir de la obediencia respecto de su misión. Por eso puede decir: «Yo y el Padre somos una sola cosa» (10, 30; cf. 17, 10 s). Esto quiere decir más que la mera unidad en la voluntad. El conocimiento mutuo (10, 15; 17, 25) significa, al mismo tiempo, un mutuo estar en el otro (14, 10 s; 10, 38; 17, 21). El ser uno en el amor llega a la plenitud en la hora de la pasión. Es amor al Padre (14, 31) y también respuesta al amor de éste (3, 16; 3, 35; 5, 20; 10, 17; 15, 9, etc.). Pero la muerte de Jesús no se debe sólo a violencia externa, sino que acontece en libertad plena. «Nadie me quita la vida, sino que la doy yo de mí mismo. Puedo darla y puedo volverla a tomar» (10, 18). Lo mismo que Pablo también Juan hace que la autoentrega de Jesús esté determinada por el motivo del amor. De esa forma, la autoentrega de Cristo se convierte en paradigma del amor fraternal cristiano: «Nadie tiene amor mayor que cuando da la vida por sus amigos» (Jn 15, 13). Por eso, la autodonación de Jesús no es un caso supremo de posibilidades humanas. Es que no sólo supera la autodonación de un hombre piadoso, sino que es cualitativamente diversa de ésta, puesto que la de Jesús posee cualidad escatológica: es la autoentrega de Cristo, el hijo unigénito amado.

Las proposiciones sobre la obediencia de Jesús presuponen que Jesús tenía razón y libre voluntad; presuponen lo que en el lenguaje de la tradición metafísica se llama el alma espiritual. Por consiguiente, cuando la historia posterior de los dogmas y la teología defendió el alma espiritual de Jesús y, por ende, su total y plena condición de hombre, entonces tras el problema metafísico se encuentra uno soteriológico. *En la cuestión de la plena humanidad en cuanto al cuerpo y al alma lo que preocupa es la libertad de su obediencia y, consecuentemente, la humanidad de la salvación. Se trata de que Dios, incluso en su propio asunto, no obra prescindiendo y haciendo caso omiso del hombre, sino siempre a través de él y mediante su libertad. De manera que Jesús no es un mero medio de salvación en manos de Dios, sino mediador personal de la salvación.*

Esta cuestión se hizo candente como consecuencia de la lucha antidoceta de los padres de la iglesia. En ella tenía que resaltarse con especial fuerza la encarnación del Logos. Pronto se formaron fórmulas fijas, con las que se intentaba mantener el misterio de la persona de Cristo. Tales fórmulas eran: *pneuma-sarx, logos-sarx.* Se encuentran ante todo en los padres apostólicos [16]. Con estas fórmulas se debía defender que el Logos se adentró verdaderamente en la carne. En todo este asunto presuponen los padres, por supuesto, que Cristo tiene un alma espiritual. Ignacio de Antioquía llama a Cristo τέλειος ἄνθρωπος [17]. Clemente [18] e Ireneo [19] concuerdan en decir que Cristo «dio su carne por nuestra carne, su alma por nuestra alma». Tertuliano [20] y Orígenes [21] escriben igualmente que Cristo tuvo un alma humana. Pero la cristología del *pneuma-sarx* y el *logos-sarx* fue malinterpretable desde el momento en que en el ambiente helenístico ya no se entendía el significado originariamente bíblico de *sarx.* En la Biblia «carne» es el hombre

16. Cf. *Ep. Bernabé,* V, 11 (*Patrum apostolicorum opera,* fasc. I, ed. por O. de Gebhardt - A. Harnack - Th. Zahn, Leipzig 1875, 20); *2 Clem* 9, 5 (*The apostolic fathers* I-II, (ed. por J. B. Lightfoot, London 1890, 230); Ignacio de Antioquía, *Efes* VII, 2 (*Ibid.* II, II/1, 47 s); Policarpo VIII, 1 (*Ibid.* II, II/2, 918).
17. Ignacio de Antioquía, *Esmirn* IV, 2 (*Ibid.* II, II/1, 298 s).
18. *1 Clem* 49, 6 (*Ibid.* I-II, 149).
19. Ireneo, *Adversus haereses* V, 1, 2, (ed. por W. W. Harvey II, 325).
20. Cf. Tertuliano, *De carne Christi* X (ML 2, 817 s).
21. Cf. Orígenes, *De princinpiis* II, 6, 5 (GCS 22, 144).

en su corporeidad total. Entre los griegos, por el contrario, se podía entender la carne o el cuerpo como distinto del alma y el espíritu. De modo que era muy fácil llegar al error de pensar que el Logos tomó únicamente carne o cuerpo humano y no el alma humana.

Occidente evitó por lo común este error, porque ya Tertuliano sustituyó el antiguo esquema *pneuma-sarx* y *logos-sarx* por el de las dos naturalezas [22]. En oriente se tardó más en llegar a la clarificación intelectual. Arrio desarrolló una cristología extrema del *logos-sarx*. Según él, en Jesús el Logos ocupa el lugar del alma humana. La crítica de los padres, en especial Atanasio, contra Arrio apenas si se fija en este punto, sino que ataca casi exclusivamente la negación de la verdadera divinidad de Jesús. La confusión se manifestó especialmente en el amigo de Atanasio, Apolinar de Laodicea [23]. Este defendía en contra de Arrio la divinidad de Jesucristo, queriendo expresar, como Atanasio la estrecha unión entre divinidad y humanidad. Pero pensaba que eso sólo podía conseguirse, pensando que la humanidad de Cristo era incompleta y haciendo que el Logos ocupara el lugar del alma humana. Con todo, en sus últimos escritos Apolinar concedió que el Logos no sólo tomó la *sarx* humana, sino también el alma humana. Por eso ahora intentó solucionar el problema de la unidad con ayuda del tricotomismo platónico, distinguiendo entre carne (σάρξ), alma psíquica (ψυχή) y alma espiritual (νοῦς o πνεῦμα). Ahora Apolinar enseñaba que el Logos tomó alma psíquica (ψυχή), pero no alma espiritual (πνεῦμα).

Apolinar usaba dos argumentos. En primer lugar uno de tipo filosófico: dos sustancias completas no pueden formar una unidad. Por tanto, la humanidad de Jesús no puede ser una sustancia completa. El argumento teológico es éste: si el Logos tiene alma humana, entonces su carencia de pecado no está asegurada y, en consecuencia, nuestra redención está en peligro. Con vistas a su impecancia el Logos tiene que ser en Jesús el principio motor propiamente dicho (ἡγεμονικόν). Apolinar representa, pues, una cristología consecuente «desde arriba»; la redención ocurre sólo por el Logos, que se sirve de la *sarx* humana como mero instrumento. El único mediador Jesucristo, que se encuentra totalmente al lado de Dios y de los hombres, se convierte ahora en mero medio en manos de Dios. Apolinar gozaba, además, de gran prestigio como amigo de Atanasio. Muchos de sus escritos corrían con nombre falso, ejerciendo gran influencia como anónimos. Tal influjo se ejerció, ante todo, en Cirilo de Alejandría y a través de él en toda la escuela teológica alejandrina. Cirilo fue uno de los pocos padres conocidos por la edad media. Influyó, sobre todo, en Tomás de Aquino.

Otra circunstancia fue importante para el desarrollo ulterior. Los germanos aprendieron el cristianismo primeramente en la forma del arrianismo. Cuando contactaron con la gran iglesia, se formó una cristología típicamente antiarriana, es decir, una cristología que acentuaba tanto la verdadera divinidad de Jesucristo, que la verdadera humanidad desaparecía de la vista en gran medida, presentando con frecuencia la figura de Jesús como meramente divina; a Jesucristo se le miraba como un Dios caminando sobre la tierra.

---

22. Cf. Tertuliano, *Adversus Praxeam* XXVII (ML 2, 213-216); Id., *De carne Christi* XIII (ML 2, 821 s).
23. Cf. H. de Riedmatten, *Apollinarios der Jüngere*, en LThK 1, 714; Id., *Apollinarismus*, en *Ibid.*, 716 s; A. Grillmeier, *Die theologische und sprachliche Vorbereitung der christologischen Formel von Chalkedon*, especialmente 102-120.

J. A. Jungmann mostró este cambio con el ejemplo de las formas litúrgicas de las oraciones. Mientras que antes la oración se dirigía a «Jesucristo nuestro señor», ahora se decía: «Jesucristo nuestro Dios». [24]
En la medida en que la significación mediadora en la salvación por parte de la humanidad de Jesús se fue olvidando, se realzó la mediación intercesora en la salvación por parte de los santos, en especial la de María. Las consecuencias se vieron igualmente en la eclesiología, donde la acentuación parcialista de la divinidad de Cristo desembocó en la superacentuación de la autoridad jerárquica. Cuanto más se olvidó que Cristo es nuestro hermano, se olvidó también la dimensión fraternal en la iglesia, acentuando con exclusividad el aspecto autoritativo. Por supuesto que las consecuencias donde más claro se vieron fue en la cristología del cristiano corriente. Aquí vive el apolinarismo como herejía solapada en parte hasta hoy, no como desviación teológica, sino como tentación de cristianos piadosos pero ignorantes. Se sorprenden mucho cuando se les dice que Cristo fue hombre como nosotros. Tratándose de la pasión piensan únicamente en los dolores físicos de Jesús, pero apenas nada en su personal obediencia y su entrega total al Padre. Aquí hay un fallo indudable del quehacer catequético y homilético. [25]
El apolinarismo representa, en definitiva, una helenización de la fe cristiana. Para él Dios y hombre forman en Jesucristo una simbiosis. Se mengua al hombre; Dios se convierte en un trozo de mundo y en principio intramundano. Con ello se equivoca y convierte en lo contrario el pensamiento fundamental de la cristología bíblica, para la que la venida del reino de Dios en la persona de Jesucristo significa, al mismo tiempo, la libertad y la salvación del hombre, desembocando en esta idea: Dios y el hombre se limitan mutuamente y, en definitiva, se excluyen. De modo que el apolinarismo anticipa con el lenguaje de la antigua filosofía la problemática del humanismo ateo moderno.
El apolinarismo fue rechazado en la antigüedad por varios sínodos: por el de Alejandría que presidió Atanasio (362), por el concilio de Constantinopla (381) y por el sínodo romano (382) bajo el papa Dámaso (DS 159). El concilio de Calcedonia (451) añadió expresamente al credo de Nicea, para el que Jesucristo es consustancial con el Padre, un ὁμοούσιος ἡμῖν (consustancial con nosotros los hombres), diciendo: «perfecto en la divinidad y perfecto en la humanidad, verdadero Dios y verdadero hombre, con alma racional y cuerpo (ἐκ ψυχῆς λογικῆς καιᵀσώματος). Ese uno y el mismo es consustancial con nosotros por su humanidad, 'se hizo en todo semejante a nosotros, menos en el pecado' (Heb 4, 15)» (DS 301; NR 178). Repitieron esta sentencia el símbolo *Quicumque* (DS 76) y el segundo concilio de Constantinopla del año 533 (DS 425). El concilio de Vienne (1311-1312) interpretó la doctrina en contra de Pedro de Olivi en el sentido del aristotelismo escolástico, acentuando que el alma espiritual fue la única forma esencial del hombre Jesús (DS 900).

La argumentación de los padres de la iglesia se orientaba, ante todo, hacia la soteriología. El punto de vista de que la obediencia expiatoria de Jesús presupone un alma espiritual con

24. Cf. J. A. Jungmann, *Die Stellung Christi im liturgischen Gebet*, Münster ²1962, especialmente 151 s.
25. Cf. F. X. Arnold, *Seelsorge aus der Mitte der Heilsgeschichte*. Pastoraltheologische Durchblicke, Freiburg 1956, 28-51.

voluntad libre, aparece, sin embargo, sólo raras veces. [26]. El verdadero rechazo teológico del apolinarismo lo llevaron a cabo los padres a base de un principio originario de la gnosis, pero que Ireneo utilizó ya en sentido antignóstico [27]. Ese principio dice que igual sólo puede ocurrir mediante igual. Ireneo saca, pues, esta consecuencia: la redención del cuerpo sólo se realiza por el cuerpo de Jesucristo. Otra consecuencia posterior fue ésta: la redención del alma sólo se lleva a cabo por el alma de Jesucristo. Por eso dijo Orígenes: «El hombre total no habría sido salvado, si él no hubiera tomado todo el hombre» [28]. En lucha contra Apolinar, Gregorio Nacianceno dio a este principio la fórmula clásica que luego se encuentra en muchos padres en la misma o parecida forma: «Lo que no se asumió, no fue sanado; lo que une a Dios, es también redimido» [29]. En latín este importante axioma dice: *Quod non est assumptum, non est sanatum* [30]. Por tanto, si el Logos no asumió en Jesucristo una verdadera alma humana espiritual, entonces tampoco puede habernos salvado en nuestra condición humana espiritual.

A la argumentación soteriológica se añadió otra de tipo más filosófico-metafísico. Se dirige contra la primera dificultad de Apolinar, según la cual dos sustancias completas no pueden formar a su vez una unidad superior. En contra de ella los padres, en especial Orígenes [31] y Agustín [32] y, siguiendo sus pasos, Tomás de Aquino [33], intentaron mostrar que el error fundamental de Apolinar consistió en mirar a la naturaleza del hombre como una realidad cerrada en sí. Con tal presupuesto la unión de Dios con un hombre total y perfecto es ciertamente impensable. Pero partiendo de que el espíritu humano significa precisamente una apertura que supera todo lo finito, entonces no sólo es capaz de unirse con Dios, sino que es incluso el único presupuesto posible para la encarnación de Dios. Puesto que sólo el espíritu está verdaderamente abierto para Dios, es imposible de todo punto

26. Cf. Gregorio Niseno, *Adversus Apollinarem* XXI, XLI (MG 45, 1163 s, 1217 s).

27. Cf. Ireneo, *Adversus haereses* V, 14, 1 s (ed. por W. W. Harvey II, 360); Tertuliano, *De carne Christi* X; Id., *Adversus Marcionem* II, 27 (ML 2, 343 s).

28. Orígenes, *Conversación con Heráclides* VII, 5 (*Sources chrétiennes* 67, 70).

29. Gregorio Nacianceno, *Epistola CI* (MG 37, 181 s).

30. Cf. A. Grillmeier, *Quod non assumptum - non sanatum*, en LThK 8, 954-956.

31. Cf. Orígenes, *De principiis* II, 6, 3 (GCS 22, 141-143).

32. Cf. Agustín, *Epistola CXXXVII*, 3, 11 (ML 11, 520); Id., *Epistola CXL*, 4, 12 (ML 11, 543); Id., *De fide et symbolo* IV, 10 (CSEL 41; 13 s).

33. Cf. Tomás de Aquino, *Summa theol.* 3 q. 4 a. 1; Id., *Summa c. Gent.* 4, 32 s.

una unión de Dios con un cuerpo sin alma. Si Dios quiere estar presente corporalmente en el mundo, no puede ser de otro modo que haciéndose hombre total, dotado de libertad humana. Este es el presupuesto establecido por Dios mismo para la humanización. Esto llevó a la famosa fórmula: *verbum assumpsit corpus mediante anima*. [34]

La problemática de Apolinar está muy lejos de encontrarse liquidada. Un motivo fundamental de la moderna crítica de la religión y el humanismo ateo contemporáneo es que Dios y hombre se excluyen. Para Feuerbach, Marx, Nietzsche, Sartre, Bloch, Camus, el admitir a Dios hace imposible la libertad humana. Para Sartre el ateísmo es incluso un postulado para la libertad [35]. Por cierto que recientemente se reconoce de forma creciente la dialéctica interna de la interpretación emancipatoria de la libertad. Se reconoce que la moderna historia de la libertad y la revolución se encuentra en peligro de convertirse en una nueva historia de violencia y opresión, que la industrialización y dominio de la técnica desatan un mecanismo de proposiciones planetarias que desemboque en la acomodación y la minoría de edad, que la administración y la técnica que el hombre descubrió para dominar el mundo se convierta en una malla inextricable, en que el hombre se enrede cada vez más. Sus propias creaciones se le van de las manos y desarrollan su propio mecanismo; ha surgido una naturaleza y un destino de segundo orden. [36]

En esta situación en que se pulverizan los antiguos ideales, la doctrina de la perfecta humanidad de Jesús adquiere un nuevo significado. No tenemos en ello solamente un nuevo modelo para la interpretación de la libertad humana, sino un nuevo comienzo en la historia de la libertad: la libertad de Dios como base y presupuesto de la del hombre, la libertad del hombre, a su vez, como presupuesto querido y puesto por Dios para su actuación en el mundo. De modo que en Jesucristo no sólo se revela definitiva-

---

34. Cf. Juan Damasceno, *De fide orthodoxa* III, 6 (MG 94, 1001-1008); Agustín, *Epistola* CXXXVII, 8 (ML 33, 519); Id., *De agone christiano* XVIII (CSEL 41, 120 s); Tomás de Aquino, *Super IV lib. Sententiarum* d. 2 q. 2 a. 1; Id., *Summa theol.* 3 q. 6 a. 1. Una teología especialmente clara sobre el alma humana de Cristo se encuentra en Orígenes; cf. A. Grillmeier, *Die theologische und sprachliche Vorbereitung der christologischen Formel von Chalkedon*, 63-66; P. Smulders, *Dogmengeschichtliche und lehramtliche Entfaltung der Christologie*, especialmente 418-422; cf. también *infra*, cap. 13.
35. Cf. J. P. Sartre, *L'existentialisme est un humanisme*, Paris 1960.
36. Cf. M. Horkheimer - Th. W. Adorno, *Dialéctica del iluminismo*, Buenos Aires 1969.

mente quién es Dios para el hombre, sino también quién es el hombre para Dios. *En Jesucristo se nos muestra la esencia definitiva de Dios y del hombre.*

La cuestión de la unidad entre la libertad divina y la humana, manteniendo al mismo tiempo la diferencia de ambas, va a ocuparnos más a fondo en el capítulo siguiente, cuando hablemos de Jesucristo como el mediador entre Dios y los hombres. Ahora sólo nos interesa el modelo y la posibilidad de un nuevo ser de hombre, que Jesús nos ofrece. De esa condición humana determinada por Jesucristo se deducen cuatro aspectos fundamentales:

1. El ser humano es existencia receptora, ser que se debe a otro y, por ello, ser en agradecimiento. El hombre no puede sacar de sí mismo las líneas fundamentales de su existencia. De por sí es un torso, un fragmento. En su libertad es hambre y sed de lo incondicional, definitivo y absoluto. Pero si quiere realizar su propia plenitud, se sobrecarga a sí mismo. El hombre unicamente puede recibir la plenitud de su existencia como regalo. Por eso, la gracia y la salvación son el regalo del ser humano. Tal existencia abierta a la recepción libra de la carga insoportable de tener uno mismo que jugar a Dios y serlo. Gracia quiere decir: podemos ser hombres y aceptarnos a nosotros mismos y a los demás como hombres. La posibilidad y realización suprema del ser de hombre es en esta perspectiva la eucaristía. Se la entiende no sólo como celebración sacramental; más bien la eucaristía celebrada sacramentalmente es la suprema concreción de aquello que representa la postura fundamental y destino esencial de la condición humana.

2. La libertad humana es libertad liberada y libertada. Como ya se dijo varias veces, la libertad humana es libertad condicionada; en gran medida es, además, libertad malograda y echada a perder. El hombre no es verdaderamente libre mientras se encuentre condicionado y hasta dominado por valores y bienes finitos por muy excelsos que ellos sean. Unicamente la vinculación a la libertad infinita y absoluta de Dios, en cuanto base y contenido último del hombre, es la que lo hace libre *de* todas las pretensiones intramundanas de absolutidad y, al mismo tiempo, libre *para* comprometerse en el mundo. De modo que precisamente la vinculación a Dios es la que ayuda al hombre en el aprendizaje a caminar derecho (E. Bloch) y a mantener la cabeza levantada frente a todas las autoridades intramundanas. Dios no oprime al hombre, sino que libera sus fuerzas creadoras. La condición de hombre que se debe a otro se realiza, al mismo tiempo, en el juego y celebración, y sólo donde el hombre es no sólo el

homo faber, el trabajador, sino igualmente el *homo ludens*, hombre lúdico, es donde se le puede designar como humano y libre, que se eleva por encima de las necesidades·inmediatas de la vida. La exhortación de Jesús a no preocuparse con exceso por la vida, sino a buscar primero el reino de Dios y su justicia (cf. Mt 6, 25-33), nos descubre, por lo mismo, una característica fundamental de la condición humana redimida.

3. **La libertad humana se colma en la obediencia.** Como condición humana en la recepción el hombre es totalmente respuesta, respuesta personificada. Existe escuchando. Esta recepción representa, al mismo tiempo, suprema actividad, confiarse comprometidamente a una exigencia, un ponerse-a-disposición, dejarse-tomar-al-servicio. Libertad humana no significa, pues, a partir de Cristo capricho alguno. Capricho no es libertad, sino esclavitud; se hace dependiente del humor y talante del momento. Pero libre tampoco es quien dispone y domina sobre los más que pueda, sobre sí mismo, los otros y el mundo. Este concepto de la libertad parcialistamente emancipatorio se cambia dialécticamente en su contrario. Libertad cristiana consiste no en disponer, sino en estar disponible. Disponibilidad es apertura sin límites y disposición continua, disponibilidad para la llamada y la demanda que le sale al encuentro al hombre. Verdaderamente libre es quien goza de esa libertad frente así mismo, para poder serlo para los otros. Tal libertad presupone la propia renuncia, renuncia en el sentido material, pero renuncia también en el sentido más espiritual de no pretender imponerse, de no querer hacerlo ni consigo mismo ni con sus apetencias. Expresiones de la humanidad, como Jesús la vivió y enseñó, son la no violencia y falta de poder, la humildad y sencillez, capacidad de crítica y escucha. Estas nuevas posibilidades se resumieron luego esquemáticamente en los tres consejos evangélicos. En realidad, todo se reduce a uno, a una posibilidad del ser hombre, que nos abre el evangelio: ser hombre como disponibilidad para el amor.

4. **La fe es concreción de la salvación del hombre.** Para la teología tradicional la fe es la apropiación subjetiva de la redención objetivamente venida; o sea, sólo condición de la salvación, pero no la misma realidad salvífica. Pero la realidad de la salvación, tal y como vino en Jesucristo, no consiste en otra cosa que en el hecho de que en él Dios se metió en el contexto de sino y perdición de la humanidad, abriendo así un nuevo comienzo, una alternativa. Esto aconteció no prescindiendo del hombre, sino en y mediante la obediencia humana de Jesús, que se abrió sin cortapisas a la llegada del reino de Dios, convirtiéndose en hueco y

vacío para la presencia de Dios. Así que la obediencia de Jesús, su disponibilidad para Dios y los demás, es el modo concreto de existencia de la salvación en la historia. La nueva posibilidad de ser hombre abierta por Jesús, es decir, el serlo en la receptividad y la obediencia, constituye por ello, al mismo tiempo, la posibilidad y realidad de la salvación. En definitiva, lo que hemos hecho ha sido parafrasear el sentido bíblico del término fe. Porque en el sentido bíblico fe significa no sólo tener por verdadero algo, ni tampoco mera confianza. Para designar lo que nosotros llamamos «creer», el antiguo testamento emplea normalmente el término *amán*; su significación fundamental es: estar firme, seguro, ser digno de crédito. Creer significa, pues, decir *amén* a Dios, afianzarse y basarse en él; creer significa dejar a Dios ser totalmente Dios, o sea, reconocerlo como la única razón y sentido de la vida. La fe es, pues, el existir en la receptividad y en la obediencia. Poder creer y tener esa posibilidad es gracia y salvación, porque es en la fe donde el hombre encuentra apoyo y base, sentido y meta, contenido y plenitud, y es en ella donde, en consecuencia, es salvado de la carencia de apoyo, meta, contenido y del vacío de su existencia. En la fe puede y tiene la posibilidad de aceptarse a sí mismo, porque ha sido aceptado por Dios. Por eso en la fe hemos sido aceptados como hijos de Dios, siendo destinados a participar de la esencia y figura de su unigénito (Rom 8, 29).

3. *Jesucristo, el hombre para los otros y la solidaridad en la salvación*

Para la Escritura, como para todo el oriente, el hombre jamás se encuentra como ser aislado ante Dios. El pecado como la salvación se toman con total conciencia en lo que tienen de dimensión social. Esta conciencia se basa en la idea de un orden sagrado que lo abarca todo. El individuo se encuentra profundamente entretejido en la comunidad mediante la procedencia y el destino comunes. Por esta razón, la acción mala perjudica siempre a todo el pueblo. Al pecador se le considera, pues, como peligroso para la sociedad en un sentido muy directo y realístico. En consecuencia, la comunidad cultual tenía que distanciarse de él de modo solemne y palpable, suprimiendo la solidaridad con el malhechor. Esto se hacía mediante el anatema y la maldición. Sólo mediante esa expiación podía volverse a reconciliar el pueblo con Dios. Por supuesto que la expiación se podría realizar también mediante acciones sustitutorias. El rito expiatorio más conocido consistía en trasmitir los pecados del pueblo a un macho cabrío mediante la imposición de manos, echándolo luego al desierto cargado con la culpa de todos (Lev 16, 20 s). [37]

La interpretación de tal acción sustitutoria se profundizó esencialmente en la predicación profética. Se consideró baldía la reconciliación cultual sin conversión interior y se la criticó. Pasan a primer plano como posibilidades de expiación las obras de amor, el sobrellevar con paciencia el sufrimiento y la muerte. En la época de los macabeos se formó la idea de la importancia del sufrimiento y muerte de los justos para la expiación sustitutoria. El sufrimiento inmerecido y el martirio del justo representan, según eso, no sólo satisfacción por los propios pecados, sino también por los de los demás; rompe el contexto de perdición y puede convertirse con ello en signo de la compasión de Dios. [38]

Cima incomparable de esta teología del sufrimiento sustitutorio en el antiguo testamento es el cuarto canto del siervo de Yahvé: «El llevó nuestras enfermedades y se cargó con nuestros dolores... Fue traspasado por nuestros pecados, molido por nuestras maldades. El castigo de nuestra paz cayó sobre él, por sus heridas fuimos curados... El Señor hizo que lo alcanzara la culpa de todos nosotros... Ofreciendo su vida como sacrificio por el pecado, debía ver descendencia, vivir largamente y triunfar la causa del Señor por él...» (Is 52, 13-53, 12). Se sabe que es discutido quién es este siervo de Dios. Sin duda, ninguna figura histórica encaja en este siervo de Yahvé, ni un individuo ni todo Israel; de modo que esta figura se convierte en referencia a uno que ha de venir. Por supuesto que el judaísmo jamás se atrevió a aplicar estas afirmaciones de sufrimiento al mesías esperado. Fue la cruz la que abrió la interpretación a tal sentido del antiguo testamento.

Se discute, sin embargo, si Jesús mismo se tuvo por el siervo de Yahvé deuteroisaiano, como quiere J. Jeremias [39], o si las sentencias sobre su sufrimiento y muerte no son más bien predicación pospascual. Pero con E. Schweizer [40] se puede constatar en

37. Cf. G. von Rad, *Teología del antiguo testamento* I, 317; W. Eichrodt, *Theologia des alten Testaments* I, Stuttgart-Göttingen ⁶1959, 55 s.

38. Cf. E. Lohse, *Märtyrer und Gottesknecht*. Untersuchungen zur urchristlichen Verkündigung vom Sühntod Jesu Christi, Göttingen 1955.

39. Cf. J. Jeremias, *Teología del nuevo testamento* I, 332 s; Id., Παῖς (θεοῦ) *im Neuen Testament*, en *Abba*, 191-216; Id., *Das Lösegeld für Viele (Mc 10, 45)*, 216-229.

40. Cf. E. Schweizer, *Erniedrigung und Erhöhung*, 7 s.

Jesús una idea implícita de sustitución. Jesús llamó al seguimiento. A esto pertenece el que nos precede, nos abre un camino y nos lleva consigo por él. De modo que al seguimiento pertenece el que hace algo «por nosotros». Así que el llamamiento a que se le siga implica la idea de sustitución. *La predicación pospascual acertó con el centro y el sentido de la vida y obra de Jesús al convertir el «por nosotros» (ὑπὲρ ἐμῶν) y «por los muchos» (ὑπὲρ πολλῶν) en la explicación central de la historia y destino de Jesús y definir a éste como el hombre por los demás* [41]. *Jesús es el cohombre por antonomasia.*

Las fórmulas ὑπέρ [42] se encuentran ya en los estratos primeros de la tradición. En la profesión prepaulina de 1 Cor 15, 3-5 se dice: «Cristo murió por nuestros pecados». Aparece la idea en la tradición igualmente prepaulina de la última cena, 1 Cor 11, 24: «Esto es mi cuerpo, que se entrega por vosotros» (cf. Lc 22, 19); «Esta es mi sagre de la alianza, que se derrama por los muchos» (Mc 14, 24 par). Añádase la importante sentencia de Mc 10, 45 s, donde Jesús habla de que el hijo del hombre no vino a hacerse servir, sino a servir él y a dar su vida «como rescate por los muchos». El ὑπέρ tiene en estos contextos un triple significado: 1. por amor nuestro; 2. en nuestro favor, en provecho nuestro; 3. en nuestro lugar. Las tres significaciones resuenan conjuntamente y en ellas se piensa cuando se trata de expresar la solidaridad de Jesús como centro más íntimo de su ser de hombre.

Pablo desarrolla y profundiza esta teología de la sustitución. Según él, en Cristo se realiza un verdadero cambio, una alteración de posiciones en favor nuestro: «Siendo rico, se hizo pobre por vosotros, para que os enriquecierais con su pobreza» (2 Cor 8, 9). «El que subsistía en la forma de Dios, tomó la forma de esclavo» (Flp 2, 6 s). De modo que Cristo se hace solidario con nosotros por propia iniciativa; al identificarse con el hombre y ponerse en nuestro lugar, cambia la situación, nuestra pobreza se convierte en riqueza. Pablo llama a este cambio reconciliación (καταλλαγή). El término griego contiene el adjetivo ἄλλος (otro). Por tanto, reconciliación es hacerse otro. Es en este sentido en el que Pablo dice en 2 Cor 5, 18 s que Dios reconcilió el

---

41. Esta fórmula es de D. Bonhoeffer, *Resistencia y sumisión*, Esplugues de Llobregat [2]1971, 223 s.
42. Cf. H. Riesenfeld, art. ὑπέρ, en ThWNT VIII, 510-518; F. Hahn, *Hoheitstitel*, 46-66; E. Schweizer, *Erniedrigung und Erhöhung*, 72-75; K. H. Schelkle, *Die Passion Jesu*, 131 s.

mundo consigo. «Al que no conoció el pecado lo hizo pecado en lugar nuestro, para que nos hiciéramos justicia de Dios» (5, 21). «Cristo murió por todos, para que los vivientes no vivan ya para sí, sino para aquel que murió y resucitó por ellos» (5, 15). De modo que reconciliación por sustitución incluye envío para la existencia sustitutoria por los demás. La acción reconciliadora de Dios en Cristo hace que todos juntamente estemos determinados por el amor de Dios que crea de nuevo y determinados, por ende, para los demás. Esta solidaridad es la relidad de la nueva creación.

La idea de la solidaridad de Jesús con nosotros se expone con amplitud en la carta a los hebreos: «Por eso tuvo que asemejarse en todo a los hombres, para ser misericordioso... Pues habiendo sufrido y habiendo sido tentado él mismo, puede ayudar a los que son tentados» (2, 17 s; cf. 2, 14). «No tenemos un sumo sacerdote que no pudiera compadecerse (συμπαθεῖν) de nuestras debilidades, sino uno que fue tentado en todo como nosotros» (4, 15). «El cual, en vez del gozo que se le ofrecía, soportó la cruz y no rehusó la ignominia» (12, 2).

Los sinópticos expresan la misma idea con suma expresividad y plasticidad, al hablar de la vida oculta de Jesús en Nazaret y de su pobreza, pues no sabe dónde reclinar su cabeza (cf. Mt 8, 20). Presentan a Jesús, pues, como pobre entre los pobres, como apátrida, que, en consecuencia, se compadece y siente con las necesidades de los hombres (Mc 6, 34). Anuncian a Jesús como aquel que se hizo totalmente hermano nuestro. Se sabe que estos motivos inspiraron a muchos santos. De nuestra época hay que citar, ante todo, a Charles Péguy, Simone Weil, Charles de Foucaul y su espiritualidad del último puesto. [43]

Tras una vista de conjunto de todas estas expresiones de la Escritura, se puede deducir una característica decisiva de la figura humana de Jesús: su esencia no consiste en existir como hipóstasis, es decir, subsistir en sí mismo, que para los griegos era la suma perfección; su esencia es más bien el existir para los otros; su esencia es autoentrega, autodonación; él es el que sale de sí mismo, el que intercede por los otros, el solidario. *Para la Escritura Jesucristo es el hombre para los demás hombres. Su esencia es entrega y amor. En este amor a los hombres consiste la forma existencial concreta del señorío del amor de Dios para*

---

43. Cf. H. U. von Balthasar, *El problema de Dios en el hombre actual*, Madrid 1960, 203 s.

con nosotros. *Su cohumanidad es, pues, la forma de manifestarse (epifanía) su filiación divina. Su trascendencia cara al prójimo es expresión de su trascendencia cara a Dios. Así como respecto de Dios es existencia total en la receptividad (obediencia), así respecto de nosotros es existencia totalmente en la entrega y la sustitución. En esta doble trascendencia es mediador entre Dios y los hombres.*

El puesto incomparable y, al mismo tiempo, universal de Jesús en la historia se basa en la sustitución como centro determinante de su existencia. Porque es a causa de la sustitución que ejerce, en cuanto el único e incomparable a la vez, por lo que tiene una importancia universal. Por él ocurrió de una vez para siempre la reconciliación del mundo. Esta importancia universal la expresa la Escritura, insertando a Jesús no sólo en la historia de su pueblo desde Abrahán y David, sino en la historia de toda la humanidad desde Adán (cf. los dos genealogías). En Gál 4, 4 formula Pablo de manera lapidaria: «Nacido de la mujer, colocado bajo la ley». Por su nacimiento entra Cristo en nuestro género humano; con ello se adentra, al mismo tiempo, en la historia de perdición de la humanidad, bajo la maldición que expresa la ley. Por eso, según el himno de Filipenses, Jesús no toma una naturaleza humana abstracta, sino la μορφὴ δούλου, la figura de siervo; se somete voluntariamente a los poderes que esclavizan al hombre. En eso también se hace nuestro hermano.

De modo que Jesús toma sobre sí la historia concreta entretejida de culpa, pero por su obediencia voluntaria y servicio sustitutorio le da una nueva cualidad y pone un nuevo comienzo. Por su obediencia y servicio se detiene la historia de desobediencia, odio y mentira; en su pasión y muerte de cruz, donde su obediencia y servicio alcanzan la cima, descargan toda su furia los poderes de la injusticia y se precipitan «en la muerte» puesto que no les responde, los sepulta en su propia muerte, que es la muerte de la muerte, la muerte de la injusticia y la mentira. Así, Jesucristo es no sólo miembro de la humanidad, sino comienzo de una humanidad nueva. Por eso Cristo es según Rom 5, 12-21 y 1 Cor 15, 45-47 el nuevo Adán, por cuya obediencia se expía la desobediencia del primero. Para Jn 10 es el pastor que reúne su rebaño, dando su vida por él. Para Heb 2, 9-11 Jesús gustó la muerte por todos, para así convertirse por su pasión en autor de la salvación y basar, en cuanto hijo, la filiación de los muchos, haciéndolos a todos sus hermanos.

De la idea de la sustitución se deduce una perspectiva universal respecto de la concepción bíblica de la historia [44]. Adán representa a toda la humanidad. En él se decide la bendición y la maldición de todos. Tras su caída Dios elige a Israel; la elección vale indirectamente para todos los pueblos: en Abrahán deben ser bendecidos todos los pueblos de la tierra (Gén 12, 3). Pero tampoco Israel en su totalidad cumple esta tarea, sustituyéndolo un resto santo (Is 1, 9; 10, 21). Este resto se reduce a su vez, finalmente, a un solo hombre: en Isaías se trata del siervo de Yahvé que sufre sustitutoriamente por los muchos (53, 4 s), en Daniel es el hijo del hombre como representante del pueblo de los santos de Dios (7, 13 s). El nuevo testamento llama a este único: Jesucristo, el cual cumplió la misión del sufriente siervo de Yahvé y la del hijo del hombre, representando así la salvación de todo el pueblo y de todos los hombres. De modo que la historia de la salvación discurre hasta Cristo en el sentido señalado de una reducción progresiva: humanidad - pueblo de Israel - resto de Israel - el único, Jesucristo. Hasta entonces la pluralidad se encamina hacia la unidad. Pero una vez alcanzado este punto, se vuelve a abrir el movimiento desde la unidad hacia la pluralidad. Jesucristo es el primogénito entre muchos hermanos (Rom 8, 29; cf. Col 1, 15. 18; Ap 1, 5), constituye el nuevo pueblo de Dios y es el comienzo de la nueva humanidad. Así resume todo el desarrollo que tuvo lugar hasta ahora, abriendo simultáneamente una nueva historia. Es final, meta y resumen así como comienzo de un nuevo futuro.

Este doble movimiento se expresa de la manera más clara en el esbozo de la historia de la salvación que traza Pablo en Gál 3, 6-4, 7. Pablo parte de la promesa hecha a Abrahán para su descendencia y por ella para todos los pueblos. Esta promesa se cumple en Jesucristo como el único (3, 16). Por la fe en él todos los hombres se hacen descendientes de Abrahán (3, 26). En él todos se hicieron uno (3, 28) y, en consecuencia, hijos y herederos (4, 4-7). La nueva posibilidad que abre Cristo establece también reconciliación y unidad entre los hombres. Si todos son «uno» en Cristo, ya no vale el ser judío y griego, esclavo y libre, varón y mujer (Gál 3, 28; Col 3, 11). En Cristo volvió a sanar la rotura originaria de la humanidad, se suprimió la enemistad entre judíos y gentiles. Ha reconciliado a ambos «en un solo

---

· 44.   Cf. O. Cullmann, *Cristo y el tiempo*, La concepción del tiempo y de la historia en el cristianismo primitivo, Barcelona 1967, 98-103.

cuerpo y en su persona ha matado la enemistad». El es nuestra paz (Ef 2, 13 s). Por él y en su persona ha implantado Dios el *shalom* universal prometido ya en el antiguo testamento, la reconciliación de todos los pueblos. *Por eso shalom (paz) es la síntesis de la salvación, prometida en el antiguo testamento y venida por Cristo según el nuevo.* [45]

La profesión apostólica de fe incorporó las fórmulas bíblicas del ὑπέρ en la sentencia: *Qui propter nos homines et propter nostram salutem descendit de caelis* (DS 125; 150 etc.). Representa el epígrafe sobre la vida y la obra toda de Cristo: por nosotros los hombres y por nuestra salvación.

La primitiva iglesia tuvo que defender la unión de Jesucristo con todo el género humano, ante todo, contra la gnosis valentiniana y contra el apolinarismo, que afirmaban que Cristo tuvo únicamente un cuerpo celeste (pneumático), cuyo origen no estaba en el género humano, sino que fue directamente creado por Dios. Para realzar en contra de eso la unidad de especie de Jesús con el resto de la humanidad, se introdujo en el credo apostólico el *natus ex Maria virgine.*

La misma idea se halla en el símbolo atanasiano: *Deus est ex substantia Patris ante saecula genitus, et homo est ex substantia matris in saeculo natus* (DS 76). Parecida es la fórmula del concilio de Calcedonia: *Ex Maria virgine Dei genitrice secundum humanitatem* (DS 301). La herejía valentiniana se volvió a condenar expresamente en el concilio de Florencia en el *Decretum pro iacobitis* (DS 1341). Por tanto, el dogma del nacimiento de Jesús de la virgen María no es un «invento gnóstico», sino una expresión antignóstica, que tiende a expresar que Jesús es de la misma especie que nosotros. [46]

La idea de la sustitución se tematizó en la tradición teológica, ante todo, desde el punto de vista de la *satisfactio*. De forma explícita la teoría de la satisfacción se desarrolló por primera vez por parte de Anselmo de Canterbury (+ 1109) en su obra *Cur Deus homo?* [47]. Anselmo parte del *ordo universi*. Este orden universal inteligible se perturbó por el pecado; lo que pone al hombre a merced del absurdo. Hay que encontrar un equilibrio, o sea, una satisfacción para este desequilibrio. Si Dios concediera esa compensación por pura misericordia, contradiría a la justicia. De ahí el dilema:

---

45. Cf. W. Foerster - G. von Rad, art. εἰρήνη, en ThWNT II, 398-418; H. Gross, *Die Idee des ewigen und allgemeinen Weltfriedens im Alten Orient und im Alten Testament*, Trier 1956; W. Kasper - K. Lehmann, *Die Heilssendung der Kirche in der Gegenwart*, Mainz 1970, 28-34.

46. Cf. H. Fr. von Campenhausen, *Die Jungfrauengeburt in der Theologie der alten Kirche*, Heidelberg 1962.

47. Cf. J. McIntyre, *St. Anselm and his critics*, Edimburg-London 1954; H. U. von Balthasar, *Herrlichkeit* II, Einsiedeln 1962, 217-263; F. Hammer, *Genugtuung und Heil*, Wien 1967; R. Haubst, *Satisfaktionslehre einst und heute*: TThZ 80 (1971) 88-109 (bibliografía); H. Kessler, *Die Heilsbedeutung des Todes Jesu*, 83-165; G. Greshake, *Erlösung und Freiheit*. Zur Neuinterpretation der Erlösungslehre Anselm von Canterbury: ThQ 153 (1973) 323-345 (bibliografía).

aut satisfactio aut poena [48]. Así que Dios tiene que pedir del hombre una compensación, una satisfacción. Pero esta exigencia de Dios fracasa por parte del hombre. En definitiva, el pecado se dirige contra Dios que es infinito, participando el pecado de esa infinitud. Anselmo explica esta idea, ante todo, sirviéndose del ejemplo del *honor Dei.* El hombre había sido creado para la obediencia, el servicio, la entrega a Dios. Por el pecado se desentendió de esta meta. Pero cuanto más excelso es el ofendido, tanto más grave es la ofensa. El honor de Dios es infinito, luego también lo es la culpa del hombre. En consecuencia, es necesaria una satisfacción infinita; pero el hombre finito no puede prestarla.

De esta forma se llega a esta conclusión: el hombre está obligado a satisfacer, pero sólo Dios puede hacerlo. La satisfacción que restablece el *ordo universi* y el *honor Dei* únicamente puede prestarla quien es Dios y hombre al mismo tiempo, el Dios-hombre. Esta es la respuesta al *Cur Deus homo?* Pero todavía no se ha contestado a la cuestión de por qué tuvo que morir Dios en la cruz para redimirnos. Y Anselmo razona: no basta para la redención la vida obediente de Jesús, pues el hombre está obligado a ello por la creación. La satisfacción tiene que prestarse por algo que Jesús como hombre no esté obligado a hacer. Y esto es precisamente la muerte, pues no teniendo pecado no está sujeto al destino de la muerte. Puesto que Jesús mismo no necesitaba esta satisfacción, la puede tomar Dios como mérito para todos los demás. El déficit en la balanza de todos los demás se compensa por la superabundancia de Cristo. De manera que por su muerte voluntaria Jesús volvió a «equilibrar» el *ordo universi* perturbado, ofreciendo satisfacción por todos.

La teoría de la satisfacción de Anselmo hizo escuela. Pero ya Tomás la corrigió y suavizó [49]. Ante todo, Tomás cambió en mera conveniencia el que Dios *tuvo que* obrar así, como Anselmo intentaba probar. Aquello está más acorde con la libertad del amor de Dios. La teoría de la satisfacción de Anselmo se convirtió en común en la teología escolástica pero en esta forma tomista [50]. Con todo, jamás fue declarada dogma, a pesar de que representa uno de los clásicos teologúmena.

La teoría de la satisfacción de Anselmo sólo puede entenderse en el trasfondo del orden feudal germánico y de la temprana edad media [51]. Se basa ese orden en la mutua fidelidad entre señor y vasallo. El vasallo recibe del señor feudo y protección y, con ello, parte en el poder público; el señor recibe del vasallo la promesa de adhesión y servicio. Por tanto, el reconocimiento del honor del señor sirve de base al orden, la paz, libertad y el derecho. El honor del señor no es algo privado, sino su puesto social, por el que garantiza el pacífico orden público. Herir ese honor significa falta de justicia, de paz, de libertad, significa el caos. De modo que la exigencia del restablecimiento de este honor no se fija en la satisfacción personal al

---

48. Anselmo de Canterbury, *Cur Deus homo* I, cap. XV (ed. por F. S. Schmidt, Münster 1956, 48 s), etc.

49. Tomás de Áquino, *Summa theol.* 3 q. 1 a. 2; sobre la interpretación, cf. H. Kessler, *Die Heilsbedeutung des Todes Jesu,* 167-226.

50. Sobre las diversas formas adoptadas, cf. F. Lakner, *Satisfaktionstheorien,* en LThK 9, 341-343; sobre el desarrollo histórico, cf. J. Rivière, *Le dogme de la rédemption.* Essai d'étude historique, Paris 1905; Id., *Le dogme de la rédemption au début du moyen âge,* Paris 1934.

51. La interpretación siguiente concuerda, ante todo, con la de G. Greshake, *Erlösung und Freiheit.*

señor, sino en el restablecimiento del orden global. En este sentido distingue Anselmo entre el honor de Dios «en la medida en que le afecta a él mismo» y el honor de Dios «en cuanto afecta a la creatura» [52]. En el primer aspecto nada se le puede añadir ni quitar. Pero si el hombre no reconoce ya el honor de Dios, entonces se destruye el *ordo iustitiae* en el mundo.

De modo que al lesionarse el honor de Dios no se trata en absoluto de Dios, sino que lo que importa es el hombre, el orden y belleza del mundo. No es el honor personal de Dios lo que exige ser restablecido, sino el mundo desfigurado y descaminado, que está en orden mientras se conserve el honor de Dios. No se trata de restablecer el honor de un Dios celoso; ni tampoco de un orden abstracto de justicia, de un balance que haya que equilibrar. En el reconocimiento y restablecimiento del honor de Dios se trata de libertad, paz, orden y plenitud de sentido del mundo. Pero puesto que Dios creó libre al hombre, puesto que quiere el libre reconocimiento por parte de la creatura, por eso no puede conceder este restablecimiento por puro amor y, por así decir, saltando por encima del hombre. Al atarse Dios al *ordo iustitiae*, defiende el honor debido al hombre, conserva su libertad y se mantiene fiel a su creación. Es decir, la autovinculación de Dios al *ordo iustitiae* expresa la fidelidad de Dios como creador.

Si se mira a la teoría de la satisfacción de Anselmo desde esta perspectiva, entonces corresponde totalmente a la idea y concepción de la Biblia. Según la Escritura la justicia de Dios [53] en la alianza abre al hombre un espacio vital, en el que el hombre no sólo es el receptor de la bondad divina, sino también puede ser libre aliado de Dios. El reconocimiento de éste como señor da vida al hombre; el señorío de Dios fundamenta la libertad del hombre, mientras que la desobediencia del pecado engendra desorden, disensión y muerte. Al tomar sobre sí Jesucristo, libremente obediente, esta muerte causada por el pecado y al reconocer a Dios como Dios también en su justicia, se echa la base de la nueva alianza y la paz y libertad vuelven a ser posibles en el mundo. Al ponerse Jesucristo en lugar nuestro, no es que reemplace nuestro obrar —¡sustitución no es reemplazamiento! [54]—, sino que precisamente lo hace posible, al liberarnos en orden al seguimiento en la obediencia de la fe y para el servicio del amor.

En la época moderna cada vez resultó más incomprensible la teoría de la satisfacción de Anselmo y se la terminó rechazando. En el fondo se halla la disolución del *ordo* medieval y la llegada del individualismo moderno. La cuestión de cómo nos puede aprovechar el merecimiento de Jesucristo en el marco de este mundo donde priva la concepción individualista la pudieron contestar los nominalistas sólo a base del concepto jurídico de la *imputatio,* de la imputación por parte de Dios. El concepto de la imputación forense fue decisivo, ante todo, para la ortodoxia protestante. La ilustración que se desarrolló después consideró tal trasferencia de culpa y mérito como inimaginable y hasta inmoral. El intento mediador de H. Grotius fue rotundamente fatal. Según su explicación Dios quiso establecer un

---

52. Anselmo de Canterbury, *Cur Deus homo* I, cap. XIV s (ed. F. S. Schmidt, pág. 46 s).

53. Cf. E. Käsemann, *Gottesgerechtigkeit bei Paulus*, en *Exegetische Versuche und Besinnungen* II, 181-193; P. Stuhlmacher, *Gerechtigkeit Gottes bei Paulus*, Göttingen ²1966.

54. Cf. los análisis de D. Sölle, *Stellvertretung*. Ein Kapitel Theologie nach dem «Tode Gottes», Stuttgart ⁴1967; Id., *Sufrimiento*, Salamanca 1976.

ejemplo en su hijo inocente [55]. En esta forma la teoría de la satisfacción se hace de hecho insoportable. La crítica de la teología liberal se fijó, ante todo, en el pensamiento jurídico de equivalencia de la teoría de la satisfacción de Anselmo, como ella lo consideraba; ello explica que A. von Harnack y A. Ritschl se decidieran por la interpretación más ética de la redención que daba Abelardo, como ellos lo entendían [56]. Pero sería demasiado simplista el pensar que la ilustración y el liberalismo hubieran rechazado _únicamente_ una teoría de la satisfacción mal interpretada y deformada. A su imagen individualista del nombre le faltaba, en definitiva, la comprensión para la idea de la sustitución.

Así se perdió la idea de la solidaridad en la salvación y la perdición. No fue sólo en la ilustración y el liberalismo, sino igualmente en la piedad corriente de las iglesias donde empezó a expandirse cada vez más un individualismo salvífico y una privatización de la interpretación de la redención. «Salva tu alma» era el lema de las misiones populares, ¿Pero es posible salvar la propia alma sin hacer lo propio con la del otro y también con su cuerpo?

Donde la idea de la sustitución sigue viva, como en la veneración del corazón de Jesús o en la piedad mariana, en especial en los movimientos que partieron de Lourdes y Fátima, y donde juega todavía su papel la oración y el sacrificio sustitutorio, la gran idea bíblica y patrística se encuentra las más de las veces en forma devocionalmente achicada. Esto no quiere decir que se niegue o se aminore el gran _ethos_ y el valor de esta clase de piedad. Pero hay que preguntar si este cambio de una de las principales ideas básicas del cristianismo responde adecuadamente a lo que hoy se exige, o si no tendríamos que volver a concentrarnos en toda la profundidad de la idea cristiana de la sustitución, a la vista de la creciente unificación de la humanidad y de la conciencia de solidaridad en constante aumento. Parece que tenemos la oportunidad de decir y realizar de una manera nueva una verdad cristiana fundamental. Mucho va a depender para el futuro de la fe el que se consiga o no asociar la idea bíblica de la sustitución con la moderna de la solidaridad.

55. Cf. la exposición imprescindible todavía de F. Chr. Baur, _Die christliche Lehre von der Versöhnung in ihrer geschichtlichen Entwicklung von der ältesten Zeit bis auf die neuteste,_ Tübingen 1838.
56. A. von Harnack, _Lehrbuch der Dogmengeschichte_ III, _Die Entwicklung des kirchlichen Dogmas,_ Tübingen ⁵1932, 403-411; A. Ritschl, _Die christliche Lehre von der Rechtfertigung Versöhnung_ I, Bonn 1963, 31-54. Recientemente se encuentra la misma crítica en autores católicos como J. Ratzinger, _Introducción al cristianismo,_ Salamanca ³1976, y también H. Kessler, _Die Heilsbedeutung,_ 153 s. Sobre esto, además, R. Haubst, _Anselms Satisfaktionslehre._

Al principio la idea de la sustitución resulta extraña al pensamiento moderno, pues el punto de arranque de éste es la autonomía del sujeto. Según esto el hombre está dado y encomendado a sí mismo; es responsable de sí mismo y nadie puede exonerarlo de esa responsabilidad. Hegel criticó ya la abstracción de este punto de vista y le contrapuso una libertad concreta [57]. Todavía más profunda fue la crítica de K. Marx. «El» hombre es un ser abstracto; en concreto «el» hombre sólo existe como totalidad de las relaciones sociales [58]. Así se llega, al final de la época moderna, a una metacrítica de la crítica contemporánea. Mientras que la época moderna criticó en nombre de la libertad todas las instituciones existentes, ahora se vuelve a reflexionar sobre los condicionamientos de la libertad. Y la pregunta es: ¿cómo es posible en concreto la libertad? Y se llega a la conclusión fundamental siguiente: el otro y los otros son no sólo límites, sino condición de la libertad. La realización de la libertad presupone, pues, un orden solidario con ésta.

Tal tesis se puede probar de varias maneras. La experiencia diaria confirma que el ser de hombre sólo puede desarrollarse humanamente en un marco donde uno es aceptado, en un marco de amor y de confianza [59]. Ante todo es el lenguaje humano el que muestra que sólo existe subjetividad humana en la intersubjetividad, en el estar con, para y por los demás. Esta relación yo-tú no se puede contraponer, sin embargo, a las perspectivas cósicas. La libertad concreta está vinculada a presupuestos económicos, jurídicos y políticos; sólo es posible donde los demás respetan nuestro espacio de libertad. La libertad del individuo presupone un orden de libertad. La libertad del individuo es la de todos, la libertad de todos presupone, naturalmente, que cada uno sea respetado. De modo que cada individuo es portador de la libertad de los demás, y viceversa, cada uno es llevado por todos los demás. La sustitución es un aspecto esencial de la libertad concreta. Entendida así la sustitución no es reemplazamiento. El reemplazante hace superfluo al reemplazado, mientras que el que lo sustituye le hace sitio, le mantiene abierto el puesto, le deja el sitio cuando el otro llega. La sustitución no le quita, pues, nada al otro; al contrario, es ella la que hace posible la

57. Cf. G. W. F. Hegel, *Grundlinien der Philosophie des Rechts* (ed. por J. Hoffmeister), Hamburg ⁴1955, § 4, 32, etc.

58. K. Marx, *Tesis sobre Feuerbach*, en K. Marx - Fr. Engels, *Sobre la religión*, Salamanca 1974, 159 s.

59. Cf. R. Affemann, *Sünde und Erlösung in tiefenpsychologischer Sicht*, en L. Scheffczyk (ed.), *Erlösung und Emanzipation*, Freiburg 1973, 15-29.

276 El misterio de Jesucristo

libertad del otro. La solidaridad quiere dejar al individuo su propio lugar, hasta quiere protegerlo y defenderlo, esperando también, por supuesto, que el individuo se comprometa de la misma manera por los demás. La solidaridad de todos y la responsabilidad de cada uno se condicionan mutuamente. Mientras que en cualquier parte del mundo siga dominando la esclavitud, la injusticia y la discordia, tampoco está segura ni completa nuestra libertad. La libertad es posible en concreto sólo en la solidaridad, en el ser-libre-para-los-demás.

Lo dicho se puede concretar algo en cuanto al fenómeno de la muerte, pues precisamente en la muerte de un hombre ocurre algo sustitutivamente para los otros. Sabemos (no en último lugar gracias a los análisis de Heidegger [60]) que la muerte no sólo representa el último momento en la vida del hombre, sino que lanza su sombra por adelantado en la amenaza constante, en la enfermedad y en la despedida diaria. La muerte cualifica la vida toda del hombre como vida finita, limitada, pasajera. Por eso es en el fenómeno de la muerte donde el hombre llega a concienciarse de sí mismo: aquí se experimenta como hombre mortal, como ser para la muerte. Esta desempeña, pues, una función hermenéutica para el hombre. Pero nadie experimenta su propia muerte. Siempre nos sale al encuentro como muerte de otro, como muerte de los padres, del amigo, del esposo o la esposa, de los hermanos, etc. Pero en la muerte del otro nos sale al encuentro algo de nosotros mismos; aquí se manifiesta nuestro propio tener que morir. Esta es la razón de por qué nos puede impresionar tan profundamente y afectarnos existencialmente la muerte de otro. En la muerte del otro se nos manifiesta lo que es nuestra vida: existencia dada y de la que no disponemos. En la muerte del otro se nos regala de nuevo nuestra vida. De modo que en la muerte ocurre sustitutoriamente algo por los otros. Nadie muere sólo para sí mismo, sino siempre también para los demás.

Los análisis hechos hasta ahora siguieron siendo abstractos; se refirieron a la solidaridad y sustitución como estructura fundamental del hombre. Pero en concreto el entretejido solidario de todos los hombres sirve de base a una relación universal de perdición. Esta situación de perdición consiste en que de hecho los hombres no se aceptan mutuamente como hombres y no se dejan unos a otros el espacio necesario para la existencia, sino

---

60. Cf. M. Heidegger, *Sein und Zeit*, Tübingen [9]1960, 235 s.

que se aíslan y se utilizan los unos a los otros como medio para asegurar la propia existencia. No es la solidaridad humana la que constituye el poder del orden, sino la utilidad y el interés propio. Donde los hombres se tratan como medio, como mercancía, fuerza de trabajo y números, allí se convierten en valores definitivos, realidades anónimas como dinero, poder, prestigio personal o nacional, valores a los que el hombre es sometido como medio y de los que, en definitiva, llega a depender. En especial desde Hegel y Marx se designa a esta inversión de la relación entre persona y cosa con el término originariamente económico-jurídico de alienación [61], expresando con ello que el extrañamiento entre hombres se realiza en situaciones que, en cuanto realidades objetivas y anónimas, adquieren por su parte poder sobre los hombres. El entretejido solidario condiciona una situación en la que siempre estamos «vendidos» a «principados y potestades», de modo que ya no nos pertenecemos a nosotros mismos (cf. Rom 7, 15-24).

Con este fondo se comprende mejor la proposición de fe sobre el carácter expiatorio y el significado salvífico de la muerte sustitutoria de Jesús. Esto no es una sentencia mitológica, que hoy se nos hubiera convertido en verdaderamente inaceptable; este dogma puede más bien enlazar con datos antropológicos y sociológicos, sin que por ello sea derivable de ellos. Las reflexiones antropológicas no sirven más que como ayudas para comprender. Pero sí que dan un indicio de en qué sentido hemos de superarlas. Por una parte a la persona humana pertenece el ser algo incondicional y representar un valor independiente, por razón de lo cual el hombre jamás puede rebajarse a medio, sino siempre tiene que ser fin [62]. Pero la incondicional aceptación del hombre como hombre fracasa por su misma finitud. La solidaridad incondicional entre los hombres es posible, en definitiva, sólo en Dios, como imitación y participación en el amor incondicional de Dios para con cada hombre. Además, tal solidaridad entre los hombres bajo el presupuesto de la actual solidaridad en la perdición, solidaridad de la que ningún individuo puede escapar, es únicamente posible si históricamente se pone un comienzo nuevo sin derivación alguna. De modo que la mediación teológica

61. Cf. E. Ritz, *Entfremdung*, en *Historisches Wörterbuch der Philosophie* II, 509-525; sobre la aplicación teológica, cf. especialmente P. Tillich, *Entfremdung und Versöhnung im modernen Denken*, en WW IV, Stuttgart 1961, 183-199.
62. Cf. I. Kant, *Grundlegung zur Metaphysik der Sitten*, BA 64-66, en WW IV (ed. por W. Weischedel), Darmstadt 1956, 59-61.

tiene que ser por su parte histórica. Sólo donde Dios se hace
hombre y como tal es radicalmente el hombre para los demás,
sólo allí se pone la base para una nueva posibilidad existencial
y una nueva solidaridad entre los hombres, para la paz y reconciliación en el mundo. La mediación entre los hombres es, pues,
únicamente posible mediante el único mediador entre Dios y los
hombres (cf. 2 Tim 2, 5).

La necesidad de una fundamentación teo-lógica de la solidaridad entre los hombres se hace especialmente clara cuando no
sólo dirigimos esperanzados nuestra mirada hacia un reino futuro
de libertad, justicia y paz, sino también cuando nos acordamos de
las generaciones pasadas, incluyéndolas en nuestra solidaridad.
Sin solidaridad con los muertos y su sufrimiento sin palabras,
toda solidaridad entre los hombres y toda fe en la redención no
sólo serían incompletas, sino que también continuarían siendo
abstractas y, en definitiva, cínicas. Si los sufrientes del pasado
no tuvieran consuelo y la injusticia que se les hizo no se expiara,
o sea, si al final el asesino triunfara sobre su víctima, en la
historia valdría el derecho del más fuerte; la historia sería pura
historia de los vencedores. Una solidaridad reducida al presente
y al futuro sería, en realidad, una nueva injusticia contra las
víctimas del pasado; se acabaría por decir que son la escoria de la
historia del mundo. Pero no hay hombre que pueda hacer volver
a los muertos ni enmendar los sufrimientos del pasado. Esto sólo
puede hacerlo Dios, que es señor de la vida y la muerte. El puede
hacer justicia incluso a los muertos, cuando él mismo desciende
al reino de la muerte, cuando se solidariza con los muertos, y así,
precisamente porque la muerte no puede retenerlo, hacer saltar
los lazos de ésta y rompe su poder. En este contexto se hace
teológicamente claro el significado del credo cuando habla del
descensus ad inferos (o *inferna*), de la bajada al reino de la
muerte [63]. Por muy mítico que sea el lenguaje, este motivo ense-
ñado por la Escritura (cf. especialmente 1 Pe 3, 18 s), el credo
apostólico (DS 16. 27. 76, etc.) y por el dogma eclesial (DS 801.

    63. De entre la abundante bibliografía, cf. A. Grillmeier, *Der Gottessohn im
Totenreich*: ZkTh 71 (1949) 1-53, 184-203; Id., *Höllenabstieg Christi*, en LThK 5,
450-455; K. H. Schelkle, *Die Petrusbriefe. Der Judasbrief*, Freiburg-Basel-Wien
1961, 102-108; H. Vorgrimmler, *Cuestiones en torno al descenso de Cristo a los
infiernos*: Concilium 11 (1966) 140-151; J. Ratzinger, *Introducción al cristianismo*,
256 s; Id., *Schwierigkeiten mit dem Apostolikum*. Höllenabfahrt-Himmelfahrt-Aufers-
tehung des Fleisches, en P. Brunner - G. Friedrich - K. Lehmann - J. Ratzinger,
Veraltetes Glaubensbekenntnis?, Regensburg 1968, 97-123; H. U. von Balthasar, *El
misterio pascual*, en MySal III/2, 237-265; J. B. Metz, *Erlösung und Emanzipation*, 131 s.

852. 1077), no es un mito superado. Se trata de un elemento esencial de la fe en la importancia salvífica de la muerte y resurrección de Jesucristo. Esto no quiere decir que represente un acontecimiento salvífico independiente y nuevo, agregado a la muerte y resurrección. Lo que significa es más bien que Jesús *en* su muerte y por *su* resurrección *verdaderamente* se solidariza con los muertos, fundando así la *verdadera* solidaridad entre los hombres más allá de la muerte. Se trata del derrocamiento definitivo de ésta por la vida en Dios, se trata de la victoria universal y definitiva de la justicia de Dios en la historia.

Esta interpretación cristiana de la sustitución y la solidaridad tiene que distinguirse, finalmente, de otros dos intentos hoy muy eficientes e influyentes que tienden a construir la solidaridad y la paz entre los hombres. La idea cristiana de la sustitución y la consecuente de una solidaridad universal se distinguen de ese orden de intercambio, tal y como Hegel y Marx analizan la sociedad burguesa y el sistema del capitalismo [64]. Aquí no sólo se priva de su carácter teológico al *admirabile commercium* de la doctrina cristiana sobre la redención, sino que se le quita también su matiz personal, convirtiéndolo en un problema de reparto de bienes; los hombres son sometidos a coacciones objetivas. A este concepto tecnológico corresponde en el marxismo otro político. Aquí emancipación significa realmente «reducción del mundo humano, de las relaciones, al hombre mismo» [65]. Por eso el reconocimiento del hombre no se da a base del rodeo que pasa por un mediador [66]. La emancipación respecto de la religión es más bien condición de toda otra emancipación. Pero la cuestión fundamental será ésta: ¿cómo es posible tal emancipación? El individuo aislado no puede ser el sujeto de esta emancipación, pues se halla bajo los condicionamientos generales de la esclavitud. Se necesita, pues, un comienzo nuevo fundamental. Pero la totalidad de un grupo, una clase, una sociedad o de un pueblo tampoco puede ser el sujeto de la emancipación, pues de lo contrario se llega a una nueva opresión del individuo. Pues la solidaridad presupone reciprocidad. El «uno por todos» tiene sentido sólo cuando también es verdad el «todos por uno», es decir, cuando

64. Cf. G. W. F. Hegel, *Phänomenologie des Geistes* (ed. por J. Hoffmeister), Hamburg 1952, 398 s; Id., *Grundlinien der Philosophie des Rechts*, § 164 s; K. Marx, *La cuestión judía*, en K. Marx - Fr. Engels, *Sobre la religión*, 107 s; ante todo, el famoso capítulo sobre el carácter fetichista de la mercancía, en *El Capital*.
65. K. Marx, *La cuestión judía*, en *o. c.*, 131.
66. *Ibid.*, 114.

en la sociedad se conserva el valor y la dignidad incondicionales del individuo. O sea, la sociedad no puede basar la dignidad del hombre, sino sólo reconocerla y cuidar de su concreta realización. El reconocimiento y aceptación incondicionales de cada hombre es posible, en definitiva, sólo por parte de Dios. Sólo donde el amor de Dios al hombre se convierte históricamente en aconteci- miento, sólo entonces puede establecerse un nuevo comienzo en la historia. La solidaridad entre los hombres sólo puede fundarse por la solidaridad histórica de Dios en el Dios-hombre Jesucristo.

La solidaridad de Dios con los hombres, revelada y realizada en Jesucristo, fundamenta una nueva solidaridad entre los hom- bres. Por eso, la idea cristiana de la sustitución indica a los cris- tianos y a las iglesias que el mundo es el lugar de su servicio y los obliga a colaborar en un nuevo orden de paz en libertad, dirigido por el pensamiento de la solidaridad. El amor cristiano, que acep- ta incondicionalmente a todo hombre a imitación del amor de Dios, se convierte, pues, al mismo tiempo, en compromiso incon- dicional por la justicia para todos.

La cuestión de Anselmo: *Cur Deus homo?* vuelve a plantearse ahora al final de este capítulo. Podemos dar una respuesta seme- jante a la de Anselmo. El *ordo universi*, la paz y reconciliación entre los hombres son únicamente posibles si Dios mismo se hace hombre, hombre para los demás, asentando así el comienzo de una nueva humanidad solidaria. Por supuesto que no por ello se hace la encarnación necesaria en el sentido de que pudiera deducirse de principios superiores. Ocurre precisamente lo con- trario: esos principios, tales como paz, libertad, justicia, se es- bozaron desde la eternidad con vistas a Cristo, como la gramática, en la que y por medio de la cual el amor de Dios debería expresarse y realizarse de un modo indeduciblemente nuevo. Por tanto, la fe cristiana continúa referida siempre a Jesucristo, el mediador entre Dios y los hombres y, también, de los hombres entre sí.

13
Jesucristo, mediador entre Dios y el hombre

1. La persona del mediador

La profesión de fe fundamental de la iglesia, tal y como la formuló el concilio de Calcedonia (451), reza así: Jesucristo es verdadero Dios y verdadero hombre en una persona. Después de haber tratado en los dos capítulos precedentes la verdadera divinidad y la verdadera humanidad, nos tenemos que dedicar al tercer gran problema cristológico, mencionado hasta ahora repetidamente, pero siempre dejado para después, es decir, ahora hay que tratar la cuestión de la unidad de divinidad y humanidad en la única persona o hipóstasis.

A primera vista se pudiera tener la impresión de que no se trata tanto de una cuestión inmediata de fe cuanto de un problema teológico derivado, que sólo se deduce como consecuencia de las dos verdades fundamentales sobre la verdadera divinidad y la verdadera humanidad. A esto se añade que el dogma del concilio de Calcedonia está formulado totalmente bajo los presupuestos intelectuales y políticos de la situación de entonces y a base de conceptos de cuño filosófico. A la vista de este hecho sería ilegítimo intentar deducirlo inmediatamente de la Escritura. Con todo, este dogma, aunque parte de una perspectiva histórica limitada, trata una cuestión fundamental de la fe. *Se trata de profesar que Jesucristo en persona es el mediador entre Dios y los hombres (cf. 1 Tim 2, 5) y la nueva alianza (cf. 1 Cor 11, 25; Lc 22, 20). En este dogma se trata, pues, de la cuestión fundamental de la salvación así como del problema especulativo fundamental de la mediación entre Dios y el hombre.*

a)   *Testimonio de Escritura y tradición*

La unidad de Dios y hombre en Jesucristo pertenece a las proposiciones cristológicas fundamentales de la Escritura. Es característico del Jesús terreno que habla y obra como uno que está en lugar de Dios [1]. El es el reino de Dios, el amor de Dios en persona que se comunica. Pero Dios obra en su amor no prescindiendo o saltándose al hombre. La llegada del reino de Dios expresa su fidelidad creadora y de alianza para con el hombre. Por eso viene de manera humano-histórica; no desconecta la libertad del hombre, sino que la incorpora. Porque Dios llega a ser señor, donde es reconocido como señor en la obediencia de fe del hombre. De modo que Jesús en persona es al mismo tiempo el volverse de Dios al hombre y la respuesta de éste. Por su obediencia es procedencia radical de Dios y radical dedicación a él. Es tan totalmente existencia en la receptividad, que no es nada antes, fuera o junto a esta autocomunicación del amor de Dios aceptada en la obediencia. El vive la autocomunicación de Dios de una manera personal.

Lo que se realizó en la existencia terrena de Jesús, se hizo claro por la pascua y ahora se concreta expresamente en la profesión de fe. Porque el centro del mensaje pascual lo forman proposiciones de identidad: el Resucitado es el Crucificado y el Crucificado es el Resucitado [2]. Las profesiones de fe del primitivo cristianismo son también en su estructura formal sentencias de identidad: «Jesús es el Cristo», «Jesús es el *kyrios*», «Jesús es el hijo de Dios». A primera vista se pudiera tener la impresión de que el sujeto de estas sentencias fuera la persona del hombre Jesús de Nazaret, mientras que, por ejemplo, el título de hijo de Dios no sería sino mero predicado. Pero ya vimos que las sentencias profesionales tienen también que leerse en el sentido inverso. Por Jesús se interpreta qué y quién es el hijo de Dios. La razón real de esa mutación radica en el contenido del mensaje pascual. Este dice que el Crucificado vive ahora total y únicamente de la fuerza de la fidelidad creadora de Dios en la gloria de éste. La identidad entre el Crucificado y el Resucitado no se funda, pues, en el sustrato constante de la naturaleza humana, sino sólo en la fidelidad creadora de Dios.

Lo que en las profesiones primitivas de pascua no son sino alusiones, lo expresan con nitidez algunos himnos y profesiones

1. Cf. *supra*, cap. 7.
2. Cf., además, cap. 10.

cristológicos primitivos. De nuevo interesa, en primer lugar, el himno a Cristo en Filipenses (2, 6-11). De uno y el mismo sujeto se dicen uno detrás de otro dos modos de existencia diversos: el que antes existía en la forma de Dios, se adentra en el modo de existencia de la esclavitud humana bajo los poderes cósmicos. De manera semejante se expresa la cristología de los dos estadios en Rom 1, 3 s, hablando de dos dimensiones, el ámbito de la *sarx* y del espíritu, por los que atraviesa el único hijo de Dios. Las fórmulas paulinas de envío (Gál 4, 4 y Rom 8, 3) incorporan estas sentencias paradójicas. Es el mismo el que como eterno Hijo es enviado por el Padre y nace de la mujer en el tiempo o es condenado en la carne pecadora. El sentido soteriológico de estas formulaciones se expresa con nitidez en Pablo. En la única historia divino-humana se llega a un gran intercambio. «El que era rico se hizo pobre por vosotros, para que os enriquecierais por su pobreza» (2 Cor 8, 9); «por nosotros hizo pecado al que no conoció el pecado, para que en él nos hagamos justicia de Dios» (2 Cor 5, 21). La 1 Pe resalta la unión de la cristología de los dos estadios con ésta del trueque: «Pues también Cristo murió por el pecado una sola vez, el justo por los injustos, para conducirlos a Dios; fue muerto según la carne, pero vivificado según el espíritu» (3, 18). En la única historia del único Jesús acontece, pues, al mismo tiempo, el cambio de toda historia y se reconcilian otra vez Dios y el hombre. Esta amplitud universal de la cristología de los dos estadios se manifiesta otra vez en 1 Tim 3, 16; de nuevo se cita, sin duda, un antiguo canto.

> Fue revelado en la carne,
> justificado en el espíritu,
> se apareció a los ángeles,
> fue anunciado a los gentiles,
> fue creído en el mundo,
> ensalzado en la gloria.

En el único Jesucristo se unen cielo y tierra, carne y espíritu. La temprana teología patrística repitió primeramente la antigua cristología del *pneuma-sarx*, desarrollándola en su sentido soteriológico. Esto representa el esquema cristológico más antiguo [3]. Con gran fuerza se manifiesta esta unidad en la dualidad en el famoso lugar de Ef 7, 2 de Ignacio de Antioquía:

---

3. Cf. F. Loofs, *Leitfaden zum Studium der Dogmengeschichte*, 69 s; Id., *Theophilus von Antiochien Adversus Marcionem und die anderen theologischen Quellen bei Ireneus*, Leipzig 1930.

	Uno (εἶς) es el médico	
de la carne	al mismo tiempo y	del espíritu
engendrado	y	no engendrado
aparecido en la carne	y	Dios
en la muerte		verdadera vida
de María	así como	de Dios
primero pasible		luego impasible
	Jesucristo nuestro señor [4].	

Lo muy realísticamente que Ignacio entiende la unidad del único sujeto, se deduce de que puede hablar drásticamente de la sangre de Dios (Ef 1, 1) y del sufrimiento de Dios (Rom 6, 3; cf. 1 Clem 2, 1). El sentido soteriológico de esta unidad es nuestra participación en el espíritu y en la inmortalidad de Jesús (cf. Ef 8, 2; Magn 15; Bern 5, 6. 14; 14, 2; 2 Clem 14, 3 s).

La cristología del *pneuma-sarx* muy pronto se hizo susceptible de ser mal interpretada. Con facilidad se podía entender en sentido adopcionista. Porque podía dar la impresión de que el espíritu había actuado o habitado en Cristo sólo como en un hombre especialmente agraciado, haciéndolo así hijo de Dios. Añádase el hecho de que el concepto *pneuma* en la filosofía estoica del tiempo no excluía la materialidad. Tan pronto como el cristianismo entró en contacto con el pensamiento del tiempo, este concepto tuvo que parecer inadaptado para designar el ser divino de Jesús de manera limpia. Mejor que el esquema del *pneuma-sarx* pareció ahora otro que ya aparece en la Escritura, aunque más tarde también este modelo fue susceptible de interpretarse erróneamente: el esquema del *logos-sarx*.

El *locus clasicus* bíblico de la cristología del *logos-sarx* es la sentencia del prólogo de Juan: «y el Verbo (λόγος) se hizo carne (σάρξ)» (Jn 1, 14) [5]. El sujeto de esta sentencia es el Logos. De él se dice en primer lugar que existe desde la eternidad cabe el Padre; luego viene la inaudita proposición de que se hace «carne». Este «hacerse» no significa ni una metamorfosis, ni del Logos y la carne resulta un tercero. El Logos continúa siendo el sujeto de este acontecimiento. Sin duda que lo que al evangelio de Juan como a 1 Jn le interesa es expresar estas dos cosas: por una parte, que es el mismo Logos y, por otra, que apareció verdaderamente en la carne, en nuestra historia concreta (1 Jn

4. Ignacio de Antioquía, *Ef* 7, 2 (*The apostolic fathers* II, II/1, 47 s), además, *Ef* 18, 2 (*Ibid.*, 74 s); Id., *Esmirn* 1, 1 (*Ibid.*, 289); *2 Clem* 9, 5 (*The apostolic fathers* I, II, 230); *Hermas*, Simil. 5, 6 s (GCS 48, 57 s).
5. Cf. a. 1. R. Schnackenburg, *Johannesevangelium* I, 241-249.

1, 2), que habitó entre nosotros y hasta que se «hizo» carne (Jn 1, 14). De modo que de uno y el mismo sujeto se dice al mismo tiempo lo divino y lo humano. Así que en este lugar se encuentran todas las premisas para la cristología posterior; con razón se ha convertido Jn 1, 14 en el punto de arranque bíblico-teológico del desarrollo posterior histórico-dogmático en la cristología. *Podemos considerar como la característica esencial de la cristología neotestamentaria el hecho de que en cada caso se prediquen de uno y el mismo sujeto proposiciones tanto divinas como humanas.*

Pero sería equivocado históricamente buscar en Juan ya la doctrina de las dos naturalezas. A Juan no le preocupa aún lo de dos naturalezas en un único sujeto, sino el acontecimiento histórico-salvífico. Se trata del gran cambio en la historia. El camino descendente del Logos hasta la carne y el ascendente desde la carne a la gloria abre a todos los que se le unen una nueva y definitiva posibilidad de salvación, un camino hacia la verdad y la vida (cf. 14, 2. 6). Y donde el evangelio de Juan habla expresamente de la unidad entre Jesús y Dios no le preocupa en absoluto la unidad entre Jesús y el Logos, sino la existente entre Jesús y el *Padre*. «Yo y el Padre somos una sola cosa» (10, 30). Esta unidad entre Jesús, como el Hijo, y el Padre se desarrolla en cuanto a su significado soteriológico: el que se une al Hijo, puede saberse seguro en las manos del Padre (10, 28 s). Por eso se puede convertir la unidad entre Padre e Hijo incluso en imagen y modelo de la unidad, a la que han de llegar los creyentes (17, 21-23). La unidad de Jesús con el Padre ha de mostrar a Jesús como el camino hacia el Padre (14, 6) y como el mediador entre Dios y los hombres.

El problema cristológico en sentido estricto, la cuestión de la constitución interna de Jesús, sólo se desarrolló más tarde, cuando se reflexionó en la condición íntima de la posibilidad de la unión de Padre e Hijo, y cuando la existencia óntica incomparable de Jesús se explicó ontológicamente. Tan pronto como se empezó a tratar esta cuestión todavía no propuesta en el nuevo testamento se tuvo que decir —muy en la línea del cuarto evangelio y de todo el nuevo testamento— que la entrega de Jesús al Padre presupone la autocomunicación del Padre a Jesús. Esta autocomunicación, que constituye tanto la unidad como la constante distinción entre Padre e Hijo, la llama la tradición el Logos, la segunda persona divina. En la medida en que Jesús vive total y absolutamente de este amor al Padre, no queriendo ser nada por sí mismo, Jesús no es otra cosa que el amor huma-

nado del Padre y la respuesta humanada de la obediencia. *La uni-*
dad del hombre Jesús con el Logos se expresa en el nuevo testa-
mento sólo indirectamente como razón íntima de la unidad entre
el Padre y Jesús [6]*. Tendremos que interpretar, pues, la comunión*
personal entre Jesús y el Padre como comunión esencial, y la
comunión esencial, como realización personal. Lo característico
de esta comunión esencial es que es personal y relacional.

La tesis que se acaba de formular indica que las sentencias bíblicas
tuvieron que plantear graves problemas tan pronto como se tematizó la
preocupación histórico-salvífico-soteriológica en el sentido de pregunta por
el ser ontológico de Jesús. Pero estos problemas mantuvieron en continua
tensión no sólo a la teología de los primeros siglos, sino que todavía siguen
dando que hacer. Ahora no se pueden dar aquí sino un par de indicaciones
y éstas muy fragmentarias [7]. El primer gran esbozo cristológico, cuya profundidad apenas si ha sido superada, se encuentra ya en Ireneo de Lyon.
Parte de las sentencias paradójicas de la Escritura y de la tradición, contraponiendo el nacimiento del Padre y de María, gloria y rebajamiento, vida y
muerte [8]. Pero su gran tema en contra del dualismo gnóstico es la unidad
en Cristo. Contra la distinción y hasta ruptura doceta entre Jesús y Cristo
acentúa él con fuerza que ambos son uno y el mismo (εἷς καὶ ὁ αὐτός) [9].
Esto significó el hallazgo que adquiriría importancia fundamental en las
posteriores disputas cristológicas. Pero en Ireneo se ve claro igualmente el
contexto teológico más amplio de la problemática cristológica: cuando se
aborda, al mismo tiempo, la unidad de creación y redención, Dios y mundo.
No se mira a Jesucristo sin más como una gran excepción, sino más bien
como el nuevo comienzo. Por eso el problema cristológico en Ireneo se
desarrolla, ante todo, desde la perspectiva soteriológica: *factus est quod*
sumus nos, uti nos perficeret esse quod est ipse [10]. «Y para esto se hizo
hombre el Verbo de Dios y el hijo de Dios, hijo del hombre, para que
el hombre reciba en sí la palabra y, recibido en lugar del Hijo, se haga
hijo de Dios. Pues no podíamos recibir la perennidad e inmortalidad más
que uniéndonos con la perennidad e inmortalidad. Pero ¿cómo habríamos
podido unirnos con la perennidad e inmortalidad, si la perennidad e inmortalidad no se hubieran hecho primero lo que somos, para que lo caduco fuera
devorado por lo perenne y lo mortal fuera consumido por lo inmortal y
recibiéramos la filiación?» [11]. Esta cristología del trueque se encuentra aún

---

6. Cf. al respecto, especialmente, W. Pannenberg, *Fundamentos*, 403, y D. Wiederkehr, *Entwurf einer systematischen Christologie*, 506 s.
7. Cf. más detalladamente las reflexiones de A. von Harnack, *Lehrbuch der*
Dogmengeschichte I-II, Tübingen ⁵1931; R. Seeberg, *Lehrbuch der Dogmengeschichte*
I-II, Leipzig-Erlangen ³1920 y ³1923; F. Loofs, *Leitfaden zum Studium der Dogmen-*
geschichte; M. Werner, *Die Entstehung des christlichen Dogmas*; A. Adam, *Lehr-*
buch der Dogmengeschichte; G. L. Prestige, *Dieu dans la pensée patristique*;
A. Grillmeier, *Die theologische und sprachliche Vorbereitung der christologischen*
Formel von Chalkedon; Id., *Christ in christian tradition*; P. Smulders, *Dogmen-*
geschichtliche und lehramtliche Entfaltung der Christologie; J. Liébaert, *Christologie*.
8. Cf. Ireneo, *Adversus haereses* 3, 19. 2 (ed. por W. W. Harvey II, 104 s).
9. Cf. *Ibid.* 3, 16. 2. 3. 8; 17, 4 (*Ibid.*, 84 s. 90. 94).
10. *Ibid.* 5 praef. (*Ibid.*, 314).
11. *Ibid.* 3, 19, 1 (*Ibid.*, 103).

en la liturgia actual en la preparación de las ofrendas: «Por el misterio de este agua y vino, haznos partícipes de la divinidad de aquel que se dignó participar de nuestra humanidad».

La idea cristológica de Ireneo apenas si ha sido igualada desde entonces en toda su profundidad y amplitud universal. Por supuesto que a su obra lo que le faltaba era la solución conceptual del problema. Es lo que consigue de modo genial Tertuliano, tan genial que otra vez se necesitó mucho tiempo para superar su terminología. En su obra contra el modalista Praxeas, para el que el hijo es sólo una manifestación del Padre, de modo que puede decirse que el Padre sufrió en el hijo, Tertuliano tiene que aclarar no sólo la distinción entre Padre e hijo, sino también la distinción y unidad entre Dios y el hombre en Cristo. Así es como llega a añadir al par tradicional de conceptos *spiritus-caro* (*pneuma-sarx*) la formulación de los dos *status* o las dos *substantiae*, que no están mezcladas, pero sí unidas en la única persona del Dios-hombre Jesucristo [12]. Se adelanta a los conceptos que utilizará Calcedonia. Pero la precisión conceptual significa una pérdida de la perspectiva teológica universal de Ireneo. Desaparece en Tertuliano la idea del trueque. La cristología se convierte en un problema especial aislado. «En Tertuliano y el círculo de influencia suyo amenaza el drama de que la relación salvífica personal se petrifique en una estructura abstracta de naturalezas... La fuerza de Tertuliano radicaba en el análisis de lo que se pudiera llamar la constitución formal del hombre-Dios, no en la reflexión sobre el acontecimiento salvífico. Por eso su herencia es un peligro. Se puede uno dejar engañar en el sentido de preocuparse cada vez más de una definición decantada del cómo de la humanación, olvidando, al propio tiempo, su significado salvífico. Entonces se descuida que la doctrina de la divinidad y humanidad de Jesús representa un desarrollo de la convicción originaria de fe, en el sentido de que este hombre es nuestra salvación divina. La teología latina posterior ha caído con demasiada frecuencia en esta trampa». [13]

Casi al mismo tiempo que Tertuliano en occidente, en oriente puso Orígenes los fundamentos para el ulterior desarrollo cristológico. Oriente, a diferencia de occidente, consigue la clarificación conceptual sólo tras larga lucha, pero, en contrapartida, consigue conservar mejor la dinámica interna del acontecimiento de Cristo. Porque, a diferencia de Tertuliano, Orígenes ordena su cristología dentro de un grandioso esquema de descenso y ascenso, en el que tiene su puesto igualmente el pensamiento de Ireneo sobre el trueque. El Logos es *imago* del Padre, el cuerpo humano de Jesús es *imago* del Logos. Con ello el Dios-hombre Jesucristo (expresión que por primera vez se encuentra en Orígenes) nos abre un camino de ascenso para la contemplación de Dios, un camino, por cierto, en el que, por así decir, se deja atrás otra vez la humanidad de Jesús. La mediación ocurre a través del alma humana de Jesús; está unida al Verbo con una obediencia total y mediante una entrega y un amor perfectos.

---

12. Cf. Tertuliano, *Adversus Praxeam* 26 s (ML 2, 212-216), 27 (*Ibid.*, 215 B-C): «Videmus duplicem statum non confusum, sed coniunctum in una persona, Deum et hominem Iesum. De Christo autem differo. Et adeo salva est utriusque proprietas substantiae, ut et spiritus res suas egerit in illo, id est virtutes et opera et signa, et caro passiones suas functa sit, esuriens sub diabolo, sitiens sub Samaritide, flens Lazarum, anxia usque ad mortem; denique et mortua est». Sobre la preparación de la fórmula en Melitón de Sardes, cf. A. Grillmeier, *Die theologische und sprachliche Vorbereitung der christologischen Formel von Chalkedon*, 38 s.

13. P. Smulders, *Dogmengeschichtliche und lehrantliche Entfaltung der Christologie*, 416.

De Orígenes se desprendían varias posibilidades. Se podía reestructurar su idea sobre el sacerdocio y la hegemonía del Logos, poniendo todo el acento en la fuerza divinizante del Logos, que se mete de modo radical en la carne para impregnarla totalmente de sí. Este camino siguió la teología alejandrina, especialmente Cirilo. Así pudo resaltar claramente al Logos como la razón de la unidad y en cuanto la unidad como tal en Cristo, pero no consiguió mantener con la misma nitidez el significado propio de lo humano y la constante distinción entre Dios y hombre. En consecuencia, la cristología de Cirilo sigue dominada por el esquema del *logos-sarx*, por más que se había hecho tan susceptible de ser mal entendido a causa de Arrio y Apolinar. El otro camino que parte de Orígenes desembocó en los teólogos de la escuela antioquena con su acentuación de la naturaleza humana en Cristo. Sustituyeron el esquema del *logos-sarx* por el del *logos-anthropos*. Podían enlazar para ello con lo que Orígenes decía sobre el significado del alma humana en Cristo. Pero su problema consistía ahora en mantener la unidad de divinidad y humanidad en Cristo. Por supuesto que no se deberán interpretar los ejemplos que utilizan, hablando de inhabitación del Logos en el hombre Jesús y de la mutua amistad, sólo en el sentido de una unidad moral. Pero entienden la unidad como el resultado de la mutua penetración y trueque entre divinidad y humanidad. Por tanto, los antioquenos como los alejandrinos se movían por una preocupación soteriológica.

A diferencia del occidente, ambas escuelas representaban una cristología dinámica con un fuerte interés soteriológico. Pero mientras Cirilo defendía la idea cristológica más impresionante con su idea del Logos como el fundamento de la unidad, los antioquenos tienen el mérito de haber hecho progresar la clarificación conceptual por su insistencia en la distinción entre divinidad y humanidad. Nestorio [14], que se iba a convertir en seguida en la piedra de escándalo de la escuela antioquena, había llegado, antes de Calcedonia, a distinguir entre naturaleza y persona, adelantándose a la fórmula calcedoniana de una persona en dos naturalezas. Después de habérsele atribuido en la historia de los dogmas y la teología por mucho tiempo las peores herejías, llegando el concilio de Efeso incluso a llamarlo el nuevo Judas, recientemente se le rehabilita en la investigación histórico-teológica. Por supuesto que nunca le convenció la preeminencia del Logos, idea de Cirilo; para él la unidad de la única persona era el resultado de la penetración mutua de ambas naturalezas.

El desarrollo magisterial en cristología por parte de la antigua iglesia sólo resulta comprensible en el trasfondo histórico-teológico esbozado. Las disputas que dieron pie a las decisiones conciliares fueron provocadas por Nestorio que —como resulta comprensible a la luz de su cristología— no quería hablar de María como madre de Dios (θεοτόκος), sino sólo como madre de Cristo (χριστοτόκος). En virtud de un problema práctico de lenguaje teológico se planteaba así la cuestión sobre la unidad en Cristo. La cuestión era ésta: ¿es el Logos el único sujeto o constituye la unidad en Cristo, que ambas partes reconocían (como vemos hoy más claro dada la distancia histórica), una tercera realidad compuesta de divinidad y humanidad?

---

14. Sobre la nueva investigación, cf. A. Grillmeier, *Das Scandalum oecumenicum des Nestorius in kirchlich-dogmatischer und theologiegeschichtlicher Sicht*: Scholastik 36 (1961) 321-356.

A causa de la acritud de la disputa el concilio de Efeso (431) no llegó ni siquiera a celebrar una sesión general y mucho menos a una fórmula doctrinal. Sólo dos años más tarde llegaron ambas partes a una fórmula común (DS 271-273). En definitiva, en Efeso mismo se profesaba sólo una idea cristológica. Como ocurrió ya en Nicea y Constantinopla se partía del principio de la tradición. Se quería mantener la coincidencia de la idea cristológica fundamental de Cirilo, tal y como se contenía en su segunda carta a Nestorio (DS 250 s), con la profesión de Nicea. El credo niceno-constantinopolitano habla en primer lugar del hijo eterno de Dios, consustancial con el Padre, y luego prosigue: «Por nosotros los hombres y por nuestra salvación bajó del cielo. Tomó carne y se hizo hombre» (DS 150; NR 250). Ahí se expresa, según los padres de Efeso, que es uno y el mismo (εἷς καὶ ὁ αὐτός) el que es engendrado por el Padre desde la eternidad y el nacido de María como hombre. Con ello el concilio tenía la misma preocupación que fue decisiva en Nicea y que constituía el interés fundamental de la Escritura y de toda la tradición: es el mismo Dios el que nos sale al encuentro en Jesucristo.

Lo nuevo en la resolución de Efeso consistió únicamente en que ahora se sacaron consecuencias de la idea cristológica fundamental de Nicea en orden a la terminología teológica justa para hablar de Cristo. A causa de la identidad del único sujeto que está desde la eternidad cabe el Padre y se hizo hombre en el tiempo, se tiene que predicar de Jesucristo tanto lo divino como lo humano. Por so se puede y se tiene que decir que María es madre de Dios. Una segunda consecuencia, en la práctica todavía más importante, se refería a la piedad, es decir, a la cuestión de si la humanidad de Jesús es digna de adoración. De la unicidad del sujeto se deduce que a la humanidad de Jesús no se la adora como a otro sujeto (ὡς ἕτερον ἑτέρῳ) sólo que junto con el Logos, sino que se glorifica a ambos en una única adoración (μία προσκύνησις) (DS 259). Con ello la cuestión de la ortodoxia en Efeso se solucionó menos en teoría y doctrina que prácticamente. La oración justa y la acertada veneración litúrgica se convirtieron en medida y criterio de la fe recta. También hoy tendrá que probar una cristología su ortodoxia no sólo en que considera a Jesús como modelo del verdadero hombre y como el primero y más perfecto entre muchos hermanos, sino también como señor (κύριος), al que se debe dignidad y veneración divinas.

La decisión fue clara respecto de la idea cristológica fundamental y de las consecuencias prácticas para el lenguaje teológico y la piedad práctica, pero tuvo perniciosas consecuencias el hecho de que al concilio le faltaran conceptos claros que hubieran permitido pensar en la unidad entre divinidad y humanidad en Jesucristo su íntegra distinción. El problema se agudizó de nuevo por una herejía que surgió a causa de la postura de Cirilo, la doctrina del monje Eutiques, piadoso, es cierto, pero ignorante y terco, para quien Cristo tenía dos naturalezas antes de la unión, pero sólo había una (μία φύσις) después de la unión. Según la doctrina de este llamado monofisitismo se llega a una trasformación, mezcla y total compenetración de ambas naturalezas. En definitiva, en este no atender a la trascendencia de Dios frente al hombre tenemos otra vez una helenización de la fe; Dios aquí no libera al hombre, sino que, por así decir, lo consume, de modo que ambos forman una especie de simbiosis natural. El sentido soteriológico de la distinción entre Dios y hombre es, pues, claramente reconocido. En definitiva, se trataba de una manera diferenciada del mismo problema, que estaba en juego en las disputas con la gnosis y Apolinar: la realidad y humanidad de la redención.

La clarificación vino en esta ocasión del occidente. Favorecido por las circunstancias políticas, el papa León Magno pudo introducir en su carta dogmática de 449 al patriarca Flaviano la distinción entre naturaleza y persona, clara en occidente desde Tertuliano. La expresión decisiva dice: *Salva igitur proprietate utriusque naturae et in unam coeunte personam* (DS 293). León da también la razón de por qué mantiene la unidad y la distinción de ambas naturalezas: *Non enim esset Dei hominumque mediator, nisi idem Deus idemque homo in utroque et unus esset et verus* (DS 299). Este escrito se leyó en Calcedonia (415) en medio de aplausos: «¡Esta es la fe de los padres, esta es la fe de los apóstoles! ¡Todos creemos así!... ¡Pedro ha hablado por León! ¡Así enseñaron los apóstoles!...». Tras larga oposición (porque sólo se quería confirmar la antigua fe, pero no un nuevo dogma) se llegó a una fórmula de compromiso a base de formulaciones distintas ya existentes.

El pasaje decisivo en el documento doctrinal del concilio de Calcedonia dice: «Confesamos a uno y el mismo (εἷς καὶ ὁ αὐτός) Cristo..., que subsiste en dos naturalezas (ἐν δύο φύσεσιν), sin mezcla, sin cambio, sin separación ni división. Jamás se suprime la distinción de las naturalezas a causa de la unión, sino que se mantiene la peculiaridad de cada una, al unirse ambas en una persona (ἕν πρόσωπον) y una hipóstasis (μία ὑπόστασις)» (DS 302; NR 178).

El sentido inmediato de esta fórmula doctrinal es enseñar en contra del monofisitismo la constante distinción de ambas naturalezas («en dos naturalezas»), sin la que la mediación de Jesús sería ilusoria, y, al mismo tiempo, sobrepasando a Éfeso, no sólo mantener la unidad del único sujeto en Jesucristo, sino expresarla conceptualmente como unidad en la única persona e hipótesis. A pesar de esta intención cuya legitimidad teológica apenas se ha de cuestionar, la fórmula doctrinal de Calcedonia fue todavía más criticada que el credo de Nicea. Lo principal de esta crítica se puede resumir en dos puntos: 1) en lugar de la cristología bíblica y del cristianismo primitivo, que

partía del Jesucristo concreto e histórico y lo consideraba desde una doble
perspectiva, es decir, según la carne (σάρξ) y según el espíritu (πνεῦμα), Calcedonia colocó una fórmula abstracta, que habla de la unidad y distinción
de la naturaleza divina y la humana; 2) además, el hablar de dos naturalezas es problemático, pues, por una parte, el concepto naturaleza no se
puede aplicar del mismo modo a Dios y al hombre y, en segundo lugar, una
relación ética o personal se interpreta mal en el sentido físico. [15]

Esta crítica nos da pie a preguntar más en concreto por el
sentido y utilidad objetivos y teológicos de la fórmula de Calcedonia. Dos cosas podemos constatar: 1) la fórmula doctrinal de
Calcedonia edifica sobre la cristología anterior que dice que Jesucristo es «uno y el mismo, perfecto en la divinidad y perfecto
en la humanidad, verdadero Dios y verdadero hombre..., consustancial al Padre por la divinidad, consustancial con nosotros por
su humanidad...». El concilio cita la cristología tradicional para
luego interpretarla con más exactitud a causa de los malentendidos surgidos mediante los conceptos abstractos de las dos naturalezas y de la única persona o hipóstasis. El concilio profesa,
pues, el principio de la tradición viviente, según el cual tradición
e interpretación forman una unidad. Define la doctrina tradicional de la iglesia a base de conceptos nuevos, adaptados a la problemática cambiada; 2) con su distinción de naturaleza y persona
o hipóstasis el concilio mantiene la unidad en la dualidad y la
dualidad en la unidad entre Dios y hombre. Pero esto no constituye una helenización de la doctrina eclesial, sino una deshelenización en contra del monofisitismo. Pues con ello se afirma
que Dios y el hombre no forman una simbiosis natural; en la
humanación Dios no se convierte en principio intramundano;
ni se le espacializa ni se le temporaliza. Se mantiene tanto la
trascendencia de Dios como la independencia y libertad del hombre. Por supuesto que siguen fallando los medios conceptuales
a la hora de definir con precisión esta idea de una unión liberadora. La distinción entre naturaleza y persona es, ante todo, no
más que una solución terminológica de emergencia. Especialmente los conceptos de persona e hipóstasis en Calcedonia estaban
muy lejos de ser precisos. En definitiva, el concilio tuvo que expresar en terminología de la filosofía griega algo que rompía todo
su horizonte y para lo que faltaban los medios de pensarlo intelectualmente. Por eso se conforma el concilio con delimitar la fe
contra los errores de derecha e izquierda. No pasa de una aclaración de su fórmula mediante cuatro conceptos negativos: «Sin

---

15. Cf. al respecto el resumen de W. Pannenberg, *Fundamentos*, 351 s.

mezcla, sin cambio, sin separación ni división». O sea, el concilio no formula teoría alguna metafísica sobre Cristo, sino que se para en una *christologia negativa* que mantiene el misterio.

Llegamos en resumen a las siguientes conclusiones: 1) el dogma cristológico del concilio de Calcedonia, en el lenguaje y la problemática de su tiempo, es una imitación muy precisa de lo que según el testimonio del nuevo testamento tenemos en la historia y destino de Jesús, es decir, el hecho de que en Jesucristo Dios mismo se ha insertado en una historia humana, saliéndonos al encuentro en esta historia de un modo completo y totalmente humano. La profesión dogmática de que Jesucristo en una persona es verdadero Dios y verdadero hombre, tiene, pues, que considerarse como explicación válida y perennemente obligatoria de la Escritura; 2) el dogma cristológico de Calcedonia significa también un estrechamiento respecto del testimonio cristológico total de la Escritura. El dogma se interesa exclusivamente por la constitución interna del sujeto humano-divino. Saca esta cuestión del contexto total de la historia y el destino de Jesús, de la relación en que Jesús se encuentra no sólo con el Logos, sino con «su Padre», y hace echar de menos la panorámica total escatológica de la cristología bíblica [16]. *Aun siendo, pues, el dogma de Calcedonia exégesis perennemente obligatoria de la Escritura, tiene que ser integrado, sin embargo, también en el testimonio global bíblico y se ha de interpretar a partir de éste.*

Pero desde la perspectiva del siglo v otra cuestión se encontraba en el primer plano de interés: la fórmula doctrinal de Calcedonia se mueve esencialmente dentro del marco de la cristología occidental: la idea dinámica en la cristología de Cirilo sobre la hegemonía del Logos no encontró sitio dentro del esquema simétrico de las dos naturalezas que se unen en la única persona. Esto desembocó en el primer *gran* cisma y en una larga historia de errores y confusiones, que sólo hoy se aproximan lentamente a la clarificación. Entonces no se consiguió incorporar a la fórmula propia la legítima preocupación de la otra parte. Sin embargo, cada parte intentaba hacer prevalecer su propia perspectiva y su formulación. Con el dogma de Calcedonia se consiguió por de pronto más o menos un compromiso que unía verbalmente las preocupaciones de ambas partes sin conciliarlas conceptualmente; ante todo, no se definió con mayor precisión el concepto de persona y su contenido ontológico. De modo que Calcedonia fue anticipo de una solución, que planteó tantos problemas como los que solucionó.

En primer lugar había que revalorizar la preocupación cristológica de oriente, la idea genial de Cirilo sobre la hegemonía del Logos que desacreditó el monofisitismo. Después de los trabajos preparatorios de la teología

16. Cf. sobre esto, J. Daniélou, *Christologie et eschatologie*, en *Das Konzil von Chalkedon* III, 269-286.

mediadora del neocalcedonismo [17] se realizó eso en circunstancias muy desagradables mediante el quinto concilio ecuménico y segundo de Constantinopla (553). Explicó que la única hipótesis es la del Logos, en la que es asumida la naturaleza humana. Sólo así se había llegado al concepto pleno de la unión hipostática (καθ' ὑπόστανισ) (DS 424 s. 426. 430). Esta decisión preparada por el neocalcedonismo es en parte discutida hasta hoy. En definitiva, y con todas las limitaciones humanas y teológicas, lo que les preocupaba era conservar la idea cristológica fundamental, o sea, la identidad del sujeto, según la cual el eterno hijo de Dios y el hombre Jesús son «uno y el mismo». Los monjes escitas resumieron esta verdad en la fórmula: «uno de la trinidad ha sufrido» (cf. DS 426. 432), que en sí es exacta pero rara. Al argumento de Escritura y tradición se añade otro objetivo en favor del desarrollo neocalcedoniano. Pues sólo en el contexto de la idea de la hegemonía del Logos es donde resulta «comprensible» la posibilidad de unidad en la distinción, porque sólo Dios puede ser pensado de modo tan «supraesencial» y «soberanamente libre» que haga libre en su más íntima peculiaridad a lo que es distinto de sí precisamente al unirlo consigo de modo total. De esta forma habrá que considerar como objetivamente legítima y consecuente la reinterpretación del concilio de Calcedonia por parte de Constantinopla tanto por razón de la Escritura y tradición como de la visión teológica del «asunto».

Después de haberse tomado la resolución fundamental por parte del quinto concilio ecuménico, los tiempos que siguieron se centraron en las consecuencias respecto de la recta interpretación de la naturaleza humana de Jesús. Al diferenciarse cada vez más las cuestiones no podía por menos de hacerse también más clara la problemática inmanente al punto de partida. Se aisló a la fórmula de Calcedona-Constantinopla de su contexto teológico originario; en vez de interpretarla como explicación ontológica de las relaciones entre Jesús y el Padre, se separó la cuestión sobre la constitución íntima de Jesús, deduciendo de ello consecuencias cada vez más sutiles de modo puramente lógico.

Calcedonia y Constantinopla habían hablado de las dos naturalezas algo abstractamente, quedándose por detrás del papa León, que trató también de que cada naturaleza obra en comunión con la otra lo que le es propio (*agit enim utraque forma cum alterius comunione quod proprium est*) (DS 294; NR 177). Esta consecuencia de la doctrina de las dos naturalezas fue negada por los seguidores del monofisitismo, monoteletismo y monoenergismo, que admitían sólo una voluntad y un modo de obrar en Cristo. Por eso, el sínodo de Letrán del 649 (DS 500 s) y el sexto concilio ecuménico, el tercero de Constantinopla (680-681), prosiguiendo de modo consecuente la doctrina de las dos naturalezas de Calcedonia, tuvieron que declarar que en Jesucristo hay que admitir dos voluntades y dos funciones, aunque la voluntad humana de Jesús esté totalmente sometida a la divina (DS 556 s).

El problema de unidad y dualidad en Cristo no se acalló tampoco con esta clarificación. Siempre que se había aclarado un aspecto del problema, se hacía notar la otra parte en una forma más diferenciada. Este movimiento dialéctico de Efeso a Calcedonia y de Calcedonia a Constantinopla y entre

---

17. Cf. al respecto, Ch. Moeller, *Le chalcédonisme et le néo-chalcédonisme en Orient de 451 à la fin du VIᵉ siècle*, en *Das Konzil von Chalkedon* I, 637-720; A. Grillmeier, *Vorbereitung des Mittelalters*. Eine Studie über das Verhältnis von Chalkedonismus und Neo-Chalkedonismus in der lateinischen Theologie von Boethius bis zu Gregor dem Grossen, en *o. c.*, II, 791-839.

ambos concilios de Constantinopla se repitió ahora otra vez. Tras aclararse la dualidad de voluntades tenía que volver a plantearse más en concreto la cuestión de si en Cristo se pueden admitir también dos sujetos. El adopcionismo español de los siglos VIII-IX (que hay que distinguir del adopcionismo ebionita de la primitiva iglesia) defendía esa idea diferenciada de dos sujetos, enseñando que en la unión hipostática el hombre Jesús es recibido como hijo adoptivo por Dios, mientras que sólo el Logos es el hijo natural de Dios. De esa manera se distinguían divinidad y humanidad no sólo como *aliud et aliud*, sino también como *alius et alius*. Después del séptimo concilio ecuménico, segundo de Nicea del 787 (DS 610 s), fue ante todo, el concilio plenario franco de Frankfurt en 794, prosiguiendo consecuentemente la tradición, el que declaró que Jesús es hijo natural de Dios también como hombre (DS 612-615).

Pero la cuestión siguió dando que hacer durante toda la escolástica temprana [18]. Pedro Lombardo menciona tres opiniones de las que la nombrada en tercer lugar, la llamada teoría del *habitus*, pronto se consideró superada como inconciliable con la doctrina sobre la verdadera humanidad de Jesús, ante todo, tras haberla condenado el papa Alejandro III en el año 1177 (DS 750). Esa teoría enseña que el cuerpo y alma de Jesús —unidos entre sí— son asumidos por el Logos cada uno de por sí. Más importante, y todavía no discutida totalmente hasta hoy, es la teoría del *assumptus*, que Lombardo menciona en primer lugar. Según ella el Logos no sólo asumió una *naturaleza* humana perfecta, sino un hombre perfecto. Tomás de Aquino fue el primero que consideró esta doctrina en sus obras posteriores como herejía. Con ello ayudó a imponerse a la teoría de la subsistencia. Ahora se convirtió en *opinio communis* en teología en la forma que habla de que la naturaleza humana no tiene hipóstasis humana propia, sino que subsiste en la del Logos. A pesar de todas las precauciones en esta teoría latía el *peligro* de que, por una parte, se recortaba la naturaleza humana y, por otra, se convertía al Logos en un principio intramundano. Por eso encontró muchos partidarios, aun en los siglos XVI-XVII sobre todo entre teólogos orientados en sentido escotista, la teoría del *assumptus* en la forma moderada de la teoría del *homo-assumptus* [19]. No es que admitieran en Cristo dos sujetos. La cuestión fundamental era más bien ésta: si la proposición «este hombre» o el título de Cristo se refiere inmediatamente a la naturaleza humana y sólo de modo mediato al que la tiene, a la persona del Logos, o si la proposición concreta «este hombre» no se puede predicar en sentido propio sino del único sujeto concreto, la persona del Logos, y sólo mediatamente de la naturaleza humana. Mientras se siga manteniendo que la persona del Logos es en Cristo el mismo y único sujeto ontológico, esa cuestión será más bien algo referente a la regulación del lenguaje teológico, que dependerá de la ontología que se presupone en cada caso así como del principio cristológico, sin que de la cuestión se pueda hacer algo obligatorio en cuanto a la fe. Por eso se abstuvo el magisterio eclesiástico de tomar resolución alguna en este sentido. Mientras que la teología escolástica tradicional en su inmensa mayoría rechazó la cristología del *homo-assumptus*, hoy se aprecia una cierta tendencia en esta dirección a propósito de intentos de estructurar una cristología «desde abajo».

18. Cf. L. Ott, *Das Konzil von Chalkedon in der Frühscholastik*, en *Das Konzil von Chalkedon* II, 873-922; I. Backes, *Die christologische Problematik der Hochscholastik und ihre Beziehung zu Chalkedon*, en o. c., 923-939.
19. Cf. J. Ternus, *Das Seelen- und Bewusstseinsleben Jesu*, 117-157.

Es indudable que tras el constante y hasta hoy inacabado movimiento dialéctico a lo largo de la historia de los dogmas y de la teología entre la acentuación de la unidad y el realce de la distinción entre divinidad y humanidad, late un problema no solucionado y hasta quizás insoluble: el problema de la mediación entre Dios y hombre. En el terreno intelectual fundamentalmente se buscó solventar la cuestión a base de distinguir entre naturaleza y persona o hipóstasis, cosa extraña originariamente a la filosofía griega. La independencia y peculiaridad de la realidad personal se descubrieron y formularon conceptualmente sólo en medio de la disputa a propósito de los datos fundamentales de la historia de la revelación. Esto representa una de las principales aportaciones del cristianismo a la cultura de la humanidad y, en general, la irrupción de una nueva interpretación de la realidad. La problemática de la teología tradicional consiste en gran parte en que tuvo que discutir y formular esto nuevo dentro del marco intelectual de una visión de la realidad distintamente estructurada. Después de haber aclarado las principales intenciones teológicas de las proposiciones de Escritura y tradición, tenemos que esforzarnos ahora por conseguir una intelección más profunda y unos conceptos adecuados.

b) *Reflexión filosófica y teológica*

Vamos a proceder en tres fases: en primer lugar vamos a intentar aclarar el concepto tradicional de persona a base de la historia del término, conociendo así las teorías clásicas de las distintas escuelas que trabajan sobre ese concepto. A la luz de la problemática moderna y de una fenomenología de la experiencia personal, intentamos a continuación desarrollar el concepto clásico de persona, para llegar, por último, a una comprensión profundizada de la unión hipostática.

La investigación histórica del concepto se refiere a los dos términos πρόσωπον y ὑπόστασις. Originariamente el término πρόσωπον[20] significa rostro, semblante y también la máscara del actor y el papel que desempeña

20. Sobre este concepto y la historia de su significación cf., ante todo, E. Lohse, art. πρόσωπον, en ThWNT VI, 769-781; S. Schlossmann, *Persona und* ΠΡΟΣΩΠΟΝ *im Recht und im christlichen Dogma*, Darmstad 1968 (1906) H. Rheinfelder, *Das Wort «Persona»*, Halle 1928; M. Nédoncelle, *Prosopon et persona dans l'antiquité classique*: RevSR 22 (1948) 277-299; un resumen ofrecen A. Halder - A. Grillmeier - H. Erharter, *Person*, en LThK VIII, 287-292 (bibliografía).

en una obra. En los LXX se emplea con frecuencia para designar la faz de Dios. Probablemente influyó este empleo teológico cuando en la antigua iglesia se habló de los tres πρόσωπα en Dios. La investigación anterior pensó con frecuencia que la puntualización de este concepto o del equivalente latino *persona* se debió al jurista Tertuliano, puesto que más tarde πρόσωπον se convirtió también en término jurídico en lugar de persona. Pero recientemente ha resaltado C. Andresen [21] que la terminología de Tertuliano tiene su prehistoria en la exégesis prosopográfica de aquel tiempo. Se trata de una forma artística literaria en la que no sólo se narra un suceso, sino que se le da una forma dramática, haciendo intervenir a las personas y atribuyéndoles distintos papeles. Así que el concepto de persona tiene desde su origen el aspecto de un acontecimiento que se realiza en el diálogo y la relación (papeles). El concepto tenía, pues, que acabar por imponerse, cuando se trataba de expresar conceptualmente el modo y manera como Dios nos sale al encuentro en la historia de la salvación y, en especial, en Jesucristo. Lo que para la antigüedad fue una ficción literaria, se llenó ahora de realidad.

Este contenido real lo podía expresar, ante todo, el concepto de ὑπόστασις [22]. Originariamente el término era en gran parte idéntico con οὐσία o con φύσις, significando realidad. En este sentido rechazó Nicea la doctrina arriana de que el hijo fuera de otra hipóstasis o de otra esencia que el Padre (DS 126). En Cirilo se habla todavía indistintamente de una hipóstasis (DS 250 s. 253), de la μία φύσις τοῦ λόγου σεσαρκωμένη (de la única naturaleza encarnada del Logos) y de la ἕνωσις φυσική (unión física = esencial) (DS 254). Pero además de realidad, hipóstasis significaba ya en el estoicismo realización. En el estoicismo se trataba del hacerse real por parte de la materia primitiva sin figura ni cualidad en las cosas concretas, mientras que en el neoplatonismo se pensaba en la realización y manifestación del único (ἕν) en seres cada vez más inferiores. Por tanto, el concepto de hipóstasis servía ya en el neoplatonismo para solucionar el problema de unidad y pluralidad. Mientras Orígenes no distinguía todavía claramente entre realidad (οὐσία) y realización (ὑπόστασις), en el sínodo de Alejandría de 362 se llevó a cabo un cambio tímido aún, dejando en libertad para hablar de tres hipóstasis (= expresiones) de Dios, manteniendo su única esencia (οὐσία). Lo nuevo de su concepción frente al neoplatonismo fue que prescindió de los grados, no subordinando las tres hipóstasis, sino coordinándolas. En principio, con estas clarificaciones se había llegado a un concepto dinámico del ser y de Dios, pues ὑπόστασις no significaba un estado, sino un acto, no un ser que descansa en sí, sino que acontecía. De ese modo el concepto correspondía al sentido relacional de la idea de persona y no quedaba mucho hasta llegar a interpretar las hipóstasis divinas como relaciones, como fue el caso de Basilio en oriente y de Agustín en occidente. La persona divina no es esencia ni sustancia, sino más bien un puro estar-vuelto-mutuamente, pura actualidad en el mutuo darse y recibir, *relatio subsistens*.

21. Cf. C. Andressen, *Zur Entstehung und Geschichte des trinitarischen Personbegriffs*: ZNW 52 (1961) 1-39; además, J. Ratzinger, *Zum Personverständnis in der Theologie*, en *Dogma und Verkündigung*, 205-223.
22. Cf. H. Köster, art. ὑπόστασις, en ThWNT VIII, 571-588 y, ante todo el estudio de H. Dörrie, ʿΥπόστασις. *Wort-und Bedeutungsgeschichte*, Göttingen 1955.

Pero la interpretación de la hipóstasis como realización concreta tuvo que plantear una cuestión decisiva para toda la discusión cristológica posterior, y esa cuestión es: en qué consiste esta concreción. Algo de luz hicieron en primer lugar los capadocios [23]. Para ellos la hipóstasis se realiza mediante un complejo de *idiomata*, mediante las propiedades individuales e individualizantes. Los *idiomata* se consideraban no como accidentes, sino como constitutivos del ser concreto. También en este significado el concepto de hipóstasis volvía a acercarse mucho al de πρόσωπον, identificándose con él; significaba la unidad concreta manifestada. Este concepto de persona llegó a adquirir claridad sólo después de Calcedonia gracias al teólogo laico Boecio: *Persona est naturae rationalis individua substantia* [24]. Personalidad se entiende, pues, aquí todavía como individualidad, en cuanto realidad definitiva de unicidad insustituible e impermutable. Un paso más adelante dio casi al mismo tiempo Leoncio de Bizancio, que considera al ser de persona en el «ser-para-sí» (το καθ' ἑαυτὸ εἶναι), en el «existir-para-sí» (το καθ' ἑαυτὸ ὑπάρχειν) [25]. De modo semejante define el diácono Rústico a la persona como «permanecer-en-sí-mismo» (*manere in semetipso*) [26]. Ello implicaba con toda nitidez que la individualidad no le viene a la persona accidentalmente desde fuera, sino desde sí mismo. Y precisamente esto da a la persona divina la posibilidad de tomar a la naturaleza humana en la más íntima unidad consigo, y sin embargo, liberarla en la peculiaridad de su ser. Esta doctrina desarrollada por Leoncio sobre la *en-hipostasía* [27], sobre la existencia-en por parte de la naturaleza humana en la hipóstasis divina, tiene que ser considerada en su carácter dialéctico, según el cual unidad y distinción crecen en relación directa y no inversa. Ya muy al final de la era patrística Máximo el Confesor formuló este principio dialéctico en estos términos: «Sin duda que la únión de las cosas existe en la medida en que su distinción física se mantiene». [28]

Lo que esta dialéctica significa para el concepto de persona, lo formuló en primer lugar Ricardo de san Víctor en el siglo XII; para él persona es *naturae intellectualis incommunicabilis existentia* [29]. La persona es impermutable, absolutamente *incommunicabilis*; y esto no lo es en cuanto se cierra en sí misma, sino como *ek-sistentia*, como existiendo a partir de otro y en orden a él. Mientras que Tomás de Aquino esencialmente enlazó con Boecio [30], Duns Scoto desarrolló y profundizó el concepto relacional de persona de Ricardo de san Víctor. [31]

Se tiene la impresión de que en todas estas definiciones escolásticas, que se mantienen dentro de una conceptualidad antigua, se expresa una idea nueva, y no antigua, del ser. Esto se ve claro fijándose en las teorías pro-

23. Cf. H. Dörries, *De Spiritu Sancto. Der Beitrag des Basilius zum Abschluss des trinitarischen Dogmas*, Göttingen 1956.
24. A. M. S. Boethius, *Liber der persona et duabus naturis* III (ML 64, 1343).
25. Cf. Leoncio de Bizancio, *Contra nestorianos et eutychianos*, lib. I (MG 86, 1280 A); Id., *Solutio argumentorum a severo objectorum* (MG 86, 1917 D).
26. Cf. Rusticus Diaconus, *Contra Acephalos disputatio* (ML 67, 1239 B).
27. Cf. Leoncio de Bizancio, *Contra nestorianos et eutychianos*, lib. I (MG 86, 1277 C-D).
28. Máximo el Confesor, *Opuscula theologica et polemica* (MG 91, 97 A).
29. Ricardo de San Víctor, *De Trinitate* 4, 22, 24 (ML 196, 945-947).
30. Cf. sobre esto, especialmente Tomás de Aquino, *Summa theol.* 1 q. 29 a. 1-4.
31. Cf. J. Duns Scotus, *Ordinatio*, lib. I, dist. 23 q. 1, en WW (ed. por P. A. Sépinski), Roma 1959, 355 s, y, además, H. Mühlen, *Sein und Person nach Johannes Duns Scotus*. Beiträge zur Metaphysik der Person, Werl 1954.

puestas por las más distintas corrientes escolásticas tradicionales con ayuda de las respectivas categorías ontológicas [32]. La cuestión de fondo era si se puede distinguir entre persona y naturaleza, y cómo hacerlo. Según la teoría tomista, representada ante todo por el dominico Báñez (+ 1604), la persona es un *modus subsistendi* realmente distinto de la naturaleza y, en consecuencia, añadido a ella; en la naturaleza humana de Jesús el *modus subsistendi* humano es suplido por el de la segunda persona divina. Además, de acuerdo con la real distinción tomista entre esencia y existencia, la naturaleza humana de Jesús participa del acto existencial divino. Según la interpretación tomista la naturaleza humana no pierde nada por esta sustracción no sólo del ser humano de persona, sino incluso del acto humano de existencia; más bien recibe una dignidad superior que la que tendría poseyendo su propia personalidad y existencia humana. El aspecto positivo de esta opinión es que considera la unión hipostática como estrecha unidad ontológica, pero negativamente hay que notar que no deja claro el que la unidad cada vez mayor significa el hacer libre para una independencia cada vez más amplia.

En este punto comienza la opinión escotista. Según ella la humanidad de Jesús no pierde nada por la unión hipostática con el Logos, porque la personalidad no es algo positivo, sino meramente negativo: no ser dependiente y no poder serlo (*independentia actualis et aptitudinalis*). En la unión hipostática se colma más bien por la omnipotencia de Dios la *potentia oboedentialis* de la humanidad de Cristo, su relación con Dios, esencial a la persona. Con ello se mantiene tanto la trascendencia de Dios como la independencia del hombre; es claro que la unión con Dios no afecta a un ámbito categorial del hombre, sino sólo a su dimensión trascendental, la orientación de toda su esencia hacia Dios. Habrá que retener incondicionalmente esta idea. El fallo de esta teoría es, con todo, que vacía en gran medida el *concepto de persona* y que define de modo meramente negativo lo más perfecto de toda la realidad, la persona, sin fijarse en que la no dependencia no es sino la otra cara de algo positivo: la autonomía.

Por eso intentó una cierta mediación entre tomismo y escotismo el jesuíta Suárez. Para él el ser persona consiste en algo positivo: un modo existencial de la naturaleza, pero que no es accidental, sino esencial, es decir, una forma esencialmente necesaria de manifestarse la naturaleza, pero no un nuevo ser real. Este *modus per se existendi* le falta a la naturaleza humana de Jesús, en su lugar hay un *modus unionis* creado, que une a ambas naturalezas. Con ello se evita (como ocurre en la teoría tomista de la sustracción) que le falte algo a la humanidad, que es suplido inmediatamente por Dios. Pero en contra de la teoría escotista se mantiene que el vínculo de unión representa algo positivo; siendo esto algo creado, se evita una divinización de la humanidad de Jesús. ¿Pero puede ser algo creado el vínculo de unión entre Dios y hombre? De esta teoría no está claro tampoco el concepto de *modus substantialis* inusitado en la escolástica. Pero la cuestión es si lo que Suárez intentaba decir no consiste en que la persona se realiza *esencial y no sólo accidentalmente* nada más que en determinadas relaciones. En la medida en que la teoría de Suárez es asequible a tal explicación, conduciría en cierta manera a la problemática moderna. Pero no se debe perder la idea

---

32. Cf. sobre lo que sigue los manuales de dogmática de L. Ott, J. Pohle, F. Diekamp, M. Schmaus y la exposición de K. Adam, *Der Christus des Glaubens*, especialmente 212 s.

de Scoto, según la cual la relación fundamental de la persona humana es la conexión con Dios, de modo que la esencia concreta de una persona se define en cada caso por su relación con él. Entonces la incomparable relación de Jesús con Dios tiene que constituir también la esencia concreta de su persona. Mas antes de llegar a hablar de ello, tenemos que preguntar por el concepto de persona en los presupuestos de la época moderna.

De acuerdo con su giro hacia la subjetividad la época moderna ha sacado al concepto de persona fuera del contexto general del ser. Por eso se intentó desde J. Locke definir a la persona a partir de la autoconciencia [33]. Esto condujo primeramente a un aislamiento del sujeto del mundo de lo objetivo y cósico. Y aunque una y otra vez se intentó desarrollar una ontología en el horizonte de la subjetividad, la mediación entre ser y conciencia, substancia y sujeto, acto y ser, continuó siendo una dificultad fundamental del pensamiento moderno hasta incluso ponerse de moda la contraposición de personalismo y ontología. Pero sería equivocado en el sentido de la ontología clásica contsruir una oposición fundamental entre una idea ontológica de la persona y la moderna que parte de la conciencia. En el conocido axioma *ens et verum convertuntur* la misma ontología clásica unió ser y conciencia de modo originario. Por eso tiene que ser posible llegar desde la fenomenología de la experiencia personal a la esencia ontológica de la persona. Si tomamos en serio la irreversibilidad de la perspectiva moderna, no debemos esbozar la esencia de la persona a partir de una ontología general, sino, al revés, tenemos que desarrollar la ontología desde la realidad de la persona, es decir, tenemos que entender la ontología personalmente y la persona ontológicamente. Partiendo de tal interpretación de la persona y la realidad tiene que ser posible comprender más profundamente el dogma cristológico de una persona en dos naturalezas a partir de nuestros presupuestos intelectuales de hoy.

Tales intentos se iniciaron varias veces. Del último siglo hay que nombrar, ante todo, a A. Rosmini, A. Günther y H. Schell [34]. Pero sus esbozos o acabaron por ser susceptibles de ser mal interpretados o hasta fracasaron, porque la relación entre ser y conciencia estaba poco profundizada. En la teología actual se han hecho varios intentos de expresar la realidad humano-divina en categorias de conciencia. El primero que desató una viva discusión fue el franciscano francés Déodat (+ 1937) que lleva el apellido de Basley

33. Cf. J. Locke, *Essay concerning human understanding*, en WW II, Aalen 1963 (1823), 55.
34. Cf. J. Ternus, *Das Seelen-und Bewusstseinsleben Jesu*, 179-186 (sobre Schell), 199-206 (sobre Günther y Rosmini).

por el lugar donde nació en Normandía[35]. Siguiendo la tradición escotista renovó la doctrina del *homo-assumptus* de la temprana edad media. Según él el Dios-hombre es un todo esencial complejo que consta de dos componentes, el Verbo y el hombre Jesús asumido por la Palabra. Para él ambos son *autre et autre quelqu'un*; están unidos por una *subjonction physique et transcendentale*, por razón de la cual entre ambos se da un *duel d'amour*.

La encíclica *Sempiternus rex*, conmemorando el 1500 aniversario del concilio de Calcedonia, reconocía expresamente como justo el deseo de investigar la realidad humana de Jesús también desde el punto de vista psicológico, pero dejaba claro que la definición de Calcedonia no permite admitir en Cristo dos individuos, de modo que junto al Logos exista un *homo assumptus* plenamente autónomo. Está, pues, excluida la admisión de un doble sujeto ontológico en Cristo. La encíclica, por el contrario, dejaba abierta la cuestión de si es posible reconocer un sujeto humano psicológico relativamente independiente (autoconciencia)[36]. En esta cuestión de la autoconciencia humana de Jesús siguió una fuerte discusión dentro de la teología católica.[37]

La cuestión fundamental en esta discusión sobre la conciencia humana consiste en si la conciencia pertenece a la persona o si es cosa de la naturaleza. P. Parente volvió a renovar con toda violencia la tradición de la escuela tomista y, en consecuencia, indirectamente la de la teología alejandrina: el yo divino del Logos es el único centro de acción; en Jesucristo no hay más que un único yo, no sólo ontológica, sino también psicológicamente y este único yo divino es inmediatamente consciente a la naturaleza humana. P. Galtier representó el punto de vista escotista y antioqueno. Para él la conciencia es algo de la naturaleza y no de la persona. Por eso existe una conciencia propia humana; pero esa conciencia está unida a Dios por la contemplación sobrenatural de él; así se evita que el yo humano de Jesús se independice ontológica y psicológicamente. Un importante intento de mediación propuso M. de la Taille, que aceptó y desarrolló K. Rahner[38]. La mayor unión posible significa para el hombre al mismo tiempo la suprema realización de la naturaleza humana. De este principio se deduce para Rahner que del rechazo del monofisitismo y del monoteletismo se sigue necesariamente el rechazo del monosubjetivismo. «También el Jesús del dogma calcedonense, dirigido contra todo monofisitismo y monoteletismo, tiene un centro de acción humano, subjetivo, creado, que libremente se encuentra frente al Dios incomprensible, en el que Jesús hizo todas las experiencias que hacemos nosotros con Dios no menos, sino más radicalmente y hasta casi se

---

35. Cf., además, *Ibid.*, 136-142.

36. Es notorio que hay una interesante variante textual entre la edición no oficial de la encíclica en L'Osservatore Romano (13-9-1951, n. 212, p. 2) y el texto oficial de AAS 43 (1951) 638 (DS 3905). Mientras que en el texto no oficial se critica a los que, aunque sólo sea psicológicamente, admiten un sujeto humano independiente en Cristo, esa locución *saltem psychologice* se suprimió en el texto oficial, de modo que en el texto definitivo sólo se condena el nestorianismo y adopcionismo, quedando abierta la cuestión de la autoconciencia humana de Jesús.

37. Cf. al respecto, J. Ternus, *Das Seelen- und Bewusstseinsleben Jesu*, 208-237; A. Grillmeier, *Zum Christusbild der heutigen katholischen Theologie*, en FThH, 277-296; R. Haubst, *Welches Ich spricht in Christus?*: TThZ 66 (1957) 1-20.

38. Cf. especialmente K. Rahner, *Ponderaciones dogmáticas sobre el saber de Cristo y su conciencia de sí mismo*, en ET V, 221-246 (bibliografía).

diría más terriblemente que nosotros, y esto no a pesar de la llamada unión hipostática, sino a causa de ella» [39]. Una dirección parecida sigue E. Schillebeeckx.

Después de que por mucho tiempo la cuestión de la conciencia humana se había discutido de modo muy abstracto, resultó simpático que P. Schoonenberg dejara ese modo de actuar y empezara a hacerlo en concreto. El parte de que, según la Escritura, Jesús es una persona; rechaza, pues, la teoría de Déodat sobre la persona de Jesús como un todo de relaciones [40]. Pero añade que Jesús es una persona *humana* [41]. Así llega a una inversión del dogma calcedonense: «Ahora es anhipostática, no ya la naturaleza humana, sino la naturaleza divina en Cristo... La naturaleza divina es enhipostática en la persona humana» [42]. Schoonenberg habla de la presencia de la palabra de Dios o de Dios por su palabra en Jesucristo [43]; llama a su cristología una cristología de la presencia de Dios [44]; al mismo tiempo es para él una cristología de la trascendencia humana de Cristo [45] y de la perfección humana definitiva [46]. Posteriormente ha modificado algo su postura. Dice que Jesús es llevado por Dios según el modo de ser del Logos; eso no le perjudica en su ser humano de persona; porque hay que decir también, al revés, que el modo de ser del Logos es persona sólo en Jesús. «Por eso se puede hablar de una enhipostasía de Jesús en el Logos... y, viceversa, se puede hablar de una enhipostasía del Logos en el hombre Jesús» [47]. Ya se llamó la atención sobre la íntima contradicción de esta postura en cuanto al aspecto trinitario. Desde el punto de vista cristológico se plantea en contra de la posición de Schoonenberg esta cuestión absolutamente fundamental: ¿quién es Jesús? ¿es el eterno hijo de Dios o es sólo un hombre, en el que Dios está presente de modo incomparable? ¿se mantiene, por tanto, en Schoonenberg la sentencia cristológica fundamental de la Escritura sobre la identidad del sujeto entre el eterno hijo de Dios y el hombre Jesucristo?

A pesar de todo el esfuerzo hecho por introducir la problemática moderna en el terreno cristológico, todos estos intentos proceden de modo totalmente escolástico. Se mueven dentro del esquema del dogma de Calcedonia (incluso la inversión que de él hace Schoonenberg) deduciendo de ello más consecuencias. En lugar de eso vamos a entender el dogma como interpretación de la realidad histórica de Jesús y su relación con el Padre. En realidad la conciencia humana de Jesús se dirige no directamente al Logos, sino al Padre. Y luego tendremos que preguntar qué significa esto no sólo para la conciencia, sino también para el ser persona de Jesús.

Después de las largas reflexiones históricas sobre los conceptos y el problema como tal, estamos en situación de preguntar

39. Id., *Kirchliche Christologie zwischen Exegese und Dogmatik*, en *Schriften* IX, 210 s.
40. Cf. P. Schoonenberg, *Un Dios de los hombres*, Barcelona 1972, 70 s y, además, K. Rheinhardt, *Die menschliche Transzendenz Jesu Christi*; A. Schilson - W. Kasper, *Christologie im Prasens*, 115-122.
41. Así, literalmente, P. Schoonenberg, *o. c.*, 86.
42. *Ibid.*, 99-100.
43. Así, por ejemplo, *Ibid.*, 101; cf. también 106, nota 18a.
44. *Ibid.*, 106-107.
45. *Ibid.*, 108.
46. *Ibid.*, 115.
47. Id., *Trinität-der vollendete Bund*, 116.

cómo podemos entender hoy no sólo en sentido teórico, sino cómo
podemos apropiarnos también en un sentido existencial como *la
verdad de nuestra salvación*, la verdad de fe de que Dios se hizo
hombre, asumiendo en el ser de persona del Logos eterno una
naturaleza humana sin mezcla ni separación. Vamos a proceder
en dos etapas y preguntamos en primer lugar: ¿cómo es comprensible esa proposición de fe desde «abajo», desde el hombre (*ex
parte assumpti*)? Y luego preguntamos (*ex parte assumentis*):
¿cómo es comprensible algo así desde «arriba», desde Dios? Pero
a diferencia de la teología escolástica no partimos en estas cuestiones de un concepto abstracto de la naturaleza humana o de
la esencia de Dios. Más bien procuramos basarnos en los conoci-
mientos adquiridos en los dos capítulos precedentes según los
cuales conocemos tanto al hombre como a Dios sólo en y desde
la historia, que los conocemos en su concreción definitiva sólo
por razón de la historia y destino de Jesús de Nazaret. Por eso,
nuestro punto de partida es el modo como se han revelado Dios
y el hombre en la obediencia de Jesús para con «su Padre» y en
su servicio «por nosotros».

En Jesucristo tenemos una nueva posibilidad y realidad del
ser de hombre: serlo para Dios y para los otros. A lo largo de la
historia esta nueva experiencia se explicó resumidamente con
el concepto de experiencia personal [48]. Dos experiencias fundamentales del hombre se resumen en el concepto de persona: el
hombre se experimenta, por una parte, como yo insustituible e
impermutable, como este existente, como esencia irrepetible, responsable por sí misma y transferida a sí misma. Por otra parte,
se encuentra en un mundo material y humano; no es una esencia
cerrada en sí, sino ya determinada por la realidad y abierta a
toda realidad; es naturaleza espiritual, a cuya esencia pertenece
ser *quodammodo omnia*. Relacionando ambas experiencias, se
llega cerca del concepto clásico de persona: la persona es el individuo del orden espiritual, *naturae rationalis individua (= incommunicabilis) substantia (= subsistentia)*. La persona es el
modo como lo general, el ser existe como horizonte del espíritu,
como este concreto; la persona es el lugar en que el ser se encuentra en sí mismo; es la existencia. La persona está constituida

---

48. Sobre lo que sigue cf., ante todo, B. Welte, *Zur Christologie von Chalkedon*. Para la interpretación del concepto de persona debo mucho a M. Müller,
Erfahrung und Geschichte. Grundzüge einer Philosophie der Freiheit als transcendentale Erfahrung, Freiburg-München 1971, especialmente 83-123; M. Müller - W. Vos-
senkuhl, *Person*, en *Handbuch philosophischer Grundbegriffe* II, 1059-1070.

por la tensión entre general y especial, definido e inconcreto, facticidad y trascendencia, infinito y finito. *Es* la tensión; su identidad consiste en que permite ser a lo diferente. Representa la diferencia ontológica heideggeriana, la identidad hegeliana de la identidad y la no identidad. Pero esto lo es no como mera manifestación de una ley general, sino como su realización no derivable, insustituible, incomparable.

El concepto tradicional de persona que hasta ahora hemos expuesto continúa siendo abstracto; en concreto la persona se realiza sólo en relaciones. La unicidad de cada yo individual implica, en realidad, una delimitación del otro yo y, por ende, una relación con él. Por eso la persona se encuentra sólo en medio de una triple relación: consigo, con el mundo humano y con el mundo material. Se halla en sí, estando en el otro. Dicho en concreto: la esencia de la persona es el amor. Ya antes del personalismo de nuestros días (M. Buber, F. Ebner, F. Rosenweig, etc.) Hegel definió con nitidez esta ley fundamental de la persona: «Por lo que se refiere a la personalidad, el carácter de la persona, del sujeto, consiste en dejar su aislamiento... En la amistad, en el amor abandono mi personalidad abstracta, ganándola así como concreta. Lo verdadero de la personalidad consiste precisamente en ganarse a sí mismo sumergiéndose en lo otro» [49]. Pero estas relaciones horizontales se cruzan, por así decir, y son sostenidas por la relación total del hombre con Dios (y aquí tenemos que superar nuevamente el concepto tradicional de persona). Esto vale tanto de la unicidad como de la apertura ilimitada de la persona. La unicidad de ésta pide aceptación incondicional por ser ella misma; esto sirve de base a su santidad y dignidad intocable. Aquí se vislumbra algo en definitiva incondicional en lo condicional. Pero en razón de su apertura ilimitada la persona remite, más allá de todo lo limitado, hacia el misterio infinito de Dios. Tanto la unicidad como la apertura de la persona piden una razón; por eso la persona no sólo es indicación, sino también participación en la esencia de Dios. Por tanto, la persona del hombre sólo se puede definir, en definitiva, a partir de Dios y en orden a él; Dios mismo pertenece a la definición de la persona humana. En este sentido habla la Escritura del hombre como «imagen y semejanza» de Dios (Gén 1, 27).

49. G. W. F. Hegel, *Vorlesungen über die Philosophie der Religion* II/2 (ed. por Lasson), 81.

Lo que ya se vislumbra en la exposición del concepto tradicional de persona, se hace más claro al ampliarlo: persona es esencialmente mediación. A causa de su personalidad el hombre se halla fijo tanto en la horizontal como en la vertical; es la esencia del medio. Pero este medio no es un punto que descanse en sí, sino algo remitido dinámicamente más allá de sí mismo. En este movimiento el hombre jamás descansa. Está abierto a todo, avocado a la comunión y, sin embargo, continuamente echado sobre sí mismo; está encaminado hacia el infinito misterio de Dios y, con todo, implacablemente atado a su finitud y a la banalidad del día a día. De este modo, el hombre se caracteriza por la grandeza y la miseria. Ambas no se hallan simplemente yuxtapuestas. Sólo por razón de su grandeza es el hombre consciente de su miseria, pero la conciencia de la miseria muestra también la grandeza del hombre. «La grandeza del hombre es tan formidable porque se reconoce como miserable. Un árbol no sabe de su miseria. Por consiguiente: indigente es sólo el que se reconoce como tal; pero la grandeza consiste en saber que se es indigente»[50]. Este fragmento de Pascal afirma nada menos que la dignidad propia del hombre consiste en el sufrimiento. Este es el lugar donde se proporcionan grandeza y miseria y el hombre, experimentando fragilidad, caducidad y peligro, se concientiza al mismo tiempo de su destino absoluto.[51]

¿Qué se deduce de aquí? ¿Es el hombre un torso, un fragmento? ¿O es precisamente en su sufrimiento un símbolo de esperanza? No puede contestar él mismo a esta cuestión. La distancia infinita entre Dios y hombre, entre creador y creatura, cuya mediación se vislumbra como pregunta y esperanza en la persona del hombre, no puede ser superada desde éste. Esta mediación no puede conseguirse por su propia esencia a partir del hombre, sino sólo desde Dios. El hombre en su personalidad es sólo la gramática, *potentia oboedientialis*, pura y pasiva posibilidad de esta mediación. Su realización sigue siendo un *mysterium stricte dictum*, es decir, no podemos comprender ni el hecho de esta mediación ni el cómo[52]. No podemos deducir *que* se haga realidad, porque como hombres no disponemos de Dios; ni podemos comprender *cómo* acontece, una vez que ha tenido lugar, porque no podemos abarcar intelectualmente la relación entre

50. B. Pascal, *Pensées*, § 397.
51. Cf., además, *supra*, cap. 3.
52. Cf. al respecto las decisiones del magisterio sobre J. Frohschammer en DS 2851.

Dios y hombre, con lo que la comprenderíamos. Lo que antropológicamente podemos mostrar es algo puramente negativo: la mediación, tal y como aconteció en Jesucristo, no representa contradicción alguna con la esencia del hombre, sino que es su plenitud más profunda. El hombre es en su personalidad, por así decir, la mediación indefinida entre Dios y hombre; en Jesucristo consigue esa mediación a partir de Dios su definición, su plenitud y consumación. Por eso, Jesucristo en persona es la salvación del hombre.

Según lo dicho, una pura cristología «desde abajo» está condenada al fracaso. En toda su existencia humana Jesús mismo se comprende «desde arriba». El paso de la consideración antropológica a la teológica no puede llevarse a cabo, según lo dicho hasta ahora, de manera continua. Es necesario un cambio decidido de posición. «Desde abajo» partimos sencillamente en la medida en que pensamos la unidad entre Dios y hombre, también lo que toca a Dios, desde la perspectiva de su real revelación histórica en Jesucristo. Podemos remitirnos a cosas varias veces repetidas y, por tanto, resumir.

Lo nuevo de la experiencia y predicación de Jesús sobre Dios consiste en dos cosas: Jesús anuncia el reino de Dios y radicaliza el primer mandamiento. La indisponibilidad, libertad, soberanía y gloria de Dios las hace valer hasta las últimas consecuencias no sólo en el plano teórico, sino en el práctico. El hombre no puede presentar ante Dios ni siquiera sus mayores obras de piedad; la única postura adecuada ante Dios es la fe. La cruz y resurrección de Jesús sellaron este mensaje sobre Dios. Pero también confirmaron el segundo elemento de la experiencia de Dios y la predicación de Jesús definitivamente: el señorío de Dios en el amor. En él Dios se manifiesta como un Dios de los hombres, como un Dios que se regala y se comunica a sí mismo de modo radical. «Dios es amor». Ambas proposiciones tienen que interpretarse mutuamente. Sólo así se evita que la sentencia «Dios es amor» se convierta en un principio claro, según el cual la esencia de Dios consistiría en revelarse y comunicarse necesariamente. Entonces Dios ya no sería un misterio, y también la humanación de Dios en Jesucristo se podría interpretar como necesaria [53]. Nos está cerrado este camino de Hegel, siempre que mantengamos

---

53. Cf. G. W. F. Hegel, *Vorlesungen über die Philosophie der Religion* II/2 (ed. por Lasson), 69 s, 77 s.

firmemente que Dios es el Señor libre en su amor. El amor de Dios no es un principio con el que se puedan hacer cálculos, sino misterio insondable de su libertad.

Ambas proposiciones llegan a formar en la figura de Jesús una unidad incomparable. Son proporcionadas en la obediencia personal de Jesús frente al Padre. En su obediencia Jesús es la distinción más radical de «su Padre» y la más decidida realización del primer mandamiento; de modo que es la figura personal del reino de Dios. Pero esta obediencia es, al mismo tiempo, respuesta a la inclinación amorosa de Dios hacia él. Por eso en él se manifiesta también la radical unidad con el Padre; así que es el amor humanado del Padre. Puesto que no es nada junto, fuera y antes de esta obediencia, representa también totalmente esta autocomunicación de Dios. El amor de Dios que se comunica a sí mismo lo hace libre en su independencia humana. Lo expresó Agustín mediante la famosa fórmula: *ipsa assumptione creatur* [54]. La asunción de la humanidad de Jesús, por tanto, el acto de unión más excelsa posible, libera a ésta, al mismo tiempo, en su propia situación de creatura. Por eso, la humanidad de Jesús está unida con el Logos hipostáticamente de una manera humana, es decir, de un modo que incluye la libertad y la conciencia humana. Precisamente al no ser Jesús otro que el Logos, es también persona humana en el Logos y por el Logos. Dicho de otra manera: la persona del Logos es la persona humana. Tomás de Aquino expresó con claridad esta dialéctica: *In Christo humana natura assumpta est ad hoc quod sit persona Filii Dei* [55]. *Verbum caro factum est, id est homo: quasi ipsum Verbum personaliter sit homo* [56]. Por eso dice M. J. Scheeben que la humanidad de Jesús participa del «ser personal del Logos, en la medida en que ella forma una persona humana en y por él, subsistiendo así en y por él y no por sí misma» [57]. O todavía más claro, J. Alfaro: «Cristo se experimentó de modo humano como un "yo" que verdaderamente es el hijo de Dios» [58]. Partiendo de nuestro concepto concreto y relacional de persona podemos dar un paso más allá de estas proposiciones formales. Podemos decir no solamente

    54. Agustín, *Contra sermonem Arianorum* (ML 42, 688); cf. también León Magno, *Epistola XXXV* (ML 54, 807). En conjunto, cf. también F. Malmberg, *Über den Gottmenschen*, Basel-Freiburg-Wien 1960.
    55. Tomás de Aquino, *Summa theol.* 3 q. 2 a. 10 (según el texto original).
    56. Id., *Quaestiones disputatae V, Die unione Verbi incarnati*, a. 1.
    57. M. J. Scheeben, *Handbuch der katholischen Dogmatik* V/1, en *Ges. Schriften* VI/1, Freiburg 1954 202.
    58. J. Alfaro, *Dios IV, Dios Padre*, en CFT I, 432-442.

que a la humanidad de Jesús no le falta nada, porque es persona humana por la persona del Logos. Más bien tenemos que decir también lo siguiente: lo indefinido y abierto de por sí, que pertenece a la persona humana, es determinado de modo definitivo por la unidad personal con el Logos, de manera que en Jesús la personalidad humana llega a su plenitud sencillamente única e inderivable gracias a la unidad personal con el Logos.

Con lo dicho últimamente hemos alcanzado el concepto de unión hipostática. Habría mucho que decir sobre sus consecuencias para el conocimiento y voluntad humana. Sobre esta psicología de Jesús se ha discutido mucho en los últimos años. Podemos resumir a la vista de nuestras reflexiones precedentes, puesto que todas desembocan en el mismo axioma fundamental: la unidad mayor en cada caso con Dios significa la mayor independencia del hombre. Precisamente porque (y no: aunque) Jesús se sabía totalmente uno con el Padre, tenía al mismo tiempo, una conciencia absolutamente humana [59], hacía preguntas, crecía en edad y sabiduría (cf. Lc 2, 52). Su conciencia de unidad con el Padre no era, pues, un saber objetivo, sino una especie de existencia y orientación fundamental que adquiría su concreción en las situaciones siempre sorprendentes, en las que Jesús veía en concreto cuál era la voluntad de Dios. [60]

Esta misma estructura fundamental se deduce para la relación entre unión hipostática y libertad humana de Jesús [61]. La dogmática tradicional ve en la unidad de Jesús con Dios no sólo su impecancia de hecho, sino también su impecabilidad fundamental (cf. Jn 8, 46; 14, 30; 2 Cor 5, 21; Heb 4, 15; 7, 26; 1 Pe 2, 22; 1 Jn 3, 5) [62]. Pero esto no significa desconexión o supresión de la libre voluntad en Jesús, sino su decisión incondicional por Dios

---

59. Para bibliografía, cf. *supra*, notas 37 s y también E. Gutwenger, *Bewusstsein und Wissen Christi*, Innsbruck 1960; Id., *La ciencia de Cristo*: Concilium 11 (1966) 95-107 (bibliografía); H. Riedlinger, *Geschichtlichkeit und Vollendung des Wissens Christi* (QD 32), Freiburg-Basel-Wien 1966. Cf., además, lo dicho sobre la fe de Jesús, *supra*, 136 s.

60. Cf. K. Rahner, *Ponderaciones dogmáticas sobre el saber de Cristo y su conciencia de sí mismo*. Pero son problemáticos en las reflexiones de Rahner, el que trata la cuestión de la conciencia y autoconciencia de Jesús desde el punto de vista de la relación de la naturaleza humana de Jesús con el Logos que le está unido hipostáticamente. Mientras que la Escritura habla de la relación de Jesús con el Padre. De modo que el carácter indirecto de la filiación de Jesús, que se trató antes, no aparece en Rahner.

61. Cf., además, la panorámica y el intento de solución en F. Malmberg, *Über den Gottmenschen*, 115 s.

62. Cf. la controversia entre Th. Lorenzmeier, *Wider das Dogma von der Sündlosigkeit Jesu*: EvTh 31 (1971) 452-471, y H. Gollwitzer, *Zur Frage der «Sündlosigkeit Jesu»* 496-506.

y los hombres contra los poderes del mal en el mundo. «Por eso tuvo que ser en todo igual a los hermanos... Puesto que él mismo fue tentado, puede ayudar a los que son tentados... Porque no tenemos un sumo sacerdote que no pueda compadecerse de nosotros en nuestras debilidades, sino uno que fue tentado en todo como nosotros, pero que no pecó... Aunque era el Hijo, aprendió por el sufrimiento lo que es obedecer» (Heb 2, 17 s; 4, 15; 5, 8).

Es indudable que la penetración tanto ontológica como psicológica del misterio de la humanación de Dios en Jesucristo choca con un límite insuperable para el pensamiento, el lenguaje y la experiencia. Este límite significa, por supuesto, no solamente que el pensamiento se quiebra de pronto y se pierde en lo indescriptible. En la fe este límite es más bien, por así decir, la otra parte, lo negativo de algo sumamente positivo, no algo oscuro, sino una luz enorme, que puede cegar nuestros ojos. A diferencia del misterio que se vislumbra en las fronteras del pensamiento filosófico, en la teología se trata de un misterio cualificado en cuanto a su contenido, el misterio de un amor insondable, a cuya esencia pertenece el unir cosas distintas de tal modo que se respete la distinción; es que el amor, en definitiva, es la incomprensible unidad de dos que, continuando distintos, no pueden, sin embargo, estar el uno sin el otro en su recíproca libertad. [63]

Los fatigosos esfuerzos de una aproximación ontológica al misterio de la humanación de Dios en Jesucristo han acabado por llevarnos a la dimensión comprensiva propiamente teológica, a la que finalmente tenemos que dedicarnos. Dijimos un poco antes que la doctrina sobre la unión hipostática es, en realidad, una variante conceptual ontológica de la sentencia bíblica según la cual Dios se manifestó como amor en Jesucristo (cf. 1 Jn 4, 8. 16). Como esto aconteció en Jesucristo de modo escatológico-definitivo, Jesús y la autocomunicación amorosa de Dios en él pertenecen a la eterna esencia de Dios. *En realidad, la mediación entre Dios y hombre en Jesucristo se puede entender sólo en la perspectiva teológico-trinitaria* [64]. *Jesucristo como verdadero Dios y verdadero hombre en una persona es la exégesis histórica (Jn 1, 18 ἐξηγήσατο) de la trinidad, como ésta a su vez representa la posibilidad teológico-trascendental de la humanación. Más en*

63. Cf. F. W. J. Schelling, *Philosophische Untersuchungen über das Wessen der menschlichen Freiheit und die damit zusammenhängenden Gegenstände* (1809), en WW IV (ed. por Schröter) 300.
64. Este punto importante lo ha resaltado en la teología actual, ante todo, H. U. von Balthasar una y otra vez; cf. el resumen que ofrece en *Herrlichkeit* III/2, parte 2, Einsiedeln 1969.

concreto, la mediación entre Dios y hombre en Jesucristo se puede entender teológicamente sólo como acontecimiento «en el Espíritu santo». Esto nos lleva a una cristología orientada pneumatológicamente.

El contexto entre trinidad y encarnación es cierto que se halla presente en la teología escolástica, pero se le descuida mucho. La tradición latina no parte ya desde Tertuliano, Agustín y Pedro Lombardo, de la revelación histórico-salvífica de las divinas personas, sino, más metafísicamente, va desde el único principio divino como origen de toda acción hacia fuera [65]. Por ello según esa tradición el acto de la humanación (encarnación activa) es común a las tres divinas personas (cf. DS 535, 801). La teología escolástica llega en parte hasta la tesis de que también la humanación pasiva sería de por sí posible a las tres personas. Con esto se separan totalmente la historia de la salvación y la metafísica teológica para mal de ambas; en realidad, la historia de la salvación se vacía de su realidad teológica, y la metafísica teológica pierde históricamente su importancia y carece de consecuencias. Al menos habría que decir que cada una de las personas divinas participa en la humanación en conformidad con su peculiaridad hipostática. Por eso, una consideración concreta de la historia de la salvación determinará las peculiaridades de las divinas personas en razón de su revelación en la humanación.

El punto de partida es el conocimiento de que Jesús en persona es la autocomunicación de Dios en el amor. Pero él hace presente no sólo lo que desde siempre existía en Dios, sino que también es su realización histórica inderivablemente nueva. En ese sentido Cristo es también la revelación de la libertad de Dios en su amor. Esta libertad pertenece también a la eterna esencia de Dios. Esto significa que Padre e Hijo no se agotan en su amor mutuo. Esta sobreabundancia y desbordamiento de la libertad en el amor entre Padre e Hijo es el Espíritu, al menos siguiendo a la teología trinitaria griega [66]. En cuanto esto «más externo» en Dios es al mismo tiempo su más íntima esencia, como hay que decir en la tradición de la teología trinitaria latina [67]. En el Espíritu se exterioriza la esencia más íntima de Dios, su libertad en el amor. En él, como la libertad en el amor, tiene Dios, al mismo

---

65. Cf. M. Schmaus, *Die psychologische Trinitätslehre des hl. Augustinus*, Münster 1927.
66. Para la fundamentación más detallada de esta sentencia, cf. el apartado siguiente de este capítulo.
67. Cf. H. U. von Balthasar, *Der Unbekannte jenseits des Wortes*, en *Spiritus creator*. Skizzen zur Theologie III, Einsiedeln 1967, 97 s.

tiempo, la posibilidad de producir algo fuera de sí, es decir, una creatura, introduciéndola en su amor sin que por ello pierda su independencia de creatura. Por tanto, el Espíritu es, por así decir, la posibilidad teológico-trascendental de una libre autocomunicación de Dios en la historia. En él Dios puede no sólo revelar su libertad en el amor de manera histórica, sino también realizarlo. El Espíritu como mediación entre Padre e Hijo es, al mismo tiempo, la mediación de Dios en la historia.

La teología escolástica apenas pudo valorar el aspecto pneumatológico de la encarnación a causa de su punto de arranque parcialmente metafísico en una esencia de Dios. Lo único que pudo hacer fue apropiar al Espíritu santo la humanación como obra del amor de Dios. Puesto que el Espíritu expresa el carácter gratuito de la humanación de Dios, la teología escolástica habló de él muy acertadamente como de la *gratia unionis* o como de «unción», siguiendo el lenguaje teológico más expresivo de los padres [68]. Pero normalmente atribuyó ambas cosas en primer lugar al Logos, que por su unión hipostática con la naturaleza humana la llena de gracia de modo sustancial y, por hablar así, la penetra con su olor como un ungüento (*perichorese*). Mediante esta penetración la humanidad de Jesús, sin perder su independencia, es hasta divinizada, al decir de muchos padres. Según la teología escolástica *la consecuencia* de esta unión íntima del Logos con la humanidad es que la humanidad de Jesús participa también de la plenitud de dones del Espíritu, que incluso está penetrada y llena del Espíritu santo (cf. Is 61, 1 s; Lc 4, 21; Hech 10, 38).

Esta perspectiva tradicional no hay que negarla sin más, pero sí que hay que despojarla de su parcialismo. Y esto por las siguientes razones: 1) la tesis de la divinización de la humanidad de Jesús es acertada sólo añadiendo en seguida que cuanto mayor es la cercanía a Dios tanto mayor es la libertad del hombre. En la medida en que el Espíritu llena totalmente la humanidad de Jesús, le hace el don de la apertura, por razón de la cual ella puede ser libremente hueco y vacío total para la autocomunicación de Dios. Por eso, 2) la santificación de la humanidad de Jesús por el Espíritu y sus dones no es solamente una consecuencia accidental de la santificación por el Logos a causa de la unión hipostática, sino también al contrario, es decir, representa su presupuesto. El Espíritu es, pues, tanto la libertad personificada

---

68. Cf. H. Mühlen, *Der Heilige Geist als Person*. In der Trinität, bei der Inkarnation und im Gnadenbund: Ich-Du-Wir, Münster ²1966, 108 s, 206 s.

del amor en Dios como el principio creador, que santifica al hombre Jesús, capacitándolo para ser la respuesta humana a la autocomunicación de Dios mediante su libre obediencia y entrega.

Según testimonio de la Escritura la humanación, como la historia toda y el destino de Jesús, ocurre «en el Espíritu santo». La Escritura ve obrar al Espíritu en todos los estadios de la historia de Jesús: es concebido en la virgen María por la fuerza del Espíritu (Lc 1, 35; Mt 1, 18. 20); en el bautismo es constituido en el oficio de mesías por el Espíritu (Mc 1, 10 par); obra en la fuerza del Espíritu (Mc 1, 12; Mt 12, 28; Lc 4, 14. 18, etc.); en la cruz se ofrece como sacrificio al Padre en el Espíritu santo (Heb 9, 14); es resucitado en la fuerza del Espíritu (Rom 1, 4, 8, 11), se convierte él mismo en «Espíritu vivificante» (1 Cor 15, 45). El Espíritu es, por así decir, el medio en que Dios actúa graciosamente en y por Jesucristo, y en el que Jesucristo por libre obediencia es la respuesta personificada. Porque Jesús está ungido con el Espíritu (cf. Is 61, 1; Lc 4, 21; Hech 10, 38), por eso es el Cristo, es decir, el ungido. Aún más: en el Espíritu es Jesús el hijo de Dios. Lucas formula esta idea con precisión extraordinaria: porque Jesús es engendrado de modo único por el poder del Espíritu, «*por eso* (διό) se llamará hijo de Dios» (Lc 1, 35). Concepción por el Espíritu santo (concepción virginal) y filiación divina de Jesús se encuentran, pues, en una relación mucho más estrecha que lo que normalmente se piensa [69]. En una teología abstracta y posibilista, unida a un positivismo teológico «carente de espíritu», es cierto que puede decirse: Dios hubiera podido obrar de otro modo, hubiera podido hacerse hombre mediante una generación natural, pero de hecho lo quiso de otra manera y tenemos que creer precisamente en el hecho de la concepción virginal, aunque, en definitiva, sólo tiene el sentido simbólico de presentar a Jesús como el nuevo comienzo

69. No podemos tratar aquí las difíciles cuestiones biblioteológicas que plantea el tema de la concepción virginal. Cf. al respecto, H. Schürmann, *Lukasevangelium* I, 60-64, donde al menos se muestra que la cuestión está abierta exegéticamente y que no está decidida por adelantado en contra de la tradición. Pero, puesto que la exégesis bíblica de la antigua iglesia es totalmente clara, toda negación del dogma eclesiástico cuestiona de raíz el principio de la tradición. cf., además, G. Delling, παρθενος, en ThWNT V, 824-835; K. S. Frank - R. Kilian - O. Knoch - G. Lattke - K. Rahner, *Zum Thema Jungfrauengeburt*, Stuttgart 1970; R. E. Brown, *The problem of virginal conception of Jesus*: ThSt 33 (1972) 4-34; K. H. Schelkle, *Theologie des Neuen Testament* II, 175-182. Sobre el dato de la tradición: H. von Campenhausen, *Die Jungfrauengeburt in der Theologie der alten Kirche*, Heidelberg 1962; H. J. Brosch - J. Hassenfuss (ed.), *Jungfrauengeburt gestern und heute*, Essen 1969.

puesto por Dios, como el nuevo Adán. En realidad Jesús es el
nuevo Adán, por cuya obediencia somos salvos (Rom 5, 19),
precisamente en el Espíritu santo, como también es el hijo de
Dios en cuanto espíritu-creatura.

En esta consideración concreta e histórico-salvífica de la Escritura se resuelven algunas aporías de la teología escolástica, sin
que por ello se «aclare» el misterio mismo de la humanación.
El Espíritu en cuanto vínculo personal de la libertad en el amor
entre Padre e Hijo es el *medium*, en que el Padre envía al Hijo
libremente y por pura gracia y en el que encuentra en Jesús el
aliado humano, es el *medium* en que y por el que el Hijo humanamente responde obediente a la misión del Padre. Una cristología que no sólo parta más o menos hegelianamente de la autocomunicación de Dios en el Hijo, sino de la libertad y gratuidad
de esta autocomunicación en el Espíritu santo, puede solucionar
el problema cristológico de la mediación sin por ello hacer de la
humanación un hecho necesario o algo casi caprichoso o que hay
que aceptar positivísticamente. La libertad del amor en el Espíritu santo tiene su propia plausibilidad, su fuerza de convicción,
su esplendor, su luz y su belleza, con los que impresiona al hombre sin forzarlo [70]. Tal perspectiva pneumatológica de la humanación de Dios tiene, por supuesto, también consecuencias respecto
de la concepción y praxis de la iglesia. En esta perspectiva su
misión no es enraizante carnalmente por el Espíritu. Sólo «en el
Espíritu» encuentra ese medio difícilmente determinable, que se
sitúa entre el estar «en el mundo y no ser del mundo» (Jn 17,
11. 14 s).

Con lo dicho últimamente la mirada se ha ampliado desde
la persona del mediador hasta su obra mediadora. Una cristología
de orientación pneumatológica puede, pues, interpretar de la
mejor manera la unicidad de Jesucristo y su importancia universal. La pneumatología vuelve a colocar a la cristología en un
horizonte universal. Porque entonces surge un doble movimiento:
el Padre se comunica al Hijo en el amor y en el Espíritu este
amor se concientiza de su libertad; con ello tiene la posibilidad
en el Espíritu de comunicarse hacia fuera. Pero en el Espíritu
acontece igualmente el movimiento inverso: la creatura llena del
Espíritu de Dios se convierte libremente en la figura histórica
por la que el Hijo se entrega al Padre. En la entrega que llega

---

70. Este punto de vista se lo debo también a H. U. von Balthasar; cf. *Herrlichkeit* I, Einsiedeln 1961.

hasta la muerte es liberado el Espíritu, por hablar así; se le quita su figura particular histórica, por lo cual la muerte y resurrección de Jesús proporcionan, al mismo tiempo, la llegada del Espíritu (cf. Jn 16, 7; 20, 22). De esa manera Jesucristo, que es en el Espíritu el mediador en persona entre Dios y hombre, se convierte por ese mismo Espíritu en mediador universal de la salvación.

2. *La obra del mediador*

La persona y la obra de Jesucristo son inseparables. Jesucristo se entrega totalmente a su misión, está totalmente identificado con ella. Es el enviado y el entregado por nosotros, es el reino de Dios en el amor, es incluso el amor de Dios en persona que se comunica a sí mismo. Por eso hemos resaltado ya el significado salvador tanto al tratar de la divinidad como también de la humanidad de Jesús. Y pudieron mostrarse diversos aspectos de la única realidad salvadora: amor, libertad, reconciliación, etc. Al final del apartado primero se hizo claro que también la doctrina de la unidad de divinidad y humanidad en una persona no sólo representa algo especulativamente difícil, sino que también hace posible la proposición decisiva y resumen de todo lo dicho hasta ahora sobre el concepto cristiano de salvación: que es la participación en la vida de Dios dada por Jesucristo en el Espíritu santo.

Las reflexiones realizadas hasta ahora sobre una interpretación pneumatológica de la unión hipostática nos han llevado a la sentencia cristológica fundamental: Jesús es el Cristo, es decir, el mesías. Porque el mesías era esperado en el antiguo testamento como el poseedor del espíritu absolutamente (cf. Is 11, 2)[71]. En cuanto el cristo Jesús es el ungido con el Espíritu santo. Pero en cuanto el mesías es no sólo una persona privada, sino «pública», es decir, pretende tener valor y obtener reconocimiento general y público. Unción en el antiguo testamento significa, para reyes y sumos sacerdotes, autorización pública por parte de Dios. La unción con el Espíritu santo entroniza a Jesús como rey y sumo sacerdote, haciéndolo dador del espíritu para todos los que creen en él. «De su plenitud todos hemos recibido gracia sobre

---

71. Cf. R. Koch, *Geis und Messias*. Beitrag zur biblischen Theologie des Alten Testament, Wien 1950; W. Grundmann y otros, art. χρίω, en ThWNT IX, 482-576; H. Mühlen, *El acontecimiento Cristo como obra del Espíritu santo*, en MySal III/2, 529-561.

gracia» (Jn 1, 16; cf. Ef 4, 15 s; Col 1, 18 s). En el Espíritu Cristo es señor y cabeza de la iglesia en cuanto cuerpo suyo (Rom 12, 4 s; 1 Cor 12, 4-13), cabeza de la nueva humanidad y señor de la historia (Ef 1, 22 s; Col 1, 18-20). Dicho con el lenguaje de la tradición dogmática, sería: el Espíritu en cuanto la *gratia unionis* no es sólo algo privado, sino, al mismo tiempo, *gratia capitis*, que rebosa desde Cristo, la cabeza, sobre su cuerpo, la iglesia y es proporcionado al mundo por la iglesia.

La profesión «Jesús es el Cristo» es el resumen de la significación salvífica de Jesús. Esta profesión dice entre otras cosas: 1) la persona misma de Jesús es la salvación; expresa, pues, la unicidad e insustituibilidad del mensaje cristiano de salvación; 2) esa profesión implica la pretensión universal y pública de Jesús, excluyendo toda falsa interiorización y privatización de la concepción de la salvación; 3) por último, esa profesión dice de qué modo Jesús es la salvación del mundo; es el que está pleno del Espíritu santo, de cuya plenitud participamos en el espíritu. Salvación es, pues, participación de la vida de Dios revelada en Jesucristo por el Espíritu santo.

Con esta tesis nos separamos de la distinción escolástica entre persona y obra de la salvación, cristología y soteriología. El hablar de una obra aislada y de una eficiencia de Jesucristo desemboca en una cosificación de la salvación en bienes salvíficos concretos [72]. De acuerdo con esto la soteriología tradicional da una impresión muy falta de uniformidad y muy desorganizada; se yuxtaponen las más diversas imágenes bíblicas y tradicionales, difícilmente sistematizables (rescate, redención, liberación, expiación, sustitución, satisfacción, reconciliación, salvación, justificación, santificación, selladura, perdón, nacimiento nuevo, vida, etc.), así como teorías sobre la redención (ante todo la física de los padres y la de la satisfacción de Anselmo), sin desarrollarlas sistemáticamente desde un único punto de vista. Este punto medio sistemático únicamente puede representarlo la persona del mediador, que «se hizo para nosotros sabiduría de Dios, justicia, santificación y redención» (1 Cor 1, 30). Sólo desde este centro pueden ser interpretados rectamente desde el punto de vista teológico los bienes salvíficos mencionados. La soteriología tiene que descubrir, pues, la persona de Jesucristo como posibilitación e imagen del auténtico ser de hombre, presentándola como amor de Dios humanado por nosotros y continuamente presente en el espíritu. Por supuesto que con nuestra tesis nos separamos igualmente del paralelismo liberal que se establece entre la plenitud del espíritu de Jesús y nuestro agraciamiento con el Espíritu santo [73]. Jesús es no sólo arquetipo del hombre lleno del espíritu, es principio de nuestro agraciamiento; no sólo es

72. A. Grillmeier, *El efecto de la acción salvífica de Dios en Cristo*, en MySal III/2, 337-403.
73. Cf. al respecto, J. Ternus, *Chalkedon und die Entwicklung der protestantischen Theologie. Ein Durchblick von der Reformation bis zur Gegenwart*, en *Das Konzil von Chalkedon* III, 545, 557.

nuestro hermano, sino también cabeza de su iglesia. Este primado de Cristo (cf. Col 1, 18) únicamente puede basarse en su filiación divina. Donde ésta no es reconocida, tiene que plantearse insoslayablemente la cuestión: ¿Y por qué precisamente Jesús? ¿Y por qué no Sócrates, Buda, el maestro qumránico de la justicia, el justo sufriente de Platón, Che Guevara o cualquier otro? La única función de Jesús se desarrolla en la Escritura desde múltiples aspectos y con los más diversos títulos: Jesús es el profeta, sumo sacerdote, pastor, rey, señor. La tradición antigua, incluso Lutero, resaltó el *munus duplex* de Jesús, sacerdote y rey; sólo en Calvino se desarrolla la doctrina de la triple función: profeta (o maestro), sacerdote y pastor. Por mediación de la teología católica de la ilustración esta doctrina pasó a ser elemento común también de la soteriología católica por influjo de M. J. Scheeben (precedido ya por el *Catechismus romanus*), lo que incluso ha sido sancionado por el magisterio eclesiástico en el Vaticano II [74]. Pero la delimitación o mutua ordenación de las tres funciones sigue siendo oscura en muchos aspectos. Ante todo, el oficio de maestro implica en sí características de la función sacerdotal y de pastor. Además, K. Barth [75] llamó la atención sobre la problemática que supone el anteponer la función profética a las otras dos. Barth ve actuar en ello una equivocada determinación de la relación existente entre la revelación de Jesucristo y su obra; en lugar de ir del *extra me* de la persona y la obra de Cristo hasta el *pro me* de su donación, es el ser-por-nosotros de Cristo el que, a modo de ilustración cristiana, se convierte en lugar desde el que explicar existencialmente la obra de Cristo. Por eso Barth pone decididamente el *munus propheticum* tras el *munus sacerdotale et regale* como revelación y anuncio de éstos; lo que importa en él es: Jesús es la luz de la vida y esta vida es él mismo. Cierto que Barth descubrió con ello rectamente posibles peligros de la doctrina de la triple función, pero no hay que exigir demasiado a tales sistematizaciones históricas de la significación salvífica de Jesús. En realidad, lo importante es desarrollar la única significación de la persona y obra de Jesús desde un triple aspecto, diciendo: él es para el mundo verdad y luz, camino y vida, liberación para el servicio bajo su reino; todo esto lo es en el único espíritu.

Tres pasos hay que dar para fundamentar positivamente y desarrollar contenidísticamente esta tesis de que la salvación consiste en la participación en la vida de Dios proporcionada por Jesucristo en el Espíritu santo. Esos tres pasos son los siguientes: en primer lugar, tenemos que probar la tesis bíblicamente y desde el punto de vista de historia de los dogmas preguntar qué se ha de entender por *pneuma*; luego, podemos intentar desarrollar la *única* eficiencia salvadora de Jesús en el espíritu siguiendo el esquema de las tres funciones (Jesucristo como profeta, sacerdote y rey). Por último, en una reflexión de resumen final, hay

---

74. Cf. las síntesis que ofrecen: M. Schmaus, *Amter Christi*, en LThK I, 457-459; J. Alfaro, *Las funciones salvíficas de Cristo como revelador, señor y sacerdote*, en MySal III/1, 671-756; H. Ott, *Die Antwort des Glaubens*. Systematische Theologie in 50 Artikeln, Stuttgart-Berlin 1972, 266-275. Sobre la crítica a la doctrina de las funciones cf., también, W. Pannenberg, *Fundamentos*, 263 s.
75. Cf. K. Barth, *Die Kirchliche Dogmatik* IV/3, Zollikon-Zürich 1959, 13 s.

que mostrar de qué manera el espíritu vincula la única obra de Jesús con su importancia universal, es decir, cómo es que Jesús en el espíritu es resumen, cima, reconciliación y mediación de toda realidad.

Espíritu significa en la tradición occidental normalmente como *Logos, nous, mens, intellectus, ratio,* es decir, razón inteligencia, pensamiento [76]. El término hebreo *ruaḥ,* por el contrario, y lo mismo el vocablo griego πνεῦμα[77], así como las palabras latinas *animus, anima, spiritus,* van originariamente en otra dirección. Su significado es: aire que se mueve, viento, tempestad, brisa y, ante todo, hálito. Por eso, *ruaḥ/pneuma* significan aliento, fuerza, principios vitales. En primer plano se encuentra no lo lógico, sino lo dinámico y lo inspirante en el sentido originario del término. El concepto expresa que el hombre no se pertenece, en definitiva, a sí mismo, que no dispone de sí, que está sustraído a sí mismo, que se encuentra fuera de sí, por decirlo así. Pero ya en este lugar se separan la concepción griega primitiva y la bíblica. Para la Escritura el espíritu no es una fuerza natural impersonalmente vital, no es embriaguez dionisíaca frente a la claridad apolínea (F. Nietzsche). Según la Biblia, el hombre no se pertenece a sí mismo, porque pertenece a Dios y a él se debe totalmente. *Ruaḥ,* a diferencia de *nefesh* (alma), no es jamás un principio que el hombre tiene y que le pertenece. Sólo Dios tiene y es vida. El espíritu es el poder vital de Dios, su presencia viva y vivificante en el mundo y la historia; el espíritu es el poder de Dios respecto de la creación y la historia.

El espíritu de Dios actúa fundamentalmente dondequiera que hay y surge vida. Actúa en primer lugar en la creación. El espíritu es el que, según la exégesis de los padres, se cernía sobre las aguas primitivas (Gén 1, 2), convirtiendo el caos en cosmos. «Por la palabra del Señor fueron hechos los cielos, por el aliento de su boca todo su ejército» (Sal 33, 6). «El espíritu de Dios me creó, y el aliento del todopoderoso me da vida» (Job 33, 4). «Si retirara su espíritu y se llevara consigo su aliento, toda carne tendría que desaparecer a la vez, y el hombre volvería al polvo» (34, 14 s). Pero el espíritu de Dios actúa no sólo en la naturaleza, sino igualmente en la cultura, la agricultura, la arquitectura, la administración de la justicia y la política, toda sabiduría humana

---

76. Cf. la amplia exposición de L. Oeing-Hanhoff y otros, *Geist,* en J. Ritter (ed.), *Historisches Wörterbuch der Philosophie* III, Darmstadt 1974, 154-204.
77. Cf. H. Kleinknecht - F. Baumgärtel - W. Bieder - E. Sjöberg - E. Schweizer, πνεῦμα, en ThWNT VI, 330-453.

es don del espíritu de Dios. El «cae» sobre hombres determinados, haciéndolos instrumentos de los planes de Dios. El espíritu es, por hablar de alguna manera, la esfera en la que se mueven esos hombres poseídos por él. Los jueces, Moisés, Josué, David, los profetas son considerados consecuentemente no tanto como portadores del espíritu, sino como llevados por él. Lo mismo se habla de que en ellos está y sobre ellos descansa el espíritu, como de que están en el espíritu. Del futuro mesías se espera, ante todo, que descanse sobre él el espíritu del Señor (cf. Is 11, 2). Lo mismo se dice del siervo de Yahvé (42, 1). Es el espíritu el que conducirá hacia su consumación la obra de la creación y la historia. Como agua sobre país sediento, así se derramará el espíritu sobre los hijos de Israel (Is 44, 3 s); Dios les dará un nuevo corazón y un nuevo espíritu (cf. Ez 11, 19; 18, 31; 36, 27). Por último, al final de los tiempos Dios derramará su espíritu sobre toda carne, haciendo a todos profetas (cf. Jl 3, 1; Hech 2, 17). El espíritu es, pues, el resumen de la esperanza y salvación escatológicas. Es la fuerza del nuevo ser (P. Tillich).

Esta eficiencia universal, creadora y neocreadora del espíritu se expresa de la manera más completa en Rom 8, 18-30 [78]. Podemos constatar una triple asociación de ideas. En primer lugar Pablo habla de la esperanza, el gemido y anhelo de la creación. A ésta se la considera, dentro de una imagen apocalíptica del mundo, como un fenómeno histórico. Está en camino, anhela y busca algún destello de esperanza. Dicho de un modo concreto: ella se orienta por el hombre, mejor dicho: por el hombre nuevo, transfigurado, por la libertad de los hijos de Dios. Mundo y hombre están, por así decir, entrelazados como por el destino. Meta y culminación del mundo es el reino perfecto de la libertad. En una segunda etapa se continúa el gemido de la creatura en aquellos que ya poseen el espíritu de filiación, en los cristianos. La cristiandad aparece aquí tanto como representante de toda creatura atormentada cuanto como la gran promesa para todo el mundo. Pero los cristianos no saben qué han de pedir; también ellos se encuentran en camino, sin saber cómo acabará todo. Por eso en una tercera etapa se habla del gemido del espíritu mismo. Viene en ayuda de nuestra debilidad; es la fuerza del futuro,

---

78. Sobre la exégesis de esta perícopa, cf. O. Kuss, *Der Römerbrief*, Regensburg ²1963, 619 s; O. Michel, *Der Brief an die Römer*, Göttingen ⁴1966, 200-212; H. Schlier, *Das worauf alles wartet*. Eine Auslegung von Römer 8, 18-30, en *Das Ende der Zeit*, 250-270; E. Käsemann, *An die Römer*, Tübingen 1973, 219-234.

que todo lo encamina hacia el bien; dirige y arrastra a la creación
entre dolores y gemidos hacia su meta escatológica. Es el futuro
anticipado de todo el mundo.

Apenas había otro concepto ni otra realidad capaces de expresar la universalidad de la actuación de Dios de la misma forma
que lo hace el término *pneuma*. El concepto y la realidad del
pneuma eran lo más adaptado para designar el significado salvífico universal de Jesucristo. Según el nuevo testamento la eficiencia histórica y universal del espíritu de Dios encuentra su meta
y su medida en Jesucristo. Se distingue de los demás que poseen
el espíritu no sólo gradualmente, sino también cualitativamente;
no sólo está poseído por el espíritu, sino que ha sido engendrado
y creado por él: *conceptus de Epiritu sancto ex Maria virgine*
(cf. Mt 1, 18. 20; Lc 1, 35). En el bautismo en el Jordán fue
ungido con el espíritu (Mc 1, 10 par); toda su actividad se
encuentra bajo el signo del espíritu (Lc 4, 14. 18; 5, 17; 6, 19;
10, 21, etc.); el espíritu no sólo descansa sobre él (Lc 4, 18),
sino que lo mueve (Mc 1, 12). Ante todo sus milagros como
anticipación de la nueva creación pasan por acción del espíritu
que vive en él (Mt 12, 18-21. 28; Lc 5, 17; 6, 19). «En el espíritu» se ofrece en la cruz al Padre (Heb 9, 14); en la fuerza del
espíritu es resucitado de entre los muertos (Rom 1, 4; 8, 11;
1 Tim 3, 16), haciéndose espíritu vivificante (1 Cor 15, 45).
El modo de existencia del *kyrios* es el *pneuma*; por eso puede
Pablo llegar a identificar *kyrios* y *pneuma* (2 Cor 3, 17). [79]

Así como Jesucristo, por una parte, es meta y cima de la
presencia y eficiencia del espíritu de Dios que crea de nuevo, así
es también, por otra parte, el punto de partida para el envío del
espíritu. En Cristo alcanza el espíritu su meta, por así decir,
de modo definitivo, la nueva creación. Su otra tarea consiste ahora
en integrar toda la restante realidad en la de Jesucristo o en
universalizar la realidad de éste. Jesucristo, concebido por el espíritu, da y envía ahora el espíritu como suyo (Lc 24, 49; Hech
2, 33; Jn 15, 26; 16, 7; 20, 22). Ahora el espíritu es el de Jesucristo (Rom 8, 9; Flp 1, 19) o el de su Hijo (Gál 4, 6). Su tarea
es recordar a Cristo (Jn 14, 26; 16, 13 s). Por eso el criterio
definitivo para la distinción de los espíritus es éste: sólo es espíritu de Dios el que profesa que Jesús es el Señor. Y viceversa,
también vale que nadie puede profesar que Jesús es el Señor, si

---

79. Cf. al respecto, I. Herrmann, *Kyrios und Pneuma*. Studien zur Christologie der paulinischen Hauptbriefe, München 1961.

no es en la fuerza del espíritu (1 Cor 12, 3). De modo que el espíritu es el medio y la fuerza, en la que Jesucristo se nos hace accesible y experimentable como el nuevo señor del mundo. El espíritu es la presencia eficiente del Señor exaltado en la iglesia, en cada uno de los creyentes y en el mundo. «En el espíritu» y «en Cristo» son para Pablo conceptos intercambiables. Esta recordación y actualización de Jesucristo por el espíritu no acontece, con todo, por vía legal. Porque el espíritu es el poder de lo escatológicamente nuevo. Su tarea es, pues, hacer presente siempre a Jesucristo en su novedad. Por eso es también el espíritu de profecía, cuya tarea es anunciar lo futuro (Jn 16, 14); es la señal de la gloria que sólo en el futuro se revelará (Rom 8, 23; Ef 1, 14).

Entre el concilio de Nicea (325) y el primero de Constantinopla (381) estos datos bíblicos [80] llevaron a la convicción de que el espíritu no puede ser solamente una fuerza impersonal o una realidad subordinada a Cristo. La argumentación de Atanasio y Basilio, tratándose de la divinidad y consustancialidad del Espíritu con el Padre y el Hijo, es como la utilizada en la cuestión sobre el verdadero ser de Dios de Jesús: si el Espíritu no es verdadero Dios, consustancial al Padre y al Hijo, entonces tampoco nos puede hacer semejantes al Hijo ni conducirnos por el camino de la comunión con el Padre [81]. En contra de los pneumatómacos, que combatían (μάχεσθαι) la verdadera divinidad del Espíritu y lo hacían servidor (ὑπηρέτης), función de Cristo, definió el concilio de Constantinopla: «Creo en el Espíritu santo, señor (κύριος) y dador de vida (ζωοποιός), que procede del Padre. Con el Padre y el Hijo es igualmente adorado y glorificado (συνπροσκυνούμενος καὶ συνδοξαζόμενος)» (DS 150; NR 250). Como ocurrió en el desarrollo doctrinal cristológico, también en las formulaciones magisteriales de la pneumatología fueron decisivos los motivos soteriológicos y doxológicos, es decir, los de la praxis de la oración litúrgica. Se trataba de que configurados con Cristo en el Espíritu tenemos comunión con el Padre, de modo que por Cristo en el Espíritu podemos alabar y glorificar al Padre.

La profesión de fe del Constantinopolitano I en el Espíritu como «señor y dador de vida» no era ni de cerca tan precisa como las correspondientes formulaciones de Nicea. También en la posterior teología patrística la doctrina del Espíritu siguió muy abier-

---

80. Cf. también *supra*, cap. 11.
81. Cf. Atanasio el Grande, *Ep. I ad Serapionem*, 23 s (MG 26, 583-588); Basilio el Grande, *De Spiritu sancto*, 26 (MG 32, 185 s).

ta; en oriente y occidente se formaron diversos teologúmena. Mientras que los griegos hablaban preferentemente de que el Espíritu procede del Padre por el Hijo, en occidente se impuso desde Agustín el hablar de la procedencia del Espíritu del Padre y del Hijo (*filioque*). Nadie se escandalizó de esta distinta manera de hablar. A la ruptura se llegó mucho más tarde por el desgraciado amontonamiento de malentendidos y por la creciente incomprensión para la distinta mentalidad de conjunto, que se encontraba en el fondo de las diversas fórmulas. Hoy se sabe que las dos fórmulas no se distinguen tanto en su contenido. [82]

Desde Tertuliano, Agustín y, más tarde, Pedro Lombardo, el punto de partida de la doctrina trinitaria occidental no fueron las personas trinitarias y su obra histórico-salvífica, sino la única esencia de Dios, que es trina en sí. El modelo adaptado para esta intelección de la trinidad es el circular: el Padre engendra al Hijo, mientras que el Espíritu es el amor común de Padre e Hijo (*filioque*) [83]. Es decir, en el Espíritu se cierra el círculo de la vida intratrinitaria. El Espíritu es, por así decir, lo más íntimo y más oculto de Dios. Según esta concepción, toda actividad hacia fuera es común a las tres divinas personas. Mas esta concepción desembocó en que la significación de la trinidad se desplazó desde la historia de la salvación a la metafísica. Y así se llegó, como dice J. Ratzinger, «a una escisión en metafísica teológica, por una parte, y teología histórica, por la otra». Con ello «tanto la doctrina sobre la iglesia como sobre el Espíritu santo quedaron en la penumbra. La iglesia ya no se concibió desde el punto de vista pneumático-carismático, sino exclusivamente a partir de la encarnación y, en consecuencia, como cerrada terrenalmente y, por fin, se explicó a partir de las categorías del poder del pensamiento occidental. De esta forma también la doctrina sobre el Espíritu santo perdió su contexto propio. Como no podía pasar una miserable existencia en la pura posibilidad de ser integrada, quedó absorbida por la especulación general sobre la trinidad y así perdió prácticamente su función respecto a la conciencia cristiana». [84]

<hr />

82. Cf. Y.-M. Congar, *Zerrissene Christenheit*. Wo trennen sich Ost und West?, Wien-München 1959. La distinción entre la doctrina trinitaria de oriente y occidente la resaltó primeramente Th. de Régnon, *Etudes de théologie positive sur la Sainte Trinité*, Paris 1882 s. Sobre el estado actual del problema, cf. especialmente P. Evdokimov, *L'Esprit saint dans la tradition orthodoxe*, Paris 1969.
83. Cf. sobre esto, M. Schmaus, *Die psychologische Trinitätslehre des hl. Augustinus.*
84. J. Ratzinger, *Introducción al cristianismo*, 291 s.

No corren así las cosas en la doctrina oriental de la trinidad. Arranca no de la única esencia de Dios, sino del Padre. Sólo él es ὁ θεός. De él procede inmediatamente no sólo el Hijo, sino igualmente el Espíritu, aunque la procedencia del Espíritu está condicionada por la del Hijo. El Espíritu es, por hablar de alguna manera, lo que rebosa, lo que se derrama del amor revelado en el Hijo; de modo que el Espíritu es la revelación de la esencia del Hijo, como éste lo es respecto de la esencia del Padre. En el Espíritu vuelve a verterse hacia fuera el amor revelado en el Hijo para ulterior revelación de Dios. Para expresarse de alguna manera, el Espíritu aquí es lo más manifiesto de Dios. Por eso por él obra Dios también en la creación y la historia.

Ambas concepciones tienen sus propios peligros [85]. La concepción oriental puede llevar a una independización del Espíritu respecto del Hijo, puede desembocar en una mística, que si ciertamente no se mostrará enemiga del mundo ni antiinstitucional, adopta con bastante frecuencia una postura indiferente ante la iglesia como institución y ante el mundo. Si a la iglesia católico-romana le acecha el peligro de una transfiguración mundana, de una *theologia gloriae* mundana, la amenaza para la iglesia oriental consiste en una transfiguración celeste, en una gloria del cielo sobre la tierra. Por eso la liturgia oriental se comprende no tanto como actualización de la obra terrena de salvación por parte de Cristo, sino como actualización de la liturgia celeste. A fin de cuentas a la doctrina trinitaria de la iglesia oriental le acecha el peligro de no ser histórico-salvífica sino suprahistórica. El «filioquismo» occidental puede desembocar, por el contrario, en un cristocentrismo parcialista. Entonces a la iglesia se la interpreta parcialísticamente a partir de la encarnación como *Christus prolongatus*, como *le Christ répandue* (Bossuet), como Cristo que sigue viviendo (J. A. Möhler). Su meta consiste, en tal caso, en enraizarse en el mundo y penetrarlo hasta intentar dominarlo. Para oriente el responsable del cristocentrismo parcialista occidental es el *filioque* latino y la vinculación consecuente del Espíritu al Hijo, lo que también se traduce en la eclesiología de tipo tan institucional hasta llegar a la pretensión del papa de ser *vicarius Christi*. [86]

El modo abstracto-metafísico de considerar las cosas por parte de la doctrina trinitaria de la iglesia latina tuvo como consecuencia el que se llegó a ignorar en gran medida la independencia

85. Cf. E. Przywara, *Logos*. Logos. Abendland, Reich, Commercium, Düsseldorf 1964, 157 s.
86. Cf. P. Evdokimov, *L'Esprit saint dans la tradition orthodoxe*, 70.

y libertad del Espíritu en la historia de la salvación. La mayoría
de los teólogos se han limitado meramente a atribuir (apropiar)
al Espíritu la obra del agraciamiento e inhabitación por parte de
éste; pocos solamente (Petavio, Thomassin, Passaglia, Scheeben,
Schauf, etc.) han hablado de una inhabitación personal (no apropiada) del Espíritu, teniendo que hacer enormes esfuerzos mentales [87]. Sólo si se tiene en cuenta la independencia relativa y
personal del Espíritu en la obra del agraciamiento, es como también se puede mantener que el Espíritu en su viculación a Cristo
y en su actualización de la persona y la obra de Cristo no esclaviza al hombre, sino que lo libera, que no lo trata como a un
menor de edad, que no le prescribe recetas y planes preconce-
bidos, sino que lo sitúa en un espacio donde puede moverse con
libertad [88]. Sólo tomado en serio este elemento carismático, es
como se tiene en cuenta también que el Espíritu es la libertad
personificada, la sobreabundancia del amor de Dios, por el que
Dios introduce en la historia sus inagotables posibilidades. Su
tarea consiste, pues, no sólo en hacer actual a Jesucristo [89], sino
en hacerlo presente en su plenitud de Espíritu. Por tanto, la
universalización de la obra de Cristo acontece de una manera
espiritual, histórica, determinada por la libertad en el amor.

*La presencia y significado continuo de Jesucristo en la his-
toria puede ahora concretizarse con ayuda de la doctrina tradicional de la triple función en tres aspectos: por su Espíritu, Jesucristo es el camino (pastor y rey), la verdad (profeta y maestro) y
la vida (sacerdote) del mundo (cf. Jn 14, 6).* Tratar exhaustivamente estos tres aspectos rebasaría el marco de la cristología,
llevando a la doctrina sobre la revelación, la antropología teológica
(doctrina sobre la gracia) y a la eclesiología o a la teología del
mundo y de la realidad terrena; exigiría, además, una exposición
de la teología del magisterio eclesiástico, del sacerdocio y del mi-
nisterio pastoral. Por supuesto que todo esto no se puede ofrecer
en este contexto. Tenemos que contentarnos con dar una panorámica de las perspectivas fundamentales para volver a exponer
así el significado salvífico de la persona y la obra de Jesucristo.

87. Cf. H. Schauf, *Die Einwohnung des Heiligen Geistes.* Die Lehre von der
nichtappropriierten Einwohnung des Heiligen Geistes als Beitrag zur Theologie-
geschichte des neunzehnten Jahrhunderts unter besonderer Berücksichtigung der
beiden Theologen Carl Passaglia und Clemens Schrader, Freiburg 1941.
88. Así, especialmente, H. U. von Balthasar, *Der Unbekannte jenseits des
Wortes,* 100.
89. Cf. H. Volk, *Das Wirken des Heiligen Geistes in den Gläubigen,* en *Gott
alles in allem,* 89 s, especialmente nota 3.

1.   La cuestión sobre la verdad es la pregunta originaria del hombre, en especial, en la filosofía. Por eso la luz pertenece a los símbolos primitivos de la humanidad. La verdad y la luz no son algo secundario como añadido a la realidad y a la vida; son el medio en el que la realidad y la vida pueden ser únicamente realidad humana y vida humanamente plena. Sólo donde hay luz y donde las cosas aparecen en su no-ocultación ($\dot{\alpha}$-$\lambda\acute{\eta}\theta\varepsilon\iota\alpha$), es donde el hombre se puede orientar y encontrarse bien en su mundo. Por eso la luz es el símbolo de la salvación, lo mismo que las tinieblas representan la perdición. ¿Pero dónde está una luz digna de fiarse en medio de tantos fuegos fátuos y apariencias en el mundo?

El antiguo testamento designa al mismo Yahvé como luz (Sal 27, 1; 2 Sam 22, 29; Is 60, 19); su ley es lámpara para los pies y luz para el sendero (Sal 119, 105; cf. 19, 9). El nuevo testamento incorpora este mensaje. Con frecuencia se presenta a Jesucristo (Hech 3, 22; Jn 1, 45; 6, 14) como el profeta escatológico prometido en el antiguo (Dt 18, 15). También se le conoce como maestro (Mc 1, 22; 10, 17; Mt 8, 19; 23, 10; Jn 13, 13). El cuarto evangelio lo llama luz del mundo (Jn 1, 9; 8, 12; 12, 46), la verdad (14, 6), y en Hebreos se le considera como la definitiva revelación de Dios (1, 1 s). Jesús combate la mentira y las tinieblas, consecuencia del pecado (Rom 1, 18 s; Jn 1, 5; 3, 19; 8, 44; 1 Jn 3, 8). De la misma forma se llama también al espíritu de Cristo espíritu de la verdad (Jn 14, 17; 15, 26; 16, 13), espíritu de la fe (2 Cor 4, 13), de la sabiduría y la revelación, que ilumina los ojos de nuestro corazón, para que comprendan nuestra vocación y nuestra herencia (Ef 1, 17 s).

Sería atrayente exponer la larga y rica historia del simbolismo de la luz en la liturgia cristiana y su aplicación a Jesucristo, que en la vigilia pascual es celebrado como la luz, y en navidades y epifanía, como *sol invictus* [90]. Más trascendental teológicamente sería aún ocuparse de la metafísica de la luz, que se remonta a Platón y al neoplatonismo, fue introducida por Agustín en la tradición cristiana, luego alcanzó su culmen en la teología franciscana del siglo XIII con Grosseteste, Roger Bacon, Witelo y Buenaventura, y en Dante encuentra su expresión poética más grandiosa. Habría que nombrar también el significado de la luz en la filosofía natural moderna así como en las ciencias naturales

---

90.   Cf. más detalladamente, J. Ratzinger, *Luz,* en CFT II, 561-572 (bibliografía).

de este tiempo. Finalmente habría que ocuparse de la historia de la interpretación de la verdad. Pero este intento equivaldría en la práctica a una exposición completa de la historia occidental de la cultura y el espíritu y tendría que fracasar necesariamente. Pero sólo en este horizonte global puede resultar claro lo que significa que Jesucristo es la luz, la verdad, el profeta y el maestro. En él se reveló de modo definitivo la verdad sobre Dios, el hombre y el mundo, siendo su espíritu para todos los que creen la *lumen cordium* (secuencia de pentecostés *Veni, sancte Spiritus*). Por él se nos ha revelado definitivamente el sentido del ser.

La definitividad escatológica de la venida de la verdad implica dos cosas: por una parte, la insuperabilidad histórica de la revelación en Cristo, por otra, la permanencia de la verdad de Cristo en el mundo por el Espíritu, cuya tarea consiste en recordar la palabra y obra de Cristo y, recordándola, mantenerla presente (cf. Jn 14, 26; 16, 13 s). Pero, al mismo tiempo, es tarea del Espíritu anunciar lo venidero. Por tanto, la verdad de Jesucristo no puede hacerse presente de modo rígido, por mera repetición o por desarrollo lógico-sistemático, sino sólo de manera viva y profética. Es algo esencial al profeta [91] que no toma un punto de vista absoluto allende la historia, sino que con su exposición pertenece a las entrañas del acontecimiento; está vinculado a cada situación con toda ambigüedad y fragmentariedad. Pero, al mismo tiempo, su mensaje la supera, porque mantiene vivo el recuerdo de la fe y rasga el horizonte de la promesa. Abre posibilidades que o todavía estaban ocultas u olvidadas y exige decisión y conversión revolucionante. El sentido concreto e histórico y la realización del mismo tipo respecto de su mensaje tiene que irse viendo en el forcejeo histórico de las opiniones. Jesucristo es, pues, la verdad definitiva en cuanto una y otra vez muestra y prueba ser verdad en las situaciones históricas. La definitividad de la verdad que es el mismo Jesucristo, equivale, pues, a la definitividad de la fidelidad de Dios, que se manifiesta continuamente en el camino histórico de la iglesia. [92]

---

91. Cf. M. Buber, *Prophetismus und Apokalyptik*, en WW II, 925-942; E. Fascher, ΠΡΟΦΗΤΗΣ, Giessen 1927; H. Krämer - R. Rendtorff - R. Meyer - G. Friedrich, art. προφήτης, en ThWNT VI, 781-833.

92. Sobre el concepto bíblico de verdad, cf. H. von Soden, *Was ist Wahrheit? Vom geschichtlichen Begriff der Wahrheit*, en *Urchristentum und Geschichte* I, Tübingen 1951, 1-24; W. Pannenberg, *¿Qué es la verdad?*, en *Cuestiones fundamentales de teología sistemática*, Salamanca, 1976, 53-76; W. Kasper, *Dogma unter dem Wort Gottes*, 58 s (bibliografía).

2. Lo mismo que luz también vida es una palabra originaria en la historia humana «Apenas hay concepto tan polivalente, con el que desde siempre se ocupó el pensamiento filosófico, como el término vida. Apenas hay concepto que se resista tanto al intento de definir su uso sin que por ello pierda sentido» [93]. Porque como la luz tampoco la vida es una cosa junto a otras, sino «el cómo que caracteriza a todos los vivientes en cuanto tales» [94]. Vida es acontecimiento, automovimiento, autorrealización y por eso no es accesible a una contemplación cósica. «La experiencia de la vida significa la experiencia de algo real, respecto de lo cual el sujeto no puede tomar distancias... Una de las características fundamentales en el significado del concepto filosófico de vida consiste, pues, en la identificación que le es inherente del pensamiento con otro, no pensante. En este sentido el concepto de vida se contrapone a la dicotomía pensamiento-materia» [95]. Por esta razón la vida es siempre más que lo puramente biológico; vida incluye al hombre y su cuestión sobre la vida, sobre la vida propiamente dicha, plena y verdadera. Vida ansía la luz de la vida, siendo esta luz un aspecto esencial de la vida misma. Pero puesto que la vida está continuamente amenazada por la ruina y la muerte, entonces la pregunta por la verdadera vida incluye la cuestión por la vida permanente, la eterna.

La cuestión originaria religiosa sobre la vida se responde en el antiguo testamento con la profesión de que sólo Dios es fuente y señor de la vida (cf. 1 Sam 2, 6; Job 12, 9 s; Dt 32, 39; Sal 104, 29, etc.). Su vida apareció en Jesucristo (Jn 1, 4; 5, 26; 11, 25; 14, 6; 1 Jn 1, 1; 5, 11); fue enviado para dar vida al mundo (Jn 3, 15 s; 10, 10). Quien cree en él, tiene ya la vida (5, 24; 1 Jn 3, 14); igualmente se dice que quien ama a su hermano, ha pasado de la muerte a la vida (1 Jn 3, 14; cf. 4, 7. 12. 16). La vida aparecida en Jesucristo se revela definitivamente en la entrega de Jesús en la cruz y en su resurrección de entre los muertos (Rom 6, 10; 14, 9; 2 Cor 13, 4, etc.). Con ello la muerte está irremisiblemente vencida (Rom 5, 10) y se abrió la vida para el que cree (Rom 1, 17; 6, 8 s; Gál 3, 11; Heb 10, 38, etc.). Esta vida se nos regala en el espíritu. Porque él es el poder de Dios que crea vida, en cuya fuerza Cristo fue resucitado de entre los muertos. Por eso, la vida del Resucitado habita en

---

93. J. Simon, *Leben*, en *Handbuch philosophischer Grundbegriffe* II, 844.
94. R. Bultmann, art. ζάω, en ThWNT II, 833.
95. J. Simon, *Leben*.

los creyentes gracias al espíritu que se les dio en el bautismo (Rom 8, 2. 10; Gál 6, 8). Es las primicias (Rom 8, 23) y la prenda (2 Cor 1, 22; 5, 5; Ef 1, 14) de la vida eterna.

Jesucristo es al mismo tiempo víctima y sacerdote gracias a la entrega de su vida y el sacrificio que hace de sí mismo. Se ve esta idea ya en la tradición de la última cena como la trasmiten Mc-Mt (Mc 14, 24; Mt 26, 28), mencionando la sangre de la alianza, con la que se roció a los israelitas en el Sinaí (Ex 24, 8). Por eso se contrapone en 1 Cor 10, 14-22 la cena del Señor a los sacrificios gentiles. En Juan, la última cena de Jesús se interpreta como pascual (19, 14. 36); Pablo llama a Jesús cordero pascual (1 Cor 5, 7; cf. 1 Pe 1, 2. 19). Es el cordero que quita los pecados del mundo (Jn 1, 29. 36; Ap 5, 6. 12; 13, 8). Finalmente, en Ef 5, 2 se dice: «Se entregó por nosotros como don y sacrificio agradable a Dios». Es en la carta a los Hebreos donde primeramente se llega a una auténtica teología sobre el sacrificio de la cruz y el sumo sacerdocio (3, 1; 4, 14 s; 5, 1 s; 7, 11 s, etc.), donde por cierto se habla también de que Jesús cumplió sobradamente todo lo relativo al sacrificio, y, en consecuencia, lo «levantó» en el doble sentido del término. Porque Hebreos hace decir a Cristo a su entrada en el mundo con palabras de Sal 39, 7-9: «No quisiste sacrificios y oblaciones, pero me preparaste un cuerpo. No te agradan holocaustos y sacrificios por el pecado. Entonces dije: Mira que vengo —en el rollo está escrito de mí— para cumplir, Dios, tu voluntad» (10, 5-7).

En nuestro mundo moderno, en el que ya no existe la diferenciación respecto de sacrificios gentiles y donde sólo en un sentido profano se habla de «sacrificar» e «inmolar», resulta muy difícilmente comprensible hablar de sacrificios, sacerdotes que sacrifican y de su íntima relación con la cuestión sobre el sentido de la vida. ¿De qué se trata en el sacrificio? ¡No sólo de algo ritual! Esto no es más que una expresión programática del auto-ofrecimiento que se hace a Dios para conseguir así comunión con él. El don externo es, pues, símbolo de la mentalidad interior cara al sacrificio y que significa que el oferente sale del ámbito del pecado para reconocer a Dios como verdadera vida, reconciliarse y tener comunión con él. El sacrificio es, pues, símbolo real de alabanza, reconocimiento, agradecimiento y petición a Dios [96]. Por eso, Hegel definió con razón al sacrificio como la

_____

96. Cf. K. Rahner, *Opfer*, V. Dogmatisch, en LThK VII, 1174 s.

praxis de la religión y la fe [97]. Tal veneración de Dios no es algo meramente privado, sino público. Por eso es necesario el sacerdote oficialmente encargado y autorizado, que ofrece el sacrificio en nombre del pueblo. En este trasfondo es como resulta comprensible lo que se dice del sacrificio de la muerte de Jesús y de su función de sumo sacerdote. Se expresa de esa manera el que de modo público abrió para todos la vida y nos reconcilió con Dios. Como él en persona es el mediador entre Dios y los hombres, pudo también realizar obra de mediación. Por tanto, su sacrificio en la cruz junto con la resurrección es consumación suprema y realización definitiva de su unidad con Dios. En la función de Jesucristo como sacerdote y víctima juntamente se vuelve a expresar lo que es el sentido de la vida, por supuesto que de una manera que hoy no nos resulta fácilmente comprensible.

El cambio escatológico que trajo Jesucristo y la existencia escatológica que él hizo posible se hace, pues, realidad concreta en el Espíritu santo, que habita en el bautizado como en un templo (1 Cor 3, 16; cf. 6, 19; Rom 5, 5; 8, 11). Pablo puede llegar incluso a definir al cristiano como uno que está lleno del Espíritu santo y es conducido por él. «Hijos de Dios son todos los que se dejan guiar por el espíritu de Dios» (Rom 8, 14). Pablo dice lo que significa este ser conducido por el Espíritu, contraponiéndolo al guiarse por la «carne» (σάρξ) (Rom 8, 5 s; Gál 5, 16 s). Mientras que el Espíritu es el poder vital de Dios del que no puede disponer el hombre, la «carne» es la esfera del hombre que piensa que puede hacerse con la vida por su propia fuerza y poder. La «carne» es el modo de existencia cerrado sobre sí y aferrado a sí que lleva el *homo incurvatus*. Tal carnalidad se manifiesta no sólo en «sensualidad» (Pablo habla de obscenidad, inmoralidad, libertinaje, darse a la bebida y comilonas), sino también en el ansia egoísta de poder (enemistad, pendencias, celos, ira, cólera, busca de propio provecho, controversias, divisiones, envidia y rivalidad) y, por último, cerrándose frente a Dios (idolatría, hechicería), que desemboca en el miedo y entrega al hombre a lo que no tiene valor y finalmente a la muerte. Fruto del espíritu es, por el contrario: amor, alegría, paz, longaminidad, afabilidad, bondad, fidelidad, mansedumbre y templanza (Gál 5, 19-23; cf. Rom 14, 17). Resumiendo se puede también decir: el espíritu regala al hombre la apertura a Dios y

97. Cf. G. W. F. Hegel, *Vorlesungen über die Philosophie der Religion* I/1 (ed. por Lasson), 227 s.

al prójimo. Es él el que hace al hombre dirigirse a Dios con franqueza y confianza y llamarle Padre (Rom 8, 15. 26; Gál 4, 6); «caminar en el espíritu» es tanto como «servirse mutuamente en el amor» (Gál 5, 13-15). Por eso para 1 Cor 13 el amor es el más excelso de todos los dones del espíritu. «Si no tuviera el amor, no sería nada» (13, 2). De modo que en el espíritu se realiza la posibilidad del hombre nuevo traída por Jesucristo: entrega a Dios y existencia por los demás.

3.   Ya al tratar de la función sacerdotal se vio claro que vida y salvación no afectan únicamente al ámbito privado, sino que tienen una dimensión pública y, en consecuencia, política. Esta tesis se basa en el entretejido solidario de la libertad del individuo con la de todos. Libertad, vida y salvación presuponen, por tanto, un orden de libertad, paz y justicia. Ello explica que desde siempre los conceptos «reino», «ciudad», «estado», sean no sólo políticos, sino igualmente símbolos religiosos. El rey [98] es considerado como representante de Dios y hasta como Dios o hijo suyo; representaba el orden sacral cósmico y político, dentro del cual únicamente es posible la salvación. Surgió la figura ideal del rey bienhechor (εὐεργέτης), que, semejante a los dioses, gobierna a los hombres y los apacienta como un pastor a sus ovejas. El motivo del pastor y el rey estuvieron estrechamente unidos en el antiguo oriente. Tras muchos latía la cuestión del orden íntegro, que protege la perdición del caos, la cuestión sobre guía y orientación, sobre seguridad, tranquilidad y paz.

A la cuestión política de la salvación contesta el antiguo testamento de una manera sumamente exclusiva: Yahvé es rey (Ex 15, 18; Sal 145, 11 s; 146, 10, etc.). Yahvé es el pastor de Israel (Sal 23; Gén 48, 15; 49, 24, etc.). Por eso en el antiguo testamento sólo fue posible introducir una monarquía terrena, teniendo que luchar contra las más formidables oposiciones (1 Sam 8); muy pronto se convirtió la realeza terrena en promesa del futuro rey mesiánico (cf. 2 Sam 7). Jesús se mostró reservado frente a estas esperanzas mesiánicas; la cruz las destruyó totalmente, haciendo esencia de su señorío algo totalmente distinto: servicio en favor de los muchos. Así que él se sabe enviado como

---

98.   Cf. especialmente, H. Kleinknecht - G. von Rad - G. Kuhn - K. L. Schmidt, art. βασιλεύς, en ThWNT I, 562-595. Sobre el problema como tal, cf. H. Dembowski, *Grundfragen der Christologie*. Erörtert am Problem der Herrschaft Christi, München 1969.

pastor para ir detrás de lo que se ha perdido (Lc 15, 4-7; Mt 18, 12-14); le duele el pueblo que está desparramado y sin pastor (Mc 6, 34; Mt 9, 36). Por eso quiere congregar a las ovejas desperdigadas de Israel (Mt 10, 6; 15, 36). Echando mano de la imagen del pastor es como considera a su muerte (Ma 14, 27 s) como el juicio escatológico (Mt 25, 32). En realidad, la imagen del pastor prosigue las palabras de Jesús sobre el seguimiento; Jesús va por el camino delante de los suyos. Por eso esa imagen pertenece con razón a las proposiciones cristológicas de la primitiva iglesia (1 Pe 2, 25; 5, 4; Heb 13, 20; Ap 7, 17; 14, 4). Donde con más detalle y profusión se habla de Jesús como el buen pastor, es decir, el verdadero, es en el cuarto evangelio; es el pastor que da la vida por sus ovejas, que conoce a las suyas y que, por lo mismo, pueden estar seguras con él (10, 11-16). «Todo pastoreo en el mundo es únicamente imagen e indicio de aquel otro auténtico y propiamente dicho» [99]. Jesús es el príncipe (ἀρχηγός) de la vida, la salvación y la fe (Hech 3, 15; 5, 31; Heb 2, 10; 12, 2). La proposición sobre el pastor implica para el nuevo testamento dignidad real. Por eso la comunidad pospascual llamó a Jesús no sólo cristo y *kyrios*, sino también rey (βασιλεύς). Pero lo mismo que es el mesías de la cruz, así también es el rey de la cruz (Mc 15, 2. 9. 12. 18. 26). Esta *interpretatio christiana* del señorío real donde más claramente aparece es en la escena de Pilato. A un Jesús de quien se burlan los vociferantes, cubierto de sangre, con la corona de espinas sobre la cabeza, a ése le pregunta Pilato: «¿Eres tú el rey de los judíos?». Jesús define la clase de su reinado de dos maneras: «no de este mundo», «testimonio por la verdad» (Jn 18, 33-37). Su señorío se impone en el anuncio de su mensaje y en los sacramentos, en la fe y el seguimiento de sus discípulos (Mt 28, 19). Sólo en este sentido es «rey de reyes y señor de los señores» (1 Tim 6, 15; Ap 19, 6). Finalmente, el señorío de Cristo está subordinado en el servicio al señorío de Dios. Lo mismo que los cristianos pertenecemos a Cristo como a nuestro Señor, así pertenece Cristo a Dios su Padre (1 Cor 3, 23). Y al final Cristo entregará su reino al Padre y Dios «será todo en todo» (1 Cor 15, 28). De modo que el reino de Cristo lleva también la impronta de los dos motivos fundamentales que caracterizan todo su ser y toda su obra: entrega a Dios y servicio a los hombres.

---

99. R. Bultmann, *Das Evangelium des Johannes*, 277.

La sentencia de que Jesús al final entregará al Padre su reinado, ha dado ya pie a numerosas especulaciones. Se ha relacionado esta proposición frecuentemente con Ap 20, 1-10, donde se habla de un reino mesiánico de mil años de duración sobre la tierra, que precede a la venida definitiva del reino de Dios y a la resurrección general de los muertos. Marcelo de Ancira dedujo de ello en la antigüedad que Cristo volvería a deponer su naturaleza humana al final de los tiempos, volviendo a Dios. En contra de él dijo el Constantinopolitano I (381) en el credo: «Y su reino no tendrá fin» (DS 150; NR 250). Con ello se afirmaba el carácter escatológico-definitivo de la persona y obra de Jesucristo y su reino eterno (Lc 1, 33). El reino de Dios no significa el fin del reino de Cristo, sino su culminación. El tiempo que media entre la venida de Cristo y la del reino perfecto de Dios lo describió, en parte, de modo fantástico el quiliasmo (χιλιοι = 1000) [100]. Históricamente las que más fuerza tuvieron fueron las especulaciones del abad Joaquín de Fiore (+ 1201), que predecía una era del Espíritu santo a seguir inmediatamente, lo que implicaría una explicación espiritual del evangelio; esa era sustituiría a la época del Hijo, a la de la iglesia visible, jerárquica. Las filosofías y utopías modernas sobre la historia han asimilado esta idea de progreso, en muchos casos, de forma secularizada; esto vale especialmente de la esperanza marxista sobre un cambio radical del reino de la necesidad al reino de la libertad. El nacionalsocialismo alemán pervirtió de modo malvado el sueño del tercer reino de los mil años. Siempre que al cristianismo se le enmarca en un esquema intramundano de progreso, se malentiende fundamentalmente el carácter escatológico de la persona y la obra de Cristo. El espíritu es el espíritu de Cristo; aunque continuamente abre futuro, no conduce más allá de Cristo, sino que hace profundizar cada vez más en su misterio. De modo que siempre hay que realizar el paso de la letra al espíritu, manteniendo continuamente en la historia la tensión entre ambos.

Las reflexiones sobre la función regia de Cristo nos plantean una pregunta candente: ¿qué relación tiene el señorío de Cristo con el señorío político en el mundo? ¿qué relación tiene con la iglesia? Si el hablar del reino de Cristo no ha de ser palabra vacía y emoción hueca, ni ha de dar pie a toda clase de ilusiones románticas o malentendidos ideológicos, entonces no hay más remedio que preguntarse, dónde y cómo se realiza concretamente el reino de Cristo.

La historia de la iglesia conoce dos tendencias a la hora de responder a esta cuestión: existe la tendencia a identificar el reino de Dios o el de Cristo con la iglesia, o con determinadas realidades o movimientos políticos o culturales. Ya el teólogo palaciego del emperador Constantino, Eusebio de Cesaréa, quiso

100.   Cf. J. Michl - G. Englhardt, *Chiliasmus*, en LThK II, 1058-1062 (bibliografía). Sobre la historia ulterior e influjo de esta expectación cf., ante todo, R. Frick, *Die Geschichte des Reich-Gottes-Gedankens in der alten Kirche bis zu Origenes und Augustin*, Geissen 1928; W. Nigg, *Das ewige Reich. Geschichte einer Sehnsucht und einer Enttäuschung*, Zürich 1944; E. Iserloh, *Das Reich Gottes*, en *Gottes reich und Menschenreich. Ihr Spannungsverhältnis in Geschichte und Gegenwart*, Regensburg 1971, 51-72.

ver en el imperio cristiano de Constantino el cumplimiento del tiempo mesiánico de salvación que vino con Cristo: «Un Dios, un Logos, un emperador, un reino». La decisión doctrinal de Nicea y el desarrollo de la enseñanza trinitaria de la iglesia tuvieron que parecer, por el contrario, no sólo como revuelta en el mundo metafísico, sino como revolución, al mismo tiempo, en el orden político, puesto que quitaban definitivamente todo fundamento a una teología política de ese tipo [101]. No es casual que Atanasio, el campeón de la lucha por el dogma cristológico, se convirtiera, junto con Ambrosio e Hilario, en campeón de la lucha por la libertad de la iglesia frente al emperador. De esta forma, la cristología basó una teología política de nuevo cuño: la distinción entre religión y política se convirtió en base esencial del pensamiento occidental sobre la libertad y la tolerancia. Las luchas medievales entre papado e imperio por la *libertas ecclesiae* tiene que considerarse con toda justicia también desde el punto de vista de la historia del pensamiento occidental sobre la libertad. Por supuesto que la iglesia misma necesitó mucho tiempo, en realidad hasta el Vaticano II, para convencerse con nitidez de estas consecuencias y superar hasta la raíz aquel integralismo que quiere imponer una *potestas directa* de la iglesia en los terrenos mundanos [102], aunque le sigue costando mucho aceptarlo en la práctica. Y hoy tiene que volver a defender de nuevo esta convicción, fundada cristológicamente, en contra de tendencias neo-integralistas, que quieren hacer de la iglesia, de modo inmediato y directo, vanguardia de movimientos políticos de liberación, siguiendo ideas de la teología liberal protestante sobre la cultura, ahora de signo izquierdista.

A la tendencia integralista se contrapone una concepción dualista de la relación entre el reino de Cristo y la iglesia o los poderes mundanos. Ya en el dualismo de Marción sobre la coordenación de creación y redención se da una identificación radical del reino con Dios o Cristo: *In evangelio est Dei regnum Christus ipse* [103]. Con otros presupuestos se halla una espiritualización en la mística y en ciertos rasgos de la doctrina luterana de los reinos. Al dualismo de la gnosis le contrapuso ya Ireneo su teología histórico-salvífica, que permite mantener tanto la

101. Cf. al respecto la importante investigación de E. Peterson, *El monoteísmo como problema político*, en *Tratados teológicos*, Madrid 1966, 27-63.
102. Cf. *Gaudium et spes*, n.º 36.
103. Marción, citado por Tertuliano, *Adversus Marcionem* 4, 33, 8 (CChr 1, 634).

unidad cristológica como la tensión escatológica. La síntesis más importante e históricamente más eficiente, aunque con frecuencia se la malentendió, la logró Agustín en su *Civitas Dei*: *civitas Dei* y *civitas terrena*, que pelean mutuamente desde el principio de la historia, no son para él simplemente idénticas con iglesia y estado. La distinción pasa más bien por medio de iglesia y estado; ambos están mezclados [104]. *Fecerunt itaque civitates duas amores duo*: el amor egoísta y el amor de Dios [105], vida según la carne y vida según el espíritu. Por eso la iglesia es únicamente alborada del reino de Dios. Aquí vale aquello de que hay muchos que se hallan fuera y son de dentro y viceversa: muchos se encuentran dentro y son de fuera. La iglesia no es más que signo sacramental eficiente y repleto, pero no la realidad misma del reino de Dios.

La visión histórico-salvífica y sacramental ha sido renovada por el concilio Vaticano II: «La iglesia es, por decir así, el sacramento, o sea, signo e instrumento tanto de la más íntima unión con Dios como de la unidad de toda la humanidad» [106]. Es fundamental para esta definición el concepto del signo sacramental; éste permite distanciarse de la idea neorromántica, conforme a la cual la iglesia es la continuación de la encarnación, interpretando, sin embargo, a la iglesia en *analogía* con la unión hipostática, es decir, como «una única realidad compleja, compuesta de elemento humano y divino» [107]. Así pueden ser reconocidos tanto la significación salvífica de la iglesia visible, junto con su debilidad y pecaminosidad, como también los muchos valores cristianos fuera de la iglesia. Puede mantenerse que el señorío de Cristo acontece en y por la iglesia visible y que, sin embargo, es más amplio y completo que la iglesia; ese señorío se encuentra visible a modo de signo tanto en la iglesia como en el mundo, y también oculto. Por eso, la iglesia únicamente puede cumplir su tarea correspondiendo a los «signos de los tiempos», que ella, por una parte, puede explicar a partir de la fe, pudiendo, por la otra, llegar mediante esos signos a una mayor profundización en el sentido de la fe. [108]

---

104. Cf. Agustín, *De civitate Dei* 19, 26 (CSEL 40-42, 421).
105. *Ibid.*, 14, 28 (*Ibid.*, 56); cf. también 19, 24 (*Ibid.*, 419) y. *Enarrationes in psalmos* 64, 2 (CChr 39, 823 s).
106. *Lumen gentium*, n.º 1. Además, L. Boff, *Die Kirche als Sakrament im Horizont der Welterfahrung. Versuch einer Legitimation und einer struktur-funktionalistischen Grundlegung der Kirche im Anschluss an das II. Vatikanische Konzil*, Paderborn 1972.
107. *Lumen gentium*, n.º 3.
108. Cf. *Gaudium et spes*, n.º 3 s, 10 s, 42 s, 58, etc.

A esta concepción del concilio se le critica con frecuencia su cristocentrismo parcial, que descuida la dimensión pneumatológica. Se dice que para los textos del concilio el Espíritu no es más que una función de Cristo; que sólo sirve para dar a la palabra y obra de Cristo función universal y apropiación subjetiva. Por eso se interpreta a la iglesia parcialmente como fundación de Cristo, el primer plano lo ocupa el aspecto institucional, mientras que no se valora plenamente el aspecto carismático y profético. Y.-M. Congar y otros han probado que no es totalmente justa esta acusación [109]. Con todo, resulta claro que es una tarea todavía no solucionada. Si lo dicho hasta ahora era acertado, hay que decir lo siguiente: lo que el reino de Cristo quiere decir en concreto sólo puede efectuarse, en definitiva, en signos proféticos. La exégesis práctica de la voluntad de Cristo para cada época son los santos.

Los tres aspectos de la única actividad de Jesucristo en el espíritu nos colocan, en definitiva, ante el mismo problema de la mediación. Por una parte, se habló de la actividad universal del espíritu en toda la creación, la naturaleza y la historia; la pneumatología fue, por tanto, una ayuda para expresar la universalidad de la salvación traída por Jesucristo. Por otra parte, tuvimos que mantener con toda decisión la unicidad de Jesucristo y definir al espíritu como espíritu de Jesucristo. Por eso se plantea una doble pregunta: 1) ¿qué relación tiene el espíritu de Jesucristo con el espíritu humano, que actúa en la historia de las religiones y culturas? 2) ¿qué relación mutua tienen el espíritu de Jesucristo y el espíritu que actúa en la iglesia y en cada uno de los creyentes? ¿de qué modo es Jesucristo la cabeza de todos los hombres y de la iglesia?

1. Las proposiciones bíblicas sobre la actividad universal del espíritu de Dios en toda la historia de la humanidad incorporan las sentencias antropológicas sobre la autotrascendencia y autosuperación del hombre, su anhelo por lo totalmente distinto, su esperanza por un comienzo nuevo, su pregunta por la salvación y redención. La existencia humana se experimenta como ex-sistencia, éxtasis y éxodo. Este más-allá-de-sí-mismo se basa en la libertad de la persona humana; pero sólo es posible por la participación en la fuerza absoluta y creadora y en el poder sobre toda vida [110]. Unicamente donde el hombre se abre libre al espíritu

---

109. Cf. Y.-M. Congar, *Pneumatologie et «christonomisme» dans la tradition latine*: EThL 45 (1969) 394-416.
110. Cf. el apartado anterior de este mismo capítulo, p. 281 s.

de Dios, que ayuda nuestra debilidad, es donde puede encontrar el sentido y la plenitud de su existencia. La existencia del hombre sólo tiene éxito donde se deja dirigir libremente, es decir, en fe, esperanza y amor, por el espíritu de Dios, en el diálogo entre el espíritu divino y humano. Por tanto, dondequiera que haya hombres que arrostran con coraje su existencia, que se sienten obligados a buscar la verdad y afrontan con seriedad su responsabilidad y, especialmente, donde se liberan para abrirse en el amor a Dios y al prójimo, allí está actuando el espíritu de Dios. Dondequiera que esto ocurre en las religiones y culturas de la humanidad, allí se da a los hombres, a través de ellas, la salvación de Dios.

Pero también se da en la historia el otro fenómeno, el de que hay hombres que se aferran a su vida, se cierran y se niegan al espíritu y, precisamente por ello, se equivocan. Esto puede ocurrir de dos modos. El hombre puede instalarse «burguesamente» en los detalles y pequeñas alegrías de su día a día, puede anular las grandes cuestiones de su existencia y contentarse con lo que es y como lo es. Nietzsche describió esta cerrazón con la imagen del hombre último: «Y llegará el tiempo en que el hombre no lanzará más sobre el hombre la flecha de su anhelo y la cuerda de su arco haya olvidado la vibración... ¡Alto! Voy a mostraros el último hombre. "¿Qué es amor? ¿Qué es creación? ¿Qué es anhelo? ¿Qué es estrella?" —así pregunta el último hombre y parpadea...»[111]. Pero el hombre también puede intentar, como Prometeo, hacerse su propia vida sin Dios, y realizar él mismo las esperanzas que hay en ella. Esto también lo describió Nietzsche en el superhombre, que quiere que Dios muera para hacerse él mismo Dios[112]. Esta doble negativa a aceptar como regalo el sentido y plenitud de la existencia determina toda la historia. Por eso se hace oír el espíritu de Dios en la historia de la humanidad sólo de modo alterado y deformado, de modo que se puede malentender y malusar. La historia de las religiones y culturas es profundamente ambivalente.

De acuerdo con la convicción cristiana, en la historia sólo se dio un «caso» en que el espíritu fue acogido de modo único, totalmente, sin deformaciones ni turbaciones: Jesucristo. Fue en la fuerza del espíritu totalmente hueco y vacío para la autocomunicación de Dios por el Logos. Es esto de manera inderivablemen-

---

111. F. Nietzsche, *Also sprach Zarathustra*, en WW II, ed. K. Schlechta, 284.
112. Cf. Id., *Die fröbliche Wissenschaft*, 127.

te única, de modo que es el amor de Dios el sentido de toda realidad en persona. Por eso la actividad universal e histórica del espíritu encontró en él su meta de modo absolutamente insuperable. Por eso desde Jesucristo se desprende luz para toda la historia; para el cristiano Jesucristo es medida y criterio para la distinción de los espíritus. Sólo por él y. en él es posible participar en la total plenitud del espíritu. Y viceversa, también hay que decir que toda la plenitud y riqueza de Cristo alcanzará su realización concreta sólo cuando las riquezas de los pueblos, obradas por el espíritu, se hayan introducido en la iglesia y en ella sean «levantadas». La misión o conversión al cristianismo es siempre ambas cosas: crisis y plenitud.

Por tanto, una cristología de tipo pneumático es la que mejor ayuda a conciliar mutuamente la unicidad y universalidad de Jesucristo. Puede mostrar que el espíritu que actúa plenamente en Cristo obra en grados distintos por doquier en la historia; esa cristología puede mostrar cómo Jesucristo es meta y cabeza de todos los hombres [113]. El cuerpo de Cristo, la iglesia, es mayor y más amplio que los límites institucionales de la iglesia; existe desde el principio del mundo; a ella pertenecen cuantos se dejan dirigir por el espíritu de Cristo en fe, esperanza y amor.

2. La pretensión incomparable y universal de Jesucristo no puede expresarse únicamente de modo interno y oculto, necesita igualmente del testimonio y representación intrahumanos y públicos. A causa de la historicidad y solidaridad de los hombres también tiene que ofrecerse de modo histórico y público la salvación, o sea, el espíritu de Cristo. Esto ocurre de modo fragmentario mediante las religiones de la humanidad. Pero la claridad y plenitud del espíritu sólo se realizan donde se testifica expresamente a Jesucristo como el señor, donde uno se deja dominar por su espíritu expresa y públicamente en la fe, sometiéndose a él como base y medida, origen y meta. La iglesia está donde esto acontece por la predicación y los sacramentos como signo de la fe. Ella es el cuerpo de Cristo, porque en ella vive el espíritu de Cristo de modo público. Y el espíritu obra en la iglesia ambas cosas: la comunión con Jesucristo y la sumisión a él como cabeza de la iglesia.

Por cualquier parte que se mire el espíritu es, por tanto, la mediación en la libertad del amor entre unidad y distinción. Esto se vuelve a ver en la relación entre iglesia y mundo. Ambas

113. Cf. Tomás de Aquino, *Summa theol.* 3 q. 8 a. 3.

cosas no se pueden contraponer dualísticamente ni mezclar monísticamente. Es verdad que el espíritu de Cristo actúa dondequiera que hay hombres que intentan superar su vida en dirección a un último sentido de su existencia, y donde, a partir de la esperanza de ser aceptados definitiva y absolutamente, intentan aceptarse a sí mismos y a sus cohombres. Pero todos estos caminos anónimos hacia Cristo alcanzan su definitiva claridad y plenitud al encontrarse expresamente con él. Por eso la iglesia no puede considerarse a sí misma como sistema cerrado. Tiene que entregarse a un intercambio espiritual y a un diálogo con el mundo. Tiene que atender, por una parte, a la profecía inusitada del mundo y, por otra, testificar que sólo en Jesucristo se cumplieron las esperanzas de la humanidad de modo único y rebosante y que es el gran «sí» de Dios a todas las promesas (cf. 2 Cor 1, 20).

INDICE DE MATERIAS

INDICE DE AUTORES

INDICE GENERAL

II. HISTORIA Y DESTINO DE JESUCRISTO

III. EL MISTERIO DE JESUCRISTO